太极拳全书

修订本

人民体育出版社 编

人民体育出版社

图书在版编目（CIP）数据

太极拳全书 / 人民体育出版社编. -- 2版（修订本）. -- 北京：人民体育出版社, 1995 (2024.11重印)
ISBN 978-7-5009-1187-6

Ⅰ.①太… Ⅱ.①人… Ⅲ.①太极拳－基本知识 Ⅳ.①G852.11

中国版本图书馆CIP数据核字(2022)第129916号

*

人民体育出版社出版发行
三河兴达印务有限公司印刷
新 华 书 店 经 销

*

850×1168　32开本　22.75印张　3插页　500千字
1988年2月第1版　　1995年7月第2版
2024年11月第27次印刷
印数：269,641—272,640册

*

ISBN 978-7-5009-1187-6
定价：70.00元

社址：北京市东城区体育馆路8号（天坛公园东门）
电话：67151482（发行部）　　邮编：100061
传真：67151483　　　　　　　邮购：67118491
网址：http://www.psphpress.com
（购买本社图书，如遇有缺损页可与邮购部联系）

再版说明

本版是《太极拳全书》1988年首次出版以来第二次推出的新版本，曾作为我社的珍品图书再版了13次。这本经典太极专著一如既往向读者提供一个完整的、经过实践检验的、被众多武术专业人士和广大太极爱好者认可的太极学习体系。此书就像广大读者的老朋友，深得了解、喜爱和信赖；其内容丰富、系统、科学、涵盖面广，极具权威性、针对性、使用性和可读性；文字通俗易懂，图文并茂。出版至今，曾给读者很多的指导和借鉴，有珍贵的历史价值。为满足群众多元化武术需求，并使之与自己钟爱的图书相伴相随，我们对本书作了修订，并重新作封面包装，力求以精美实用的面貌，作为推广普及太极拳的标志性图书，奉献给新、老读者，为提高全民健康水平作出新的更大贡献。

出 版 说 明

　　太极拳运动在我国有着广泛的群众基础。最早由陈式太极拳演化衍生的杨、吴、武、孙式太极拳已经为众多的太极拳爱好者熟悉和掌握。

　　为了更系统、更完整地向广大读者介绍各式太极拳的运动特点及练习方法，我们将已经出版的《陈式太极拳》（沈家桢、顾留馨编著）、《杨式太极拳》（傅钟文演述、周元龙笔录、顾留馨审）、《吴式太极拳》（徐致一编著）、《武式太极拳》（郝少如编著、顾留馨审）和《孙式太极拳（修订本）》（孙剑云编）合编成了这本《太极拳全书》。在编辑本书时，统一编排了目录和页码，改正了明显的错误和不当之处，对原书内容未作修改。另外，为使图解清楚，便于阅读，我们重新绘制了武式太极拳的插图，并用重新绘制的线条图替代了孙式太极拳的原照片插图。

目 录

陈式太极拳 …………………………………… (1)
  重印说明………………………………………… (2)
  陈式太极拳简介………………………………… (3)
  第一章 陈式太极拳的八个特点………………… (5)
  第一特点 大脑支配下的意气运动……………… (6)
    一、内气和用意………………………………… (7)
    二、意气运动的实现…………………………… (9)
  第二特点 身肢放长的弹性运动………………… (12)
    一、身肢放长…………………………………… (12)
    二、身肢放长的生理作用……………………… (14)
    三、八门劲别与弹性的掤劲…………………… (15)
    四、弹性运动（掤劲）的掌握………………… (16)
  第三特点 顺逆缠丝的螺旋运动………………… (17)
    一、运动如缠丝的实质………………………… (18)
    二、缠丝式螺旋运动的作用…………………… (20)
    三、缠丝劲的种类及其要点…………………… (21)
    四、螺旋运动的掌握…………………………… (23)
  第四特点 立身中正、上下相随的虚实运动……… (26)
    一、虚实比例…………………………………… (27)
    二、三种基本虚实……………………………… (29)
    三、虚实的掌握………………………………… (31)
    四、轻重浮沉与虚实…………………………… (31)
  第五特点 腰脊带头、内外相合的节节贯串运动 …… (35)
    一、节节贯串的实质…………………………… (36)

1

二、一动全动和腰脊的关节 …………………………（37）
三、节节贯串与增强关节 ……………………………（37）
四、关节动度的调节 …………………………………（38）
五、节节贯串的掌握 …………………………………（39）

第六特点　相连不断、滔滔不绝的一气呵成运动 ……（41）
一、一气呵成的实现 …………………………………（42）
二、名家行拳实例 ……………………………………（44）
三、神气动荡和一气呵成 ……………………………（45）
四、劲别和一气呵成 …………………………………（45）

第七特点　从柔到刚、从刚到柔的刚柔相济运动 ……（47）
一、刚柔相济拳 ………………………………………（48）
二、求软摧僵时期 ……………………………………（49）
三、练柔成刚时期 ……………………………………（49）
四、刚柔的变换 ………………………………………（50）
五、刚柔相济的掌握 …………………………………（51）

第八特点　从慢到快、从快到慢的快慢相间运动 ……（53）
一、快慢的发展程序 …………………………………（54）
二、由慢转快的时间和条件 …………………………（55）
三、快慢相间和匀清、劲别 …………………………（56）
四、快慢相间的掌握 …………………………………（58）

结　语 ……………………………………………………（59）

第二章　陈式太极拳第一路图解 ………………………（61）
陈式太极拳第一路拳式名称顺序 ………………………（61）
关于图解的几点说明 ……………………………………（63）
陈式太极拳第一路 ………………………………………（64）

第三章　陈式太极拳第二路图解 ………………………（169）
陈式太极拳第二路拳式名称顺序 ………………………（169）
陈式太极拳第二路 ………………………………………（171）

第四章　陈式太极拳推手 ………………………………（227）
一、推手的一般要义 …………………………………（228）

二、陈式推手方法……………………………………（229）
　　　甲，四正基本推手：掤捋挤按………………………（229）
　　　乙，四隅补助推手：采挒肘靠………………………（233）
　　三、陈式推手的两项演变……………………………（235）
　　四、太极拳推手是阴阳兼备的………………………（236）
　　五、推手动作要领……………………………………（237）
　　　（一）身法…………………………………………（237）
　　　（二）手法…………………………………………（238）
　　　（三）步法…………………………………………（239）
　　　（四）眼法…………………………………………（240）
　　　（五）沾连粘随……………………………………（241）
　　　（六）一身备五弓…………………………………（242）
　　　（七）发劲的提合蓄与放开发……………………（244）
　　　（八）呼吸与方圆刚柔……………………………（245）
　　　（九）内劲在推手中的作用………………………（246）
　　六、《太极拳论》在原则上对推手的指导作用………（248）
第五章　陈式太极拳拳论………………………………（256）
　陈鑫传略…………………………………………………（256）
　一、太极拳经谱…………………………………………（258）
　二、太极拳拳谱…………………………………………（259）
　三、陈鑫太极拳论分类语录……………………………（260）
　　1. 心静身正，以意运动………………………………（260）
　　2. 开合虚实，呼吸自然………………………………（262）
　　3. 轻灵圆转，中气贯足………………………………（264）
　　4. 缠绕运劲，舒畅经络………………………………（266）
　　5. 上下相随，内外相合………………………………（268）
　　6. 着着贯串，势势相承………………………………（269）
　　7. 虚领顶劲，气沉丹田………………………………（270）
　　8. 含胸拔背，沉肩坠肘………………………………（274）

3

9. 运柔成刚，刚柔相济 …………………………………(275)
10. 先慢后快，快而复慢 …………………………………(277)
11. 窜奔跳跃，忽上忽下 …………………………………(277)
12. 刚柔俱泯，一片神行 …………………………………(282)
13. 培养本元，勤学苦练 …………………………………(284)

四、陈鑫关于官骸十三目的语录 ………………………………(285)
1. 头 …………………………………………………………(285)
2. 眼 …………………………………………………………(286)
3. 耳 …………………………………………………………(286)
4. 鼻、口 ……………………………………………………(287)
5. 项 …………………………………………………………(287)
6. 手 …………………………………………………………(287)
7. 拳 …………………………………………………………(288)
8. 腹 …………………………………………………………(288)
9. 腰 …………………………………………………………(288)
10. 脊、背 ……………………………………………………(289)
11. 裆与臀 ……………………………………………………(289)
12. 足 …………………………………………………………(290)
13. 骨节 ………………………………………………………(292)

五、擖手拳论 ……………………………………………………(292)
1. 擖手论集录 ………………………………………………(292)
2. 擖手十六目 ………………………………………………(296)
3. 擖手三十六病 ……………………………………………(296)
4. 掤挒歌二首 ………………………………………………(298)

六、陈鑫等拳论短文选 …………………………………………(299)
1. 咏太极拳 …………………………………………………(299)
2. 太极拳缠丝法诗 …………………………………………(299)
3. 太极拳发蒙缠丝劲论 ……………………………………(300)
4. 太极拳推原解 ……………………………………………(301)
5. 太极拳体用 ………………………………………………(301)
6. 太极拳总论和拳经 ………………………………………(302)

7. 陈复元太极拳论 ·· (302)
　　8. 太极拳之要点 ·· (305)

杨式太极拳 ·· (307)
　重印说明 ·· (308)
　杨式太极拳简介 ·· (309)
　前　言 ·· (310)
　第一章　太极拳要领 ·· (311)
　　太极拳之练习谈 ·· (311)
　　太极拳说十要 ·· (314)
　第二章　杨式太极拳图解 ·· (316)
　　杨式太极拳拳式名称顺序 ·· (316)
　　关于图照的几点说明 ·· (318)
　　杨式太极拳图解 ·· (319)
　第三章　杨式太极拳推手 ·· (420)
　　定步推手 ·· (420)
　　活步推手 ·· (422)
　　大捋 ·· (424)
　附　录 ·· (431)

吴式太极拳 ·· (435)
　重印说明 ·· (436)
　吴式太极拳简介 ·· (437)
　第一章　太极拳的优点 ··· (438)
　　一、作为健身运动的几个优点 ·································· (438)
　　二、太极拳在技击上的几个优点 ······························· (440)
　第二章　太极拳在行功时的心理作用 ··························· (445)

5

第三章　太极拳在动作特点上的生理作用……………(450)
　　一、表现在动作方面的几个重要特点……………(450)
　　二、表现在姿势方面的几个重要特点……………(453)
　第四章　太极拳在技击上的力学根据………………(457)
　第五章　盘架子时应当注意的法则…………………(466)
　第六章　吴式太极拳图解……………………………(478)
　第七章　练习推手时应当注意的法则………………(550)
　第八章　吴式太极拳推手图解………………………(556)
　附　录……………………………………………………(566)

武式太极拳……………………………………………(569)
　武式太极拳简介…………………………………………(570)
　前　言……………………………………………………(572)
　第一章　武式太极拳要领……………………………(574)
　　武式太极拳要点（郝月如著）……………………(574)
　　武式太极拳的走架打手（郝月如著）……………(577)
　　关于教法和练法的一些体会（郝少如著）………(580)
　　节序图说明…………………………………………(581)
　第二章　武式太极拳图解……………………………(586)
　　武式太极拳拳式名称顺序…………………………(586)
　　关于图解的几点说明………………………………(588)
　　武式太极拳图解……………………………………(589)
　　武式太极拳推手图解………………………………(644)
　附　录　古典拳论………………………………………(646)

孙式太极拳……………………………………………(655)
　前　言……………………………………………………(656)

孙式太极拳简介…………………………………………（657）
太极拳总说………………………………………………（658）
上　编……………………………………………………（661）
　一、动作名称…………………………………………（661）
　二、动作说明…………………………………………（663）
下　编……………………………………………………（704）
　一、太极拳推手法……………………………………（704）
　二、太极拳技击………………………………………（708）
附：参考资料……………………………………………（710）
　一、王宗岳：太极拳论………………………………（710）
　二、武禹襄：太极拳论………………………………（711）
　三、十三势行功心解…………………………………（711）
　四、十三势歌诀………………………………………（712）
　五、推手歌诀…………………………………………（712）
　六、李亦畬：五字诀…………………………………（713）
　七、撒放秘诀…………………………………………（714）
　八、走架打手行功要言………………………………（714）

陈 式 太 极 拳

重印说明

书中所介绍的陈式太极拳,是最古老的一个太极拳流派。拳式分第一和第二路,都是已故著名拳师陈发科传授的套路。书中第一、二、三章由沈家桢执笔,第四、五章由顾留馨执笔。动作插图是根据陈发科遗照绘制的,不足部分是由陈发科之子陈照奎补照的。

原书在编写过程中得到周元龙、邵柏舟、杨景萱、巢振民、雷慕尼等的帮助,并由陈照奎校订。

这次重印,只改写了《陈式太极拳简介》,略去了《前言》,对原书的内容未作改动。书中不妥之处,希读者提出意见,以便改进。

人民体育出版社编辑部
1996年4月

陈式太极拳简介

陈式太极拳创始于明末清初的著名拳师陈王廷。陈王廷是河南温县陈家沟人。从陈王廷起，陈氏世代传习太极拳，不断对原有的拳套进行加工提炼，逐步形成近代所流传的一、二路拳套。这两套拳式的连贯动作，都是经过精心编排的，动作的速度和强度不同，身法、运动量和难度也不相同，但都符合循序渐进和刚柔相济的原则。

第一路拳的动作较简单，柔多刚少，以掤捋挤按四正劲的运用为主，以采挒肘靠四隅手的运用为辅；用力方法以缠丝劲为主，发劲为辅；动作力求柔顺，以化劲为基础，用柔迎刚和化刚，在外形上具有缓、柔、稳的特色。初练时，动作力求徐缓，并着重缠丝劲的锻炼。动作起来以身法领导手法，要求达到动分（离心力）、静合（向心力）不断变化的效果。由于动作速度较慢，拳架分高、中、低，运动量可以调节，因此既适于身体较好的人用来增强体质，也适于体弱和某些慢性病患者疗病保健。

第二路（炮捶）动作较复杂，要求疾速、紧凑，刚多柔少；用劲以采挒肘靠为主，以掤捋挤按为辅；动作力求坚刚、迅速，着重弹性劲的锻炼。套路中有"窜蹦跳跃，腾挪闪战"的动作，具有快、刚、跃的特色。从外形来看，它的快、刚、跃虽与其他拳种似无区别，但在本质上仍具特点：它在运动时不断旋腰转脊、旋腕转膀和旋踝转膝，形成一动全动、贯串整体的一系列螺旋动作，从而可收到开与放、合与收和开中寓合、合中寓开的统一功用。这路拳由于速度快,爆发力强,比较适于青壮年或体力较好的人练习。

通过套路的锻炼,可以逐步揣摩太极拳刚柔相济等技法的内容和要领,即所谓"知己的功夫"。为了运用沾、连、黏、随的方法以求得懂劲,陈式太极拳还创造了对抗性的推手,也就是"知彼功夫"。陈式太极拳的推手强调舍己从人,根据对方的外力来发挥自己的技法。对方动急则急应,对方动缓则缓随。因而走架子和推手要交替练习,才能掌握懂劲的功夫,达到熟练程度。

陈式太极拳是古老的拳种,其他流派的太极拳(如杨式、吴式、武式、孙式),都是在陈式太极拳的基础上发展创新的。陈式太极拳在动作上柔化刚发的技击特点保存较多,学习和研究这派太极拳,对武术的继承和创新有很大的参考价值。

本书介绍的一、二路太极拳,是已故太极拳师陈发科(陈王廷的后代,1887—1957)晚年所定的拳式。

第一章 陈式太极拳的八个特点

太极拳是我们祖先在长期生活实践中创造和逐渐发展起来的一种优秀拳种。经过几百年的反复实践和不断总结经验，人们才逐步认识它的内在联系和运动规律。前人留下的太极拳拳谱，就是这种实践的总结。它给我们研究太极拳提供了宝贵的线索，可以帮助我们更好地学习太极拳。但前人因受时代限制，理论中糟粕也不少，因此我们在实践中应该结合我们新的认识来加以检验，剔除其糟粕，吸取其精华，进一步掌握其正确的理论，使这种拳种能更好地为人民保健事业服务。因此，学太极拳时，一开始就必须紧紧掌握这些太极拳拳谱中的正确理论，并熟悉它的关键所在，融会贯通，然后再从这个基础上向前发展，逐步深入。

太极拳在整个运动过程中自始至终都贯串着"阴阳"和"虚实"，这在太极拳动作上表现为每个拳式都具有"开与合"、"圆与方"、"卷与放"、"虚与实"、"轻与沉"、"柔与刚"和"慢与快"，并在动作中有左右、上下、里外、大小和进退等对立统一的独特形式。这是构成太极拳的基本原则。

太极拳不仅在外形上是独特的，而且在内功上也有其特殊的要求。练太极拳时，首先要用意不用拙力，所以太极拳在内是意气运动，在外则是神气鼓荡运动，也就是说既要练意，又要练气。这种意气运动的特点是太极拳的精华所在，并统领着太极拳的其他各种特点。此外，练太极拳时在全身放长和顺逆缠丝相互变换之下，动作要求表现出能柔能刚，且富弹性。它的动态，要求一动全动，节节贯串，相连不断，一气呵成。它的速度，要求有慢有快，快慢相间。它的力量，要求有柔有刚，刚柔相济。它的立身与动作，要求中正不偏，虚中有实、实中有虚和开中寓合、合中寓开。具备了这些条件，太极拳才能充分发挥它的特殊作用。在体育保健上，不仅能增强运动器官与内脏器官，并能锻炼和增强意识的指挥能力，亦即"用意不用力"的能力，可以顺利地指挥着气活跃于全身。这样就既练了气，也练了意，意气相互增长与强旺，身体自然强壮。同样，在技击上也有其独特的作用：可以以轻制重，以慢制快，克制自然，并掌握自然，动作起来可以一动全动，"周身一家"，达到知己知彼和知机知势[①]的懂劲功夫。

陈式太极拳的理论同其他各派太极拳理论有相同之处，也有不同之处。现将陈式太极拳的特点一一分述如下。

第一特点　大脑支配下的意气运动

拳谱规定：
(1)"以心行气，务令沉着，乃能收敛入骨"；
(2)"以气运身，务令顺遂，乃能便利从心"；
(3)"心为令，气为旗"，"气以直养而无害"；
(4)"全身意在神，不在气，在气则滞"。

从上列四项规定可以看出，太极拳是用意练意的拳，也是

[①] 知机是知道时间，掌握时间；知势是知道空间，掌握空间。

行气练气的拳。但练拳时，要"以心行气"：心为发令者，气为奉令而行的"传旗"；一举一动均要用意不用力，先意动而后形动，这样才能做到"意到气到"，气到劲到，动作才能沉着，久练之后气才能收敛入骨，达到"行气"最深入的功夫。因此，可以说太极拳是一种意气运动。"以心行气"、"以气运身"和用意不用拙力，是太极拳的第一个特点。

一、内气和用意

正如上述，气受意的指挥，而这气并非一般所说的那种肺呼吸的空气，而是一种"内气"。这种气在祖国医学理论中叫作"元气"、"正气"、经络中通行的气、"先天气"等，认为是从母胎中秉承下来的；在针灸和气功疗法中，至今尚沿用此说。武术家们则把这种气叫作"中气"、"内气"、"内劲"等，认为练到有了此气出现并掌握此气，功夫才算"到家"等等。

总之，自古以来，无论祖国医学理论，或武术界、宗教界都认为有这种气存在，各种实践经验也证明确有这样一种气存在。但近代科学尚未最后查明这种气的实质是什么，研究祖国医学经络学说的国内外学者对此气的说法也不一致，无所适从。例如，有人说此气就是神经，有人说是生物电，有人说是人体内的一种特殊分泌物，有人说是人体内的一种特殊功能系统等等，言人人殊，尚待进一步探索。但是人体的生理现象是整体性的，不能说意动了，而神经、生物电等不动，因此，我们在阐明拳论中所说的气时，暂假定为神经、生物电、血液中的氧等组成的一种综合物，假定为人体尚待查明的一种功能，目的是先继承前辈的理论，以便我们进一步发掘。

练太极拳时，好象在做"意识体操"，要始终着重用意，肢体动作只不过是意的外部表现。这种"意识体操"隐于内的是内气的活动过程，显于外的则是神态和外气的动荡表现，因此内气可以由内发之于外，也可由外敛之入内。

虽然，练太极拳要"以气运身"，但练拳时不可只顾想气在体内如何运行，而要把意注于动作中，否则就会神态呆滞，气不仅不能畅通，而且会造成气势散漫的病象，使意气两者俱蒙其害。所以拳谱上说"意在神，不在气，在气则滞"。正因为如此，练拳时对外部神态的表现要特别重视，因为外部神态也就是内在心意显露于外的表现。内意和外神不可须臾分离，内意稍一松懈，则外神就会散漫。此点在练拳时不可不知。

陈式太极拳主张动作要有柔有刚，有圆有方，有慢有快，有开有合。我们认为这是合乎人体生理规律的。大家知道，人体动，则生物电位升高；人体静，则电位降低。而太极拳动作的刚柔、开合和快慢等，正好促使电位随之升降。电位升高，则血液循环加速，分压降低，氧与血红蛋白也就迅速离解，人就会感到有气。在正常情况下，神经是不能长时间同样地保持兴奋的，因此生物电一般都呈起伏状，而太极拳动作的刚柔、快慢、方圆等滔滔不绝的起伏，也正好合乎这个规律。

从意气来讲，也是合乎上述规律的。上面说过，外部形态和外气的活动是意气显于外的表现，代表着内在的意气。这种神气外显的中心环节，主要是将内在的意识贯注于外部动作之中，并促使在动作中表现出注意力的专一、坚强和活泼无滞。但注意力的强度，与内部神经活动一样，同样具有提高和降低这种动荡性的特点。因此，练拳必须适应这种特点，才能使注意力稳定。同时，也只有稳定了注意力，才不致使思想开小差。但要在练拳当中长时间维持同等强度的注意力，这是不易做到的。实际上，即使在片刻之间，注意力的动荡度也是有高低之分的。因此，在运动过程中，如果采取风平浪静式的无动荡的运动，不但违背上述生理规律,同时也会破坏注意力的稳定性。所以,太极拳为了稳定注意力,采取了一系列规定(例如快慢相间、开合相寓、方圆相生和刚柔相济等),并使它们统一于一个运动之中。

这些规定促使意气运动很自然地产生动荡,并使外部的神气鼓荡和内部的意气动荡得到协调,从而提高内在的意气运动,反过来促进外部的动作。

由于太极拳是意气运动,所以久练太极拳的人,只要思想上想到某一部位,就可以产生气的活动。因此,有不少人不惜岁月地早晚走架子,并时时校正架子,正是为了做到这点。太极拳动作练成定型以后,大脑皮层中兴奋和抑制过程就能准确地按一定程序交替活动;同时,肌肉也能协调地收缩与放松,即或偶然受到突然的刺激,也不会使这种协调的动作受到损害。做到这点,表明肌肉的活动与内脏器官之间已建立了极巩固的协调关系,只要意到气就到,气到劲也到。

二、意气运动的实现

还应该指出,在用意气方面,太极拳和静功(坐功、站功和卧功)是相同的,都着重于练意和练气。但太极拳是在行动中练(动中求静),所以名之为意气运动;而静功则无行动,单独求静,因此两者不能混淆。

正因为太极拳是内外俱练,动中求静,所以要做好内在的意气运动,就必须很好地显出外部的神气鼓荡来。正如《行功心解》中说:"形如搏兔之鹰,神似捕鼠之猫"。而要做到这种内外相合和交相锻炼的功夫,则必须做到本章下述七个特点的要求,也就是说只有实现下述七个特点,太极拳是意气运动这个特点才能实现。换言之,特点虽分八个,但实际上同处于一个统一体中，有着内在联系，分开讲只是为了方便而已。

在详述其余七个特点之前，先简要阐明一下这七个特点对贯彻意气运动这个特点的作用。

特点二——弹性运动，就是身肢放长，也可以说因放长而生弹性的结果。绵软的弹性是促进身肢鼓荡的内在因素。如没有弹性，就会使动作僵硬，也就不能再形成外显的神气鼓荡，当然也就不能与内在的意气动荡协调起来。

特点三——螺旋运动，可增强动作的起伏动荡性。若动作直来直去，没有高下、里外的翻转，就不能导致精神、意气与身法的起伏动荡。为此，必须结合顺逆螺旋运动的旋腕转膀、旋踝转腿和旋腰转脊，以做到螺旋连贯如一的太极劲贯注于所有动作中。这样，不动则已，动则自然形成鼓荡之势，成为做好意气运动的动作核心。

特点四——调整虚实，是意气灵换、使人产生圆活如珠感觉之本，也就是鼓荡的动力根源。上随下和下随上地虚实变换，能促使神气与身法活泼无滞，神气鼓荡也由此而生。如果上下不能相随，虚实不会调整，就不能达到内劲的中正无偏。内劲偏，则使内劲与身法倾于一边，失去支撑八面的要求。要想在内劲倾向一边的姿势下，使神气得到鼓荡是不易达到的。

特点五（节节贯串）和特点六（一气呵成），实质上是一个特点的两个阶段：前者是指一个拳式内要求全身主要关节形成一条龙似地贯串起来，使一节一节地依次通过；后者是在练全趟架子时要拳架式式相连不断地一气呵成，以扩大运动量，达到节节鼓荡的具体要求。若不能节节贯串，就会产生断劲，劲断则无鼓荡可言。若不能一气呵成，则断而不连，不连则各个拳式形成孤立而不能一气鼓荡。为此，这两个特点做不好，就不能使神气鼓荡做得好，所以它们是息息相关的。

特点七（刚柔相济）和特点八（快慢相间）是两个对立面矛盾统一的特点，也是为了做到神气鼓荡，在技术上必须具备的特点。没有这种快慢和刚柔交织一体，就不易使前几个特点密切配合，起伏动荡。由于这两个特点要求做到"柔而慢"、"刚而速"，要求刚速起来犹如推进的浪头，柔慢起来犹如退回的浪尾，所以这样相互交织就会形成滔滔不绝的推动作用。这种刚柔相济和快慢相间的作用，在体育上可以做到行气柔慢和动作落点刚快，使气行遍身躯，不致稍有痴呆之态；在技击上能"动急则急应，动缓则缓随"，可以做到人刚我柔的走和人柔我刚的粘。这两个特点可以促使内部的意气运动和外显的神气鼓荡推向动荡的高峰。

由此可知，特点一是统领着其他七个特点的特点，但同时它又必须依赖其他七个特点的帮助才能实现。它们之间的关系，犹如牡丹与绿叶，相辅相成，又相互制约，相互促进。这是初学拳时必须知道的。

为了便于掌握第一个特点，把要领概括为下述几点。

（1）练拳时，意识要贯注在动作上，以意行气，不可只顾默想内气如何运行。

（2）练拳时动作要顺遂、沉着，劲运到终点时要表现出劲别来，这是使意气得到鼓荡的三个措施。

（3）紧紧掌握外显的神气鼓荡，以便做到不痴不呆，并反过来促进内在的意气运动。

（4）善于运用其它七个特点，以便配合着来提高意气运动。

第二特点　身肢放长的弹性运动

拳谱规定：
(1)"虚领顶劲，气沉丹田"；
(2)"含胸拔背，沉肩坠肘"；
(3)"松腰圆裆，开胯屈膝"；
(4)"神聚气敛，身手放长"。

从上列四项规定中可以看出，虚领顶劲和气沉丹田是身躯放长，含胸拔背是以前胸作支柱把后背放长；沉肩坠肘是手臂放长；松腰圆裆和开胯屈膝，并使腿部得以圆活旋转，是腿部在这种特定的姿势下放长的结果。所以太极拳的步法必须在圆裆松腰和开胯屈膝的姿势下用旋踝转腿来倒换虚实。外表看，是腿的缠丝劲的表现，其实内部促进了腿的放长。这一系列的放长，又促成了全身放长；使身肢不但产生了弹性，形成掤劲，而且因全身放长，促使精神也能自然提起。因此，只要具备了放长的姿势，就不易发生努责鼓劲（拙力）的毛病，为自然的松开和身手放长提供了条件。所以身肢放长的弹性运动，就成了太极拳的第二个特点。

一、身　肢　放　长

上面说过，练太极拳身肢必须放长，以加强全身的弹性；有了弹性，才可以进而成为掤劲。这就是说，掤劲生于弹性，弹性生于身肢的放长。至于身体各部如何放长，现按拳谱分述如下：

(1) 虚领顶劲和气沉丹田——所谓顶劲虚领，是把顶劲向上虚虚领起，气沉丹田是把气向下沉入丹田；两者综合起来，在意识上就有向着相反方向拉开的意图，这就使身躯有了放长的感觉。

（2）**含胸拔背**——含胸要求胸部既不腆出，也不凹进，使胸成为脊背拔长的支柱，因为力学上的压杆是不允许有弯曲的。脊背就依靠这个支柱加以拔长，这就是脊背的拔长。关于这点，初学时不可误认驼背为拔背，因为背驼就会前胸凹进，这样就会使前胸失去支柱作用，不但使背失去拔长的弹性，同时也有害健康。

（3）**沉肩坠肘**——沉肩的主要作用是将臂部与肩部因下塌而接牢。臂与肩接牢，才能使臂生根。同时，由于坠肘，使肘与肩部之间达到放长。当手臂进行螺旋式缠丝运动时，就是以坠肘作中心的。同时，坠肘和坐腕又可以使肘与腕之间放长。因此，沉肩坠肘和坐腕是整个手臂的放长。

（4）**开胯屈膝的旋转**——这是腿部的放长。腿是站立在地面上的，要想放长就比较困难。因此，对腿部提出了开胯屈膝的要求，要求在这种特定姿势下（圆裆）用螺旋式的运动来变换虚实，这主要表现在膝头的旋转上。这样，当腿部向外旋转时，使外侧处于放长而内侧则为收缩。这种腿的旋转配合着手、臂、身的旋转，成为全身的旋转，逐步上升，就可以达到其根在脚，发于腿，主宰于腰而形于手指的完整一体的劲。

综观上列四项规定，可见太极拳对身躯、手、足都有放长的要求。这样，不但因放长而产生弹性，成为太极拳基本的掤劲，而且可使人们的精神自然提起，不致发生鼓劲而成为拙力的病象[①]。

---

① 放长是使身手内具有细而长的感觉，而拙力的产生，是由于鼓劲使身手内具有粗而短的感觉。所以身肢放长自不致发生鼓劲而成为拙力的病象。

二、身肢放长的生理作用

肌肉在受力时,可以有一定程度的伸长,但当引起伸长的外因去掉后,它就立刻恢复原状,这是肌肉本身固有的弹性。一般常见的运动,就是锻炼和提高这种弹性。根据人体生理学来看,肌肉的这种弹性收缩和放长能起下列四种作用:

(1) 可使肌肉本身的收放能力得到良好的锻炼,可使肌肉内密集的微血管网通畅。

(2) 可增强组织细胞的新陈代谢,刺激身体内一切生命过程。

(3) 可增强肌肉及其它所有组织器官的气体交换作用。

(4) 可使身体内得到更多的氧,同时还能提高各组织器官对氧的利用率。

太极拳不是一种单纯的肢体运动,它表现在外部的是神态鼓荡,姿势极其复杂多变,隐于内的则是神聚气敛,"以心行气",这已在第一特点中详细说明了。此外,太极拳不仅内外俱练,而且还在整个身肢放长情况下进行着绞来绞去的螺旋形顺逆缠丝的运动。这样就不但使肌肉本身的弹性得到良好的锻炼,并且提高了血液循环的速度,因而就能消除因血行受滞而引起的病症。这是太极拳因放长身肢和提起精神所起的重要作用之一。

此外,太极拳弹性运动对于降低血压也有显著的影响,因为在肌肉的收缩放长过程中能产生三磷酸和腺苷酸等有扩张血管作用的产物。同时,在进行节节贯串的活动中,肌肉内开放的微血管的数量增加了许多倍,这样也就扩大了血管沟通的横截面,因此可使血压降低。另外,在练拳时由于肌肉反复放长与恢复,所以血管不易硬化。尤其是在绞来绞去的螺旋运动的配合下，更能防止血管硬化。多年久练太极拳的人在练拳时会觉得背上和四肢内的血管好象扩大了，运动起来使人感到轻松舒适，如果隔些时间不练，就会有一种闭塞的感觉。这种现象的产生，就是由于开放的微血管数目增减所致。

三、八门劲别与弹性的掤劲

太极拳要求用意不用拙力，但不是说用意不用劲，因为太极拳就是由八门劲构成的。八门劲都具有放长的弹性，所以称为"劲"，而不称为"力"。八门劲的名称虽有不同，但实质上只是一个掤劲，其余七个劲只不过因方位与作用不同而另有所称而已。所以太极拳也可以称为掤劲拳。现将八门劲的内容分析如下，以便更好地掌握第二特点。

（1）在全动之下掌心由内向外缠丝，称为掤劲；

（2）在全动之下掌心由外向内缠丝，称为捋劲；

（3）双手同时将掤劲交叉向外掤出，称为挤劲；

（4）掌心向下圈沾着一点而不离开的下掤劲，称为按劲；

（5）两手交叉向左右、前后双分的掤劲，称为采劲；

（6）将掤劲卷蓄起来，在短距离内猛然一抖而弹出的劲，称为挒劲；

（7）手腕出了方圆圈，用二道防线肘的掤劲掤出去，称为肘劲；

（8）肘出了方圆圈外，用三道防线身躯的掤劲掤出去，称为靠劲。

综合上列所说，归根结底，内中主要练的是掤劲。掤劲是一种绵软不断的"弹簧劲"。这是首先须要弄清楚的问题。

四、弹性运动（掤劲）的掌握

(1) 要练掤劲，首先要摧毁人身上原有的硬僵——凡是动作，例如拿起一种重物，都要用力，日久天长就使人从幼年时起就养成了鼓劲拿重和举重的习惯。鼓劲就是努责，又叫做拙劲，而太极拳所需要的却是全身放长的弹簧劲。因此，练太极拳应分为两个阶段：首先是消除鼓劲的阶段；然后是生长新的弹簧劲的阶段。旧劲不去，新劲不生，所以拳论说："运劲如百炼钢，何坚不摧[1]。"这就是说须经过毫不用拙力的千锤百炼，并在各种不同的放长和松开的姿势下进行绞来绞去的揉动，才能达到极其柔软的地步，才能摧去人身旧有的僵劲，也就是说只要运劲如百炼钢，则什么僵劲皆可摧去无遗。这是前辈拳师的经验总结，所以这种化硬为柔是必不可少的阶段，初学时切勿忽视。这个阶段的时间越长越好，因为只有这样，才可以柔软得更透彻。否则，柔软得不透，将来就难免使练习者停留在柔少刚多不易达到平衡的缺点内。

(2) 掤劲不是人身固有的劲——前面已经说过，在八门劲中掤劲是基本的。掤劲生于弹性，这种弹性劲，不仅是肌肉本身的弹性，而是在肌肉弹性的基础上将骨骼韧带等与肌肉联合放长中锻炼出来的。所以说它不是人身固有的劲，而是必须经过久练才能产生的劲。它的发展是由无到有，由有到强。要练习这种弹性的掤劲，应该按照拳谱的上述四项规定尽量去做。其关键要领，还是先从用意着手，使思想上有放长的意思。这样运用既久，再配以身肢上具体的放长，庶不致发生偏差。

(3) 神聚气敛是加强弹性和提高掤劲的基础——在身肢放

---

[1] 《行功心解》是一篇指导走架子的理论性文件，不是指导两人推手的准则。

长情况下，使人精神提起而集中，气沉而内敛，这是一种自然产生的现象。反过来，也就是说，只要神聚气敛，就可引导意识上具有放长的神态，促使身肢放长，从而提高弹性和增强掤劲。在神聚气敛的一瞬间，肌肉群就会更加充分地收缩，同时反抗肌群则更加充分的放松，因此久经放松与收缩的锻炼，也就自然地加强了身肢各部分的弹性，同时也提高了身体的素质。

为了便于掌握第二个特点，把要领概括为下述五点：

(1) 太极拳主要是练习掤劲，掤劲生于弹性，弹性则生于身肢的放长，因此要注意身肢的放长。

(2) 身躯及上部的放长，必须是虚领顶劲、气沉丹田和含胸拔背。

(3) 手足的放长，必须是沉肩坠肘、松腰圆裆和开胯屈膝的旋转。

(4) 练习掤劲时，先求绵软以去掉旧力(拙力)，同时放长以生长弹性的新劲。

(5) 只有神聚气敛地练拳，才是加强掤劲的内在因素。

第三特点　顺逆缠丝的螺旋运动

拳谱规定：

(1) "运劲如抽丝"；
(2) "运劲如缠丝"；
(3) "任君开展与收敛，千万不可离太极"；
(4) "妙手一运一太极，迹象化完归乌有"。

从上列四项规定中可以看出，太极拳运动必须如抽丝的形状。抽丝是旋转着抽出来的，因为直抽于旋转之中，自然就形成一种螺旋的形状，这是曲直对立面的统一。至于缠丝劲或抽丝劲都是指着这个意思。因为在缠的过程中伸缩其四肢同样会产生一种螺旋的形象，所以拳论说，不论开展的大动作或紧凑的小动作，千万不可离开这种对立统一的太极劲。练纯熟之后，这种缠丝圈就越练越小，达到有圈不见圈的境界，到那时就纯以意知了[1]，所以顺逆缠丝对立统一的螺旋运动就成为太极拳的第三个特点。

一、运动如缠丝的实质

太极拳必须运劲如缠丝，或者说运劲如抽丝。这两种形象的比方都是说，运劲的形象如螺旋。同时，这种螺旋又必须走弧线，犹如子弹通过枪膛中的来福线后，当它运动于空间时，既有螺旋形的自身旋转，又有抛物线型的运动路线。太极拳的缠丝劲就要具有这种形象。

前面已经说明了运劲必须如缠丝的意义，那么在实际运劲中应如何运行呢？说来极平凡而简单，就是在一动全动的要求下，动作时掌心由内往外翻或由外往内翻[2]，使之形成太极图的形象（如图1）。同时，由于掌心内外翻转，表现在上肢是旋腕转膀，表现在下肢则是旋踝转腿[3]，表现在身躯则是旋腰转脊。三者结合起来，形成一条根在脚、主宰于腰而形于手指的空间旋转曲线。这是太极拳必须做到的要求。因此拳谱中特别提出

---

　　[1] 杨少侯先生在晚年独创的小架子，只见发劲，不见运劲。此乃运劲圈儿小到看不出，仅将发劲显露出来的具体表现，是紧凑不见圈的纯熟功夫。

　　[2] 所谓由内往外翻或由外往内翻，皆以食指的翻转为标准。如图1中，手从点1到点2，此时食指的运动系由内往外翻，故为顺缠；手从点2到点3，食指的运动则为由外往内翻，故为逆缠。

　　[3] 腿部顺逆缠丝的划分，是以膝盖的旋转方向为标准，即当膝盖由裆内侧往前转外向下斜缠，或由裆外侧往后转内向上斜缠，皆为顺缠。当膝盖由裆外侧往前转内向上斜缠，或由裆内侧往后转外向下斜缠，皆为逆缠。

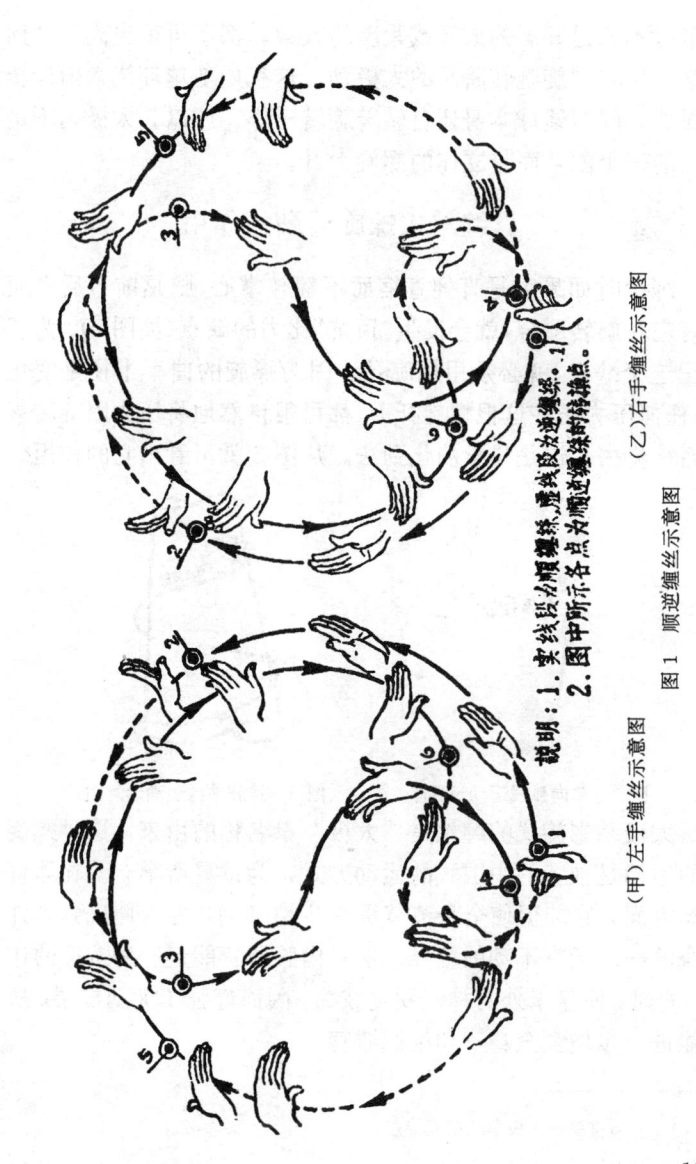

说明：1. 实线段为顺缠丝，虚线段为逆缠丝。
2. 图中所示各点为顺逆缠丝时转换点。

(甲) 左手缠丝示意图　　(乙) 右手缠丝示意图

图 1　顺逆缠丝示意图

练拳时不论是开展的放开或紧凑的收敛,都不可须臾离开"翻转掌心"和"旋腕转膀"的太极劲,这犹如地球环绕太阳运转走弧线,同时地球本身还自转着旋转一样。所以,太极劲不是平面的一个圈,而是立体的螺旋上升。

二、缠丝式螺旋运劲的作用

练拳时如果手是直伸直缩而不翻转掌心,腿是前弓后坐而没有左右旋转配合,就会发生"顶抗"比力的缺点(如图2)。为了纠正这个缺点,就必须用螺旋劲。因为螺旋的曲率半径是变化的;任何压力压在这根螺旋杆上,都可很自然地将压力因旋转落空而被化去。这是科学的化劲法。从图3就可看出它的作用。

图2 单向弧线运动示意图　　图3 螺旋抽丝运动示意图

太极拳螺旋式的缠丝是"太极"拳名称的由来。这种螺旋式的运动是独特的中国式的运动方式,为世界所罕有。在体育锻炼方面,它能促使全身节节贯串[①]地推动,并由此进到内外相合的一动无有不动的境界。这对内脏器官能起一种按摩的作用。同时,使显于外的神气发生鼓荡,因而健强了大脑皮层,从而能进一步增强全身一切组织器官。

---

① 节节贯串是太极拳的第五特点。

其次，在技击方面缠丝劲的作用也是大的。太极拳技击的核心是"知己知彼"和"知机知势"的懂劲功夫。懂劲可分两个方面：一为自己懂劲，即懂得自己动作的劲，须要从走架子中得来；二为于人懂劲，即懂得别人的劲，须从推手中得来。欲求知人，必先知己，这是认识事物的过程。欲使走架子的"知己"达到高度纯熟境界，则必须练成周身一家的功夫。周身一家的功夫是由内外相合和节节贯串中练成的，而这两者都产生于螺旋式的缠丝动作。因此在技击方面，缠丝劲也是极其重要的。

三、缠丝劲的种类及其要点

太极拳缠丝劲按其性能可以分为两种基本的缠丝：一种是掌心由内往外翻的顺缠丝，顺缠丝内绝大多数是掤劲（如图1中的实线段）；另一种是掌心由外往内翻的逆缠丝，逆缠丝内绝大多数是捋劲（如图1中的虚线段）。这两类缠丝存在于太极拳运动的一切过程中，并贯串始终。因此，在一切动作中亦皆包含着掤捋二劲的相互变化；它们是运动中的基本矛盾，同时又相互转化于一元之中。在这两个基本缠丝之下，因方位不同和变换各异，又分出五对不同的方位缠丝（如图4）。左右和上下的方位缠丝合成为一个整圈，同时结合里外，使平面圈变成立体圈，这正是太极式螺旋运动所必具的特色。其次，为了在练拳时有左右逢源、连随于人和节节贯串如周身一家起见，又有大小、进退两对方位缠丝的配合，以满足健身和技击上的特殊需要。因此，太极拳每一个拳式，在顺逆基本缠丝的基础上，至少要有三对方位缠丝结合一起进行运动。只要掌握了这个规律，就可使动作在划弧线进行运动时有了一定的依据，不论是学习或纠正拳式，也就容易多了。在练拳时如果感到某一动作有不得势和不得劲处，就可依据缠丝的不顺遂处挪动一下腰腿，以求得顺遂，就可使姿势得到纠正。所以掌握了缠丝，就是掌握了自我纠正的工具。现举例来说明它的作用。

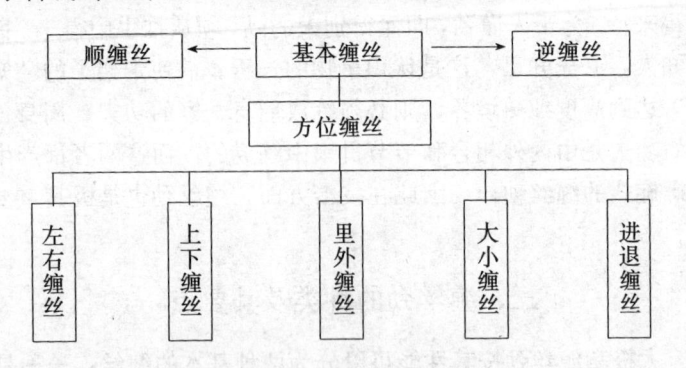

```
        顺缠丝 ←——— 基本缠丝 ———→ 逆缠丝
                      │
                   方位缠丝
                      │
    ┌─────────┬─────────┼─────────┬─────────┐
  左右缠丝   上下缠丝   里外缠丝   大小缠丝   进退缠丝
```

图 4　十二缠丝劲别示意图

（1）"云手"——这一拳式，在十三势内是唯一包含双顺转双逆左右大缠丝的拳式。在运动时，两手的基本缠丝是掌心由内往外的顺缠丝，转由外往内的逆缠丝，它的方位缠丝是左右、上下和微向里外。左右、上下是一个平面圈，若再使划圈微向里外，就可成为一条空间曲线的立体圈，可以达到气贴脊背的功用。

（2）"白鹤亮翅"——它的基本缠丝是一顺一逆，是架子内比较多的一种缠丝，它的方位缠丝是左右、上下和里外。因为一顺一逆，在左手是向里、向下的逆缠丝，在右手是向外、向上的顺缠丝，两者合起来，在两膊相系[①]的要求下成为右上、左下的一个"右顺左逆分掤圈"。

――――――――

[①]　两膊相系就是在运动时，两只臂膀好象有一根绳子相互系住一样，当一臂动时，另一臂亦能在使绳子基本上维持绷紧的条件下，跟着运动，也就是说，要使两臂内始终含有掤开的掤劲。

上述例子说明，太极拳各个拳式虽花样繁多，转换各别，但从它基本缠丝来分析，就极其简单了。所有的拳式概不外乎"双顺缠丝"、"双逆缠丝"及"一顺一逆缠丝"三种组合。若按此法经常分析和捉摸自己常走的架子，并列成表，就可成为自己练习的依据。有了这种依据，则可分清劲别，做到内外相合和节节串贯，在提高弹性的基础上达到正确姿势的要求。

四、螺旋运劲的掌握

特点三是拳名太极的由来，其作用已如上述。所以前人为了使后学者做好运劲如缠丝，在《太极拳论》中作了专论，这是一篇运动的实践总结。其中，第一部分论述了缠丝劲。要掌握特点三，就只要按照这部分比照着去练，并作为平时检查自己走架子的依据，就可得到正确的姿势和动作。现把这部分概括讲解如下。

（1）由精神实质上掌握特点三

（甲）"一举一动，周身俱要轻灵"——精神若能提起，就可无迟重之顾虑，这是求轻的方法；意气若能灵换，则意气就不致呆滞在某一点上，这是求灵的方法。掌握缠丝劲的第一点，就是在运劲的过程中周身必须要轻要灵，这样才能为做好缠丝动作提供有利条件。

（乙）"动作须节节贯串"——在运劲如缠丝之中，要轻灵，尤须贯串，这也是运动中的一个重要环节，学习时不可忽视。其详细内容，可参见本章第五特点。

（丙）"神宜鼓荡，气宜内敛"①——如果心意不能贯彻于动

---

① 神与气可鼓荡，亦可内敛。所以拳论说："欲要神气鼓荡，先要提起精神，神不外散。"

作之中而别有所思，表现了意痴神呆，则神就不易鼓荡，同时气亦不能内敛以从心，结果造成气势散漫，劲无含蓄，身法散乱。因此，首先须将心意贯彻于滔滔不绝和起伏不已的动作之中，则神自鼓荡。其次，须使肺呼吸配合运动。由于神的鼓荡，气自收敛而不致散漫；气不散漫，就可由神带头而同时动荡起来。

综观上列三项要求，可以说"运劲轻灵与贯串，神气鼓荡与内敛"乃是掌握缠丝劲时所必须掌握的精神实质。

（2）由劲别上掌握特点三

（甲）"毋使有缺陷处"——运用缠丝劲时，不论是顺或逆，务使八门劲运到螺旋的弓背上，也就是螺旋的接触面上，切不可有时在弓背，有时又陷在弓里面，这是缠丝最易碰到的缺点。若一经陷在里面，不但削弱了掤劲，同时也会失去缠丝中的摩擦特性。因此，若一有缺陷，劲就不能达到螺旋的接触面上，也就失去了缠丝劲的牵动作用（如图5）。

图 5 缠丝缺陷示意图　　图 6 抽丝凹凸示意图

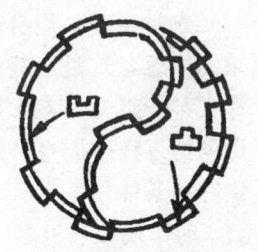

（乙）"毋使有凹凸处"——缠丝劲的运用线路，在所有过程中都要做到曲线缓和，形成顺遂的姿势；同时，又要求绵软而富于弹性，这是消灭凹凸的一种方法。即使在发劲时，亦要如软皮鞭一样的甩出去。这样，由于身手放长，身肢又象打了气的轮胎，与物接触就具有随高逐低的粘走作用。若运劲一有

凹凸，就产生棱角，发生顶抗的毛病，从而使运劲失去螺旋转动的作用（如图6）。

（丙）"毋使有断续处"——缠丝的一切过程，无论是顺缠或是逆缠，务须一缠到底。所谓"底"，乃是到达了这一拳式表现劲别的落点处，也就是接做下一式的转关处。到了此处，由折迭转换①接做下一缠丝，将劲接到下一拳式中。劲既不断，也就无须续。如缠至半途将劲断了，然后又将它接续上去，这是要不得的。因为缠丝有了断续，就是一个空隙，这一空隙不但失去应有的牵动作用，且为对方造成得机的机势。因此，在运劲缠丝上说是不允许的（如图7）。其次，即使在发劲时，虽然可以有断续，但仍须有"劲断意不断，意断神可接"的要求，即所谓断而复连。

图7 缠丝不可有断续示意图

综观上列三项，说明在缠丝过程中，也就是在运劲过程中，万不可发生缺陷、凹凸或断续的缺点。在三个缺点中即使犯了一个，就不能再发挥缠丝劲应有的作用。这是学习时不可忽视的问题。

---

① 折迭的意义可详见第六特点。

为了便于掌握,现把要领概括如下:

(1) 缠丝劲为太极拳命名的由来,没有缠丝劲就不能使劲环绕着身肢节节上升,达到完整一气。

(2) 须知"贯串"的要求,不仅是运劲须通过关节部分,而且还须使它通过整个关节上下的肌肉部分,这是螺旋缠丝的作用。

(3) 太极拳有一对基本缠丝和五对方位缠丝是教和学太极拳的最好的工具。

(4) 运劲如缠丝,只有在轻灵贯串条件下才能实现;同时,神气方面必须鼓荡和内敛。

(5) 缠丝劲的运用不可产生缺陷、凹凸和断续三个缺点。

第四特点 立身中正、上下相随的虚实运动

拳谱规定:

(1) "意气须换得灵,乃有圆活之趣,所谓变转虚实须留意也"。

(2) "虚实宜分清楚,一处有一处虚实,处处总有此一虚一实"。

(3) "立身须中正安舒,支撑八面";"上下相随人难侵"。

(4) "尾闾正中神贯顶";"上下一条线"。

上列四项规定可以说明,太极拳的所有动作都必须分清虚实。动作能分清虚实地转换,就可耐久不疲,这是最经济的一种动力活动。因此,练太极拳时双手要有虚实,双足也要有虚实,尤其重要的是左手和左足、右手和右足要上下相随地分清虚实,也就是说,左手实则左足应虚,右手虚则右足应实。这是调节内劲使之保持中正的中心环节。此外,形成落点的虚中

要有实，实中要有虚，从而处处总有此一虚一实，使内劲处处达到中正不偏。初学时，动作可以大虚大实，以后逐步练成小虚小实，最后达到内有虚实而外面不见有虚实的境界，这是调整虚实的最深功夫。

虚实灵换的核心，在于意气的灵换，同时要在"中土不离位"[①]及内劲中正情况下来完成。为此，练拳时必须"尾闾正中"，"安舒支撑八面"、"虚领顶劲"、"上下一条线"地随时调整虚实。所以立身中正，上下相随地调整虚实就成为太极拳的第四个特点。

一、虚实比例

根据太极拳理论，在一切动作内都必须分清虚实，所以练拳时要注意使动作处处有此一虚一实。为了做好虚实的调整，首先必须认清虚实的正确涵义。所谓虚，不是全无力量；所谓实，亦非全部占煞。以双脚来说，虚不是在这一只脚上全无荷重，实亦非全部荷重都放在这一只脚上（提腿、独立和解脱擒拿等拳式例外），而不过是使虚比实的荷重轻些。这一虚实名词的产生，在力学上来说，是由于人体总荷重的重心常有偏移。当重心偏移到右边时，则成为右足实而左足虚，偏左时，则又成为左足实而右足虚（如图8）。上面说过，太极拳动力本身就产生于重心偏差的倒换中，如果没有偏差，就是说重心正摆在中心线上，那就会形成双重[②]，失去动力而形成滞重的毛病。此时如果将双

[①] 中土不离位，指人体重心不离开两腿间距离的中间三分之一的意思，详见图9。

[②] 双重是双足不分虚实，成为双实；双手也不分虚实，亦成为双实。因此成为双重，以致等于填实滞住，变换不灵，所以为病。

手虚虚掤起，就可成为双沉①的功手，可使运动重新获得转换的动力。

虚实不是固定的，它随着拳式变化而变换。在开始学拳时，宜采取大虚大实的姿势，如二八之比（二八之比是指两脚负重的分配比例，如以全身重一百斤为例，则一脚负担20斤，另一脚负担80斤）。随着功夫的熟练，就要转为小虚小实的姿势，如两脚的负重分配比例为四六等。经过这种紧凑功夫以后，由于动度变小，即可使虚实变换得更加灵活。变换灵活的内在根由，在于意气转换的灵活，因而可以做到不滞住于某一面，不专注于某一点：例如某式应注意左手，则能毫不费力地立即转到左手上②。这样就可使人在练拳时有左右逢源的感觉，产生圆活如珠滚在盘上的趣味。从姿势上说，在任何变换下，皆不能使"中土离位"；不离位才能前后左右变换而不受阻。若身体偏于一边来进行变换，就须经过调整才能变换过来。这是一个失势的空隙，并且因为多了一道手续，使行动转慢，坐失良机。这用太极拳术语来说，称为失机。失机、失势是太极拳的大病，所以变换虚实只有在中正立身的情况下，才可以达到灵活转换的要求，这是必须掌握的重要关键之一。

图 8　重心偏移示意图

---

① 双沉是双足虽未分虚实，或是微末虚实，成为双实，但是双手却是全虚，或是微末虚实。这样就成了腾虚，如十字手，为上下相随的双实双虚，是为双沉。此时两手两足虽然为双虚和双实，但内中仍有主次之分，所以不为病。

② 这是指人的习惯多用右手，但有时应注意左手时，仍旧注意到右手上。

二、三种基本虚实

(1) 脚的虚实——脚的虚实划分,就是一只脚负担重些,另一只脚负担轻些。按照力学原理,身体重量的重心若位于两腿间距离的中间三分之一的地方,就可使两脚均有着落,称为半轻半重①(如图9)。如果重心位置超出了中间三分之一的范围,则那只虚脚就会因过虚而产生浮摆的现象,成了偏轻偏重②的病象(如图10)。

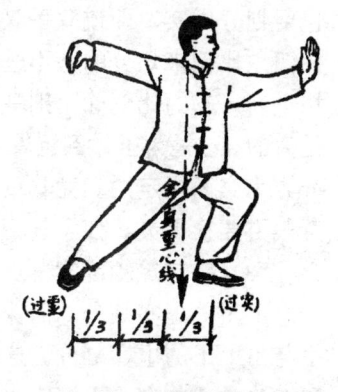

图 9 半轻半重　　　　图 10 偏轻偏重

另外,在运劲或发劲时,动作要做到曲蓄有余。即使在发劲后,四肢亦仍不应十分伸直。因为一经伸直,在变换虚实时,就要先将直变弯,然后才能倒换伸缩。而如果是手足处于曲蓄

---

① 半者就是人身重量的重心在两腿间距离的中间三分之一以内,这时两脚均有下踏劲在地面上,只不过轻重不同而已,所以称为半有着落,或称半轻半重,这是正确的姿势。

② 偏者指重心位置已经超出了中间三分之一的范围,使一脚特别重,而另一脚则浮摆在地上,形成重于一边,因此另一边当然是偏轻,这就是偏无着落,或称偏轻偏重,是一种病。

有余的姿势下，则触之就可旋转自如，不必分心于倒换之中，这是使动作能自动化的基础。

总之，太极拳对于双脚的虚实要求，无论在何时何地，都须有此一虚一实的倒换，尤须逐步收小比例，使虚实的转变加快。如果双脚虚实换得不快，就不能适应手的变化，使上下不能相随，就要分成两歧，破坏了动作要周身一家的要求。

(2) **手的虚实**——凡是劲运到手上掤时，此手为虚，运到手下沉时，则此手为实。太极拳两手的动作，和两腿动作一样，也要划分虚实，即或双手双按时，如六封四闭这一拳式，亦是按四六比例来划分的。不过手的虚实比例比腿稍有不同：功夫精进后，它的比例除个别拳式外，都在三七至四六之间，比例是大的。这是为了做到沉着松静，专主一方，使以一方为主，另一方为宾而规定的。尤其重要的是，不但肢体要换得灵，而且意气更要换得灵，使意气不滞于一手，特别是右手。

(3) **手与足的虚实**——划分虚实最费功夫的，要算是一手一足上下的虚实划分。而保健和技击上最有作用的，也是这种手与足上下的虚实划分。这是使步法做到连随的核心。其要求和做法是：如右手下沉为实，则右足必虚；等到右手转到上掤为虚时，则右足就随上面的手转为实；这样做，称为"上下相随的分虚实"。所以在太极拳《打手歌》内说："掤捋挤按须认真，上下相随人难侵"，其重要性可想而知。因此，练拳时要充分检查每一个动作是否达到了这种上下相随的要求。以练一趟架子来说，内中姿势是多种多样的，变换姿势又是那样地频繁，要做到上下相随，当然得费一番功夫，才能掌握得熟练。这种变换，除了迈步时手随足来变换虚实外，大多数皆是足随手来变换虚实。总之，能做到一手一足的上下虚实，则重心位置可不出两腿间距离的中间三分之一的范围，使左右腿均有着落，故内劲可得到中正；内劲中正了，才能支撑八面。这种虚实归纳到地面上的足部落点来说，是虚中有实和实中有虚。只有具备了这种上下相随的虚实，步法才能轻灵不滞，进退自如，才可以连随于人而不致发生丢顶的病象。同时，在熟练后推手时，只要注意与对方接触的一只手，则另一手、两足均可由此养成上下相随的习惯，而不必再予分心，能得到自动配合的效果，也是动中求静而得静的关键。

三、虚实的掌握

上面说过，太极拳是以分清虚实和由重心偏移而产生的偏心力矩作为动力源泉的，这是最省力的机械作用，可使人历久不疲。练拳时只要挪动一下重心，就可以动作起来。这种虚实锻炼的程序，首先是双足的虚实，其次是双手的虚实，最后，也是最主要的，是一手一足上下的虚实。

太极拳在练一趟架子时，双手为了能够弧行圈走，须忽虚忽实地不断变换，从而促使双足必须随着手的虚实而调整虚实。同样，双足在进退时都是虚迈而出，迈到其点再落实而变为实的。这是太极拳一般的迈步要求，因此手就要随着足的虚实而变换虚实。这些都属于上随下和下随上的上下相随的要求，练太极拳必须遵循这个要求，并养成这种习惯。久习久练，一旦练成习惯，则人来时自然能产生自动的"连"，人走时又可自然地产生自动的"随"，再也用不着多费心意来指挥动作了。

四、轻重浮沉与虚实

划分虚实，粗看起来，并不是一件复杂的事，但实际上是一个非常细致和多式多样的学习过程。因此，为了更好地学习虚实，就必须进一步了解轻重浮沉四者与虚实的关系。拳论说：

"若不穷研轻重浮沉之手,有掘井徒劳不及泉之叹",这说明了其重要性。

为了细致地掌握这种虚实,应该在各个拳式中细心捉摸,找出缺点一一加以纠正。这时有六个关键必须掌握,掌握了这六个关键,就基本上可以做到功手,而不是病手。

(1) 要"半",不要"偏" —— 所谓"半",是指人身重心的偏心距未超出两腿间距离的中间三分之一的范围而言的,这是一种位于方圆圈内的偏心,是正确划分虚实的标准。所谓"偏",则指人身重心的偏心距已超出上述范围,致使偏心出了方圆圈,是虚实分得太过的缘故。所以"半"就是有着落,不为病,而"偏"则已无着落,是病。因此分虚实时要"半",不要"偏"(如图11)。

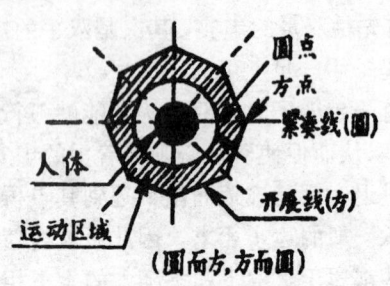

图11 方圆示意图

(2) 要"沉",不要"重" —— 所谓"重",是指过于填实而产生滞的现象。所谓"沉",是指虽为下沉,但仍能"自尔腾虚",也就是说,沉是在上下相随之中产生的:如足下沉为实,而手上掤为虚,就可使实中有虚,因此"沉"不为病,而"重"为病(但半轻半重除外)。所以分虚实时,要"沉",不要"重"。

（3）要"轻"，不要"浮"——"轻"是在方圆之内使动作表现出轻灵而有着落，而"浮"是出了方圆，使足跟浮起漂渺无着落，也就是虚得太过，因此浮是一种病象。所以，分虚实时，要"轻"，不要"浮"。

（4）三个无病的虚实——练拳时应该学习并做到"双轻"[①]"双沉"和"半轻半重"三个无病的虚实。在这三个虚实中，又以"双轻"、"双沉"功夫比较细致难做，做不好，就有流入"双浮"[②]（手虚足也虚）和"双重"（手实足也实）的可能，这是要充分加以注意的。特别是"双轻"、"双沉"的功手和"双浮"、"双重"的病手，在手足转移中仅有毫厘之差，因此更应防止这种差之分毫、谬之千里的可能发生。

表1 虚实划分中的病手和功手

编号	病手名称	病象	编号	功手名称	功能	附记
1	双　重	病在填实	1	双　轻	自然轻灵	本表按照拳论《太极轻重浮沉解》分析所得。全部虚实划分共有12项，其中功手只有3项，而病手却有9项，占四分之三。因此，练习时稍有不慎，就易出病手，应加注意。
2	双　浮	病在漂渺	2	双　沉	自尔腾虚	
3	偏轻偏重	偏无着落	3	半轻半重	半有着落	
4	半浮半沉	失之不及				
5	偏浮偏沉	失之太过				
6	半重偏重	滞而不正				
7	半轻偏轻	灵而不圆				
8	半沉偏沉	虚而不正				
9	半浮偏浮	茫而不圆				

① 在心意虚灵不昧和清明在躬的行气之下虚领顶劲，上则两膊相系，下则两腿相随，虚实仅有微末之分，但却能自然轻灵地转换，是为双轻，所以不为病。

② 双浮是双手虚，双足由于过分大虚大实，致使在运动过程中不但那只虚足浮起，连那过实的足在变换时也被牵动得站立不稳而浮起，以致全身漂渺无着落，成为双浮，所以为病。

（5）**隅手是补救偏重、偏浮[①]的重要措施**——在个人单独练习时，是可以做到变换虚实而不出隅的要求的，也就是不致出方圆而发生偏重、偏浮的虚实。但是，与人推手时，已关系到两方面的事情，决不能凭主观愿望片面地想不出隅就可以不出隅。如果对方采用采、挒的隅手来硬拿、硬击，则自己有时也难免要出隅。因此，就不得不用隅手来补救这种出隅的虚实，使之重新回复到方圆内来，达到半轻半重的虚实。例如，右手出隅、左手出击；人迎左手，则右手又可回归到方圆四正之内。这是补救自己虚实出隅的手法（如图12）。

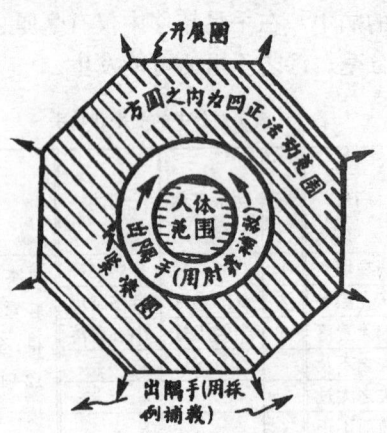

图12 四正四隅运动范围示意图

（6）**要做好虚实，不要忘却隅手**——例如在推手时，如果对方是一个大开大展的俯仰倾斜者，常想用出隅的手法来制人，那么这时如果不敢采用或不习惯于采用隅手来对待他的隅手，

[①] 所谓偏重偏浮，乃是由于同一边的手和足上下皆虚，或上下皆实，使劲偏于一边所形成。因此上下相随的分虚实，正是为了不致发生偏重偏浮而提出的。

而还是想用四正来对待他的四隅,与之沾粘划圈地推动不已,则这样的动作就违背了隅手对隅手的规定,会使自己不自觉地产生偏重、偏浮的虚实,可以说这是惯于使用四正的一种缺点。所以,拳论说:"采挒肘靠更出奇,行之不用费心机",这恰好地说明了隅手的重要性。若忘却隅手的掌握,就会使虚实的偏重、偏浮得不到纠正,并且还会导致自己进一步出隅。这是惯于四正忘却四隅成为"一条腿"所产生的缺点。

为了便于掌握第四个特点,将其要点概括如下:

(1) 分清主要的三个虚实,即脚的虚实、手的虚实和一手一足的虚实。

(2) 注意调整左手左足和右手右足手与脚的虚实,这是"上下相随人难侵"的主要关键。

(3) 要根据轻重浮沉的原则,经常检查自己划分虚实中的缺点。

(4) 要做到双轻、双沉和半轻半重这三个无病的虚实,这要刻刻留心,久久锻炼才能养成。

(5) 推手时不要忘却"隅手对待隅手"的原则。四正手与四隅手要相互转换,两者俱练。

第五特点　腰脊带头、内外相合的节节贯串运动

拳谱规定:

(1) "腰脊为第一主宰,一动无有不动";

(2) "周身节节贯串,毋使丝毫间断";

(3) "欲要周身一家,先要周身无有缺陷";

(4) "行气如九曲珠,无微不到"。

从以上四项规定中可以看出，为了达到一动全动，必须以腰脊为中心，因为腰是左右平行转动的中轴，脊是上下弯曲的根基。太极拳动作既要一动全动，那么在运动线路上就不能单纯地左右平旋，也不能专在上下、前后做弯曲动作，而必须将腰脊联合起来，使运动的路线形成一条既是左右，又是上下、前后的空间曲线，以建立一动全动的基础。这就是说，只有通过腰脊为中心，才可以使周身九个主要的运动关节①依次贯串起来。此外，还要做到周身无缺陷，贯串如九曲圆珠，这样功夫才可以进展到周身一家的地步。所以腰脊带头、内外相合的节节贯串运动，就成为太极拳的第五个特点。

一、节节贯串的实质

为了明确节节贯串的实质，试举下半身为例加以说明。当劲起于脚跟，通过踝关节，环绕着小腿上升到膝关节，再由膝关节旋转上升，环绕大腿到胯关节，能够做到没有丝毫间断，是谓下半身的节节贯串。这说明所谓贯串，不仅在关节上动，而且应使整个腿环绕上升而动。若不经过大小腿而单由踝、膝、胯等关节动，则属于由一节飞跃到另一节的动，这是一种"零断劲"。因此，只有经过大小腿而上升的劲，才是真正的"贯串劲"②。

明确了贯串劲，就可以找到着力之点。若使腿前弓后塌而没有左右旋转，则无论怎样也不可能将关节与肌肉贯串起来，这时就只能表现出关节的一收一放，与肌肉的放长无直接关系。手臂若是直伸直缩，情况也是如此。因此，这种贯串的要求除运

---

① 九个主要关节指：颈、脊、腰、胯、膝、踝、肩、肘和腕。
② "零断劲"仅关节运动，而"贯串劲"则肌肉与关节齐动。

用缠丝螺旋式的上升外是无法达到的。

二、一动全动和腰脊的关系

太极拳动作首先要求外部九个主要关节能先后贯串地运动起来，这样才能引起内脏产生"按摩"作用。练拳时切不可几个关节动，另几个关节不动。为了做到全身关节依次全动，就必须在人身上找出它的中心环节，并用它来领导各个关节依次运动，这样才会使动作变得比较简单。否则，要运用脑力来照顾九个关节依次节节俱动，这会造成顾此失彼，忙个不休，不但不能达到贯串全动的目的，并且会失去动中求静的要求。

我们知道，腰与脊这两个器官居于人身的中部，它们天然具有中轴的功能。因此，如果能使腰脊配合特点三的螺旋运动，就可达到节节贯串的要求，所以在太极拳中称腰脊为第一主宰。因有这个中轴，双手才能运用离心力和向心力的统一性，做到"动之则分，静之则合"（如图13）。

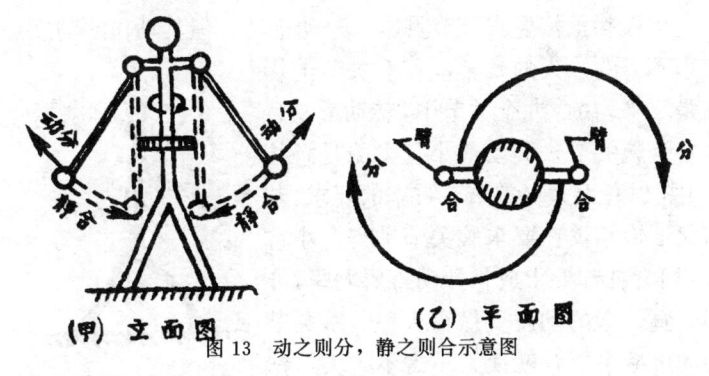

图13 动之则分，静之则合示意图

三、节节贯串与增强关节

太极拳练到节节贯串以后，就可达到周身一家的功夫。练成这种功夫，只要简单地微微一动，就能使全身内外各部配合着动起来。这种贯串各关节的运动，可以增强关节，阻止关节发生退化现象。根据人体生理学规律，关节经常活动有助于保全关节面上软骨组织的正常结构；如不常活动，则软骨组织就会发生纤维性病变的退化作用。假使长时间不活动，它的附属器官还会进一步硬化，这样就形成了关节不灵的强硬状态。这些病变产生的原因，皆因润滑关节面的骨液分泌衰退的缘故。

由此可见，太极拳节节贯串的要求，对于增强关节机能起着重要的作用。一般练太极拳都先求开展，动作开展也就扩大了人体骨骼活动的幅度。所以练太极拳时关节上常会发出一连串的响声，使人感到轻松，这说明关节得到了锻炼；这样不仅可以保持关节正常的功能，而且还可以使骨骼的机能不断增强，加速关节及其周围血液的供应，因此至老也可健步如青年。

四、关节动度的调节

太极拳虽然要求节节贯串，一动全动，但其动作的动度是大小不一的。人的日常动作对关节的影响是不平均的：九个关节中，转动最易且多的是腕关节，转动最小且少的是脊柱（如图14）。而太极拳节节贯串的要求，却与此恰恰相反：要求腕关节动得愈小愈好，而脊柱却要求放长并动得要大些，亦即一直一弯的动度要做得大些。腕关节的动度减小了，就使人不得不扩大身法来帮助达到节节贯串的要求，不得不以腰脊作主宰，否则就无法婉转自如地转过来。如果腕关节的动度不减小，则手腕一转，一个动作可以

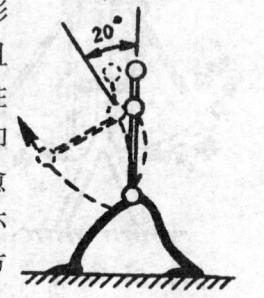

图14　脊节动度示意图
（动得最小的脊柱关节）

与脊无关地轻易转过去、滑过去,腰当然动得小了。所以太极拳名家们常常说:"练太极拳要练在身上,不要练在手上。"就腕关节来说,必须将腕关节的动度减小,迫使一举一动不得不运用身法,从腰脊上运出来。

作者有一个朋友,他练习太极拳有年,但只在手法上注意,劲没有运到身上去,动作时只见手臂在动,身体却象一根木棍,随着步法前进和后退。后经别人指点,他用两副薄板夹住两腕(共四块),夹板的两端各打了两个眼,用橡皮圈系住夹板,仅允许腕有小的弯度。这样练习不久,就将从前手上的动转移到身上去了;一经运到身上,就能动则俱动,那节节贯串的要求也有了较好的进展,神气也渐趋鼓荡,身肢也产生了圆活如珠的趣味。这就是减小腕关节动度来提高身法的结果。

五、节节贯串的掌握

在运劲时必须由腰脊作发动机,以腰脊为中心,这样才可以练好节节贯串的功夫。而为了做到主宰于腰脊,不顾此失彼和不分散思想,则只有运用具有倾斜度的离心力来发动动作(图15),才可以自然地把劲运到腰脊上去。所以练架子时,务须养成这种动作的习惯,这样才可使运动时不分散心思,不但可以做到腰脊带头的劲,而且还可做到动中得静。"运之则分,静之则合"是描写离心力"动分"和"静合"的作用。虽然由于离心力使两膊同时螺旋地分开,但因为两膊相系,在开中还寓有收合的内劲;

图15 太极拳运动曲面倾斜度示意图

这是属于全身的开中寓合。其次，由于不是直开直收，使手臂也就具有螺旋式的开；这是肘合腕开和腕合肘开的开中寓合和合中寓开。前者是全身的开合相寓，后者是手臂的开合相寓。这种全身与手臂的开中寓合和合中寓开，乃是"太极"图（阴阳）的具体表现。练成这种功夫，才能纵横前后，左右逢源，触之则旋转自如，变化万千，为内外俱练提供了有利条件，也是解除技击上"顶匾丢抗"四种毛病的基础（如图13）。

陈式太极拳第一路拳以运劲为主。在运劲过程中，同时产生了化劲，化后就要发劲，这是运劲发展的规律。现代为保健目的而修改的太极拳，几乎全是运劲，对于发劲大有删去不用的趋势。但是太极拳原是运发并用的拳，因此才构成了八门五步[①]。所以有人将发劲的明劲改为暗劲，以达到有发劲之意，而无发劲之形，也就是将发劲改为放劲，以降低发劲的刚度，来适合体育锻炼的要求。所谓发劲，是在沉肩坠肘之下，将各种曲蓄有余的内劲引导着由脊背传递到手臂上再发出去的意思。所以拳谱中规定："劲由脊发"，即由脊脱扣而发出。只有这种发劲才是中正劲，它是由全身汇合了各个关节而发出来的。所以节节贯串的原则，不论是运劲、发劲和放劲均须贯彻，因为节节贯串的运劲正是节节贯串的发劲的基础。发劲除对年老者和体弱者有些不适应外，青壮年人若能练到运发俱能的地步，不仅可练成四正、四隅的八门功能，且对增强体力大有好处。

由此可知，节节贯串的运劲，不仅可为周身一家的功夫打下基础，并且可为节节贯串的发劲提供条件。发劲要节节贯串，是为了能加强其劲，将劲集中于脊背，然后发出去。同时，反

---

① 八门指八种内劲，即掤、捋、挤、按（又称四正）和采、挒、肘、靠（又称四隅），五步指五种步法，即前进、后退、左顾、右盼、中定。

过来又促进了运劲,所以它们两者相互为用,又相互增长,因此对保健与技击都有着极为良好的作用。

为了便于掌握特点五,现把要领概括如下:
(1) 腰脊联合作中轴,手臂动作要有倾斜度(45°左右);
(2) 由中轴而产生的"动分"和"静合",是运用离心力达到贯串的中心关键;
(3) 开中寓合、合中寓开是节节贯串和旋转自如的具体表现;
(4) 发劲的节节贯串是加强运劲贯串的手段;
(5) 减小腕关节的动度,为提高身法作用的必要手段。

第六特点　相连不断、滔滔不绝的一气呵成运动

拳谱规定:
(1) "往复须有折迭,进退须有转换";
(2) "收即是放,放即是收";
(3) "劲断意不断,意断神可接";
(4) "如长江大河,滔滔不绝,一气呵成"。

从上列四项规定中可以看出,太极拳不以一动全动为满足,还要求在练全趟架子时能够进一步做到一气呵成,内劲不断。这是加大运动量的又一方法。其具体方法是:在手法上遇到往复时,要嵌进折迭;在步法上遇到进退时,要嵌以转换;在开合、收放时,要有收即是放和放即是收的意和劲。当然,这个特点同特点五一样,是在螺旋式缠丝运动的辅助下来实现的。如果在发劲之后出现了断劲现象,就要将这种发劲的余意接续下去。

万一意也断了[①]，则要运用意、劲的余神接续下去。为了做到这点，运劲要有折迭转换，动作要有用意不用力，而使收放统一的身法如同长江水流滔滔不绝，中间无卸劲的余地，亦无意驰的时候，这样就自然可以达到一气呵成的要求。因此，相连不断，滔滔不绝的一气呵成运动就可作为太极拳的第六个特点。

一、一气呵成的实现

这个特点是继特点五之后在一动无有不动的基础上再进一步加大运动量的具体措施。特点五着重于要求九个主要关节要一动全动，借使运动器官和内脏器官内外相合，以提高每一个拳式的运动量。而特点六则主要是要求在一动全动的基础上，从一趟架子第一个动作开始，一直到一趟架子练完止，中间没有卸劲的地方和断劲的时候，也没有神气呆滞别有所思的情况发生，更没有松口气、离开用意的表现，而是做到自始至终相连不断，波浪式地滔滔起伏不已，也就是说，要把一趟架子一气呵成。运动量经过这一提高，对一趟架子练完后的动度的计算，应该是九个关节的动乘以一趟架子的动作：假定架子的拳式为七十二着，那么练完一趟架子就要一气完成六百四十八个动量。这是我们祖先在体育运动上的一种出色的特殊创造。但是要将这种复杂多变的运动做得自始至终相连不断，从大的方面来说就要做到下述两个方面。

（1）**手法上**——运劲时凡是遇到一往一复的动作，在往复之间要运用折迭弥补其间，使前后两个动作能呈曲线缓和地联接起来。这种折迭的做法是，在运劲到尽头，将要做下一动作之先，如下一动作是要往下和往前行，那么就要先向上一折，再

[①] 所谓意断，是指意与动作脱节，内外不一，意外驰，动作无主。

往后一迭，然后再接做下一拳式，这样就与下一动作的劲很自然且呈曲线缓和地联接上了。这就是拳论所规定的"意欲向上必先寓下，意欲向前必先寓后"的说法。这样做，不但前一拳式与后一拳式的劲接上了，并使下一拳式由于前一拳式的加速力关系，使它更加沉着和加强了，正如用毛笔写大字的回锋笔法一样。因此，太极拳运动除了一个动作在一个圈内可以做完者外，如果动作中有一往一复（如两个拳式连接处），就必须加以折迭，才可使上一动作的劲毫无间断地贯串到下一动作中去。这是在手法上因有折迭而达到相连不断的方法。

（2）**步法上**——凡遇到动步进退时，在它们之间用一个"转换"来弥补其间，使前后的步法也能呈曲线缓和地联接起来。这种转换的做法是，迈步向前或是退后均不可直线地直进直退，而必须在前一步到后一步之中嵌进一个转换。这种转换，就是太极拳五步中的顾盼[①]二步。有了顾盼二步的转换步法，不但可使腿部的劲强有力地联接起来，并且可使腿部不离开缠丝，能与两臂的缠丝上下一致地联合起来，起到劲起于脚跟，形于手指的贯串功用。

太极拳整个套路内是不断有往复的，因此也是不断有折迭的。有了折迭嵌进在动作之内，练起拳来就显得有一种留恋缱绻的感觉，产生似松非松、将展未展的神态，并表现出波浪滔滔的起伏状，好象一浪过去，又是一浪地动荡不已。

太极拳一趟架子内是不断有进退的，也是不断有转换的。有了转换嵌进在进退之间，就使进退不再是直进直退，而是可以显出婉转的回旋和生生不已。我们在泥地上练拳时，练完一趟

[①] 顾盼步法所以用目光顾盼二字来形容，是因为太极拳是以步随身转和身随眼动的原则来进行运动的，故名。左为顾，右为盼。

架子之后，在泥土上可以留下许多足跟的圈儿，这就是这种转换的顾盼二步所留下的正确痕迹。

总之，在往复之间手臂有了折迭，在进退之间腿部有了转换，就不但可使前后的内劲联接上，并可使往复进退过程用的劲都是圆劲，不致发生顶抗与丢匾的毛病，也可使往复与进退两者对立面统一起来。

二、名家行拳实例

1914年前后，在前北京体育研究社的年会终了时，全城各派武术家们，如纪子修、张策、尚云祥、王茂斋、许禹生等参加余兴表演。当时太极拳方面，有杨澄甫和吴鉴泉双演太极拳。他们采用的都是大架子，两位在表演时，使观众只觉得是在左右逢源之中前进和后退，滔滔不绝地起伏不已，好象站在小划船上横渡长江一样；他们的动作表面上极其绵软，内里却显出含有坚强；慢到方时快，快到圆时慢，极其匀清地配合着开合，如玉环的无端，看不清衔接在何处。他们进退时并不显出在进退，仅觉得逐步在变换姿势；表演完毕的时间，约八分多钟，在场的人都叹为观止。

名家们在走架子时所以能够达到这种精深正确的要求，当然主要是因为他们勤学苦练，功夫到家的结果。但是内中如缺少往复的折迭和进退的转换，要想达到这样动荡无已和一气呵成是有困难的。

三、神气动荡和一气呵成[①]

从姿势方面如何做到相连不断,已如上所述。本节着重叙述在神气方面应如何达到相连不断,借使内外一致,真正达到相连不断。

要检查神气方面是不是断了,只要看练拳人的神气是呆滞,还是动荡,换句话说,只要练拳人的神气是随着动作而表现出动荡的神态,就证明此时此人已经将意贯注于动作之内了,证明他正在用意练拳;即或表面看到好象劲断了,如果意识还存在于动作之中,就只能说,他的内劲在运动中减弱了,而不能说劲已断了。因此,练习走架子时,应该注意掌握神气的动荡特性,因为这是表示内劲不断的唯一标志。所以,练太极拳一开始就应注意将内意和外神寓于动作之中,毫不间断;久之可以养成习惯,做到不走架子则已,一走架子神气必动荡无已,思想无暇开小差。这样做,即使万一思想开了小差,仍能尽量保持神的存在,可以很快消除劲断意驰的现象。

四、劲别和一气呵成

太极拳《正功解》上说:"太极者圆也,无论上下左右,不离此圆也。太极者方也,无论上下左右,不离此方也。圆之出

[①] 本项所指"神气动荡",与第一特点的"神气鼓荡"稍有不同。"神气鼓荡"是说明在运劲时要鼓荡其神气于八门劲别的运用之中,反过来又促使内在意气运动加强。"神气动荡"是指在一般运动时养成神气动荡的习惯;不运则已,运则神气随着动作而动荡,说明内在意识没有离开动作,没有外驰。

入,方之进退,随圆就方之往来。方为开展,圆为紧凑①,方圆规矩之至,孰能出此以外哉。"这是太极拳要求方圆相生的由来。在初学太极拳时,一切动作都要求圆,即或极小的转关,也都要求它圆行圈走。关于圆,前面已经说得很多,但仍应指出下述一点:当功夫练到相当纯熟之后,在运劲到达终点时,应把这一拳式规定的劲别表现出来;而要表现出劲别来,就必须在圆行中现出方来,换句话说,要想在运劲过程中表现出劲别来,就必须有方。所以拳论说:"只圆无方是滑拳,只方无圆是硬拳。"

拳论又说:"卷放得其时中,文体之本;蓄发适当其可,武事之根";又说:"呼为开、为发,吸为合、为蓄。盖吸则自然提得起,亦拿得人起;呼则自然沉得下,亦放得人出。此是以意运气,非以力使气也。"这是说功夫达到高深时可不再运用大开大合姿势来进行蓄发,而仅运用肌肉皮肤的涨缩即可进行拿放。用太极拳术语来说,这是"寸劲"的功用,也是气功的基础。至此功夫,就可以不必顾虑有断劲的发生,因为这时已经达到方圆相生的高度境界了。

为便于掌握这个特点,特把其要领概括如下。

(1) 遇到动作有往复时,必须嵌有折迭——这是在手法上做到相连不断的必要措施。

(2) 遇到身体有进退时,必须嵌有转换——这是在步法上做到相连不断的必要措施。

(3) 劲断了,要有意在,意不到时,要有神在,这是补救

---

① 这里所说的"方为开展,圆为紧凑"中的开展与紧凑,与《行功心解》内所说的"先求开展,后求紧凑"中的开展与紧凑不同。后者指练习太极拳先要扩大其圆,然后随功夫的精深而紧凑其圆而言。而前者所指乃是:"呼气时,使身肢膨胀,形成开展,达到方形的放劲";"吸气时,使身肢收缩,形成紧凑,达到圆形的卷劲"。

劲断的方法。

(4) 能神气动荡地走架子，就可证明已将意贯注于动作中了。意在，为内劲不断的标志。

(5) 太极劲的方圆相生，是从"呼为开展、为方"和"吸为紧凑、为圆"中产生出来的。

第七特点　从柔到刚、从刚到柔的刚柔相济运动

拳谱规定：

(1) "运劲如百炼钢，何坚不摧"，"极柔软，然后极坚刚"。

(2) "外操柔软，内含坚刚，常求柔软之于外，久之自可得内之坚刚；非有心之坚刚，实有心之柔软也"。

(3) "太极拳决不可失之绵软。周身往复，以精神意气为本，用久自然贯通焉"。

(4) "运劲之功夫，先化硬为柔，然后练柔成刚。及其至也，亦柔亦刚。刚柔得中，方见阴阳。故此拳不可以刚名，亦不可以柔名，直以太极之无名名之"。

从上列四项规定中可以看出，太极拳的学习，首先要摧毁人们动作中原有的坚硬劲，使它化为柔软，这是化柔的时期。这个时期愈长，则愈可把僵硬摧毁得彻底。此时的要点是仍须不失绵软，在柔软之下，向着更有弹性的坚刚上迈进。这个刚，不是从努责和鼓劲而产生的"生铁"的刚，而是由松开和放长而产生的弹性的刚。因为身肢放长，并不断螺旋式地绞来绞去，就可产生这种弹性。因此，又可名为"掤劲刚"。这样绷紧中能搓

揉得愈柔软,则内在的质量也就可愈坚刚[①]。只有这种具有弹性的刚,才能达到"外操柔软,内含坚刚"的要求。这种刚柔的变换是由精神意气的隐显来掌握的。所谓"隐则柔"、"显则刚",就是这个道理。功夫精进后,劲可内隐得极深,使外形显得极柔,使人感到好象又回复到柔上去了,其实内在的质量却更加刚了。因此,从柔到刚、从刚到柔的刚柔相济运动就成为太极拳的第七个特点。

一、刚柔相济拳

对太极拳刚柔的看法,怎样才算正确,这是练拳人都希望知道的问题。为了解答这个问题,还须从太极拳发展的环境说起。黄河流域的人民大多喜习硬功拳,因此在该地区流传的陈式拳也有向坚刚上发展的趋势。但陈氏家传者,却仍能保持太极阴阳的原则,表现出刚柔相济的特色。在长江流域,为保健而学习太极拳的知识分子占了很大的比重。他们为了适应体质的需要,逐渐的向着柔软上发展。但杨氏家传者也仍保持着太极拳"柔中寓刚,棉里藏针"的风格。现在流行的各式太极拳,从架子的编组上来看,大体上是相同的,但是从刚柔快慢上来看,则各具特色。因此,一般学习太极拳者可各按其需要而学其所爱。至于纯柔无刚或纯刚无柔的说法,则任何武术都是没有的。即使是一般所称的硬功拳,内中亦仍有刚有柔。何况太极拳是由阴阳相济产生一系列相济而又对立的特色的一种拳术。因此,所谓"柔功太极拳"或"刚功太极拳"的说法是不存在的。

[①] 如钟表的发条,有最柔软的弹性刚,也是质量最坚的刚。

二、求软摧僵时期

一个人不论他是否练过武术或其他运动,但他在日常生活中必定经常拿过重物,用过气力。这样,就使每个人在动作中都不免带有硬僵的鼓劲。若想学好太极拳的运劲,对这些原有的鼓劲就必须以"百炼成刚,何坚不摧"的劲头把它去掉,这是练太极拳的初期要求。

在此时期,应力求柔软,务须在走架子的"千锤百炼"过程中使人们动作中所固有的僵硬劲化为柔软劲,并养成这种柔软的习惯。这是摧去原有硬僵和建立新的柔软的时期。这一时期的特色是尽力求柔,在毫不用力的原则下慢慢地动作。这时愈不用力,就愈易使人发现动作中的缺点,也就能愈快地摧去动作中的硬僵劲。因此,可以说这是一个最好的"炼钢转炉",能把运劲练到节节柔软地贯串起来。

三、练柔成刚时期

上述求软摧僵期的要求是化硬转柔的初期要求。本期则是转柔成刚的时期。这一时期,首先必须明确刚是哪一种性质的刚和怎样才能运柔成刚。拳谱上说,练拳要"有心求柔,无意成刚",所以动作不准用力,要求全身松开。这种"松"是有意识的松,但不是静寂而没有意图的松,同时它和努责鼓劲也是毫无共同之处的。所谓"松",意为由放长身肢来达到松开,由松开的放长来使身肢产生弹性。弹性加强,则成为掤劲,掤劲正是太极拳要求的弹簧劲。这种弹簧劲的加强,就是太极拳所要求的刚。

明确了刚的性质,现在再谈一谈怎样才能运柔成刚。刚性的加强,是靠内气的贯串而实现的。刚性质量的提高,则是靠缠丝劲绞来绞去以加强弹性的韧度而实现的。因此，运劲如缠丝和身肢放长便成为做到最柔而又最刚的关键。这就是拳谱中所说的"常求柔软之于外，久之自得坚刚之于内"，"非有心之坚刚，实有心之柔软"。太极拳就是这样由柔软变成坚刚的，也只有这种由柔软变成的坚刚，才可以达到忽柔忽刚、亦柔亦刚的熟练境界。

四、刚柔的变换

变换刚柔，在神气上说，是通过隐与显表现出来的，隐则柔，显则刚；在姿势上说，是通过开与合，在运劲过程中表现为柔，在运劲到达落点时，则表现为刚。因有神气的隐显与劲势开合的配合，刚柔就得以充分地表现出来。落点是运劲到达尽头之点，乃是神显气聚之处，所以此时此处运用刚法，可谓恰到好处。除此以外，在一切开合转换过程中，因都是神气鼓荡和圆活转换变化的过程，此时均宜用柔法。概括起来说，每个拳式动作都有开合，每个开合过程中都有运劲的落点，落点要用刚劲，其它都用柔劲，以做到刚柔相济。这就是运用刚柔相济的正确地点，是一项必须遵守的原则，也是练出八门劲别的基础。在这方面，可以根据苌乃周氏拳谱内《刚柔相济论》的说法，把刚柔转换归纳为五点，供作参考。

（1）若纯用刚法，则气铺全身，牵制不利，到达落点必不能表现坚刚。

（2）若纯用柔法，则气散不聚，没有归着，到达落点也不能表现坚刚。

（3）应刚而用柔，则气应聚而不聚；应柔而用刚，则气应散而不散，皆不得刚柔相济的妙用。

（4）所以善用刚柔者，到达落点时用刚，如蜻蜓点水，一沾即起；这是表现刚点的正确形象。在一切运劲转换时用柔，如车轮旋转滚走不停；这是表现柔点的正确形象。

（5）必如是，乃得刚柔相济的妙用，方能去掉气歉不实和濡滞不利的缺点。

五、刚柔相济的掌握

（1）**力求柔软**——初学走架子时，主要是学习各种姿势。通过学习这些不同的姿势，先化去身上原有的僵硬劲，这种僵硬劲是人人都有的。所以，在这一阶段应不遗余力地尽量求柔软，这对先前学过硬功拳而后转学太极拳的人来说，则更加显得重要。

（2）**力求身肢放长，以生弹性刚**——在这样很柔、很慢地练习一两年之后，如果动作中已经去净僵硬，达到绵软的程度，且已养成这种习惯，就可以转入下一步的练习。这时，首先在心意上应有全身处处放长的意念，并在姿势动作中按照拳论规定大力进行放长的专门练习（如虚领顶劲、气沉丹田、含胸拔背等），借使心意与身肢在紧密配合下专习全身的放长，以求得弹性刚。初练拳时，对各种放长的规定，如含胸拔背等，只用意念就可以了，而至此阶段，刚应在用意和身肢上共同进行了，因到此时已不致因放长再染成相反的鼓劲病象了。

（3）**做好"柔行气，刚落点"**——在全身放长达到要求后，就可以进一步在每个开合的落点结合着神气外显形成方点，表现出四正和四隅的劲别来，这是太极拳"方圆相生"中方的练习。在方点要表现出极其坚刚的刚（也就是要使身肢绷得极紧且长），而刚过后则要求在整个运动过程中表现出极其柔软的行气。整趟架子就应在这样的刚柔相济情况下进行。因此，练拳时应该牢牢记住六字要领："柔行气、刚落点"（如图16）。

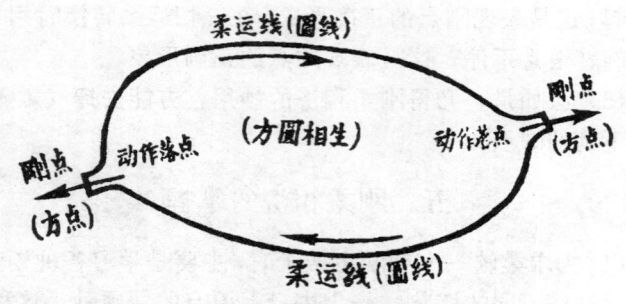

图 16 刚柔相济示意图

（4）**刚柔运用与"意气风发"**——刚柔的运用，必须结合着心意、神气和呼吸的运用：也就是在"意气风发"的基础上，配合运用深强的呼气来使身肢下沉而放长，借以加强弹性，成为弹性刚（如发劲等）；在意静气敛的基础上，来使肢体肌肉连带松开，从而形成活泼无滞的柔软，由柔软变化万端。这两者在生理上都是一种自然现象。

总之，太极拳的刚，不是鼓劲的刚，太极拳的柔，不是无弹性的柔，而是"意气风发"外显以成刚，意静气敛内隐以成柔。心意一动，神气随之，神气隐显，则柔刚变换。所以在一趟架子的练习中，神气应忽隐忽显，心意应不断地指挥，神气还要不断地隐显和鼓荡，这样肌肉才能不断地变换刚柔。这是掌握和练习刚柔变换的一条要道。

为便于掌握特点七，把其要领概括如下：

(1) 初期要化去原有的僵硬劲，越柔软越好；这段时间也是愈长愈好，一般要一两年的时间。

(2) 全身练到绵软后，即可进而具体地练习全身的放长，以练习刚劲。

(3) 行气用柔，落点用刚，是太极拳划分刚柔的界限。

(4) 心意结合神气的忽隐忽显和呼吸，是太极拳对于刚柔变换的法则。

(5) 刚柔同样达到高级水平，是太极拳妙手称号的标准[①]

第八特点　从慢到快、从快到慢的快慢相间运动

拳谱规定[②]：

(1) "动急则急应，动缓则缓随"；

(2) "彼不动，己不动；彼微动，己先动"；

(3) "初学宜慢，慢不可痴呆；习而后快，快不可错乱"；

(4) "形抗五岳，势压三峰，由徐入疾，由浅入深"。

从上列四项规定中可以看出，在初练太极拳套路（一趟架子）时，动作应该越慢越好，可将时间放长。动作放慢了，才有修改的机会，才能检查出不顺遂的地方。但是，慢不可慢到面部表现痴呆，这是慢的限度。以后，随着熟练程度的提高，可渐渐加快，缩短走一趟架子所需的时间。但由慢转快，同样也

[①] 按陈鑫《总论发明》说："纯阴无阳是软手，纯阳无阴是硬手；一阴九阳根头棍；二阴八阳是散手；三阴七阳犹觉硬，四阴六阳类好手；惟有五阳并五阴，阴阳无偏称妙手；妙手一运一太极，迹象化完归乌有。"这是陈式对于太极拳刚柔度的标准。因陈家沟地处黄河流域，练硬功拳者多，因此惟恐为环境所熏染而渐趋于坚硬，故有硬手、散手、好手、妙手之称，以作为限制练拳者趋于坚硬的准则。

[②] 拳谱中对快慢的涵义，有两个内容：

第一个涵义是指练习一趟架子所需时间的长短。如甲练一趟架子，需时12分钟，乙需时15分钟，则我们说"甲快乙慢"。

第二个涵义是指每一个拳式中运动的速度。它是转关处慢，过了转关后逐渐加快，运到落点时最快，发后复转慢。

现在所引用的四句原则中，头两句指第二个涵义，后两句指第一个涵义。这是学习时必须分清的问题。

要有一个限度，即要做到虽快，但动作仍能沉着，仍能表现出劲别来，并不发生浮飘与错乱现象。这是指练习一趟架子所需时间的长短而言的。在这种能慢能快的总前提下，用到每个拳式时则须将这种快慢的对立面统一于一个拳式中，即转关处要慢，过了转关处就逐渐加快，运到落点时最快，以后复转慢，如此周而复始（如图17）。所以太极拳的每个拳式都要经过能慢能快的锻炼，这样才能在推手时"彼微动，己先动"，"动急则急应，动缓则缓随"，创造有利于自己的条件，并能达到快慢相间的统一。

所以，从慢到快、从快到慢的快慢相间运动，就成为太极拳的第八个特点。

一、快慢的发展程序

太极拳初学阶段，万不可快，必须尽力求慢，愈慢愈好。因为慢可以细心揣摩姿势的正确性，可由粗到精，对每一个动作的来龙去脉都有充分的时间加以审查；这样，姿势就易于纠正，并可在转关处检查出是否顺遂，不过慢，也不是慢无期限，一般经过一两年的学习、模仿、检查和纠正，就可以了。这一点在初学时要有一个正确的概念。这是只求姿势正确，不求劲别分明的时期。

这个时期的慢还要有个条件，就是说慢要在提起精神和神不外散的前提下求慢。如果动作慢得神气上表现出迟钝和呆板，行动上表现得滞重和不灵，就与太极拳意气运动的要求相反了。因此，慢必须在神气鼓荡和意气灵换下求慢，这是太极拳对于慢的标准。为此，在初学时万不可染上这种意滞、神呆的习惯，给以后的提高造成困难。

以后随着熟练程度的提高，可渐渐加快速度，但快不可错乱，这是锻炼劲别的时期。最后，到功夫精进后，拳式可由开展发展为紧凑，使运劲的线速度又逐渐变缓，而转关处的角速度却更快了。这是先慢、后快、复缓的三层功夫，也是快慢发展的三个程序。

二、由慢转快的时间和条件

在什么时候和什么条件下由慢转快最合适？为了回答这个问题，先要弄清由慢转快的两个标准。

（1）动作沉着——在全趟架子内，即或动得比原来快一些，但仍能不改变原来运动的沉着性，这是正确的加快。如若不能，并显出浮飘，则说明动作加得太快了，应立刻放慢些。在这个标准指导下，可以随着熟练程度的提高逐渐加快。

（2）能表现出劲别——太极拳是由八门五步编成的。在运劲时应该充分表现出八劲之一（如四正的掤捋挤按或四隅的采挒肘靠）。若动作太快时，一转就滑过去了，就不易表现出要求的劲别。因此，如感到自己很难再表现出劲别，就说明动作已加得太快了，应该放慢些。这也是由慢转快的标准[①]。

上述两点，乃是由慢转快的两个标准。有了这两个标准，就可以指导我们正确掌握由慢转快的时间和条件，使运动的速度恰到好处地由慢转变为快。这里所指的快，并不是将太极拳全部动作均改为快动作，而是在每一个拳式的开合中，转关折迭处都要似松非松、将展未展地表现出留恋缱绻和绵软的慢动作来。因此，所谓快，仅是在由圆转向方的过程中表现出来（如

[①] 无论如何加快，为了表现沉着和劲别，第一趟十三势架子最快不过八九分钟。这是杨澄甫老师1914年在前北京体育研究社的年会上公开表演太极拳时的速度。

图17)。这种加速运动是八门劲别产生的基础,若没有这种角加速力,就无法表现出四正和四隅的劲别,也无法适合"动急则急应"的要求。太极拳的发劲,就是利用这种加速过程而实现的:在开中寓合和内劲曲蓄条件下,当达到目的物附近时,突然如弓弦脱扣似地一振而发,把内劲从短距离内发出去。武术家把这称做"寸劲"①。

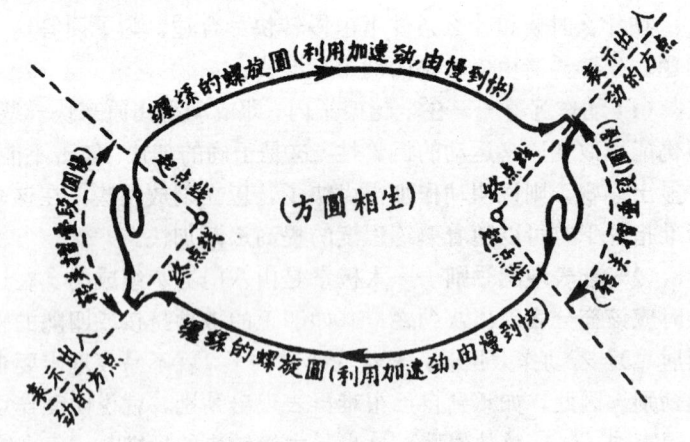

图 17　快慢相间示意图

三、快慢相间和匀清、劲别

根据上述理论可以知道,凡是单独的慢动作或是单独的快动作都是不合太极阴阳相济的要求的。其次对人类注意力的稳定性来说,从心理的生理基础可以看出要使注意力作长期的同等强度的注意而不破坏其稳定性是不可能的。要使注意力稳定和意神不涣散,就必须使注意力的强度有高有低。而太极拳为

---

① "寸劲":凡在一尺以内距离的蓄发劲,均称为寸劲。

意气运动，它要求把意识贯注于动作之中，因此为了不使意神涣散，则动作就要快慢相间，这样才能配合意气的起伏特性，促使注意力得到稳定和神气鼓荡。其实，动作的快慢相间也是人类的一种天然本能，它既是保健所必需，也是技击所不可少的。因此，以一个拳式而言，要求达到快慢相间（如图17）。然而从一趟架子来说，这种每个拳式的快慢相间，还要求具有均匀的变化幅度。这也就是说，从运动开始到结束，需要慢时都是同样的慢，需要快时，都是同样的快，用太极拳术语来说，就是要做到"匀清"。假使能达到这个要求，则他的呼吸必定能调节得很"匀清"，不会有渐趋急促的现象。这种使动作与呼吸两者均达到"匀清"的功夫，是太极拳修养有素的一种具体表现，是久练得来的真功夫。因此，开始由慢转快时，切不可怕呼吸急促而不敢行加快的动作，那是因噎废食。总之，太极拳要如长江大河的波浪一样，既滔滔不绝又匀清地起伏运动。

太极拳是由八门五步所组成的。初学时，为了化去身肢原有僵硬的拙力，所以暂时可不表现出劲别，可以只圆不方。这一时期所以允许不表现出劲别来，是因为练习不够、功夫不深和习惯尚未养成，是因为这时若要求表现出劲别，就容易产生努责鼓劲的毛病，不再能产生身肢放长的弹性劲来。

在练过一两年求软摧僵的功夫以后，自觉僵劲已去净，即可在走架子时表现出劲别来。表现出劲别，乃是练习太极拳所必不可少的，也是八劲所要求的，亦即加速力到达落点时要表现出：

（1）向外有掤劲，向内有捋劲，双合有挤劲；
（2）向下有按劲，双手有采劲，发出有挒劲；
（3）手腕出了方圆有肘劲，肘臂再出方圆有靠劲。

这样运动，才可以说是由八门五步所组成的太极拳。为此，练拳到一定时期以后在走架子时，应该充分做好这个快慢相间的动作。快慢相间久练久习，即可使八门劲从无到有，从有到强，做到名副其实的八门五步。

四、快慢相间的掌握

（1）**初学时尽力求慢**——初学时，为了便于检查与纠正每个动作，必须要慢，要循序渐进地练过这一个求慢的时期，切不可性急，以免给进一步提高造成困难。

（2）**须在精神提起与意气灵换情况下求慢**——初学时为了检查与纠正姿势而不得不慢。但是正如上述，慢要有个限度，也就是说不可慢得似动似停，目定神呆，好象在那里想什么心思。这种慢，近于站架子的站功，不是行功所需要的。因此，慢必须在精神提起和意气灵换的前提下求慢，这样才不致产生痴呆和精神涣散的缺点。

（3）**须在动作沉着和能表现出劲别情况下求快**——求快同求慢一样，也不是漫无限制的往快上走，同样要有一个限度：虽快，但动作仍要沉着。沉着的快，是太极拳要求的快，不沉着就是病象。同时，还必须在能够表现出劲别情况下求快，因为表现了劲，就限制了快。这样的快，是有利无害的快，它不致浮飘不沉和劲别不分，不致失去方圆相生的功能。

（4）**转关处慢，转向方点时加快**——上述三点说明走一趟架子时对快慢应掌握的分寸，现在再谈一谈每一个拳式的快慢原则。太极拳规定，凡在转关折迭处应慢，过了转关后运用加速劲向快上运劲，如此周而复始地进行。同时，在一趟架子中，这种快慢相间的变换，还要求达到"匀清"。这是锻炼八门劲别，使它由无到有、由有到强的基础。

为便于掌握特点八，将其要领概括如下：

（1）初学时要慢，为的是有一个检查纠正的机会。

（2）求慢必须以精神提起和意气灵换为前提。

（3）随着熟练程度的提高，应逐渐缩短走一趟架子所需的时间。但求快，必须以动作沉着和能表现出劲别为前提。

（4）快慢相间的原则是转关折迭处慢，过了转关后，渐渐加快，过方点后再转慢。同时，转关时行气要慢，尽头的落点要快。

（5）在整趟架子中，快慢相间的变化幅度要求做到匀清。

结　语

太极拳的八个特点是从太极拳拳谱中一再经过提炼而精选出来的。前人留下的宝贵的练拳经验，早已成为现时练习太极拳的原则，也是人们练太极拳所一致遵循的准则。

另外应该指出，特点虽分八个，但其实质是一个，因此在练习架子或推手时，不可孤立地对待这些特点，务须在每一个动作中都逐渐做到符合这些特点。因为任何一个拳式或是动作，都必须运用集中的意识来指挥整个动作过程（特点一），使身肢在精神提起的前提下具有弹性（特点二），并在虚实灵活变换（特点四）与顺逆螺旋缠丝中（特点三），促成内外相合，达到一动无有不动的节节贯串（特点五）和相连不断的一气呵成（特点六），表现出刚柔相济的质量（特点七）和有慢有快的速度（特点八），这是太极拳应具备的特色。

从上面的分析可以看出，这些特点是相互依赖、相互制约、相互促进和相互转化的。因此，如果孤立对待，企图只贯彻一个特点而放弃另外的特点，则不但损害了后者，同时也影响了前者。所以这些特点不是为一个特定动作所特有，更不是某一个动作仅有某一个特点，而是构成整个太极拳套路的每一个拳式皆应具有的特点。

现在流行的太极拳，不论是哪一式，也不问姿势是开展还是紧凑，更不管这趟架子内多几个拳式还是少几个拳式，只要细心观察，这些外表虽有差异的太极拳架子，内中或多或少都具有这些共同特点。所不同的，仅是有的是明显的表现于外，而有的则以暗劲方式隐藏于内。这也说明了太极拳流行数百年不为其他武术所同化，而仍能独具一格，皆是这些共同的特点作了中流砥柱。因此，学习太极拳时，不可把它当作等闲视之。

但在初学时想要一下子就掌握这八个特点，这是不可能的。初学时只要认识了这些特点，知道它是前人留下的经验总结，明了它是构成太极拳的基本因素，就不难根据前人的经验，遵循前人已经指出的方向稳步前进，就不难收到太极拳应有的功效。

第二章 陈式太极拳第一路图解

陈式太极拳第一路拳式名称顺序

第一式	预备式	第十八式	青龙出水
第二式	金刚捣碓	第十九式	双推手
第三式	懒扎衣	第二十式	三换掌
第四式	六封四闭	第二十一式	肘底捶
第五式	单鞭	第二十二式	倒卷肱
第六式	第二金刚捣碓	第二十三式	退步压肘
第七式	白鹤亮翅	第二十四式	中盘
第八式	斜行拗步	第二十五式	白鹤亮翅
第九式	初收	第二十六式	斜行拗步
第十式	前蹚拗步	第二十七式	闪通背
第十一式	第二斜行拗步	第二十八式	掩手肱捶
第十二式	再收	第二十九式	六封四闭
第十三式	前蹚拗步	第三十式	单鞭
第十四式	掩手肱捶	第三十一式	运手
第十五式	第三金刚捣碓	第三十二式	高探马
第十六式	披身捶	第三十三式	右擦脚
第十七式	背折靠	第三十四式	左擦脚

第三十五式　蹬一根	第六十式　左右金鸡独立
第三十六式　前蹚拗步	第六十一式　倒卷肱
第三十七式　击地捶	第六十二式　退步压肘
第三十八式　翻身二起脚	第六十三式　中盘
第三十九式　兽头势	第六十四式　白鹤亮翅
第四十式　旋风脚	第六十五式　斜行拗步
第四十一式　蹬一根	第六十六式　闪通背
第四十二式　掩手肱捶	第六十七式　掩手肱捶
第四十三式　小擒打	第六十八式　六封四闭
第四十四式　抱头推山	第六十九式　单鞭
第四十五式　三换掌	第七十式　运手
第四十六式　六封四闭	第七十一式　高探马
第四十七式　单鞭	第七十二式　十字摆莲
第四十八式　前招	第七十三式　指裆捶
第四十九式　后招	第七十四式　白猿献果
第五十式　野马分鬃	第七十五式　六封四闭
第五十一式　六封四闭	第七十六式　单鞭
第五十二式　单鞭	第七十七式　雀地龙
第五十三式　双震脚	第七十八式　上步七星
第五十四式　玉女穿梭	第七十九式　退步跨虎
第五十五式　懒扎衣	第八十式　转身双摆莲
第五十六式　六封四闭	第八十一式　当头炮
第五十七式　单鞭	第八十二式　金刚捣碓
第五十八式　运手	第八十三式　收势
第五十九式　摆脚跌叉	

关于图解的几点说明

1. 第一路图解中的动作分解图是按照陈照奎同学拳照描制的。第二路（炮捶）图解中的动作分解图是按照陈发科老师拳照绘制的；另外，根据动作分解上的需要，又按陈照奎同学的体型增绘了一些图。

2. 为了便利读者查对拳式的方向，把图照中姿势的方向约定为：面向读者等于向南，背向读者等于向北，面向读者右面等于向东，面向读者左面等于向西。当读者练习纯熟后，可以根据场地形状任选方向，不一定要把预备式从面南站立开始。

3. 图中所有带有实线或虚线的箭头，均表示手或足的动作趋向。所有图中的箭头，均表示由本图过渡到下一图的动作趋向。凡动作较简单，用文字即可能说明的，即不再在图中表示其动作趋向，可参看文字和后一图就能明了；另外，与前面某一式相同的拳式，将动作分解图由数幅略为一或二幅者，可参考前面的相同拳式的分解图，不再在被略为一或二幅的图中表示其动作趋向。

4. 带有实线的箭头表示右手或右足的动作趋向，带有虚线的箭头表示左手或左足的动作趋向。

5. 由于太极拳中脚的动作也较细致，为了表明脚与地面的关系，在脚旁绘上阴影，以兹区别（参阅下图）。

a. 表示全脚着地

b.　　　　　　　　　　脚旁无阴影者，表示全脚离地

c.　　　　　　　　　　表示脚跟着地

d.　　　　　　　　　　表示脚尖着地

陈式太极拳第一路

第一式　预备式

身体中正站立，两足距离比肩略宽，两足尖微外撇，两臂自然下垂，眼向前平视（图1）。

要点：

预备式是开始动作前意识上和姿势上的准备，它要求：内固精神，外示安逸；虚领顶劲，即头要正直，顶要虚虚领起，如悬挂着一样地顶劲；唇轻闭、齿轻合，下颏微内收；沉肩，即两肩微前卷，并放松下沉；含胸拔背，即胸部不内凹外凸地含住，脊背要有上下对拉拔长之意；裆要开，并有圆虚之感；两膝微屈，立而不挺直，膝关节留有裕余；全身放松，呼吸自然，意存丹田。

上述要点，不但在做预备式时，而且在做整个拳套的任何动作时，都必须刻刻注意。另外，如上所述，各方面固然各有要求，但又彼此互有影响。例如：由于肩微前卷和松沉，就易于做到含胸拔背、精神内固、气沉丹田和虚领顶劲；由于膝微屈，则裆易开而圆（胯即两便之间的会阴部分，开裆即觉得有气提起和这部分皮肤不下荡）。

图1

第二式　金刚捣碓

动作一：身微下蹲，两肘微屈，两掌心朝下（两手有合劲之意），眼向前平视（图2）。身体微左转；同时两手左逆、右顺缠，向左前斜角抬至高与肩平，两掌心仍朝下（图3）。身体右转，并继续下蹲，重心全部移于右腿，左脚提起；在转体的同

图2　　　　　　　　图3　　　　　　　　图4

时，两手仍以左逆、右顺缠，向右后方展开，掌心朝右后方，手指舒展勿软（图4）。

动作二：左脚脚尖翘起，以脚跟内侧贴地向左前方铲出，随着重心前移，渐至左脚踏实；同时两掌仍以左逆、右顺缠，向右后方继续展开并微沉，在左脚踏实的同时，两手随体转前移（图5甲、图5乙）。重心向前移于左腿，身体随着左转，右脚

图5甲　　　　　　　　　图5乙

图6　　　　图7　　　　图8

前上一步，以脚尖点地；同时两手自后向前左逆、右顺缠，左手手心朝下、屈肘向前挤出，右手随着右脚上步时前撩，两手形成合劲（图6）。

动作三：右掌变拳由外向上顺缠，左掌由内向下逆缠；同时右脚提回（图7）。左掌落至腹前，右拳随即落于左掌心内；同时右脚向左脚旁蹬地震脚（图8）。

要点：

1. 缠丝劲就是太极劲，是构成太极拳的核心。它是由两个对立的基本缠丝统一起来的。整套太极拳的任何动作，始终不可离开缠丝劲。因此，缠丝劲贯串于一切动作过程的始终。顺逆两个缠丝是整套拳的动作所普遍具有的，拳式内各个动作都有顺逆缠丝，因此顺逆缠丝是属于普遍性的基本缠丝。而里外、上下、左右、前后、大小，这五对是形容各个动作的缠丝在方位和大小上的不同点。所以是属于特殊性的方位缠丝。但并不等于在普遍性的顺逆缠丝上只具有单一的一对方位缠丝，而是根据各个动作的要求，有些是单一的，如左右顺逆，有些则既有上下的不同，又有里外的不同，如动作三（图7）就是这样。关于缠丝劲可参看特点三，并在特点三中有缠丝图可参考。

2. 此式为太极拳十三势的第一势，中间经过了五对缠丝劲的运用，最后一捣（震脚与右拳下击于左掌心内），即表示这一拳式结束。

3. 震脚的作用，是使全身气往下沉，并有利于血液循环。譬如，站立过久感到疲乏，而环境又不允许走动时，两脚以脚尖点地，将脚跟提起，再下落微震，这样运动数次，同样能收到恢复疲劳的功效。另外，震脚的轻重可根据练者年龄与身体的强弱而定，但无论轻或重都必须使下沉的劲整。劲的整否，还可根据震脚声加以判断。

4. 太极拳的任何动作都要求"沉肩坠肘"。"沉肩"已如预备式要点中所释,"坠肘"即两臂在任何动作中,肘关节要保持一定弯屈,不可挺直;肘尖并有下坠之意。

5. 陈式太极拳中的掌,要求手指后弯,就是除大拇指外,其余四指全部向手背方面微弯(参看各图中的掌型)。这样,可使气贯注于指肚间(气达两梢),还可警惕和消除臂部使用拙力的缺点。

第三式　懒扎衣

动作一:身先微左转,再转为微右转,随即转正;同时两手在小腹前随转体自左向外而上向右而下绕一小圈(仍复为图8的姿势)。接着身体再由微左转,转为微右转;同时两手左逆、右顺缠,合劲交叉于胸前;由左腿实转为右腿实(图9)。两手扩大缠丝圈,右上顺、左下逆缠地分开,形成开劲;开时由右腿实变为左腿实(图10—11)。重心全部移于左腿,右脚提起,即以脚跟向右贴地铲出,同时两手继续划弧,由大开转为双顺缠大合(图12甲);重心渐渐右移,右脚尖踏实,身体微左转,右手稍左展(图12乙)。

图9　　　　　图10

动作二:身微右转,随着重心右移,渐至右腿变实;同时两手由合再开，右手大顺缠向右转臂展开，左手小逆缠后翻掌置于左腰前，左掌心朝上（图13）。身体转正，调整后胯，全身松开，气往下沉（图14）。

图11

图12甲

图12乙

图13

要点：

1. 当右足迈出时，须恰 是右手向左顺缠下沉时，要有右手向左下沉而将右足向右压出去之感。等到左逆右顺再合后，这

69

一动作充分表现出特点五"一动无有不动"的要求。

图14

图15甲

2. 陈式太极拳在每一式开始时,都要由内部引动外部,因此在外形上有一个小圈来带动后面的动作。如由预备式开始做金刚捣碓时,两手在胯旁屈肘稍提,即手心朝下微按,形成合劲,然后动作起来;由金刚捣碓开始做懒扎衣时,两手则在腹前绕一小圈(如图8中两手的虚线)。在每一式完成时,都有一个调整的动作,如金刚捣碓最后是一捣,而懒扎衣最后是身体转正,调整后胯。

3. 此式充分表现了上下(手与足)相随的关系。划一个圈转到上掤时,手为虚,手下的脚就变为实,反之则为虚。这也是求得内劲中正的关键(但提腿独立者除外。因一足站立,为了保持中正,平衡重心,站立的独足是实,实足之上的手仍然要实)。这在图10和图11中,表现得最为明显。

4. 懒扎衣为陈式太极拳的基本拳式之一,它以左小里逆缠与右大外顺缠所形成;要求做到没有凹凸、缺陷和内劲不断,尤以小里逆缠为难,须多加注意和练习,才能达到要求。在懒扎衣这一拳式中,尤其要注意收(紧缩圈时)中有放、放(放开圈时)中有收的劲,其窍门在于收放过程中将里外缠丝的成分加多些，就易于达到这种要求；只有达到这种要求，才能"牵动往来气贴背"。

5. 两臂转为合劲，由于气贴脊背和两膊相系，使掤劲不丢，则产生"合中寓开"的妙用；同样由于两膊相系，在两臂分开成为开劲时，内部却又具有合劲，又产生"开中寓合"的妙用。

第四式　六封四闭

动作一：身微左转，重心左移，左腿变实；同时两手先各在原处旋臂划一小圈（以引起动作），即右手大顺缠转臂搌至腹前，左手小逆缠掤至胸前，两手形成合劲；身体微右转，重心右移，左手以大拇指一侧贴近右胁向里滚转，成手心向左，右手逆缠使手心翻朝下（图15甲、图15乙）。身微右转，重心右移，右腿变实；同时，右手转臂顺缠、左掌小逆缠，两手合住劲，向右上方弧形挤出（图16）。

图15乙　　　　　图16

动作二：身再微左转，重心再移回左腿，左腿变实。同时，右手顺缠上托，劲贯掌指，指勿软；左手逆缠转臂，以手背一侧腕关节弧形向左上掤，劲贯手背，五指斜向下垂，指勿软（图17—18）。身体继续微左转；同时两手顺缠翻掌分置于两耳旁，掌心斜朝外（图19）。随即两掌合劲向右下按（开始深深呼

71

一口气，深呼气完止时，恰恰双按到底，以呼气为主，动作配合为宾）；同时，身体随双手右按右转，重心也随着移于右腿，左脚向右并步以脚尖点于右脚旁（图20）。

图17

图18

图19

图20

要点：

1. 两手由合转开或由开转合，都要以腰脊为轴（身体的转动）来带动；在左右转动时上体仍须直竖，不要前俯后仰；两掌下按时，要气贴脊背，裆口圆虚，以右手为主，左手为宾。

2. 六封四闭这一拳式，是指六成封四成闭的意思。它的作用跟华佗五禽戏内"金刚抖力"相象。两手下按时，须撮嘴悠缓呼出一口深长之气,这对调整呼吸系统有极大帮助。

第五式 单鞭

动作一:身微右转即向左转回;同时右手顺缠向内、左手逆缠向外各翻一个圈,随即右手变勾手右举,左掌弧形移至腹前;在身体左右旋转时,左脚也随着以脚尖点地辗转(图21—22)。

图 21    图 22

动作二:接着重心全部移于右腿,提起左脚,身体下蹲,即以左脚跟向左虚虚贴地铲出,此时胯根更撑开,随着重心左移,渐至左脚尖落地,左腿变实(图23—24)。

图 23    图 24

动作三：左掌自腹前稍向右上托，即弧形向左顺缠，缠至左侧，高与肩平时，以掌根微下按；当左手缠至左方转按时，右手配合着微微顺缠向外形成开劲；两腿虚实比例也同时加大，一经形成单鞭，即松开后胯，将身体转正（图25—26）。

图 25　　　　　图 26

要点：

1. 动作一中，两手在身右各翻转一个整圈时，须运用腰脊作轴来带动，才能做得圆劲洒脱，并要使该动作表现出：劲是从右脚跟通过脊背上升而形于左手指，然后松开后胯，当再转正时，又表现出该劲从左手指横过脊背，乃至右手合拢地勾上的。该动以左脚跟落地为实，但要注意"虚"非全然无力，"实"非完全占煞，因为左脚跟落地辗转时，重心在左腿上也随着身体的转动有所增减。

2. 动作二中，左脚左迈，要求脚尖翘起，以脚跟贴地轻轻铲出，如猫捕鼠时迈步一样，才能稳而不滞、轻而不浮，显得既沉着而又轻灵。

3. 太极拳要求意气须换得灵，单鞭就是一个好例子，左手左缠时注意左手，待到完成身体转正时，意又转注于右手上，所以图25与图26不同，前者注意左手，后者已移转到右手。

4. 此式以左手运动为主，加大左手的运动量，因为在整套拳中左手比右手运动得少。另外，要求左手转臂向左如柔软的鞭子一样甩出去，将劲运到左掌中指上（如图25）。由于该式与右手运动为主的懒扎衣相对，因此懒扎衣与单鞭为太极拳第二势，呼为二仪势。另外，虽皆以练一只手为主，但须牵动到一动无有不动，以达到节节贯串。这种要求比双手练习全动要困难些，须以运用特点五作为重点。

5. 太极拳八个特点要表现在每一个动作中，也可以说太极拳是八个特点联合运动的拳。不过，就某一个动作而言，则以某一个特点为主要内容，其余特点为次要，但并不等于不再运用其余特点了。因此要明确前面所提特点五，仅是指该式中以此特点为主而已。

6. 太极拳的任何动作，都要求"劲以曲蓄而有余"，所以在做该式时必须注意使右胯及右膝关节微屈，不可伸直。

第六式 第二金刚捣碓

动作一：身微左转，裆口放宽；同时两臂下沉，左重右轻，左掌在左侧逆缠一个整圈，右勾手变掌外顺缠转为手心朝外上方，双臂外掤并合住劲（图27）。

动作二：两手扩大缠丝圈，以左逆、右顺缠自左而上合住劲地向右运转；左手移至右胸前，掌心朝右；右手运转至右侧，高与头平；当两手开始向右运转时，重心右移，右腿变实（图28）。以下同第二式"金刚捣碓"动作二的后部说明，惟方向不同，该式完成时是面朝正东（接图5—6）。

动作三与第二式"金刚捣碓"动作三相同，惟方向不同，该式是面朝正东（接图7—8）。

要点：

1. 动作一中，两手各缠一小圈来引动后面的动作，为该式准备动作。

图27　　　　　　　　　　图28

2. 图27中的两手合劲，与前面合式姿势里的合劲不同，而是开势中的合劲，应予分清。

3. 图28中的姿势，是两膊相系着经过左逆、右顺各缠一圈后而形成的，同时是两膊相系下合住劲，运用以腰脊为轴的身法来完成的。

4. 其余同第二式"金刚捣碓"要点。

第七式　白鹤亮翅

动作一与第三式"懒扎衣"动作一相同，惟该动与"金刚捣碓"的衔接处，两手在小腹上不绕小圈，直接做胸前交叉的动作（图29—31）。

图29　　　　　　　　　　图30

动作二：随着右脚向右侧迈出，接着重心移于右腿，左脚向右脚靠拢，以脚尖虚点于右脚旁；在重心右移的同时，两手均逆缠，右手向右上、左手向左下弧形分开（图29—该式所有动作都应朝着正东方向而做，自图29—32四幅中所示皆其正面）。

图31　　　　　　　　　图32

要点：

1. 此式与第三式"懒扎衣"都衔接于"金刚捣碓"，但衔接的动作不同，此式不以两手在腹前绕小圈来衔接，而是要求气贴脊背、双臂先行微开后再合拢交叉；这样来与上一拳式的劲接上，同时又表现出意欲合必先寓开，来达到特点六"相连不断"的要求，合到终点时，又要先行微合后再开，这就又表现出意欲开必先寓合。开合时皆须注意掌根，才不致产生凹凸的缺点。

2. 此式是经过两合两开后完成的。后一个合开的特点是双足开时双手合，等到双手开时双足又合，两手由双顺缠而合，由双逆缠而开。

3. 在做此式时可以检查一下，是否符合虚领顶劲、沉肩坠肘、含胸拔背、屈膝圆裆等要求，并检查在该式中以左脚尖点地和右脚踏实时是否具有支撑八面的气势。此式要求以特点五和特点四为主地表现出来。

第八式 斜行拗步

动作一：身微左转；同时，两手右顺、左逆缠，在左右两侧各缠一小圈，左手转臂上举至额前，右手下按；当两手各缠半圈时，身体向右转正；重心仍在右脚，右腿为实，随转体时以左脚尖点地辗转（图33—34）。

图33

图34

动作二：身体继续右转，左脚提起，向左前（东北）斜方以脚跟轻轻贴地铲出。同时，右手略向右后（西南）斜方逆缠而上展开，至高与肩平，掌心斜朝右前方；左手顺缠，向右肩前（东南）方弧形推出，肘部仍保持弯屈（图35）。

动作三：身体左转，重心左移，左腿变实。同时，左手继续顺缠而下，经腹前向左搂过左膝，即变勾向左上提至高与肩平；右手由外而里继续逆缠，屈臂缠经右耳旁，掌心朝右耳（图36）。

动作四：身微右转；右手经左手旁由左前向右继续逆缠，与左手分开（图37）。松右胯，身体微左转，两肩下沉，右手微下按，左手悬掤（图33—该式所有动作，都是朝着正东方向而做的，左脚的落地点应与图39同。图33—38中所示，皆其正面）。

图35　　　　　　　　图36

要点：

1. 动作二的右手、左手和左足要向着三个方向同时展开（方向详见动作说明）。

2. 动作一、二中，两手动作时，看来似乎是左手经身体向右，右手经身体向左缠转，其实是两手均在左右两方转动，并以腰为轴的身法来完成的。所以，不可光是拧转胳臂。

图37　　　　　　　　图38

3. 右掌缠经右耳旁的动力，要有来自左手成勾和弓左腿的感觉。右掌经右耳旁转臂逆缠而出，要使脊背绷紧，产生气贴脊背的功用。

4. 图37、38，从外表上来看，似乎相同，其实前者内劲是双开，而后者由于肘的下沉，使全身气向下沉，内劲就变为双合。

5. 此式为左勾右掌，与"单鞭"式恰相对。该式在左右两方作此顺彼逆的缠丝，它们是在统一的条件下各自动作，能使身体感到轻松愉快。

第九式 初收

图39

动作一：两脚尖随身体微右转；同时，左勾手变掌与右手双顺缠，向左胸前以掌根合拢，左手在前，右手合于左肘旁（图39）。

动作二：身微右转并向右下挫，重心全部移于右腿，即旋转而起，提回左腿，左脚尖自然下垂，右膝微屈，成右独立式；当体右转时两手以左逆、右顺缠，随左脚上提而起时，变为双逆缠向下合劲，两掌心斜向前下（图40—41—自图39至图45，图中姿势的方向已转为符合于动作说明中的方向）。

图40

图41

要点：

1. 动作一中（图39），两掌须在两膊相系下前后相对地合劲。身右转，两手以左逆、右顺向右转半圈时，两掌心朝下，同时右腿渐下挫；转过半圈后，两手开始上提，两掌心又前后相对；左脚提起，身体起立，成为右独立式，两掌心又皆斜向前下合劲。双逆缠时应注意两手小指。

2. 此式是初次收回琵琶之意，要求运用右腿下挫后的弹性劲和两手微小的左逆右顺的缠丝劲使身体旋转而上，成独立姿势。

3. 此式为合劲的独立式，要达到稳定，比以开劲达到稳定要难些，关键在于顶劲领起，气沉丹田，两手逆缠以及注意两手小指，这样才易于做到稳定。

第十式　前蹚拗步

动作一：接着左脚开始下落；同时两手向右侧以左顺、右逆下缠（内劲勿丢，以继前式）（图42）。左脚继续向前（东）下落，脚尖斜朝左前，身体左转。同时，左手顺缠转臂至胸前，掌心朝右前；右掌逆缠到左小臂上方，掌心朝左前，两臂交叉。身体继续左转（图43—44）。

动作二：重心移于左腿，右脚向右前（东南）斜方横迈一步；同两掌逆缠分向左右展开，两掌心皆朝外，手指朝上（图45和附图45正面图）。

图42

要点：

1. 由两掌落于右侧而缠至胸前，要做到内劲不断；两臂交叉时须加紧一合，然后分向左右展开；展开时要注意于两掌的

81

大指上。

图43 　　　　　　　　图44

2. 由独立式向左转体时上步须稳定；由上下转为左右缠丝的过程中都是合劲，并且不可有断续凹凸处。

图45 　　　　　　　　图45附图

第十一式　第二斜行拗步

动作与第八式"斜行拗步"动作同，惟衔接动作稍异，但仍可用第八式的说明来配合着参看图照（图46—48，再接图35—38。图46是衔接图45的正面图的方向而下，其实动作和左脚上步的方向仍与第八式同，是向着东北斜方上步的）。

图 46　　　　　　　　图 47　　　　　　　　图 48

要点：

与第八式"斜行拗步"要点同。

第十二式　再收

动作、方向和要点皆与第九式"初收"相同（图 39—41）。

第十三式　前蹚拗步

动作、方向和要点皆与第十式"前蹚拗步"相同（图 42—45）。

第十四式　掩手肱捶

动作一：身微左转，重心移于左腿，右腿提起；随着转体和重心左移时，右掌变拳顺缠至胸前；左掌逆缠合于右臂上侧，与右臂交叉，掌心朝右肩（图 49）。两手顺缠下沉，两臂交叉点前移；同时右脚随沉气蹬地震脚（图 50）。

动作二：左脚向左前（东北）斜方迈步，重心渐左移；同时两臂交叉点继续前移，随即两手左逆、右顺缠，向左上、右下弧形分开，右拳心朝下，左掌心朝外（图 51—52）。

动作三：身微右转，全身气向下沉。同时，右拳顺缠，向左而上经胸前收于右胁侧；左手由逆缠变顺缠移向胸前（图 53）。

图49

图50

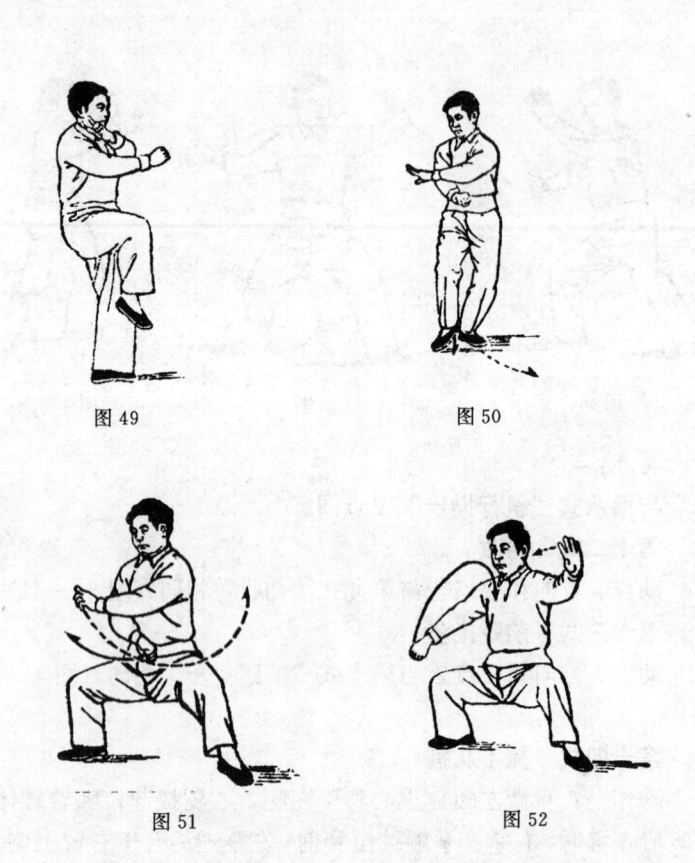

图51

图52

动作四：身微左转；同时，两手顺缠合于胸前，左掌心及右拳心皆朝上，右拳置于左掌心上（似停非停，身体继续下沉以蓄劲）。重心迅速左移，成左弓步，右腿微屈勿挺直。同时，右拳急向右前（东、稍偏南）方发出，拳心随着转朝下；左手也急收于左胁侧（图54—自图49起是衔接图45的正面图的方向而下，其实动作中左脚上步的方向是东北斜方，图49—54中所示，皆其正面）。

要点：

1. 此式要求（图51、52）表现出卷放劲：卷时要求裆口下沉，才能使劲卷紧；放时要先卷紧而后分开作放劲。卷放劲是牵动劲，不可越出手足圈之外，并且它是蓄发的基础。

图53　　　　　　　　　　图54

2. 太极拳的蓄劲要象开弓一样，要卷紧才能成为蓄。蓄并不等于弯度增大，而是指将发之前的弹性蓄足和不要有所缺陷，要求五弓（即一脊弓、两手弓和两足弓）齐逗榫。此处所谓"缺陷"，不是指劲断，而是指劲没有达到弓背上，因之弹性不足。只有练得节节贯串，周身如一家，才能成为一张韧性十足的弓，具有强有力的弹性。

3. 此式震右脚与发右拳，要表现出太极拳的刚劲。太极拳对运劲与发劲是并重的。虽然陈式第一路以柔、运为主，第二路（炮捶）以刚、发为主；但是，在一路中也有刚、发的动作为辅（如掩手肱捶等），在二路中也有柔、运的动作为辅（如懒扎衣等）；这是为了达到刚柔相济和灵活转换并用的目的。

4. 拳论要求"力由脊发"、"发劲如放箭"、"发劲须沉着松静，"专注一方"。所以要先"脊弓"以蓄劲，然后由脊"脱扣"而发，劲专注在"箭头"这一方，最后如穿透箭靶的劲一样地一震，来完成这一动作。从姿势上来讲，在发劲时，虽然

85

一手向前、一手向后（或一上一下、一左一右），以保持平衡，但劲力仍以一方为主（实）、另一方为宾（虚），而不是双重。

第十五式　第三金刚捣碓

动作一：身微右转；同时，右拳变掌顺缠，向右后略收，左掌仍在左胁旁微逆缠以配合（图55）。接着身微左转；同时两手右顺、左逆缠，弧形向胸前交叉、合劲，左手在上，手心朝下，右手心朝上（图56）。

图55　　　　　　　　图56

动作二：身体右转，重心右移于右腿；同时，右掌顺缠向右上、左掌逆缠向左下展开（图57—58—自图55至57，其中左脚仍在东北斜方，左脚位置应与图58同；自图58—76，其中姿势的方向已转为符合于动作说明中的方向）。重心全部移于左腿，右脚提回，以脚尖向前点于左脚前。同时，两手左逆、右顺缠，左手屈肘横臂于胸前，掌心朝下；右手随着右脚向前时向胸前上撩，两手形成合劲（图59）。

动作三与第二式"金刚捣碓"动作三相同（接图7—8）。

要点：

1. 由上式掩手肱捶的开劲和发劲，转而为该式的合劲，右手必须微里收再往发劲方向前掤一下，将断劲逗接起来，使内劲不断，贯串于后面的收回双合的合劲之内。

2. 此式每一个尽量大开的半圈动作，一变收缩为极小的半圈合起的动作，要求感到遍体饱满，气势磅礴。

图 57　　　　图 58　　　　图 59

3. 此式与前二次金刚捣碓的不同点是，第一次中表现出太极拳中的五对方位缠丝劲；第二次是上承单鞭的开劲，转为合劲；第三次主要把上一式发劲后的断劲逗接起来。它是太极十三势的第五势的结束。

第十六式　披身捶

动作一：两手向左右逆缠展开，五指下垂，掌心朝内（图60）。两手继续上举，转为顺缠，至高与肩平时，掌心翻朝前上（图61）。重心全部移于左腿，右脚提起，即以脚跟向右贴地铲出，随即重心右移，成马步；同时两手继续稍上举，即随右脚右迈时向胸前顺缠交叉合拢，左掌在外（图62—63）。

动作二：两手变拳，右拳在面前自里向右逆缠而开，即自右向前变顺缠而合，绕一整圈，拳心朝里；左手向左逆缠而开，即变顺缠随右手合时微合，拳心朝右；在右手向右绕半圈时，重心微右移，身微右转，当右手绕成一圈时，重心移回，身体转正（图64）。

图60

图61

图62

图63

动作三：身微左转，重心左移，弓左腿。同时，两拳顺缠，右拳移至左耳前，高与头平，拳心朝里；左拳在左侧原处顺缠一小圈，以配合右拳合劲，拳心朝左前（图65）。重心右移，弓右腿，身体右转。随转体，右拳向右下弧形顺缠至右腿旁，拳心朝上；左拳自左向右经面前顺缠，高与头平，拳心朝里，与右拳合住劲（图66）。

图64

88

图 65　　　　　　　　　图 66

要点：

1. 此式是由上式金刚捣碓的合劲转为双逆的开劲,开后变双顺缠,掌心转朝外的两手合劲,随即两手顺缠地交叉合拢;在这种平开平合时,应注意两手的虚实与两足的虚实,尤其是手与足之间的虚实。关于这点可参看特点四。

2. 动作二、三(图64—66)是两掌变拳后的动作,须联贯为一,要在气贴脊背和以腰为轴的要求下进行动作;其关键在于特别扩大里外缠丝,并要以前一缠丝带领后一缠丝;只有这样,才能使三个图式中的动作联而为一,并使内劲不丢,在毫无凹凸的情况中变换过来,关于这点可参看特点五。

8. 此式在整个开合与合开的任何过程中,都寓有采劲,是四隅中的采劲,作为四正架子中的一种辅助。

第十七式　背折靠

动作一：身体左转折90度。同时,右手逆缠,弧形上举,拳心朝左;左手转臂顺缠,左弧形下落于左腰侧,拳心朝后(图67)。

动作二：身体继续微左转。同时,右拳转臂以逆缠转顺缠,右臂弯屈于头顶前;左拳在左腰侧作极小顺缠圈后,以拳面紧贴于左腰部,随即身体微右转,以近右肩的背部向右后靠;同时裆口更加下沉,眼视左脚面(图68)。

图 67

图 68

要点：

1. 两膊要有掤劲地相互系住，以达到开中寓合的劲；只要以腰为中轴，右背就能自然地转折过来，就无顾此失彼之患。

2. 图 68 表示右臂在头顶前的运用，须以小逆缠使臂转到头顶前；该式关键在于以左拳贴紧左腰，使右背更加绷紧，表现出背的靠劲。

3. 背折靠这一拳式所发的靠劲，在第二路炮捶中较多。此式为四隅手中对靠劲的一种，作为四正架子内的一种辅助。

第十八式　青龙出水

动作一：重心左移，身微右转。同时，右拳转臂顺缠，自上经胸前向右弧形下落于右腿侧，拳心朝上；左拳离左腰逆缠，自左弧形上举，拳心朝里（图 69）。右拳变逆缠自右弧形上举，又转为顺缠，缠至拳心向左；同时左拳变顺缠，屈肘横臂经胸前而下，置于腹前，拳心朝上（图 70）。

动作二：身微左转。同时，左拳变掌，以逆缠向右前方伸出，掌心朝右后；右拳顺缠屈肘下落，置于胸前、左臂上方，拳心朝里（图 71）。重心稍右移。同时，左手顺缠下沉，掌心朝右后；右拳顺缠收卷于胸下，与左掌合住劲，绷紧脊背（图 72）。

图 69

图 70

图 71

图 72

身微左转,裆劲下沉同时,右拳转臂逆缠,突然由脊背"脱扣",向右前以近腕部的尺骨侧发劲;左手顺缠以右拳发劲的同样速度收回,置于左腰间(图73)。

要点:

1. 陈式太极拳不但两手运用缠丝劲,其实两腿也同时运用。该式由于迈步大,裆口宽,是腿部表现缠丝劲最明显的例子。腿部缠丝是:某腿上的一只手是顺缠时,该腿一般也随着膝盖外撇顺缠;反之,则膝盖里扣逆缠(腿部缠丝的原则,参看第二十一式"肘底捶"要点2)。就该式图中的姿势

图 73

91

来看，两腿好象没有动过，仅看出两臂变换动作，其实腿部也在随着缠丝。

2. 太极劲是起于脚跟，发于腿，主宰于腰脊，而形于手指的内劲，缠丝则是这个内劲所经过的一条相当长的运动线路。在全身这样的线路共有两条，即自左脚跟至右手指和右脚跟至左手指，它们先后十字交叉于脊背。

3. 要将全身各个关节贯串得如一条线，就必须由缠丝的螺旋来完成。缠丝主宰于腰脊，带动两臂，而基础在两腿，如果腿部无缠丝，就不可能达到周身一家的境界。对这一点，应加以注意。

4. 此式所以称为"出水"，是因为这一种发劲，如"物将掀起而加以挫之"之意，就是说，在向下的半圈终点带有向上的劲，所以又名之为出水的抖劲。

5. 此式的发劲，属于四隅手中的挒劲，它之所以不称为"打"或"击"，是因为，挒劲是一种短距离的击打，所以又有人称它为"寸劲"。

第十九式　双推手

动作一：重心微右移，身微右转。同时，右肘微屈，右拳略收，拳心朝里；左掌前伸于右腕内侧，随即两手向外微掤（以引动后面动作）（图74）。接着重心移于左腿，身微左转；同时，右臂顺缠向左下搌至腹前，左手小逆缠随右臂左搌掤住（图75）。以下同第四式"六封四闭"动作一的后部说明（接图16）。

动作二：同第四式"六封四闭"动作二的前部说明（图17，接图76，其中所不同者，该式左掌经腰部再接下一动）。接着左脚尖外撇，身体向左转（胸部由朝南转为朝东），重心全部移

图 74 　　　　　　　　　　图 75

于左腿，右脚提回，向左前（南，稍偏东），以脚尖点地。同时，右掌顺缠继续以掌心上托；左掌逆缠收转于左胁旁，以手背掤住，掌心斜朝上（图77—自图77—85，图中动作皆应身体朝东而做，图中所示皆其正面）。

动作三：身体继续微左转；同时，两手顺缠翻掌分置于两耳旁，掌心斜朝外；以右脚尖点地辗转，右膝随身体转向（图78）。右脚稍提即向右（南）迈，重心随即移于右腿，左脚向右并步，以脚尖点于右脚旁，同时身体右转；两掌合劲，随转体时向右下按（图79）。

图 76 　　　　　　　　　　图 77

93

图 78 图 79

要点:

1. 此式与六封四闭的动作基本上相同，惟步法上的转换与双推的劲路不同。该式的推劲较刚，并在推到终点时后掌根须表现出向下一沉的捯劲，因之在一沉的速度上也较快。

2. 此式衔接于上一式发劲之后。因为发劲是求劲断，劲不断不能越出身外而加于外方，但又必须与此式相连不断地联接起来。动作一（图74）的前部就起着接住发劲的劲的作用，并带动后面动作。"断而复连，能断能接"的要求，详见特点六。

3. 由上式发劲后，转而为合，合后再开；要在这合开之中，身体转一拧腰劲，转为左后右前的双托；双托在双顺缠中要求产生合劲，为双推作好准备。

第二十式 三换掌

动作：身体右转；同时，右掌向里经胸前而上顺缠收回，掌心朝里；左掌逆缠转臂向前平伸，转为掌心朝上（图80）。身微左转；同时，右掌顺缠掤劲推出，掌心斜朝外；左掌随转体逆缠收至腹前，掌心朝上（图81）。身体再右转；同时，右掌顺缠收至腹前，左掌由腹前而上逆缠向前经右臂上侧掤劲推出（图

82)。动作时，随着身体的转动以左脚尖点于原地辗转，左膝随转体方向转动。

图80　　　　　　　图81　　　　　　　图82

三换掌这一式，两掌交替伸出收回时动作要圆活，腰胯微右转时左掌伸出，腰胯微左转时右掌伸出，腰胯旋转两个来回，左掌前伸两次，右掌前伸一次，故称三换掌。三换掌是缠拿方法，因此掌前伸不是击出，而是圆转地缠拿对方的劲路和骨节。重心虽然都在右腿，但由于动作往复时的开合，腰裆在旋转地开合，带动两腿膝节也在旋转地开合，仍然是"一动无有不动"的。

由于此式与下一式的动作是紧接着毫不间断的，又因两式要点有相同之处，因之，此式要点也并在下一式中。

第二十一式　肘底捶

动作：紧接着身体再左转；同时，两手左逆、右顺缠，左手向左下、右手向右上分别展开（图83）。身体继续微左转；同时，两手左逆、右顺微缠至与肩平，两掌心皆朝下（为肘底捶开始的阶段）（图84）。身微右转。同时，两手左逆、右顺缠地合劲，在合的过程中，左臂由逆缠转为顺缠，随缠随将左小臂竖起，掌心旋缠为朝右；右掌变拳顺缠自右向前屈肘向左合劲，经左臂下方划一个小圈后，置于左肘下方，拳心朝里（图85）。

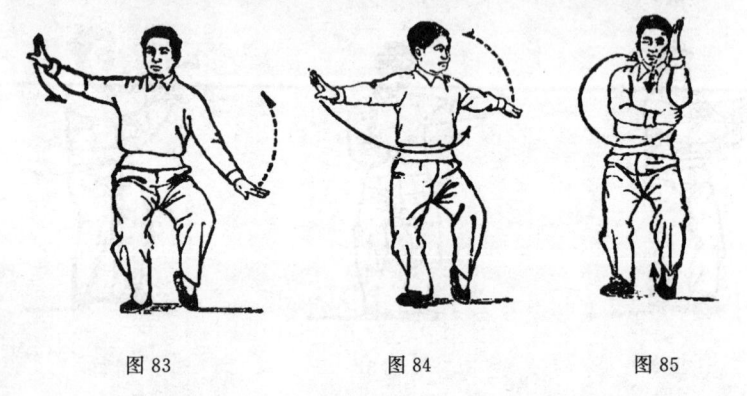

图83　　　　　　图84　　　　　　图85

要点：

1. 上式与此式的特点，是在紧凑动作之中达到节节贯串和一动无有不动。因此，左膝也以左脚尖点地辗转为轴而随体的转动而旋转；但须注意，"虚"非全然无力，"实"非完全占煞；关于这点，可参看第五式"单鞭"要点1。

2. 要达到太极拳节节贯串和一动无有不动的要求，其关键在于运用全身的缠丝劲，只有经过了缠丝，才能使劲起于脚跟，节节贯串地形于手指。因之，腿的缠丝与手的缠丝处于同等重要的地位，动作说明中没有提到腿的缠丝，是因为腿与臂的缠丝（除提腿独立和解脱擒拿外）都是上下一致的。其原则如下：(1) 凡手为顺缠，该手下的腿（膝）也是由内向外地顺缠；(2) 凡手为逆缠，该手下的腿（膝）也是由外向内地逆缠；(3) 凡右腿向外顺缠，左腿就向内逆缠，反之亦如是；(4) 比方起于左脚跟的逆缠，发到腿上当然是逆，上升到胯后，自然斜着通过腰脊，形成脊背左侧绷紧、右侧松，再转到右臂上去，右手就成为顺缠了。所以,手足缠丝是前后交叉通过脊背,自然地形成周身一家的作用。

3. 上一式是在紧凑的双合中达到节节贯串和全动,此式是在大开展的动作中表现出一动无有不动。最后,由于转身一合,缩小了缠丝圈,紧紧地双合起,内中劲别虽不同,但是牵动往来、气贴脊背是一样的。因之,应注意到脊背的运用。

4. 由上式直做至此式终点双合时,更须促使顶劲虚虚领起;在练拳日久后,练到此式会使劲节和胸椎上部骨节格格作响,这是练拳日久后自然产生的现象,不宜强求,以免产生流弊。只有做到这个境界,才足以证明在该式的动作中,已达到全动和关节松开的要求。

第二十二式　倒卷肱

动作一:重心右移。同时,左掌经面前逆缠而下;右拳变掌自左肘下经腹前而右向上由顺缠转逆缠,弧形缠至右颊旁,掌心斜朝左前方(图86)。左脚提起,经右踝旁向左后(西北)斜方以弧形撤步,重心随着后移,左腿变实。同时,右掌逆缠向前推出;左掌在胸前经前伸的右小臂下侧交叉而过,即由左下

图86　　　　图87 正面图　　　　图87 附图

方随左脚后撤时向左后弧形展开（图87—88，附图87和88的正面图。图87、88两图中姿势的方向已转为与动作说明中的方向相符。前面的图86和以后的图89—92中所示皆其正面，其实都应与图87和88的方向同，都是胸部朝着正东方向做动作）。

图88 正面图

图88 附图

动作二：两手和两腿各顺缠一小圈（以转劲），接着重心左移。同时，左掌自左而上由顺缠转逆缠，弧形缠至左颊旁，掌

图89

心斜朝右前方；右掌以小顺到大顺缠，自右而左缠经胸前而下

(图89)。右脚提起,经左踝旁向右后(西南)斜方以弧形撤步,重心随着后移,右腿变实。同时,左掌逆缠向前推出;右掌在胸前经前伸的左小臂下侧交叉而过,即由右下方随右脚后撤时向右后弧形展开(图90)。

动作三与动作二相同,惟左右相反(图91,再接图88的正面图)。

图90　　　　　　　　图91

要点:

1. 此式是由开而合,又由合而开。开后再合和再开。这种特殊的开中寓合、合中寓开的动作,是在连续后退中完成的。

2. 在连续后退中,并不是一顺溜地后退。根据"进退须有转换"的要求,在两个退步的动作中,夹着一个双开的姿势和内劲的转换。这样,才不觉得是一顺溜地后退,而觉得在继续运用前后的开劲。同时,有了转换,就成为退中有进,进即是退,退即是进,进退自如,使之成为具有支撑八面的太极拳后退法。

3. 倒卷肱为太极拳唯一连续后退的拳式,它要求在后退中夹着微小的顺逆缠丝,并要做得圆转顺遂,使无缺陷凹凸之处和内劲中断的缺点,合乎特点六的要求。

4. 此式也可作形于外的发劲,即撤步后退至落点时,足跟蹬地作声,同时前手劲往外发,后手用沉劲沉住。

第二十三式 退步压肘

动作一:身微左转。同时,左掌转臂顺缠,向左下方展开,掌心朝下;右掌逆缠斜向右上方展开,掌心朝外(图92。该图上接图88的正面图而下,因此,自图92—96中所示皆正面,实际上仍应胸部朝东进行动作)。身微右转。同时,右掌顺缠向前而里,变逆缠向右绕一圈;左掌随右掌自右前绕时微向左移,即随右掌右绕时顺缠向右划弧至右胁前(图93)。

动作二:重心移于左腿,身体左转,右脚提起脚跟,以脚尖贴地,经右踝内侧向右后(向南,稍偏西)斜方撤步,至落步点时脚跟落步震脚,并重心后移,身体同时右转。随身体左转,同时右掌顺缠,弧形收回,以手指贴于左腹;左肘经右掌里侧上掤,左掌逆缠,以手指背部贴于右胁而上;随着身右转和右震脚,同时左掌向左前方斜掌推出,右掌以手指贴着身体移于右腹(图94—95)。

图92　　　　　　　图93

图 94　　　　　　　　图 95

要点：

1. 此式在两臂环抱合住（图 94）如一整圈时，要成为坚韧弹性的挤劲；它的着重点是，在气贴脊背之下，绷紧背皮来揉动脊背；同时是蓄以待发之际。

2. 图 94 虽已将右脚后撤，但尚未震脚，震脚须与发左掌相协调一致，以形成开劲，如图 95 中姿势。

3. 退步压肘是短距离的补发劲，要柔中寓刚，在裆劲下好，用丹田劲以左掌沉劲发出的一刹那间，要和右足跟的震地作声一致，使全身劲力完整。

第二十四式　中盘

动作一：身微左转，即右转。左掌随身左转微向左移，即随身右转臂自左向右上逆缠到右胁前，掌心朝上；同时右掌逆缠转向右后上举，掌心朝右。随着右掌上举，右脚提起（图 96）。

动作二：身微左转，右脚落于左脚旁，先以脚尖着地，紧接着以脚跟蹬地震脚，重心即移于右腿，左脚跟提起。随着右脚落地时，右手逆缠（屈肘以肘尖经左掌上侧）自上划弧至左肩前；左掌顺缠下移于左胁下，掌心朝上，两臂交叉于胸前（图97，附图97的正面图。图96的方向与图97正面图方向一致，因之图96也应胸部朝东进行动作）。

图96 　　　　　　图97 　　　　　　图97附图

动作三：身微左转，左脚向左后（向北，稍偏西）斜方横开一步，屈膝下蹲；同时，两手顺缠外掤，掌心转向外下，随左脚开步时双臂微合，两掌心转朝里，随即两手左逆、右顺缠，左手向左上、右手向右下方分别展开，两掌心皆朝下（图98—99，附图98与附图99）。

图98 　　　　　　图98附图

图 99　　　　　　　　图 99 附图

要点：

1. 此式在开始时应注重于顺逆缠丝的大小。为使动作得势和得劲，当右掌经左肘下时应紧缩圈径，这也是大小顺逆缠开始形成的时候。在双开前要吸气，转为双开的要呼气，一直呼到两手开至定点为止，这也是使此动作达到神气鼓荡的方法之一。

2. 双合（图98）时，要求合中寓开，其关键在于双合之前，须气贴脊背，双掌交叉双合时掌心须向外下一转，这样就可以在合中寓有开劲；如没有达到合中寓开，就会将劲团住在身上，失去弹性，成为凅病。

3. 此式在身体中正下蹲时，裆口须宽。这样，就会使会阴之气自然从尾闾上升，这是很有利的。但是，下蹲时裆口的高度不得低于膝，以免形成荡裆，如有荡裆，会使两脚外侧虚浮，因而又使虚实变换产生了濡滞，所以也同时应避免腿部的双重病。

第二十五式　白鹤亮翅

动作一：身微左转，右脚向左并步，以脚尖点于左脚尖旁。同时，右掌转臂顺缠经腹前向左划弧，掌心朝上；左掌逆缠经

103

面前向右屈肘合于右臂上侧（图100，附图100的正面图）。右足向右前（东南）斜方迈步。以下同第七式"白鹤亮翅"动作二（接图31—32）。

图100 　　　　　图100附图

要点：

参看第七式"白鹤亮翅"要点。

第二十六式　斜行拗步

动作与要点皆同第八式"斜行拗步"（接图33—38）。

第二十七式　闪通背

动作一与第九式"初收"动作一相同（接图101）。

动作二：重心移于右腿，以右脚跟为轴，身体向左后（胸部转朝北）转，左脚随转体弧形后退，以脚尖点于右脚旁。同时，右手顺缠，翻为掌心朝外；左手逆缠，经腹前向右合劲，以掌贴于右小臂下侧，掌心朝里（图102，附图102的正面图）。

图101

图 102 　　　　　　　　图 102 附图

动作三：身微下蹲；同时，两手微顺缠稍合，即转为逆缠向左右分别展开（注意小指），左手向里屈腕使掌心朝里，右手横掌、腕部上翘，使掌心朝外（图103，附图103的正面图）。

动作四：以右脚跟为轴，身体右转；以左脚尖点地辗转，左膝随转体转向。同时，右手向左里合于左腹侧，掌心朝上；左手顺缠，随转体屈臂向前平推，掌心朝前（图104，附图104的另一侧侧面图）。左脚前迈一步，随即重心前移，左腿变实。同

图 103 　　　　　　　　图 103 附图

105

时，左掌经胸前向左而后置于左胯旁，掌心朝右下；右掌顺缠向前伸出，掌心朝上（图105，附图105的另一侧侧面图）。

图104 　　　　　图104附图

动作五：以左脚跟为轴，身体迅速向右后转，右脚以脚前掌贴地随转体向右后转半圈，即以脚跟蹬地震脚。随转体，右手顺缠里转至掌心朝外，随转体弧形下按至右胯旁，掌心朝下；

图105 　　　　　图105附图

左掌屈臂上翻,经左耳旁向前下方推出(图106,附图106的正面图)。

图106　　　　　　　　图106附图

要点:

1. 动作四中(图105)左脚上步与掌前伸要一致;动作五中(图106)右脚跟落地震脚与右手下按、左手前推须一致。

2. 气功内所谓"通三关",即要求气通过尾闾关、夹脊关和玉枕关,它包括整个脊柱交感神经和副交感神经。气功的坐卧站三功是采用静功法任其自发地通过三关的,而太极拳的这种"行动",则是动中求静,在一动无有不动的过程中,通过专一而动,使意志集中,以求得动中之"静"。拳论云:"心不静,则不专,动作全无定向矣。"太极拳行功,由于具有一定指向的动作和意识的相互辅助,同时,在行功过程中,内劲与外形又要做到尾闾正中神贯顶、气沉丹田海底间和含胸拔背、开胯圆裆,促使气从裆中过来。这样,就锻炼了这一条全身前下后上的循环大道。日久之后,使气功中的"通三关"可不去求通而自通。

3. 此式是完全以通脊背为主的运动。图101是通过颈部椎骨的姿势，图102是通过胸部上几节椎骨的姿势，图104是通过胸部下几节椎骨的姿势，图105是通过腰部椎骨的姿势，图106是通过骶部椎骨的姿势。这是专就某图以某几节为主地动作，并不是说其他节就不动了，因为太极拳是一动无有不动的。

4.《陈氏太极拳汇宗》(此书为陈鑫所写，陈绩甫编印，分为上下两册)中"海底针"这一拳式，它是两腿横开，右掌虎口叉开下落在两腿中间，这对通背作用和气从裆中向后、并由尾闾上升脊背，是有一定帮助的。

第二十八式　掩手肱捶

动作一：两手分向左右开劲（图107，附图107的正面图）。以下同第十四式"掩手肱捶"动作一、二、三、四，惟方向不同；第十四式完成时，左脚在东北，右脚在西南，而此式完成时，左脚在西南，右脚在西北（图108—109，再接图52—54）。

图107　　　　　　　　　　　图107附图

图 108 　　　　　　　　图 109

要点：

与第十四式"掩手肱捶"要点相同。

第二十九式　六封四闭

动作一：身微左转，重心微后移；同时两手先各在原处旋臂划一小圈（以引起动作），即右手大顺缠转臂掤至腹前，左手小逆缠掤至胸前，两手形成合劲（图110）。身微右转，重心

图 110 　　　　　　　　图 111

109

前移，左腿变实；同时，右手转臂顺缠、左掌小逆缠，两手合住劲，向右上方弧形挤出（图111）。

动作二：身体左转，重心全部移于左腿，右脚向前提起。同时，右手顺缠上托；左手逆缠转臂，以手背一侧腕关节弧形向左上挪，五指下垂（图112）。身体继续微左转，右脚前迈一步；同时两手顺缠翻掌分置于两耳旁，掌心斜朝外（接图19）。以下同第四式"六封四闭"动作二后部的说明（图20）。

要点：

参看第四式"六封四闭"要点。

第三十式　单鞭

动作和要点皆与第五式"单鞭"相同（图21—25，后接图113）。

图112

第三十一式　运手

动作一：身体左转，右膝微伸不挺直。同时，右勾手变掌顺缠，向左弧形上移至右额前，掌心朝左；左掌自里向左外顺缠微伸，臂部不挺直，掌心朝下（图114）。身微右转左脚向右靠拢半步，以脚尖点地，右腿变实。同时，右掌顺缠转为逆缠向右展开，掌心由朝下转为朝右；左掌自左而下经腹前向右顺缠至身右，掌心斜朝右上（图115）。身微左转，左脚向左横开半步。同时，右手弧形下落，掌心朝下；左手顺缠转为

图113

图 114 　　　　　　　　　图 115

逆缠，转臂翻掌朝外，向上划弧（图116）。

动作二：重心移于左腿，右脚经左脚后向左（东）偷出一步，身微右转。同时两手顺缠，左掌转臂经面前弧形逆缠左运，掌心转朝左；右掌转臂经腹前弧形向左逆缠运起，掌心翻朝左上（图117）。身体继续微右转，左脚向左（东）横开一步。同时两手顺缠，左掌转臂自左而下经腹前向右逆缠运起，掌心斜朝右上；右掌转臂自左而上经面前右运，掌心朝右（图118）。

图 116 　　　　　　　　　图 117

111

重心渐左移，身微左转。同时，右掌弧形下运，掌心朝下；左手顺缠，转臂翻掌朝外逆缠上运（接图116）。

动作三、四皆重复动作二（接图117—118，再接116—118，后接119）。

图118　　　　　　　　　　图119

要点：

1. 此式须注意上下相随的虚实要求，检查一下是否明显地把这要求表现了出来：就是某一手旋转到上掤为虚时，重心就必须渐渐移到该手下面的腿上，此腿即变为实；一待上掤过后转为下捋，则此腿即须转变为虚。这样做，就将两手的虚实和两足的虚实统一于整个上下虚实之中，形成处处总有此一虚一实（提腿独立、解脱擒拿时除外），达到了意气灵换的要求，产生圆活如珠的趣味。

2. 由于此式横向动步，因此极易表现出对圆裆的要求。圆裆是产生腿部缠丝暗劲所必具的形式。正确而标准的圆裆，就是不要形成高站而尖裆，低站而荡裆，要求在不尖不荡的情况下进行动作，以达到正确的圆裆。

3. 运手是太极拳中唯一锻炼双顺转双逆的大缠丝的拳式。

此式须充分表现出腰脊联合为一，成为球形车轴的作用，其关键在于它不是平面地左右缠丝，而是具有里外缠丝的成分，并以之作领导。通过这个要求，进而可以检查一下"气贴脊背"是否贴得紧，腰如圆轴是否圆得活。

第三十二式 高探马

动作一：身体左转，重心左移，右脚向右前（西南）斜跨半步。同时，左手逆缠，收至胸前；右手顺缠，经腹前向左合拢，两臂交叉于胸前，右臂在外（图120）。两臂先微合，收缩交叉圈，随即两手逆缠分向左右展开，掌心斜朝下；重心在两臂微合时稍右移，两手展开时再左移（图121）。

图120 　　　　　　图121

动作二：身体左转，重心移于右腿。同时，右手转臂逆缠至右手旁，掌心斜朝里；左手小顺缠向右合，掌心朝上（图122）。以右脚跟为轴身体继续左转，重心全部移于右腿，左脚提回，经右踝内侧向后（西）撤步，以脚尖点于右脚旁，两脚距离同肩宽。同时，左掌屈臂逆缠收回至左腰侧，掌心朝上；右掌顺缠向前推出，掌心朝外（图123—124，附图124正面图）。

113

图 122 　　　　　　　图 123

要点：

1. 动作二的后一部分，右掌推出、左掌里收与左脚撤步要协调一致。

2. 此式上承运手双开之后，因此在做合开动作时，必须注意"意欲合必先寓开，意欲开必先寓合"的要求。也就是在合之前，先将两掌根向下一沉，再双合起来，合后再开之前，也须先收紧一下合圈，再向左右双开。

图 124 　　　　　　　图 124 附图

3. 当右手绕一小圈收至右耳旁时,须气贴脊背,先行卷劲。只有卷足再放,才能放出一种旋转的按劲。

4. 此式在右手前推高探时,须具有支撑八面之势。此式与斜行拗步的不同点是,斜行拗步的右手经右耳旁是向左右分开的劲;而此式是前后开中寓合的劲,并要求在缠丝线路中没有凹凸和内劲中断的缺点。

第三十三式 右擦脚

动作一:右手小顺缠下捋至腹前,掌心朝左,手指朝下;左手自腰侧转臂逆缠至胸前,掌心朝上(图125,附图125的正面图。图125中的姿势在图125的正面图之后,是已经将要向右掤出之时)。身微右转,重心仍在右腿;同时,两手左逆、右顺缠,左手附于右小臂内侧,以右小臂向前掤出,高与肩平(图126,附图126正面图)。

图125 　　　　　　　　　图125附图

动作二:身微左转。同时,左手逆缠,自右而下经腹前向左展开,掌心朝右;右掌顺缠稍下移,掌心朝下,两臂展开(此时肘尖朝下一沉,为开中寓合)(图127,附图127的正面图)。身微右转,右手转臂顺缠向里合至胸前左方,左手自左而

上向右划弧至右臂上方，两臂交叉；同时左脚经右脚前向右横跨一步，脚尖朝前（图128，附图128的正面图）。

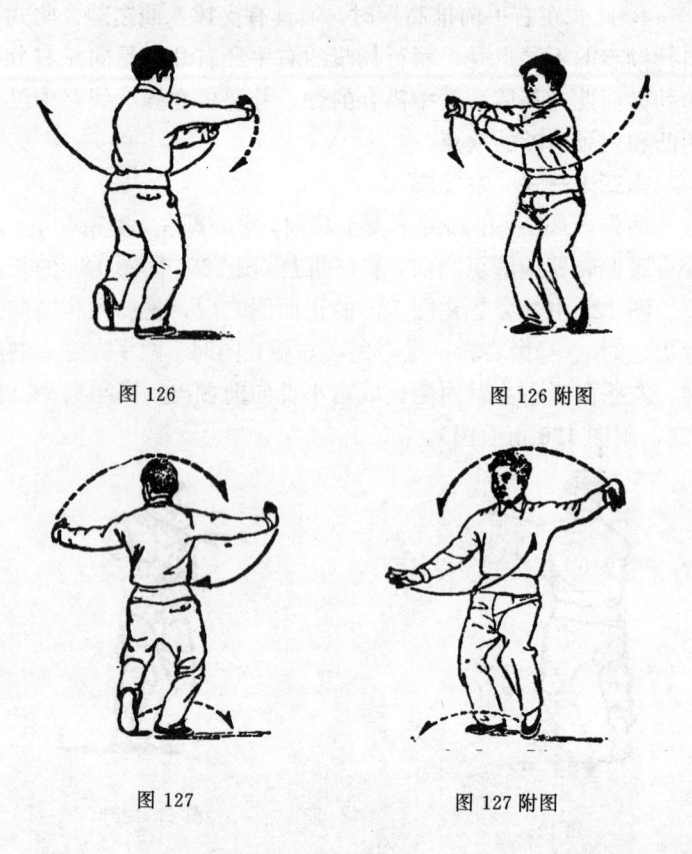

图126　　　　　　　　图126附图

图127　　　　　　　　图127附图

动作三：右脚绷平脚面向右前上踢；同时，两手顺缠向上经面前向左右分开，掌心朝下；右掌即逆缠迎击（带擦）右脚面，左掌也随着向左后逆缠下拍（图129，附图129的正面图）。

图 128  　　　　　　　　图 128 附图

要点：

擦脚的主要动作是以大双顺缠的开，转为大双顺缠的合；在两臂双合时，左腿横跨，由虚变实；同时，右腿变虚，即以右脚上踢，这时两臂即转为大双逆缠向左右拍擦；此时应注意两手的小指。在这样大顺大逆缠的擦脚过程中，使左腿独立稳定的关键，在于上踢的右脚面平直作用上。

图 129 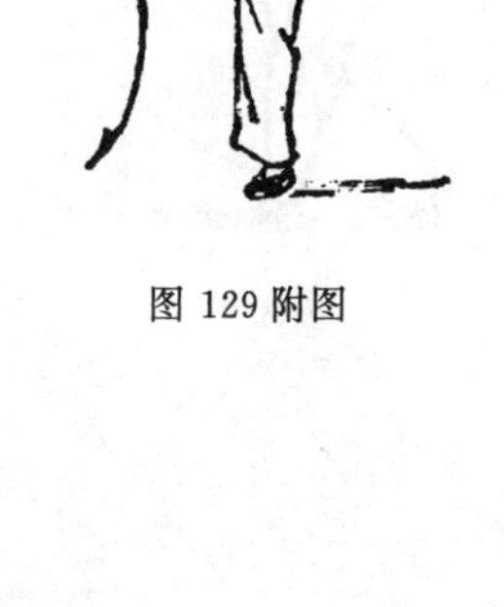　　　　　　　　图 129 附图

第三十四式 左擦脚

动作一：右脚收回，向右（东）下落，脚尖外撇踏实，身体同时右转，重心移于右腿，左脚跟离地提起；同时，两手顺缠自左右而下向胸前合拢交叉(图130，附图130的反面图)。身体微右转；同时，两手顺缠向上经面前向左右分开，掌心朝外(图131)。

图 130    图 130 附图

动作二：左脚绷平脚面向左前上踢；同时，左掌逆缠迎击(带擦)左脚面，右掌也随着向右后逆缠下拍(图132)。

图 131    图 132

要点：

1. 在一合一开的转换时，要保持稳定，亦即在重心移至右腿上时，必须由两手合劲将左腿提起。同时，重心右移时身体要中正。

2. 要在两手左右分开时提起左腿，再把左脚向上踢出；踢出的方向是在左侧与前方的中间，也就是与拳路成45度为宜。

第三十五式　蹬一根

动作一：左脚收回提起，以右脚跟为轴，身体向左后转135度；同时，两手以顺逆缠向胸前交叉；在转体的同时，两掌变拳逆缠一个圈交叉合劲于胸前（图133，附图133的正面图）。

动作二：随即左脚脚尖翘起，以脚跟向左（西）蹬出；同时两拳提起，经胸前向左右分别发出，拳心朝下（图134，附图134的正面图）。

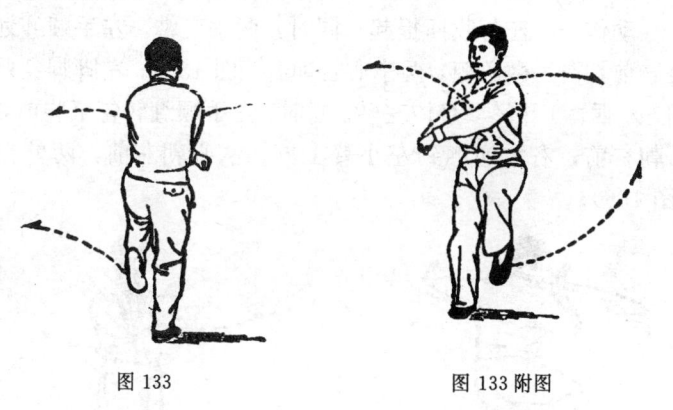

图133　　　　　　　图133附图

要点：

1. 在身体一转时要保持稳定；转身时，要将提起的左脚脚面尽量绷平，使脚尖朝下，以减轻左腿的下垂重量。转身须运用两臂双逆缠时的惯性来把身体带转过来。所以，有人称为

图 134　　　　　　　　　图 134 附图

"挂树蹬脚"，因为两臂在上双逆一转，好象两手挂在树上一样。此式还须注意立身中正、气沉丹田与顶劲不丢等要求。

第三十六式　前蹚拗步

动作一：左脚收回提起；同时，两手变掌，左手顺缠划弧至胸前，右手微逆缠，两掌心皆朝右（图135）。左脚脚尖外撇向左（西南）下落，身体左转。同时，左手顺缠转臂至胸前，掌心朝右前；右掌逆缠到左小臂上方。掌心朝左前，两臂交叉（图136）。

图 135　　　　　　　　　图 136

动作二与第十式"前蹚拗步"动作二同，惟方向不同。第十式中右脚是向东南斜方迈步，而此式右脚是向西北斜方迈步（图137）。

要点：

与第十式"前蹚拗步"相同。

第三十七式　击地捶

动作一：身体右转，右脚尖外撇，重心移于右腿，左脚提起，经右踝内侧向左前（西南）斜方上步，随即重心左移。同时，左掌顺缠，自左经面前右移变拳，拳心朝里；右掌由顺转为逆缠，向右后划弧变拳，拳心朝前上（图138）。

图137

图138

动作二：身微左转。同时，右拳顺缠至右耳旁，拳心朝里；左拳顺缠，经胸前而下向左侧下落；拳心朝上（图139，附图139的正面图）。身体继续微下蹲，左腿继续前弓。同时，左拳逆缠屈肘向左上提起，拳心朝下；右拳逆缠向前（由外向里逆缠一小圈）下击，拳心朝里（图140，附图140的正面图）。

要点：

1. 此式的重点，是要在俯伏中达到"尾闾正中神贯顶"的

图 139　　　　　　　　　图 139 附图

图 140　　　　　　　　　图 140 附图

要求，只要尾闾正中了，才会使身不倒向前面，也就是由于尾椎下压，可使整个脊骨贯串；只要脊骨上弹性充足（三关大道开放了），就可一弹而起，任何重压都是压不住的；倘若尾闾一倒，失去弹性，则伏地不能再起了。

2. 要在俯伏中顶劲不丢，也就是由于两拳以双顺缠的劲在地面上对划一圈，这样不但揉动了脊背，而且头顶上也同样转一个小圈。所以又名为"神仙一把抓"，就是抓了一圈后变为拳，然后再在地面上转一个圈，并向下击打，如同拨开地面尘土后，将物件栽种下去一样，因此又名栽捶。

第三十八式　翻身二起脚

动作一：身体右转，重心在左脚，右腿微伸不挺直；同时，左拳屈臂随转体微下移，右拳转臂、屈肘、屈腕上举，两拳心皆朝里（图141，附图141的正面图）。以左脚跟为轴，身体继续右转，脚随转体收回半步，以脚尖点地。同时，右拳顺缠向身体右侧下落，拳心朝上；左拳逆缠自左而前屈肘上举，拳心朝里（图142）。重心移至左腿，左腿下蹲（加强左腿弹性）；同时，右拳转臂逆缠自身后弧形上举，左拳逆缠向身体左侧下落（图143）。

图141　　　　　　图141附图

图142　　　　　　图143

动作二：重心前移，右脚跟落地踏实，左脚绷平脚面向前上方踢起；同时两拳变掌逆缠，右手向前上、左手向后下划弧，右掌心朝前，左掌心朝里下（图144，附图144的正面图）。左脚尚未落地，右脚即蹬地跃起，向前上方绷平脚面踢起，右掌即向前迎击右脚面，随即左脚落地，左掌在右掌迎击右脚面时向左平举（图145—146，附图146的正面图）。

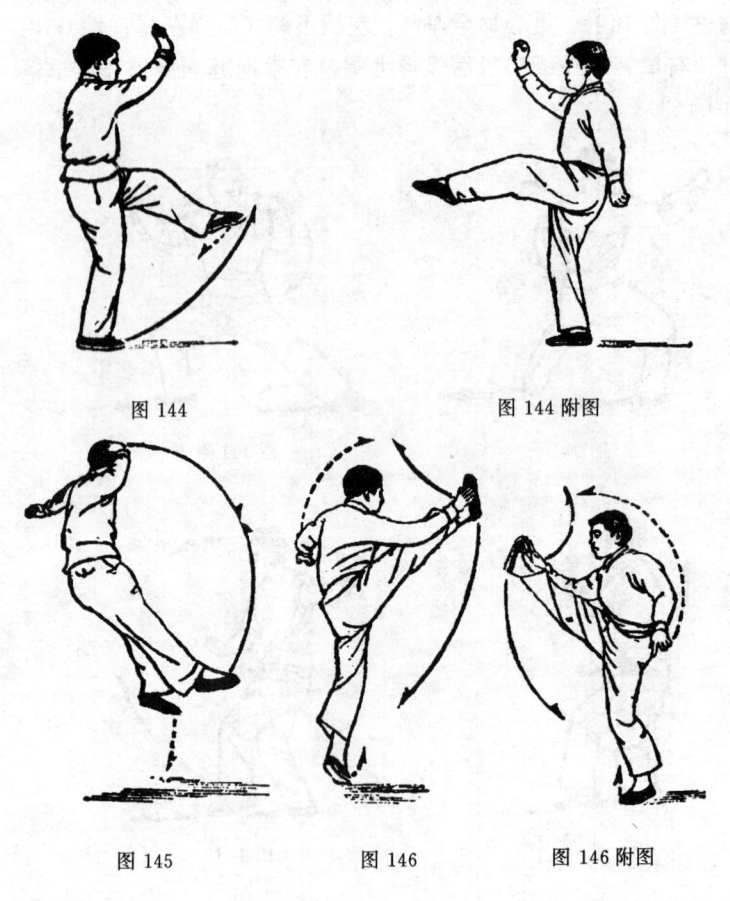

图144　　　　　　　　图144附图

图145　　　　图146　　　　图146附图

要点：

二起脚是训练弹跳的动作，是左右两脚相继离地跃起踢出的，所以又称为踢二起。陈式太极拳的二起脚，有四种练法，可根据练者的身体强弱和目的来选择。兹按由易到难的次序，列举如下：

（1）以一起来代替二起，就是仅以右脚上踢，以右掌迎击右脚面，而没有两脚腾空的过程，但练时仍要具有二起的上提劲；

（2）即按上述动作说明的方法进行锻炼，其特点是，以扩大缠丝圈的大开大展来协助身体的跃起和二踢；

（3）减少动作和缩小缠丝圈，仅缠一圈，即两脚相继腾空踢起；

（4）在击地捶后，翻身一转，两脚即行相继腾空踢起，这是最简单的一种，也是难度最大的一种。

第三十九式　兽头势

（又名护心捶或打虎式）

动作一：右脚下落尚未着地，左脚即跃起；同时两手自左而上向右上方顺缠抡起（两手要具有领劲，领着身体凌空而起，象篮球投篮式。如身体较弱者，可将右脚先落地，左脚再提起，不做腾空过程的动作）（图147，该图是衔接图146的正面图而下的，因此自图147—151仍应胸部朝东进行动作）。随即右脚落地，右腿下蹲，接着左脚向左后（西北）斜方横出一步，仆左腿，左膝微屈；身体同时右转；两掌随转体向右前方下落，掌心朝右下（图148）。身体左转，重心左移，弓左腿，蹬右腿，右膝微屈；同时两掌变拳转臂左逆、右顺缠，左拳经腹前向左上缠使拳心朝左，右拳自右缠至胸前，拳心朝左上（成左打虎式）（图149）。

图 147　　　　　　图 148　　　　　　图 149

动作二：身微右转，右脚向左稍移，以脚尖点地；同时，左拳逆缠屈臂里收至与头平，右拳顺缠屈臂里收至胸前（图150）。身体继续微右转，左腿下蹲，右脚跟里侧贴地面，向右前（南，稍偏东）铲出仆步；同时两拳左逆、右顺缠随身体下蹲下沉（图151）。身体继续微右转，重心右移，弓右腿。同时两手转臂逆缠，左拳随转体右移，拳心朝右后；右拳经胸前而下缠至右腹侧，拳心朝里（图152，该图所示姿势为正面，其实两脚所踏处，仍如上图原地未动，自图152—154所示也仍是胸部朝东进行动作）。身体继续微右转。同时，左拳经胸前向左顺缠至右腰前，拳心朝里；右拳自右后而上，转臂屈肘逆缠至右耳旁，拳心朝下（图153）。身体左转，重心微左移，左膝微屈；左拳向里微收至腹前，右拳转臂、腕里屈向前伸出，两拳心皆朝里（图154）。

图 150　　　　　图 151　　　　　　图 152

图 153　　　　　　　　　图 154

要点：

1. 此式要求里外缠丝的成分多些，并要求在里外动作之中来达到节节贯串、周身一家。与前比较，这是需要进一步练习的。这一拳式是易于明显地表现出一动全动的要求的。

2. 由于里外缠丝成分多，就促进了腰脊联合作主宰的作用，而主宰之中又是以脊背居于第一位（为引进落空的主要缠丝）。所以此式在太极拳运动中为锻炼里外、顺逆缠丝劲的主要形式之一。

3. 此式动作起来裆口要求低（但低不过膝），它在变换腿中

127

虚实时，尤易感到会阴（前后阴之中部）之气上冲尾闾，这是表现在此式内的圆裆的主要要求。

4. 此式中的外顺缠的掤劲和内逆缠的捋劲，要求在转弯抹角变换掤捋缠丝面时，其螺旋形动作都能达到皮肤上，且无缺陷存在于内，这就是说，只有在皮肤上的螺旋才能达到缠丝劲的牵动作用（缠丝劲是不是能达到皮肤面上而无缺陷，在此式中最易表现出来）。

第四十式　旋风脚

动作一：身微左转，重心左移，左腿微弓。同时左手顺缠向左下翻至左腹前，拳心朝上；右手顺缠微向右前翻至腹前，拳心朝里上（图155，此图中两脚所踏处仍如上图原地未动，胸部仍朝东，由胸部朝东方向开始此式动作）。身体右转，重心右移，弓右腿，左腿伸而不直；同时两拳变掌逆缠，经胸前向右展开（图156）。两手逆缠向右而下，变为右顺、左逆缠地上转，左掌经腹前向左上划弧至高与头平，掌心朝外；右掌弧形缠至腹前，掌心朝左。同时重心左移，右脚向前提起（图157）。

图155　　　　　图156　　　　　图157

动作二：右脚脚尖外撇向前上半步，体重前移，左脚随着提起；在右脚提起上步的同时，两手顺缠，右掌前推，左掌经面前向右弧形下落，左小臂落在右小臂上，两臂交叉合劲，两掌心皆朝下（图158）。两臂顺缠分向左右展开，掌心皆朝后；同时，左脚自后下向上以裹劲弧形裹起，以脚内侧与左掌相迎击（图159，此时胸部该朝南）。以右脚跟为轴，身体向右后转（180

图158

图159

图160

度，胸部朝北）；随着转体的同时，两手由开转为里合，向胸前交叉，左臂在上；左脚也随转体自上向右后扫转（图160）。身体继续微右转，左脚落地；同时两手缩小合劲圈，左掌心朝下，右掌心朝里（图161，附图161的正面图，图161的正面图是衔接于图160之后，其实是胸部朝北，而自图161起已与动作说明中的方向相符）。

129

图 161　　　　　　　　图 161 附图

要点：

1. 旋风脚是一脚站立、一脚悬空的扫裆腿劲，前四个圈是表现旋风扫劲前的开合（从图 158—161 来完成旋风脚的旋扫劲）。

2. 图 159 表示旋风脚的扫起，左掌与左脚侧拍后转体，在转的过程中，要求左腿微弯不直地横转过来，但不允许屈着腿转过来；这是对腰劲和右手平衡的训练，需要花些时间练习。

3. 陈式太极拳为了适应于不同的对象，有些动作分为难易两种练法。此式另一种练法是（从图 158 开始）先将右腿上前半步，左脚跟提起，双手交叉于胸前；接着左脚向前上踢（不是横扫），踢后屈膝收腿转身下落（不是直着腿横转过来）；左腿落实后，提起右脚横着脚跟蹬出。其不同点，是去掉横扫的劲，改变为踢脚和蹬脚两个动作。

第四十一式　蹬一根

动作一：身微左转，重心微左移；同时，两掌心翻朝前，并收缩交叉圈，随即两掌逆缠经腹前分向左右展开（注意两手小指）；身体随两手分开时转正，裆口更下沉（图 162）。身微左转，重心左移，右脚收回，以脚尖点于左脚旁；同时，两掌变拳顺缠，自左右而下向腹前合住劲，两小臂交叉，左臂在上，拳心皆朝里下（图163，附图163的正面图）。身体继续微左转（全身掤劲不丢），两臂缩小交叉圈（以蓄劲），右脚提起（图164，附图146的正面图）。

动作二：两拳顺缠分向左右发劲；同时右脚勾起脚尖，以脚跟向右侧蹬出发劲（图165）。

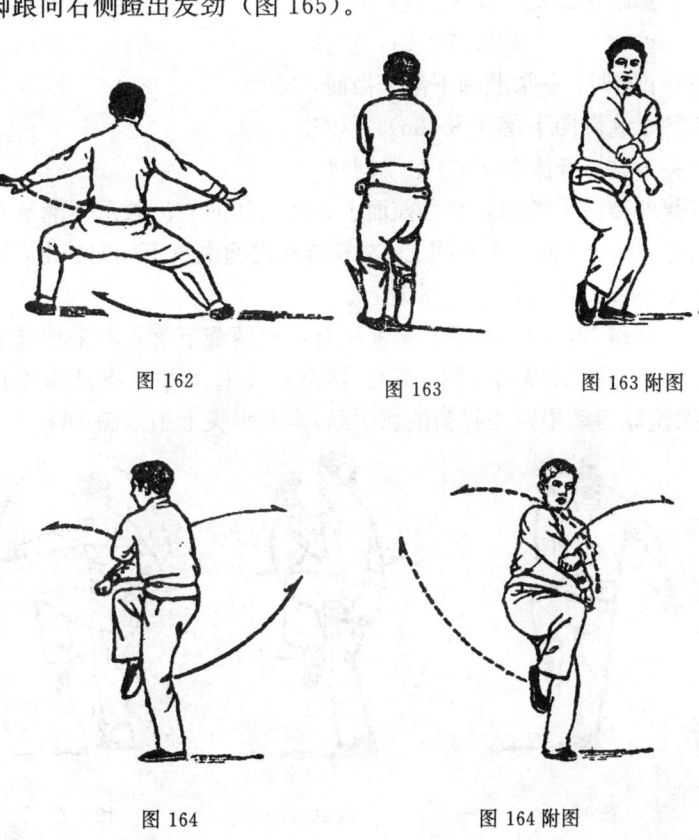

图162　　　图163　　　图163附图

图164　　　图164附图

要点：

此式与第三十五式"蹬一根"的不同点是，前一拳式蹬左脚，此式蹬右脚。做这个蹬一根，要在蹬前先作好充分的蓄劲，然后再发，以达到"蓄而后发"的要求。

第四十二式　掩手肱捶

动作一：右脚提膝收回，左脚独立；同时，右拳顺缠下落于裆前，左拳顺缠微向下落（图166）。以左脚跟为轴，身体右（东）转。同时，右臂外转向里顺缠，自裆前而上，随转体向右侧弧形下翻至右腿旁，右臂下垂，拳心朝上；左拳转臂逆缠由里下转向外上，竖起左小臂，拳心朝里（图167）。

动作二：两拳变掌在胸前一合，双顺缠下落，右手稍低于左手，右腿仍提起（图168）。两掌自左右上举，将身体领起（如篮球运动中两手投篮的双领劲），右脚尖上抬（图169—

图165

图166　　　　　图167 　　　　　图168

170，两图中身体领起后，仍应与图 168 方向相同，该两图所示为其正面和侧面）。右脚平掌蹬地震脚，身微右转，左脚向左前（东北）方迈步，两腿屈膝下蹲；同时，右掌变拳逆缠至左腹前，左掌逆缠向胸前里收合拢，左掌置于右肘上方交叉（图 171）。

图 169　　　　　图 170　　　　　图 171

动作三：右拳转臂顺缠向右下，左掌逆缠向左上弧形分开，右拳心朝下，左掌心朝外（接图 52，图 51 即图 171 姿势）。

动作四与第十四式"掩手肱捶"动作三相同（接图 3—54）。

要点：

1. 蹬后的右腿不落地。由于两拳顺缠后收回，带动右腿收回；在收回的过程中，由于两拳左向前、右向后的双翻，使收回的右腿和独立的左腿稳定下来。

2. 要求顶劲上领，气向下沉，垂肩垂肘，左足平实踏稳。就自然独立稳当。

3. 此式与第十四式"掩手肱捶"的重点，皆在发劲，惟衔接动作各不同。

4. 此式在转身蹬脚之后，转为两手上下翻转地合住劲（图

167）；合后两手一分，产生开劲（图168）；分后两手紧接着上举和两掌上托，如捧住篮球跃起，并向篮内投进去一样，这样可将身体领了起来。

第四十三式 小擒打

动作一：身体右转。同时，右拳变掌大逆缠、屈肘，掌心朝下，虎口张开；左掌自左胁侧小逆缠至胸下（图172，附图172的另一侧侧面图）。右脚脚尖外撇向前上步；同时，右掌向前顺缠翻掌使掌心朝上，左掌顺缠交搭于右小臂上（图173，附图173）。紧接着左脚向前上一大步，脚尖微里扣，仆腿；同时两掌逆缠翻掌，右掌向下、左掌向前下分开以掌根突然削出（图174）。

动作二：紧接着，身微右转。同时，右掌自右上顺缠下落于右肋旁，掌心朝肋；左掌顺缠自下上转，小臂竖起，掌心朝前上（图175）。重心左移，弓左腿，身微左转。同时，左掌逆缠转臂微落，右掌顺缠自上向左，两掌交叉内合的向左（东）发劲（图176）。

图172　　　　　　　　图172附图

图 173 　　　　　　　　图 173 附图

图 174 　　　　　　　　图 175

图 176

要点：

1. 此式的动作要一连串、毫不停留地完成，目的在于顺着要劲以给之，也就是顺着要的方向，不予顶抗，由双掌逆缠双削而解放。

2. 此式最后的动作，须在不停留的过程中，重心左移，弓左

135

腿，两掌合到终点，交叉地突然向左方一击；此时应注意两掌的掌根。

3. 小擒打这一拳式，分为左右两部分动作，但却统一地表现出来，目的在于运作缠丝的螺旋，顺应要劲，由双顺缠手法和双逆缠开劲，再转为双顺合劲和双逆发劲。

第四十四式　抱头推山

动作一：身微右转。同时，两掌变拳，右拳转臂逆缠向前下伸，拳心朝下；左拳逆缠自左下收回，划一小圈合搭于右臂上，拳心朝下；重心仍在左，弓左腿（图177）。重心移于左腿，以左脚跟为轴，身体向右后转，右脚里收半步，以脚尖点地；同时两拳小顺缠在胸前合住劲，拳心皆朝里上（图178）。两拳变掌以双顺缠紧缩交叉圈后下落，即转臂为双逆缠，各左右分开，将要达到终点时转为双顺缠，以手背放劲，两掌心相对，右脚尖仍点地（图179）。

图177　　　　　图178　　　　　图179

动作二：身体左转；同时，两掌随转体微向左转，两肘下沉，两掌即以右顺、左逆缠收回至两耳旁，掌心朝两颊；同时重心再稍左移，仍以右脚尖点地（图180）。右脚前迈半步，随着重心前移,右腿屈膝变实,身体右转;同时,两掌自两颊旁向右微下落,即随转体双顺缠向前推出;注意两掌小指,掌心朝外(图181)。

图180

图181

要点:

1. 此式的要点在于双逆开之后变为双顺而达到终点。用两手背放开和肘的下沉,并同沉肘将两掌转到两耳旁,形成抱头的前半式。

2. 采用两掌合而向前按劲者,在第一路拳套中劲别有三:(1)"六封四闭",它是两手向前表现出四成闭和六成封的劲;(2)"双推手",它是两手向前用掌根推出劲去;(3)"抱头推山",它是双手向前按,微蓄,放开大步,弓右膝,臂部没有伸缩,由脊背放出劲去。

3. 这种两掌前按的形式和内劲各有不同,已如上述。另外,它在推山放劲的同时,还要以呼气(发出嘘音)来配合着掌根下塌,一齐放出劲去,才使推山的推劲恰到好处。

第四十五式　三换掌

动作一:身体右转。同时,左手顺缠翻掌微前伸,使掌心朝上；右手顺缠屈肘里收至左臂上侧。同时配合以左膝内缠、右膝外缠（图182）。身微左转。同时，右掌顺缠向前转为逆缠，横掌推出；左掌顺缠屈肘里收至胸前，掌心朝右上。同时配合以右膝外缠、左膝内缠（完成第一次换掌）（图183）。

动作二：身再微右转。同时，左掌经胸前而上顺缠向前，转为逆缠，横掌推出；右掌顺缠屈肘里收至胸前，掌心朝左上。同时配合以右膝外缠、左膝内缠（完成了第二次换掌）（图184）。身微左转，右膝更前弓；同时，右掌经胸前而上顺缠向前转为逆缠，横掌推出；左掌转臂顺缠下落，掌心斜朝里右。同时配合以右膝外缠、左膝内缠（完成第三次换掌）（图185）。

图182　　　　　　　　　　　图183

要点：

1. 此式是在不动步的情况下进行动作，并且没有大开大合，而仅在胸前很小范围内变换手法，它的转臂收回是顺缠，转到推劲时是逆缠，这是换掌的特点。

2. 三换掌的过程中，不但在胸前这小范围内达到一动无有不动的要求，还要在左右转换接头中，掤劲上没有缺陷（形的

图184　　　　　　　　　　图185

凹凸和劲的断续），紧要全在胸中腰间的运化。

3. 三换掌，第一次是用右掌推出，第二次用左掌推出，第三次仍旧是用右掌推出，它是在不换腿的情况下形成了三次转换；转换时由于腰裆的变换和腿的缠丝旋转，使腰裆和腿部内劲的虚实也随着转换三次，使之仍符合上下相随的要求；但一条腿支撑全身较久，运动量就较大。此式不仅能提高体育效果，也能提高技击的化劲技能（这是陈发科老师的晚年杰作）。

第四十六式　六封四闭

动作与第四式"六封四闭"动作二相同（接图18—20）。

要点：

参看第四式"六封四闭"要点。

第四十七式　单鞭

动作和要点与第五式"单鞭"相同（接图21—26）。

第四十八式　前招

动作一：身微左转，重心更向左微移。同时，右勾手变掌，屈肘转臂，竖小臂顺缠至面前，掌心朝左上；左手逆缠向左下方平按，掌心朝下（图186）。

动作二：重心右移，以右脚跟为轴，身体右转，右脚尖外撤；左脚提起，随转体向右脚靠拢，以脚尖点于右脚旁。同时，右手转臂逆缠横掌向右弧形外展，掌心朝外；右掌转臂下落，随转体弧形右移，掌心朝右（图187）。

图 186　　　　　　　　　　图 187

要点：

此式动作有如执着长枪舞动一样，两臂为合劲，先是左掌如执枪柄一样向左上领起，右掌在右向左上横托，如执枪杆一样，将右腿带起，这时腰的左侧皮肤紧，而右侧松，这是一个运用腰部使人感到舒适的特殊动作。

第四十九式　后招

动作一：左脚向左横开一步，重心随即左移，弓左腿。同时，左手逆缠转臂向左上翻转，掌心朝外；右掌转臂自右顺缠下落，掌心朝左下（图188）。

动作二：身体左转，重心继续左移，右脚向左脚靠拢，以右脚尖点于左脚前；左手逆缠一个圈（图189）。身微右转。同时，右掌转臂逆缠，弧形上翻，掌心朝外；左掌转臂顺缠，自上而下弧形右移，两手在右侧上下合住劲（图190）。

图 188　　　　　图 189　　　　　图 190

要点：

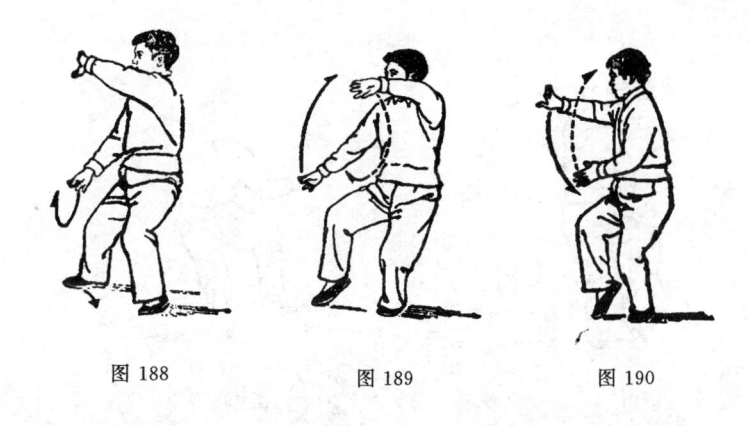

1. 前招的主要点，是右掌托后一转，练这一转劲，提高了腰部右侧的功能，后招则提高了腰部左侧功能，所以统称为前后招，也可合并为一个拳式。

2. 前招是排列在单鞭之后，它联合后招，又统称为斜单鞭，表示在单鞭之后，接连做一个斜式单鞭。它是运用小身法来揉动腰脊。重点在灵活地左右变换，使人感到有一种圆活的趣味。

第五十式　野马分鬃

动作一：左手逆缠转臂，经胸前而上向左上翻转，掌心朝左；右手顺缠转臂，自右而下，屈肘向右上托，掌心斜朝里上，两手在左侧上下合住劲；重心仍在左脚（图191）。身微下蹲，右脚微向前，脚尖离地提起。同时，左掌向左后逆缠展开，掌心朝外；右掌顺缠展开，随着乘势前托，掌心朝上（图192），右脚向前迈步，随着重心前移，弓右腿，右腿变实。同时，右手顺缠随重心前移之势前托；左手逆缠向后外撑，高与肩平，掌心斜朝后下（完成第一个野马分鬃）（图193）。

图 191　　　　　　　图 192

动作二：身体左转；同时，右掌屈肘转臂顺缠至面前，左掌转臂微屈肘逆缠向左下按；重心仍在右腿（图194）。以右脚跟为轴，脚尖外撇，身体右转。同时，右掌转臂顺缠向右上翻、外展，掌心朝前下；左掌随转体向前划弧（图195）。身体继续右转，右脚尖继续外撇，重心全部移于右腿，左脚向前提起。同时，右掌随转体之势以逆缠向右后方（东）弧形横展；左掌微下落，转臂屈肘向前上托（图196）。左脚向前迈步，随着重心

图 193　　　　　　　图 194

142

前移，弓左腿，左腿变实。同时，左手顺缠随重心前移之势前托；右手逆缠向后外撑，高与肩平，掌心斜朝后下，完成第二个野马分鬃（图197）。

图195  图196

动作三：身体右转，重心稍左移，左腿更前弓；同时，左掌随转体之势以逆缠翻掌向左前按出，右掌逆缠自右弧形收至胸前（图198）。身体右转，重心右移，弓右腿。同时，左掌转臂顺缠，经胸前右按；右掌转臂逆缠，向右展开，掌心朝右（图199）。身微左转，重心左移，弓左腿。同时，右掌顺缠下落至右腰前，掌心朝左前；左掌经胸前而下，逆缠屈肘向左抬起

图197  图198

至高与肩平，掌心朝左（图200）。身微右转，重心右移，弓右

腿，同时，左掌顺缠，自左而下缠至腹前，右掌向右逆缠至高与腹平，掌心皆斜朝右后下方（图201）。身体左转，左脚尖外撇，重心左移，弓左腿。同时，左掌顺缠屈肘、腕，经胸前向左弧形掤出，掌心翻朝里上；右掌自右经面前向左逆缠伸出，掌心侧朝前下（图202）。

图199

图200

图201

图202

要点：

1. 野马分鬃是一个使气达于四梢的大铺身法，如野马不受约束地奔腾一样。此式的唯一要求是在颈下到脊这一连串的脊骨两旁的皮与肌肉要具有双分开劲的意思，如马分开鬃毛一样；因为在身体的这一部位是"拔长容易分开难"，动作幅度微小，就难以将它分开，所以要左右反复地练习。

2. 此式最容易表现出顺逆大缠丝劲。它在立身中正安舒、支撑八面的要求下，所有动作都须相对地表现出太极大缠丝劲：两手是此上彼下，此下彼上，此里彼外，此外彼里，此顺彼逆，此逆彼顺，开中寓合，合中寓开地转动着。所以，它很可以作为代表太极大缠丝劲的一个例子。

3. 太极拳要求一切动作，都是由腰脊作主宰来运动，所以气贴脊背是运动的核心。但对于背脊（如颈部七个椎骨）是最不容易将它分开和揉动的，因此这一拳式，就是为了符合这个要求而列入拳套的。

第五十一式 六封四闭

动作与第二十九式"六封四闭"动作二相同（图203，接图19—20）。

要点：

参看第四式"六封四闭"要点。

第五十二式 单鞭

动作和要点皆与第五式"单鞭"相同（图21—26）。

图203

第五十三式 双震脚

动作一：身体左转，重心左移，弓左腿，右腿微伸勿直。随转体时，右勾手变掌顺缠，自右而下经腹前向左缠至左胁前（注意内劲不丢、不匾），掌心朝左；左手顺缠向左伸出，掌心朝下（图204）。身体右转，重心右移，弓右腿，左腿伸而勿直。同时，右掌转臂逆缠，自左胁前而上经面前向右展开，掌心朝前；左掌转臂逆缠，随转体屈肘微抬，掌心朝上（图205）。

图 204 　　　　　　　　　图 205

动作二：身体继续右转，左脚尖里扣，重心向后移于左腿，右脚稍里收，以脚尖点地。同时，左掌自左经面前逆缠下落至右肘上侧；右掌转臂顺缠，自右而下向前上撩至胸前（图206）。两手在胸前逆缠，以缠丝劲领起全身，提起右腿，左脚蹬地跃起（图207—208）。两脚左先右后下落（所以又名双落脚），蹬地震脚，左重右轻；两掌随震脚时下按，掌心翻朝下（图209）。

图 206 　　　　　　　　　图 207

要点：

1. 图207的内合为蓄劲；使身肢掤劲的弹性加强，须以两臂微张而合的领劲与左腿的上弹劲，借将身肢一领而跃起，然后自然先后落地。

2. 震脚的作用已见第二式"金刚捣碓"要点3。另外，在旧社会，如果有人被人以"节拿抓闭"等手法所伤以致昏迷或呆了时，为了恢复正常，通常是将患者身体直立举起，向地上一捣，由于震动，可使某部循环恢复过来。

图208　　　　　　　　　图209

第五十四式　玉女穿梭

动作一：右脚微提，右手微抬，左手在胸前配合合住劲（姿势与图206相似）。右脚向前跃进半步；同时，右掌向前平推发劲，并带动左脚向前跃进一大步，身体随着右转，左掌也随着前推（形成两脚腾空的过程，如图210；如年老体弱可以不做腾空过程的动作，如图210附图），身体凌空继续向右后转270度，左脚落地，接着右脚也随转体向右横行落步；同时，两手右顺、左逆缠，右手向右上、左手向左下分别展开，形成开劲（图211）。

147

图 210　　　　　　　　图 210 附图

图 211　　　　　　　　图 212

动作二：身体向左转正（朝南），左膝微屈；两掌以顺缠而合，以逆缠分开，右上左下（图212）。

要点：

1. 此式是由两个动作联合为一个动作，其要点在于接连上三步，也就是右脚前跃半步，左脚前跳一大步和右脚又横落一步。这三步须接连完成。好象织布机上的梭子在两层纱中很迅速地穿过一样，这是名副其实的穿梭劲，与后来发展为玉女穿梭向四角翻转的拳式中动作不同。

2. 此式好象一种特殊的三级跳远,是在三跃步中用旋转身体来完成的;在技击上说,它适用于穿出包围圈,是在亦攻亦守的姿势下穿出来的。

3. 如果运动场地较小,或年老体弱,或想减小运动量,都可以删去腾空跳跃的动作,改为转身上步的练习方法。

第五十五式　懒扎衣

动作一:重心全部移于左腿,右脚提回,脚尖一经点于左脚旁后,即以脚跟向右贴地铲出;同时两手划弧,由大开转为双顺缠大合(接图12)。

动作二与第三式"懒扎衣"动作二相同(接图13—14)。

要点:

与前第三式"懒扎衣"要点相同。

第五十六式　六封四闭

动作和要点皆与第四式"六封四闭"相同(图15—20)。

第五十七式　单鞭

动作和要点皆与第五式"单鞭"相同(图21—25,后接图113)。

第五十八式　运手

动作和要点皆与第三十一式"运手"相同(图114—119)。

第五十九式　摆脚跌叉

动作一:身体右转,重心左移,左膝弓出;同时两掌相系着以右逆、左顺缠地向右平移至身体右侧,高与肩平,掌心皆朝右(图213)。重心全部移于左腿,身体起立,右脚提起,自左而上经胸前而上向右横摆;同时两掌左逆、右顺缠,自右肩侧向左,左掌先、右掌后横行迎拍右脚面外侧,连续击响两声,两掌心皆朝左(图214)。

图 213　　　　　　图 214　　　　　　图 215

动作二：两掌拍脚面后变拳，左手里逆缠自左而下经胸前向右划弧，右手外顺缠下落于腹前，两臂合劲交叉于胸前，左拳置于右臂上；右脚横摆后，自右下落，于左脚旁蹬地震脚，全身气向下沉，左脚跟微提起（图 215）。右腿屈膝下蹲，左脚脚尖翘起，以脚跟贴地向左铲出，右膝里扣、松胯、合裆下沉，臀部、右膝里侧和左腿后侧一齐贴地。同时，右拳经面前而上向右弧形举起，拳心斜朝右上；左拳经右臂里侧而下随左脚铲出

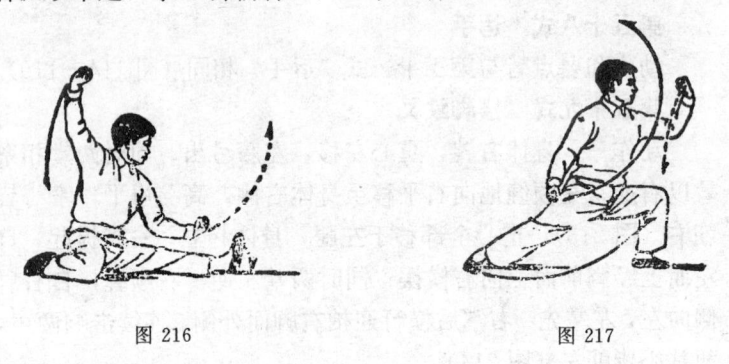

图 216　　　　　　　　　图 217

前伸，拳心朝上（图 216）。身体向前而起，蹬右腿，弓左腿，成

150

左弓步。同时，左拳以拳面向前上方冲起，拳心朝里；右拳转臂顺缠下落于右胯旁（图217）。

要点：

1. 此式分为摆脚和跌叉两个阶段：在摆脚阶段，摆脚时看来好象是两手去拍脚，其实须要手和脚相互迎击，右脚外摆下落时身体仍须中正，震脚时必须下沉劲整；在跌叉阶段，就其技击作用来说，是预防不慎跌倒，可以利用臀部下沉着地弹起，即以后脚撑起和左拳上冲（两者必须同时、一致地动作），腾然而起，获得败中取胜的效果。

2. 此式较难做，对于自幼就学习的人，还是容易做到的。为了适合年老体弱等不同的对象，适合在水泥地上或穿西装裤进行练习，此式也可改为"摆脚下势"，就是在摆脚之后，将后阶段中的一跌取消，改为右腿屈膝下蹲、左腿向前仆出的仆步，接做后面图218的动作。

第六十式　左右金鸡独立

动作一：重心全部移于左腿，身微左转，左腿起立，左膝微屈，右腿提起，右脚面绷平，脚尖朝下。同时，两拳顺缠，左拳自左前而上、右拳自右后向前而上，两拳在胸前交叉而过；随着右腿将要提起时，两拳变掌，右手顺缠自右胸前上托，左手逆缠下按（如图222，惟左右相反）；随着右腿提起时，右掌向右上、左掌向左下逆缠展开，成左式金鸡独立（图218）。

动作二：左腿微屈（蓄劲），即跃起，两脚腾空，随即两脚左先、右后下落，蹬地震脚（左重右轻，为双落脚），两膝微屈；右掌随右脚下落同时下按至右胯前，左掌也向左胯前下按（图219）。身微右转再向左转，右脚向右（南）横开一大步，左腿屈膝下蹲。两掌随着身微右转时自右上举，即随着开右步和身

图 218 　　　　　　　图 219

左转时经胸前向左以左逆、右顺大缠至与肩平,掌心皆朝左(图220)。重心右移,左脚向右靠拢,以脚尖点于右脚旁,成右腿实、左腿虚;同时两掌顺缠,分别下落于左右两胯旁(图221)。

图 220 　　　　　　　图 221

动作三：接着左脚踏实，重心左移，变左腿实，即又将重心移回于右腿，仍变为右腿实，左脚跟仍离地提起。同时，左掌转臂顺缠屈肘上托，右掌逆缠在右侧配合下按（图222）。随即左腿提起，随着左掌向左上，右掌向右下皆以逆缠展开，成右式金鸡独立（图223）。

图 222 　　　　　　　　　图 223

要点：

1. 前式跌叉弹起后（图218），即为此式做好准备。做好独立的关键，在于提起腿的脚面应绷平，脚尖尽力朝下，以减轻腿的悬垂杠杆重量；并以两臂上下左右分展、对拉来保持平衡，这样可使身体达到稳定。

2. 在第一个金鸡独立过渡到第二个金鸡独立中间有四个圈，以求得在换位过程中得到稳定，然后再做第二个金鸡独立；这样，第二个独立可以蓄而后发地上下一齐发劲，显出全身掤意勃发于外。

3. 无论前式跌叉落地或改为不跌落的下势，都是由最低而奋起，达到最高的独立拳式，可练习腿部的弹性和臂部的提劲，

153

这是此式的特点。同时，在形成独立时，顶劲须悬起，精神要振作，使气遍身躯，形成"意气风发"的形象。

第六十一式 倒卷肱

动作一：右腿屈膝下蹲。同时，左掌经面前逆缠而下；右掌自右而上由顺缠转为逆缠，弧形缠至右颊旁，掌心斜朝左前方（图224）。以下同第二十二式"倒卷肱"动作一中图87—88说明（接图87—88，附图87和88的正面图）。

动作二、三与第二十二式"倒卷肱"动作二、三相同（图89—91，再接图88的正面图）。

图224

要点：

与第二十二式"倒卷肱"要点相同。

第六十二式 退步压肘

动作和要点皆与第二十三式"退步压肘"相同（图92—95）。

第六十三式 中盘

动作和要点皆与第二十四式"中盘"相同（图96—99）。

第六十四式 白鹤亮翅

动作和要点皆与第二十五式"白鹤亮翅"相同（图100）。

第六十五式 斜行拗步

动作和要点皆与第二十六式"斜行拗步"相同（接图33—38）。

第六十六式 闪通背

动作和要点皆与第二十七式"闪通背"相同（接图101—

106)。

第六十七式　掩手肱捶

动作和要点皆与第二十八式"掩手肱捶"相同（图107—109，再接图52—54）。

第六十八式　六封四闭

动作和要点皆与第二十九式"六封四闭"相同（图110—112，接图19—20）。

第六十九式　单鞭

动作和要点皆与第三十式"单鞭"相同（图21—25，后接图113）。

第七十式　运手

动作和要点皆与第三十一式"运手"相同（图114—119）。

第七十一式　高探马

动作和要点皆与第三十二式"高探马"相同（图120—124）。

第七十二式　十字摆莲

动作一：接上式高探马开式之后，左脚提回，以脚尖点于右脚旁，仍为右腿实、左腿虚；同时，两掌转臂左逆、右顺缠，左掌自左而上向右、右掌自右而下向左划弧，两手以腕部交叉于胸前（图225）。以右脚跟为轴，身体右转，仍以左足尖点地；同时，两手逆缠，缩小交叉圈，左手在里，两手合住劲（图226）。身体继续右转，右腿屈膝下蹲，左脚提起向左侧（东北）横迈一大步，重心左移，弓左腿；同时，两手逆缠，右掌向右上、左掌向左下分别展开，掌心皆朝外（图227）。

动作二：身微左转，重心继续左移，弓左腿。同时，右掌转臂顺缠，自右而下经腹前向左缠至左腋下，掌心朝后下；左掌转臂顺缠，屈肘使小臂竖起，掌心朝右上（图228）。身微右

155

图 225　　　　　图 226　　　　　图 227

转。同时，左掌顺缠，经额前向右合于右臂上侧，掌心朝下；右手在左腋下顺缠，使掌心转朝下。重心同时更向左移（图229）。

动作三：右脚提起，自左前而上向右外摆半圈；同时左掌逆缠向左迎拍右脚面外侧（图230）。以左脚跟为轴，身体右（西）转；同时，两掌变拳左逆、右顺缠，右拳经胸前而右向下、左拳转臂屈肘自左而上一齐放劲，右拳高与胯平，拳心朝上，左拳高稍过于头，拳心朝右（图231）。

图 228　　　　　图 229

图 230　　　　　　　　　　图 231

要点：

1. 该式是由紧合到大开，此时要求气势下沉；在左转时两膊须相系，是合中寓开；以后又开，是开中寓合。

2. 由于左掌交叉地拍击右脚面外侧，所以称为十字摆莲。拍后以左拳上举、右拳下翻同时发劲，以这种发劲的协调来取得转体后的稳定。

3. 做十字摆莲的动作，常常会感到舒适和背脊发热，这是促使气遍身躯的现象。

第七十三式　指裆捶

动作一：左脚稍向左跃起，右脚向原左脚所踏处下落，蹬地震脚；身体右转，左脚向左前（西南）斜方迈步，重心渐渐左移。随着右脚下落震脚时，左手转臂顺缠至胸右；右拳顺缠自右而上向左落于左小臂上；随着左脚迈步时，左拳随转体逆缠自胸前而右绕起，屈肘竖起小臂，以小臂向前微挺，拳心朝右，右拳顺缠翻至右胯旁，拳心朝前（图232甲、图232乙）。

157

图 232 甲　　　　　　　图 232 乙

动作二：身微右转，左拳转臂顺缠在胸前下落；右拳转臂逆缠自右而上，经右耳旁向胸前下落于左臂里侧，双手合住劲（图 233，该图所示为侧面，其实两脚仍于原处如图 233 中的两足所踏处未动）。身左转，重心左移，弓左腿。同时，左拳转臂顺缠收回置于左胁下，拳心朝里；右拳转臂逆缠向左前下方打出发劲（图 234，附图 234 的侧面图）。

图 233　　　　　图 234　　　　　图 234 附图

要点：

1. 此式要着重注意蓄劲。在两拳于胸前合住劲时，须两胯大开、圆裆和气贴脊背。处于这种姿势时，也最容易检查出五张弓——两手弓、两足弓和脊背弓是否齐逗榫，五张弓的弓背上有没有加强弹性，也就是说有没有感觉到五张弓背线上的绷紧的现象。

2. 此式又为练习"胯打"的一个动作，其动力根源在于右胯一绷，而将右拳的劲放出去，指着对方的裆内。

3. 此式发劲时，外表是向右侧斜着，似乎外形不正，但发劲时的内劲，在于左手的向后领的上领劲，属虚，而指裆的右手下沉是实，右腿却是虚；由于这种"上下相随"，遂将内劲调整平衡，而达到中正；这是正确的中正，虽外形似乎不正，但内劲却仍然是中正不偏的。

第七十四式　白猿献果

动作一：身微左转，同时，右拳逆缠向左收于左腰侧，左拳在左胁前逆缠，配合绕一小圈，两手合住劲勿匾（图235，附图235的侧面图）。身体右转，重心右移即仍向左移回。同时，两手逆缠，自左向前移至胸前，高与胸平；随重心移回左腿时，

图 235　　　　　　　　图 235 附图

图 236　　　　　　图 236 附图

两拳转为里外缠丝，合住劲（图 236，附图 236 的侧面图）。

动作二：以左脚跟为轴，身体左转，右腿提起，右脚面绷平，脚尖朝下。同时，右拳转臂顺缠，自右而下随右腿提起时旋转上冲，高与眼平，拳心朝里；左拳转臂逆缠一个圈收置于左腰侧（图 237）。

要点：

图 237

1. 此式由"左里逆缠和右外顺缠"须无凹凸地使身体平旋而上；两手转为上下逆顺缠丝，将右拳缠到面前，左拳缠到腰间，须毫无缺陷地完成，这是此式的着重点。

2. 此式须掌握双合后的螺旋上升。另外，置于左腰侧的左手，必须做到正确的逆缠，须从左外缠回到腰间，这也是使左腿中正立稳的关键。

第七十五式　六封四闭

动作：身体微左转，右脚向右前迈步；同时两拳变掌顺缠翻掌分置于两耳旁，掌心斜朝外（接图 19）。以下同第四式"六封四闭"动作二后部的说明（图 20）。

要点：

参看第四式"六封四闭"要点。

第七十六式　单鞭

动作和要点皆与第五式"单鞭"相同（图 21—26）。

第七十七式　雀地龙

动作一：身体左转，左腿前弓。同时两手变拳逆缠，右拳自右而下经腹前向左上撩，拳心朝上；左拳向右合于右臂上侧，拳心朝里，两手合住劲（图 238）。重心右转，身微右转，右腿屈膝下蹲；同时，两手右顺、左逆缠，左拳自右臂里侧向左而上、右拳自左小臂外侧向右而上分别展开，左拳伸至左膝上，左拳心朝右上，右拳心朝右上（图 239）。

动作二：身微左转，左腿下沉仆腿，右腿继续下蹲；左拳前伸至左踝上侧，拳心朝上，右拳微下沉；眼平视前方（图 240）。左脚尖外撇，身体向前而起，蹬右腿，弓左腿，成左弓步。同时，左拳以

图 238　　　　　　　　图 239

拳面向前上方冲起，拳心朝里；右拳转臂顺缠下落于右胯旁（图241）。

要点：

1. 此式与跌叉不同点，仅为不跌倒，是在右拳转臂自上右缠时后面的右腿不贴着地面，但须尽量下蹲；其他各部分与跌叉要求相同。

图240　　　　　　　图241

2. 此式与跌叉同样，为了适合不同对象，可以改为左腿腿肚不贴地，而尽量做到下势（图239）的样子。

3. 此式先作双合的卷劲，卷而后放（利用离心力），放到极开和极低时再利用放后双手再合的向心力，将劲运用到右拳上，起着将身领起的作用。

第七十八式　上步七星

动作：左脚尖外撇，身体左转，重心向前全部移于左腿，右脚前上半步，以脚尖点地。随着身体左转的同时，左拳顺缠里合；右拳顺缠，自右而下随右腿上步时向前经左腕外侧冲起，两拳以腕部交叉，拳心皆朝里。随着右脚上步以脚尖点地时，两拳以腕部紧贴的交叉点为轴，自上而里向下而前绕一小圈后向前变掌微挺（图242—243）。

图 242　　　　　　　　　图 243

要点：

1. 太极拳的每个拳式，在练习时都要求一动无有不动，而每个拳式中又必有其运动的主要部分；此式则以腕部为主，对腕部有着良好的训练。当然在其他拳式中腕部也在活动，而在此式中其他部分也在活动，这里仅是指哪一部分为主而言。

2. 由于太极拳要求动急则急应，动缓则缓随，又须沾粘连随，去掉顶匾丢抗，因而彼此运用擒拿的机会较多；此式为解脱双手被擒拿的一种转法。

第七十九式　退步跨虎

动作一：两掌在胸前仍以腕部紧贴的交叉点为轴，自前而下向里而上仍翻绕回来；同时，随着两掌翻转，随着以左脚跟为轴，身体右（南）转，右脚后退一步（图244）。两臂微合，紧缩一下交叉圈后一震两掌，即向左右下方分开，掌心皆朝下（图245）。

动作二：重心右移，左脚向右脚靠拢，以脚尖点于右脚旁，同时两手右逆、左顺缠，右掌自右而上向面前划弧，左掌自左

图 244 　　　　　　　　图 245

而上向腹前划弧，两手上下合住劲（图246）。身微下蹲；同时，两掌转臂逆缠，右掌向右上、左掌向左下分别展开，右掌心斜朝右上，左掌心斜朝左上，成跨虎式（图247）。

图 246 　　　　　　　　图 247

要点：

1. 此拳套内唯一连续后退的拳式是倒卷肱，而上一步后接着后退一步的仅有退步跨虎。前式是顺应要劲而向前上步，此式仍是顺应给劲以退步。这是一进接一退的练法。

2. 前式两腕自下而里前翻，自然地具有挒劲发出；此式翻回一个圈后突然一震,如脱铐一样的劲,然后双分而开,同时气和裆劲须下沉。

第八十式 转身双摆莲

动作一:以右脚跟为轴,身体向右后转180度,左脚提起随转体向右后摆。同时,右掌随转体也平旋180度,逆缠横掌于右上方,掌心朝右;左掌顺缠向右后横扫至右肘前,掌心朝右(图248—249)。

图248　　　　图249　　　　图250

动作二:左脚向前(西北)斜方落步,随着重心左移,左腿屈膝下蹲,身体同时右转;同时两掌左逆、右顺缠自右微下落(图250)。重心全部移于左腿,身体起立,右脚提起,自左而上经胸前而上向右横摆;同时两掌左逆、右顺缠,自右向左,左掌先、右掌后横行迎拍右脚面外侧,连续击响两声,两掌心皆朝左(接图214,惟方向稍异,图中姿势的胸部朝南,而此式胸部应朝东北斜方)。

要点:

1. 凡一腿独立、一腿提起的转体动作,务须在转体过程中表现出既稳定而又一动无有不动。其关键在于两臂合而后开（合是双顺缠，转为开时变为双逆缠），由开劲将身体带转过来，这是由于双逆缠的对开的平衡作用而达到身体稳定的。

2. 另外，要获得稳定，还须立身中正。而中立的关键，又系于顶劲虚悬；如果顶劲不虚虚悬起，稍有偏倚，就立刻不能稳定，因头部居身体的最高峰，上面微偏，则影响到下面全身的倾斜度就很大。所以太极拳一切动作都须顶劲虚悬，这样，不但减少头颅下压的重量，而且会产生纠正倾斜的功效。

第八十一式 当头炮

动作一：外摆后的右脚，向右后（南）方落步；同时两掌变拳，转臂顺缠下挫，即转向前上微冲，两拳心相对，左拳在前，右拳在后，随冲拳左膝前弓（图251）。

动作二：重心后移，右腿屈膝下蹲变实，左膝微屈，身体右转；同时，两拳转臂顺缠，自前而下向里而上，弧形里收于右胁旁，左拳心朝里，右拳心朝左（图252），重心前移，弓左

图251　　　　　图252　　　　　图253

腿、蹬右腿成左弓步，身微左转；同时，两拳转臂顺缠向前抖

劲，两肘微屈，左拳稍横臂在前，左拳心朝里，右拳心朝左（图253）。

要点：

1. 太极拳整个拳套是以文象始、武象终的，所以当练到当头炮这一拳式时，就要"意气风发"地表现出卷放蓄发四劲，并尽其所能地将四劲发挥出来。[①]

2. 此式须对太极劲的方面作最后一次检查，也就是在卷放过程中，有没有离开太极劲的缠丝劲；蓄发时其根是否在脚，并且是否由脚跟达到两拳。

3. 此式所发之劲，运用的是抖劲；抖劲是短距离的挒劲的一种。抖劲，须表现出有如在皮肤上着了火星那样一样惊觉的劲，须由一抖而出。

第八十二式 金刚捣碓

动作一：重心后移，右腿屈膝下蹲，右腿变实，身体右转；同时，两手左逆、右顺缠向右后方展开，掌心朝右后方，手指舒展勿软（接图4，惟左脚不同，图中左脚离地，该式左脚虚踏于地面，方向亦不同，第二式"金刚捣碓"是胸部朝南进行动作，此式是胸部朝北进行动作）。

动作二：重心前移，同时两掌仍以左逆、右顺缠，向右后继续微展下沉（接图5，惟南北方向相反）。后同第二式"金刚捣碓"动作二图6说明（接图6，惟南北方向相反）。

动作三同第二式"金刚捣碓"动作三，惟方向不同，南北相反（图7—8）。

[①] "卷"是由大圈收缩为小圈，一般用于捋劲，表现在"走"之中，卷到缠丝尽头，便成"蓄"劲。"放"是由小圈开展为大圈，一般用于掤劲，表现在"粘"之中，放到对方虚空处，便成发劲。

要点：

陈式第一路太极拳拳套内第一个"金刚捣碓"，表现出太极拳五对顺逆缠丝寓于动作开始中；第二个"金刚捣碓"表现出第二势的结束；第三个"金刚捣碓"表现出第五势的结束；此式为第四个"金刚捣碓"，表现出全套的结束。其要点同第二式"金刚捣碓"要点。

第八十三式　收势

动作：身体起立，两膝微屈；同时两手逆缠分向左右两侧下垂，掌心皆朝后，恢复预备式姿势（接图1）。

要点：

1. 在恢复到静态姿势时，仍须按预备式中各要点检查一下。

2. 练完后，根据自己的呼吸频率增加的程度，就可以判断在练习过程中"以气运身"做得如何，呼吸调节得够不够标准。如果发生气喘现象，则应检查动作和呼吸配合得是否自然。

3. 陈式第一路太极拳与第二路炮捶，假设都是以面朝南开始练习，在收势时则都面朝北。如果将第一路或第二路连续练习两次，或者将第一路和第二路接连练习，最后收势就可复原为面朝南。

第三章　陈式太极拳第二路图解

陈式太极拳第二路拳式名称顺序

第 一 式　预备式
第 二 式　金刚捣碓
第 三 式　懒扎衣
第 四 式　六封四闭
第 五 式　单鞭
第 六 式　搬拦肘
第 七 式　护心捶
第 八 式　拗步斜行
第 九 式　煞腰压肘拳
第 十 式　井揽直入
第十一式　风扫梅花
第十二式　金刚捣碓
第十三式　庇身捶
第十四式　撇身捶
第 十 五 式　斩手
第 十 六 式　翻花舞袖
第 十 七 式　掩手肱捶
第 十 八 式　飞步拗鸾肘
第 十 九 式　运手（前三）

第 二 十 式　高探马
第二十一式　运手（后三）
第二十二式　高探马
第二十三式　连珠炮（一）
第二十四式　连珠炮（二）
第二十五式　连珠炮（三）
第二十六式　倒骑麟
第二十七式　白蛇吐信（一）
第二十八式　白蛇吐信（二）
第二十九式　白蛇吐信（三）
第 三 十 式　海底翻花
第三十一式　掩手肱捶
第三十二式　转身六合
第三十三式　左裹鞭炮（一）
第三十四式　左裹鞭炮（二）
第三十五式　右裹鞭炮（一）
第三十六式　右裹鞭炮（二）
第三十七式　兽头势
第三十八式　劈架子

第三十九式　翻花舞袖	第五十六式　夺二肱（一）
第 四十 式　掩手肱捶	第五十七式　夺二肱（二）
第四十一式　伏虎	第五十八式　连环炮
第四十二式　抹眉红	第五十九式　玉女穿梭
第四十三式　右黄龙三搅水	第 六十 式　四头当门炮
第四十四式　左黄龙三搅水	第六十一式　玉女穿梭
第四十五式　左蹬一根	第六十二式　四头当门炮
第四十六式　右蹬一根	第六十三式　撇身捶
第四十七式　海底翻花	第六十四式　拗弯肘
第四十八式　掩手肱捶	第六十五式　顺弯肘
第四十九式　扫蹚腿（转胫炮）	第六十六式　穿心肘
第 五十 式　掩手肱捶	第六十七式　窝里炮
第五十一式　左冲	第六十八式　井揽直入
第五十二式　右冲	第六十九式　风扫梅花
第五十三式　倒插	第 七十 式　金刚捣碓
第五十四式　海底翻花	第七十一式　收势
第五十五式　掩手肱捶	

陈式太极拳第二路

陈式太极拳第二路,即第二趟架子,俗称"二套",又名"炮捶"。二套开始,直做到第一个单鞭止,即从预备式、上步金刚捣碓、懒扎衣、六封四闭到单鞭这五个动作,与第一路的完全相同。所以要重复做这五个动作,是为了先做几个柔软的拳式来舒展筋骨,以适应练二套的要求。因此,本章中关于第二路的动作说明,从第一个单鞭以后说起(胸向南)。单鞭以前的四个拳式动作说明,详见第一路,此处不再重述。

图1

为便于叙述,第一路太极拳图解中的图1—26及其说明在第二路图解中就不再重复,而其中的图26则列为本图解的图1。关于图解的说明,也详见第一路图解。

第六式 搬拦肘(胸向南)

动作:重心微右移,同时,右勾手在右侧小顺缠变拳,并使拳心朝上,左掌变拳自左而下逆缠至胸前;紧接着重心左移;随重心左移时,左拳经胸前向左以拳眼横击发劲,右拳自右向左也以拳眼横击发劲,两手左拳心朝上,右拳心朝下(图2)。重心右移;随重心右移时,两手左逆右顺缠自左向右以拳眼横击发劲,左拳心朝下,右拳心朝上(图3)。

要点:

此式有左右两次发劲,须紧接着做。自单鞭过渡到向左发

171

图2　　　　　　　　图3

劲，须先将重心微右移，然后发劲，以达到蓄而后发的要求。发劲时，重心的移动与两拳发劲须一致，以求得劲整。

第七式　护心捶（胸向东北）

动作：重心全部移于右腿，左脚提起，身体左转，右脚蹬地跃起，随即左脚落地，右脚也跟着向左前（东南）斜方落步。随着转体的同时，左拳逆缠向右里微上提，即随转体向左后下方弧形顺缠至左腰侧，拳心斜朝右上；右拳先逆后顺缠随转体自右而上经右额前侧向左，随右脚落步的同时下击（图4）。左

图4　　　　　　　　图5

拳顺缠向左举至高与肩平，右拳顺缠里收（图5）。左拳自左而前经右拳外侧向下向里，右拳自里向外，两拳在胸前交叉而过；随即两手顺缠，左拳里收，右拳以近腕部的拳背向前掤出；同时重心下沉（图6）。

图6

图7

要点：

太极拳动作，凡要放大其圈，必先缩小其圈，这是为了加强掤劲，使在"气贴脊背"条件下，将内劲贯串而达于掌根。当双手在胸前做 里外左右双逆缠丝的放开时，即形成右前左后的合劲作用；最后，如∞字形使两圈会合于胸前以护住心口；同时渐次缩小其圈，形成蓄劲如开弓，以加强掤劲。

第八式 拗步斜行（胸向东转东南）

在上式双拳护住胸部之后，双拳放开为掌，并做右顺左逆的缠丝，相合于胸前。此时右手在上，左手在下，右掌心向左，左掌心向上。接着仍做右顺左逆的双分（图7、8、9）。然后，再双合于胸前，但此时右手已转下，左手已转上，掌心均向下。接着右手又转上，左手则转左，同时身法提高，右腿提起，左腿独立，双掌合住劲（图10）。待再转为开劲时，使右足落地一

173

图 8   图 9

震脚而变为实。接着左足向东北迈转一步，右掌顺缠由前向右下沉。同时，左掌逆缠向右上作弧转；转到左掌向左开时，右掌适在右顺缠向上到右耳边。这时左腿为实，乃是起势。接着右掌在右耳边转半个圈再向右前逆缠放开；同时，左掌微向右逆缠后，即向左顺缠地开放，成为双开劲。此时，胸向南（图11）。

图 10   图 11

要点：

此式当右足落地时，是右手开，左手合；等到左手转向左外开时，右手又转到右耳边为合。由于左合右开和左开右合，促使内气盘旋地下沉；最后，在完成此式时，左右两掌同时在双逆缠之下双开起来；等开到头时，又以双顺缠双合起来。在双合时，双手的手指须向上竖起；同时，双肘的内劲亦须一合。接着，立即气沉丹田，重心也同时转到右足。此式由于开合变换，配合震脚和左顾右盼的旋转，导致气不得不下行，是一种行功练气下沉的基本功夫，也是最易使人感觉到最后气沉丹田的一个拳式。

第九式　煞腰压肘拳（胸向东南）

动作：在上式斜形的两掌分开之后，右方的右掌用顺缠，当转往上时，将掌变拳置于右膝的上方。同时，左掌在左用小上顺缠成拳与右拳遥相对于左上方合住劲。裆口下沉，形成低的圆裆；足从左实变为右实，此时胸向南（图12）。

第十式　井揽直入（胸向北）

动作：左足提起向右方作180度迈出，使胸转向北。左拳变掌，并随着左足由上斜向胸前下方一个

图12

按劲，劲在掌根。同时右拳顺缠，亦在下沉时变掌，翻转掌心向上使近腰左。旋转时以腰脊作中轴。此时右足为实（图13）。

第十一式　风扫梅花（胸向南）

动作：在完成左手由上而下按的180度后，接着由右手接替左手的挣脱劲，以顺缠从下而后上采地转180度；至右上方时，又转为逆缠的开。同时，左手在下逆缠向左下方分开，形

成双开劲。此时，左足为实，并作为旋转中轴；右足随身右转而横迈于左足的西边。最后形成如图14的姿势。此时双手皆已变为双逆缠。

图13　　　　　图14

要点：

以上三个拳式的作用，主要在于第八式双开中的右掌：假定已被采拿，因此先在一小顺缠将掌变拳的同时，就顺着采的要劲，转而下按地转过身来。这是用连随以求解脱的基础。在转身时，同时用左掌的下按劲和右掌的上提劲，使左右两手上下一震抖，以达到解脱的目的。在这样大转身的过程中，必须使劲沉着地旋转，方法是不许平旋，而须使旋转从上而下（按合时），再从下而上（掤开时），以期在沉着中达到连续的解脱作用。这种大转身的缠丝，最易使人产生"缺陷"、"凹凸"和"断续"的现象。因此，若要避免上述缺点，其要点是在两膊相系之下的掤住劲，同时运用腰脊作中轴，使能掤着旋转，产生活如风车的旋转惯力。在旋转过程中，先向后下180°一按合劲，以加强其沉着性；同时不停地再向后上180°一掤开劲，最后完成360°的大转身。在劲别运用上，上半圆是以左手为主而旋转的合劲；下半圆是以右手为主而旋转的开劲。这样使内劲不断地外显而达到弓背,也不致再产生缺陷等缺点。

第十二式　金刚捣碓（胸向南）

动作:上式完成时,用的是左右双逆缠的双开劲。此式乃是由左右双逆缠的开劲转为左右双顺缠的合劲,使气注小指。此时左足为实(图15)。合后又转为上下逆缠的双分劲,当达到右上左下的终点时,右掌一转而变为拳,再由上顺缠而下;同时左掌逆缠至小腹前,掌心向上;最后是使右拳落到左掌心内的一合劲;同时,在左足为实时,右足提起震脚于地(图16)。

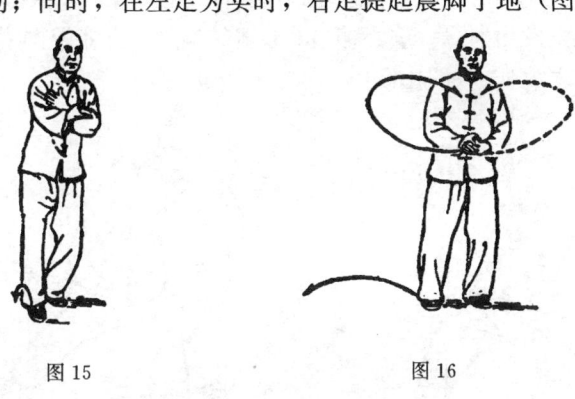

图15　　　　　　　　图16

要点:

在做完360°大转身后,内气要象车轮向四周动荡,而后再下落到丹田之内,并加以捣实,这是此式的主要作用。它由左右的相开相合转为上下的相开相合并震脚时,可使气更加捣实于丹田内。这种震脚可轻可重,主要以能运用意气下达为主,并不在震脚的轻重。因此,除了用检验震脚的声音以测定劲的整与不整外,还须看能否做到动静相合的功夫,以达到一静无有不静。

第十三式　庇身捶（胸向南）

动作：从上式之后的一合劲做起，双手皆向下左右逆缠的分开；在双开的同时，右腿向右横迈半步；开后再合，此时双手由下向前上继续逆缠，最后把左手放在右手外方，合于胸前，形成开胯圆裆，左足为虚（图17）。这种由合而开，开后再合，是紧凑的小开小合。接着右掌向右后转向外方逆缠成拳，左掌向左下逆缠亦成拳。双分后，右拳从下向右上逆缠，再从头前而过。回转左方。当左拳逆缠到左胯间时，右拳突然撒身而回，向右上方发出肘劲；重心移右，右腿转实，全身随着向右下沉，裆亦随之放低。（图18）

图17　　　　　　　　　　　图18

要点：

在含胸拔背之下，由双逆缠丝紧缩其圈以加强双臂掤劲内的弹性，能起一种披身环形的蓄劲作用。它主要是练右手和腰脊，由大圈转为小圈，以加强蓄劲（内中同时具有向右的肩靠劲）；最后，由一小圈进为无圈，将劲贯串到肘尖上去。因此，它是一个紧凑运动的拳式，要求在双逆缠丝的相合下，继续以双逆缠丝缠转过去。在缠转过程中，必须做到内劲无缺陷和无断续。故其要点在于运用腰脊作中轴；当右手以逆缠开始而转到面前再逆缠一大圈时，须表现得节节贯串。当再由逆缠转到顺缠并突然又一转为逆缠向外右上方发出肘劲时，要求看得出劲起于足跟而形于肘尖。

第十四式　撇身捶（胸向南转东南）

动作：在上式左拳置于胯间发出右肘劲时，假定置于胯间的左拳突然被采，则这时就顺着采的要劲，先以右顺左逆的一小圈，身躯略向右转，右脚为实，接着即以左顺右逆的翻转拳背，以挒劲向左侧反击出去。同时，右手以小逆缠向着右后方放劲，以保持平衡（这是双开发劲）。但发劲须专主一方，本式以左方为主，右方为宾，故右拳属于放劲，而左拳则为发劲。同时，在发出时右腿为实，胸向东南。（图19）

图19

要点：

当左缠到左胯间而左臂又被采时，为了不丢不顶，适应采的要劲，应顺着对方要劲的方向，向左方用挒劲击出。这是直截了当，以求解脱的着法。因此，本式以左拳反击为主，但击出的根源却在顺缠旋转于右上的右拳，通过它再将内劲缠丝式地贯注到左臂中去。

第十五式　斩手（胸东南转北）

动作：此式假定在上一式"撇身捶"的着击中没有得到解脱，就再顺着要劲的方向跨上右步；右手以顺缠自右后向上随身翻转过来，并相合于左手之上；在被采的左手突然上提的同时，右掌缘如刀下斩，形成左上右下的双开削竹势，并辅以右足下沉的震脚。这是跨上右步，使双手处于自己的方圆圈内，是两手一足同时并用的着击挣脱方法。此时，胸已转北。（图20）

要点：

这是二次解脱左手被采的方法。采劲中最常用的方法是迫使对方不易连随的向下压迫的采，使被采者不得不趋于跪势，因而不得不采取手领身的上步，以加速"右斩"、"左提"和"震脚"等三者齐施的解脱方法。因此，在右手不断劲的要求下，用小顺缠的旋转以上右步，使被采的左手处于自己的方圆圈内；这是以轻制重的基本方法。上步前和上步后以及下斩时，尾闾均须正中，切不可因下击而使尾闾前倒。

图20

第十六式　翻花舞袖（胸向北转南，再转东北）

动作：假定二次解脱还未成功，也就是在上提下斩之下还不能将对方采手斩掉，就要以身躯的翻转劲作进一步的解脱，也就是顺着对方向上抗拒的斩劲，突然跃起；左手逆缠上提绕过头顶，并翻过身来。这是自下而上的大转身。翻的惯性力由左手领导。此时，右手亦用逆缠由下而上加以辅助，并用双开劲跃起身躯和转过面来。同时，左脚上提，并带动右足亦随之上跃。这一动作包括有双臂及肩靠劲来解脱被采之手。（图21，此图是跃起转面的一瞬间）接着，在继续自上而下的旋转过程中，当左手在左侧由逆缠转为顺缠向下，则左足同时落地一震脚。这是左手和左足同时进行的动作。当左足落地而右足向右前方上步，右掌则同时逆缠从后上转为顺缠，并向前下用掌缘砍下

（砍时与劈架子的砍劲一样）。同时，左手成拳顺缠向左后方为宾地击出。此时左足为实。（图22，此图是旋转身躯落地一砍时的姿势）

图21　　　　　　　　　图22

要点：

上式斩手解脱法的特点是双方手臂都在面前，力的作用点对双方的距离皆相等，而本式"翻花舞袖"的转身则运用了身法及腰脊的旋转作用，使力作用点的距离突然形成悬殊的对比（自己近，对方远）。也就是说，使解脱点离对方远，离自己近。这种一近一远的关系，形成力矩大小的变换。转身后两足是左足先落地震脚，右足稍后落地，这样，就加强了腰轴旋转的惯性力，因而也加强了右手的下砍劲，是求解脱的又一方法的关键所在。这种解脱是以右掌缘的下砍来接替右手顺缠翻转时的旋转惯力的。同时，下砍时须松开且有弹性，这样才能促使下一式能轻灵跃起。这种解脱也是以轻制重的又一范例，是一着两用的具体表现，也就是说，解中寓击，击中寓解的双用法。所以此式主要在一手解脱，另一手顺着旋转而下砍。

第十七式　掩手肱捶（胸向东北转东）

动作：这是以练习蓄劲与发劲为主的拳式，在第二路架子内，凡是在特殊拳式之后，多是用它来联系起来。这是第二路拳的第一个掩手肱拳。它借着上一式那一下砍的弹性劲，双手以双顺跃起身躯，并调换左右腿的前后位置，接着右足落地一震脚为实，左足迈步上前为虚。同时，以双逆缠将全身的劲曲蓄起来，缩小双臂的环形圈来加强蓄劲。此时，左手在上，右手在下；右足虚而左足实。(图23)接着，下半节是发劲。发之先，右手先做逆缠小圈置于腰际，拳心向上；同时左手相对地逆缠，拳心向下，这是左蓄劲。当右手在右腰际时，右手下沉其劲，并在沉着之中仍以逆缠用突发之势将劲向前发出。此时，拳心向下。同时，左手相对地转为逆缠，将拳向后放劲以收回，并置于左腰际。拳心向下。蓄劲时，右足为实；发劲时，左足为实。(图24)

图23　　　　　图24

要点：

此式是第二趟架子中运用最多（六次）的拳式，其要点在于加强练习"蓄劲如开弓"的劲。它是由含胸拔背作领导，使两臂具有6字形的合住劲。在练习发劲时，要有将物掀起而下挫的发劲。因此，上半节须如开弓以加强弹性，下半节更须有如放箭深入箭靶之中的钻劲。这是使劲发得长远的具体表现。为此，发劲之先要有下沉的小圈，乃使牵动的蓄劲与发劲两者合一，不可单用没有牵动的直线蓄发劲。

第十八式　飞步拗鸾肘（胸向东转北，再转南）

动作：在上式"掩手肱拳"的发劲后，双拳在原位一小逆缠，前后合住劲；当右拳逆缠向前，左拳逆缠向后为开时，右脚随之提起，并向前飞步跃进，落地为实。同时，以右足作旋转中轴，使左足划弧超过右足，置于右足的东侧，使身腾空转动270°。(图25) 这是假定上式"掩手肱捶"在右手发出劲后被人所采，不及收回而采取的拳式。对方是顺着发的方向要劲的，为此，就不得不连随，以适应于人，用飞步顺应要劲。在顺应飞步的过程中，向左自然地翻转身来，用背折靠劲来解脱被采的右手，有类于一路的"玉女穿梭"各式，同样是跃步，但手法不同。(图26) 在转过270°大转身后，假定大转身的背折靠劲仍不能解脱被采的右手，则在转身后，双手以双逆缠联合为一，左掌心压在对方的采手上，使双臂形成一横向的环形，并以右

图25　　　　　　　　图26

183

肘劲前击。这是最后的一着两用，是解脱，也是进击。转身后，右脚实；发肘劲时，左脚实。最后形成的拗弯肘如图 27。

要点：

这是最后用背折靠劲以解脱被采右手的方法。因为旋转身躯的关系，又可使力作用点的距离突然形成对己有利的悬殊对比，以达到以轻制重，是不求解脱而自

图 27

脱的拳式与着击。同时，此式不同于前几式的是把左掌压在右肘间，并以背肘联合横击对方。这是一种压住对方来采的小臂，以固定对方的采点，不使之变换，并把人横摔出去的一种特殊拳式。因此，同样是一着两用。它的要点在于飞步而出之后仍能立身中正地落地。尤须注意的是发出之后，仍须双臂曲蓄有余，而不是十足伸直其手。因此须运用飞步而出以适合要劲。这是一连串解脱动作中最后解脱的方法，也就是第二套架子练习采挒和解脱采挒的举例。此式虽以肘劲前击，但其根仍在右侧的背折靠劲。为此，其要领须在立身中正的基础上，方可得到肘靠并用的统一。

第十九式 运手（前三，胸向南）

动作：双手同时往左、再同时往右，然后再往左运动，成为三个运手，与第一路运手稍异。在前式拗弯肘的合劲后，重心全部移于左腿，右脚向前并步，以脚尖点于左脚旁；同时，左掌逆缠向左运转，右拳变掌顺缠左运。（图 28）接着重心右移，右脚踏实，左脚跟先离地提起；同时，双手右逆、左顺缠，右掌经面前，左掌经腹前向右运转。（图 29）接着左脚向左横开半

步，重心逐渐左移，左脚踏实，右脚变虚；同时，双手左逆、右顺缠，左掌经面前，右掌经腹前向左运转。(图 30)

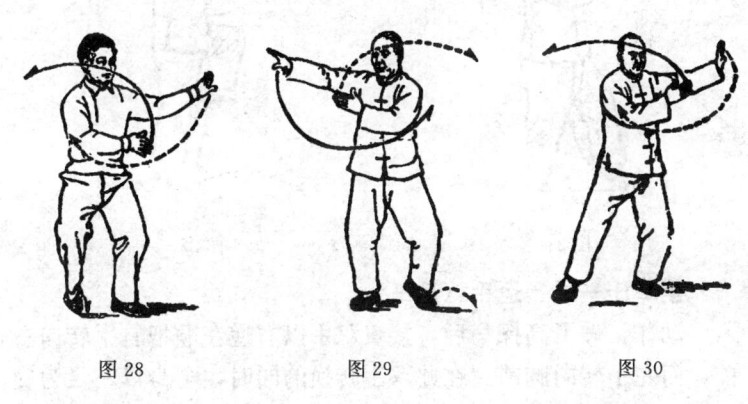

图 28　　　　　　　图 29　　　　　　　图 30

要点：

此式要在曲线缓和的运动下作左顺右逆和右顺左逆的缠丝交换，并在不动步的条件下提腿和放腿，充分表现出手脚上下相随的虚实划分的要求，这也是此式的基本要求。第二趟架子经过了前几个跳跃吃力的拳式，到此可以调整一下呼吸运动。所以双手在这种∞字形的动作中，对运动的速度是可缓、可快的，是第二趟架子自然分段的地方。

第二十式　高探马（胸向西）

动作：做了前三个运手后，以左脚跟为轴，身体右转，右脚跟离地；同时，双手右逆、左顺缠，右掌经面前、左掌经腹前向右运转，当左掌运转至身右时，手心朝上。(图 31)接着右脚提起，身体继续微右转；同时，右掌顺缠经左掌下侧里收，掌心朝上，左手逆缠经右掌上侧前推，掌心朝外面下方。(图 32)

图31　　　　　　　　　图32

第二十一式　运手（后三）

动作：做了高探马后，接着双手以右逆左顺把右手转向右前，而左手转向胸前。在此双手转换的同时，全身以左足为旋转中轴转90°。同时，右足落地一震脚而变为实，左脚向左横开一步，先以脚跟着地。（图33）重心移于左腿，左脚踏实，右脚向左并半步，以脚尖先点地；同时，双手左逆、右顺缠，左掌经面前、右掌经腹前向左运转。（图34）接着右脚踏实，左脚向左横开半步；同时，双手右逆、左顺缠，右掌经面前、左掌经腹前向右运转。（图35）

图33　　　　　图34　　　　　图35

要点：

第二趟架子中有前三个和后三个运手，前三个胸向南；后三个胸向北，动作的基本要求和作用皆相同，不再重述。因此，本式要点也不再说及运手动作本身，而只讲由正面提腿做高探马后转向背面的一转。此动作要求在曲线缓和、缠丝不断和内劲贯串中转过身去，因此必须做好在转身过程中收回左手在胸前逆缠的一个小圈。通过这一逆缠以挪转身躯，可将身躯及缠丝悬空地变换过来。这样不但可使内劲不断，还能把内劲贯串到下一个动作内去。所以本式也是练习节节贯串的一个难度较高的动作。

为了容易做好转过身来，陈发科到了北京以后，为了使陈式太极拳大众化，在这一转中加入云手及高探马两个拳式。这样就没有了空中急转而贯串的要求，就容易做了。

第二十二式　高探马（胸向北转西北）

动作：在上式的右转肱掌以后，当身再向左转时，双手先双顺地双合起来，使双手在胸前交叉而过，再双逆地双开起来。合时左脚为实。（图37）开时右脚为实（图38）。这是一个联系下一式的拳式，与第一趟中的"白鹤亮翅"是一样的劲，不过双手高低比较分得平些，双腿跨得大些，要表现出圆裆。

图36　　　　　　　　　图37

要点：

这是一个由双顺而合，再由双逆而开的拳式，要求在合后转开的过程中没有棱角和凹凸，使缠丝劲运到弓背上。同时，要求在扩大而开展的姿势下，节节贯串地加强弹性锻炼，以提高掤劲。合时应注意双手大指，并以左手指为主；开时则应注意双手小指，并以右手指为主。

第二十三式　连珠炮（一）（胸向西北转西）

动作：从上式的开劲到此式的合劲，是由双逆缠而合。此时，右手逆缠到胸右，掌心向左外；左手逆缠到胸前，掌心向右外，双手在胸前一合劲。此时左足实，右足虚。接着，双手顺缠前掤，同时变右足为实，当双手转双顺而下时，左足后退一步，重心亦立即移左，坐左腿为实。在双手下塌时，形成全身蓄劲之势。（图38）接着，双手又转双逆缠向前上方卷蓄起来，变右足为实。然后双手又立即由前向左后顺缠而下。当双手下塌时，又变左足为实。这是在前一蓄劲的基础上再加一蓄。最后以双逆缠发出挒劲。此时右掌心向外，左掌心向下。在发劲的同时，右足向前迈进半步，左足亦随之跟进半步，足跟铲地有声。（图38、39）这是第一个连珠炮动作，本式共有三个连珠炮动作。

图38　　　　　　　　　图39

要点：

本式适合于太极拳进入人圈内活动的开门手法。它的特点是以主动旋转双手作为进入人圈的拳式。它的手法犹如推动水磨一般，以左手的旋转于内来防御胸口，以右手的旋转于外向前攻取。两手这样内外结合起来，不断地用左手加水料，用右手转动石磨地运动。同时，双足以跟步的步法跟进。虽然不去求沾对方，但只要旋转攻取的右臂某一部触及对方某一点时，就可在触及处作为沾点，连随地粘着而变化万千。此式采用了"以身进退"和灵活变换的中正身法，在客观上需要应变和转换时，都有裕余，并足以支撑八面。其次，因为上式是展翅的双开，因此本式首先须将它卷蓄起来，这是为了蓄而后发。同时，为了发得更脆，在发劲前再缩小一圈，以进一步加强它的弹性，然后沉着的发出劲去。发劲时，虽然右足为实，但为了"中土不离位"的中正关系，前足的实与后足的虚要求相差不大，以便可以迅速旋转着向前迈进。

第二十四式　连珠炮（二）　　（胸向西）
第二十五式　连珠炮（三）　　（胸向西）

动作：在接做第二个和第三个连珠炮时，右手由前上顺缠向胸前，左手由左后下顺缠与右手合于胸前。此时，坐左腿又形成全身蓄劲。（图40）以后由图40到图41的动作，与第一个连珠炮同（即相同于图38到图39的动作）。

图40

这个拳式可以根据练习者的需要，接连多做几个或者提出专练，它的动作与前几个连珠炮同。但为了使整趟架子在结束时仍回复到原地,所以当此式多做了几个以后,则后面的"白蛇吐信"也要同样多做几个,使做这两个拳式的次数相等。其它要点与第一个"连珠炮"相同。

第二十六式　倒骑麟（胸向西转东）

动作:在上式连珠炮的三次上步后,两掌相互双合:先将左掌逆缠转向胸前,掌指竖起,掌心向右。同时,右掌逆缠转护在左小臂之外,重心前移,右腿为实（图42）。接着,右手逆缠向右后上,左手逆缠向左前下;同时提起左足,双手分开,

图41　　　　　　　　　　图42

图43　　　　　　　　　　图44

以右足为转动轴心,向右转180°（图43）,转身向东;当转到东

时，由开而合将身躯带转过来。此时右手在右下，掌心向下；左手在左上，掌指竖起。此时，左脚随转体转过来后仍提起。(图44)

要点：

以右脚为轴，左脚随转体跨过来时，上体仍不可前俯或后仰。由于左脚随身体向右后转180°而反跨过来，所以取其倒跨之意，称名为"倒骑麟"。

第二十七式 白蛇吐信（一）（胸向东）

动作：在上式左脚倒跨过来后，紧接着以右手向前顺缠为主的一小圈，用指的挒劲击出。同时，左手在后仍以逆缠配合右手向左后一齐发劲。此时，左足前迈半步落地为实，右足立即跟进，铲地有声，完成第一个白蛇吐信的挒发劲。(图45)这个拳式是人们不常有的拗步动作，要费些功夫才能纯熟得劲，或者提出来专练。

图45

要点：

此式同样可以作为一种开门手法，为拗步进入人圈的方式；都是以身进退，不许有俯仰倾斜的身法，避免在人圈内产生仅能支撑一面的毛病。为了能做到纵横前后灵活变换，在这一拳式内的虚实划分与"连珠炮"相同：亦要求小虚小实[①]，以便进圈后，触及任何部分，就能得到顺遂的沾粘作用，所不同者在

---

① 小虚小实，乃是指双腿的荷重分配比例：假定两腿荷重共计100斤，一腿是55斤，另一腿是45斤，这样只要微微动一下，就可以很快将虚实变换过来；所以功夫深者的虚实差别小，外显的圈儿也小。

于前式连珠炮是顺步，此式"白蛇吐信"是拗步（有时为了简化易做，有人把第二"白蛇吐信"改做"掩手肱捶"，以后再做第三"白蛇吐信"，这就比较容易做得多了）。练习拗步前迈时，起初会有些别扭，因此必须多加练习。同时，这一拳式是短距离的蓄发，所以必须含胸拔背，由脊椎带头，做到节节贯串和劲由脊发。这是全趟架子劲由脊发的代表性动作。如仅由两个手臂表现弯直的发出是不合要求的。若能提出专练则更好。

第二十八式　白蛇吐信（二）（胸向东）

第二十九式　白蛇吐信（三）（胸向东）

动作：上式"白蛇吐信"的蓄劲是由"倒骑麟"合势分转后再一合劲来完成的。而这个"白蛇吐信"的蓄劲，则是在"白蛇吐信"的发劲之后进行蓄劲的。这是两个"白蛇吐信"的不同点。开始时，右手在前以顺缠蓄至胸前，掌心向左。同时，左手在左，以逆缠转到左胁侧。蓄时双臂合住劲，重心后移，右足为实，左足尖点地为虚。（图46）接着，右掌在前顺缠为主的一小圈，用指的捌劲击出。同时，左掌在后，以逆缠配合右掌一齐发劲。此时，左脚前迈半步，落地为实，右足立即跟进，铲

图46　　　　　　　　　　图47

地有声，完成第二个"白蛇吐信"。（图47）此式亦可根据练习

者的需要，多做几个与"连珠炮"次数相同的白蛇吐信。

要点：同第一个白蛇吐信。

第三十式　海底翻花（胸向东转西）

动作：这是一个特殊的拳式。在上式右手向前发出挒劲后，即与后面的左手双顺缠的交叉而合。合后以右顺左逆的双开劲把身向右旋转180°。此时重心移在左足，形成独立的姿势。在转向西面过程中，左右手成拳，右拳以拳背向下后击发，拳心向前。左拳向上后击发，拳心向右。（图48，自图48起直至最后

图48

一图止，由于从前为陈发科老师摄影时都拍了动作反面的照，因此后面所有的图照，以面朝读者为向北，背朝读者为向南，面朝读者左面为向东，面朝读者右面为向西，后面不再重述）

要点：

这一拳式以运动肘关节为主。左拳向后上和左拳向后下的上下击发，是少有的向后方的发劲，因此它的要点在于上下向后发劲时要求保持身躯的平衡。

第三十一式　掩手肱捶（胸向西）

动作：在上式提起右腿，双拳在上下分别向后侧击发后，右拳以顺缠微上提后，再以顺缠下沉，拳背向下，右脚同时震脚于地。同时，左拳配合右拳以逆缠微下沉后即上举，全身重心全在右腿的一震上。待右拳顺缠到拳心又向上，并加一下

图49

193

沉劲后，再转为逆缠时将劲发出。发出之手，仍须留有裕余，不可十足伸直。同时，逆缠上举的左拳一转为顺缠向后为宾的发出，以保持有主宾的双发。（图49）

要点：同第十七式"掩手肱捶"。

第三十二式　转身六合（胸向西由北转南）

动作：由上式"掩手肱捶"的开，将在前发劲的右手顺缠地收于左肩前；同时，左手逆缠伸于裆前。同时重心右移，身体右转。（图50）然后接着两拳向左右分开。（图51）接着重心全部移于左腿，以左脚跟为轴，右脚提起，身体向右后转；同时，双拳合拢交叉于腹前，右拳在里，双拳心皆朝里。（图52）

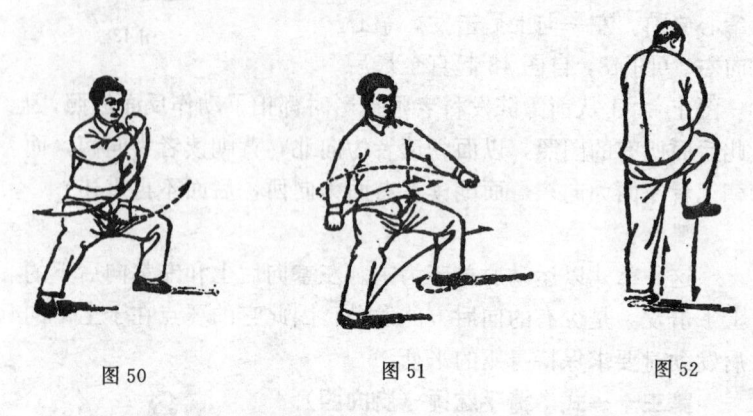

图50　　　　　图51　　　　　图52

第三十三式　左裹鞭炮（一）

接着右足落地震脚。（图53）同时左足向左横迈一步；双手转双顺，向左右两外侧并微向后的发出捌劲。此时，拳心向前上，发时左手左足为主。这是裹鞭（变）中的变势。（图54）

要点：

含胸拔背意为脊背上下绷紧。此式由于裹的关系，脊背上

图 53　　　　　　　　图 54

下左右四面皆绷紧，是练习力由脊发的又一特殊拳式，也是第二趟架子练横行步法的拳式。这是一种群战式的步法。当腿与臂交叉时为"裹"，是腿的蓄劲。当将两腿分开为"鞭"时，是腿的放劲，能使人练成轻身横跃的功夫。此式的要点是在发之先，要紧紧裹一下，使气更向下沉，然后才能很脆地左右发出劲去，表现出具有坚刚的弹性。这样连蓄连发两次。同时，当双手由顺缠的双开转逆缠的双合为"裹"时，正是全身紧裹，气贴脊背，形成十足蓄劲之时；一经落地震脚，即刻就是"鞭"的左右发劲。

第三十四式　左裹鞭炮（二）（胸向南）

动作：在"转身六合"和前式"裹鞭炮"左右发劲后，双拳复转双逆，重心先右移，使右足为实，然后再使双拳合于小腹前，重心左移；同时将右足提起，下落在左足的左边，使双拳双足交叉地裹起来。这又是一"裹"。（图 55）此时双臂裹紧，具有下沉劲，脊背亦须绷紧。接着将双拳转双顺，向左右两外侧并微向后发出捌劲，同时左足向左横迈一步，这又是一"鞭"。（图 56）此式亦可根据需要，连续多做几个，动作与左裹鞭炮（二）同。

图 55   图 56

要点：

这是一个既是"走"，又是"攻"的群战拳式。它的要点在横跃下落时要表现得沉着不浮；同时在一裹一变过程中，不得断劲，以适应群战无空隙可寻的要求。所以，在第一个裹鞭的双开发劲后的连接点上要做出一摺迭，使内劲能曲线缓和地接到第二个裹鞭中去。

第三十五式 右裹鞭炮（一）（胸向南转北）

动作：上式第二个裹鞭的双顺发劲是双开劲；开后再向外下一双沉劲，双拳均改为双逆缠地卷蓄起来，并合于小腹前，拳背相对；同时，以左足为旋转中轴，提起右足，利用双拳的双合劲，左臂圈小，右臂圈大。把身向左边带转180°，左足以足掌贴地随转体扫转半圈。（图57）此时，双拳亦转为双顺向左右两侧，并微向后发出挒劲。发时左手、右足为主，形成转身后第一个裹鞭。（图58）

要点：

它是以左足作为旋转中轴，用蓄劲的"裹"势来挪转身躯。左足随转体横扫半圈，在这一过程中仍要保持身体的平稳，这

196

是转身后一"鞭"的发劲脆与不脆的重要条件。其余要点与前两个裹鞭同。

图 57　　　　　　　　　图 58

第三十六式　右裹鞭炮（二）（胸向北）

动作：这个拳式与转身前的第二个裹鞭同，惟胸已转向北面。（图 59、60、61）

图 59　　　图 60　　　图 61

要点：同第三十四式。

第三十七式　兽头势（胸向南转东北）

动作：在上式裹鞭双开的发劲之后，右足向右后、与左足相平作同宽度的弧转 90°。然后左足向左后挪转半步，转过身躯。同时，上部以右拳顺缠由外而内地划弧，转到左肘之下，拳心向内。左拳逆缠，由外下而内上地竖起，拳心向右，形成双合之势。其时，右足实。（图62）接着将竖起的左臂，在顺缠中向左横坠，从右向左后为宾地一放劲，同时左足向左后退步，仍以右腿为实，以配合转在肘下的右手向前横臂，以顺缠发出横臂的肘劲。（图63）

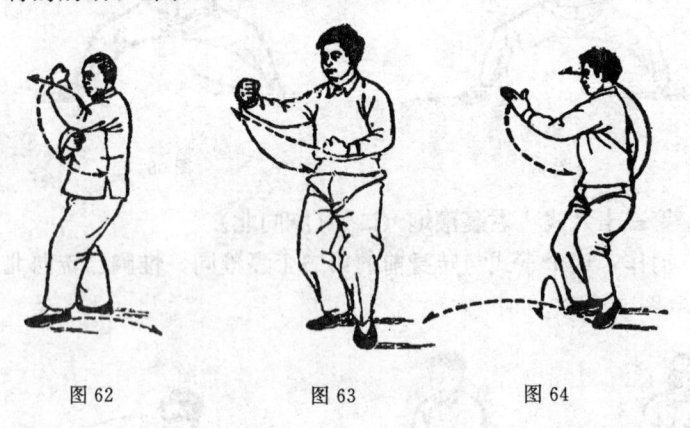

图62　　　　　　图63　　　　　　图64

要点：

此式开始时竖起左臂，横着右捯，形成蓄劲的姿势，要求将身手内掤劲贯足。右足弧转半圈的卸步向右后，能促使掤劲贯足。这是"退即是进"、"守即是攻"的作用。因为当竖起的左臂一经横塌后，形成掤合劲的加强，右臂立时超越左臂上面而发出肘劲，即所谓出其不意，攻其无备，使对方不易防御。这种以横着的小臂发出肘劲的拳式，除后面"夺二肱"同为练习掤发劲的拳式外，第二趟架式中再无其他练掤发劲的拳式，因此须仔细练习（据云这是由戚继光拳式中选出的）。

第三十八式　劈架子（胸向东北）

动作：此式在"兽头势"掤发劲之后，右拳向下再转上地一小顺缠。同时，左拳向上再转下地一小逆缠。当相对的转动到左拳在下，右拳在上成为一条垂直线时，将右足跃起；同时，左足向前迈出一步。这时双拳均变为掌，紧紧交叉地双合起来，并使裆圆而下沉。内藏近距离的肩靠劲。此时左足为实。（图64、65）上一动作是在蓄劲之中发出左肩靠劲的；不须再蓄劲，只要将前式蓄劲放开，就是发劲；是用左手向上外顺缠发出的，是太极拳中唯一的上击劲。击中的目标是人之下颔。此式是用捶或用掌两者俱可的拳式，也是右手向下内为宾的逆缠后击法。（图66）

图65  图66

要点：

这是在上式掤发劲之后转为蓄劲，并在蓄劲中寓有放劲的拳式。在双手交叉横迈半步时，右手在上向左上的扑面掌的挒劲和左肩向左外的肩靠劲要同时并用。两劲仅有一靠劲，一明一暗，一真一虚，为此式的特点。因为凡用肩靠劲发出时，头部最易被人所制。所以此式在七寸近距之内，同时用扑面掌有前击形势，因此对头部不但起了保护作用，而且亦补助了肩靠劲的不足。

在蓄势蓄劲之中使用靠劲，要有安稳的中正劲；如靠劲落空,靠之一边,肘击手捌均已蓄而待发,随时皆可补救其不及。

图 66 是运用隅手为主的手法之一。它在掤发劲、掌捌劲和肩靠劲之后,再加上独一的上击劲。这是连珠式的击发劲,目的是击中对方而不在发出对方。但是击中对方下颔,同样有使对方跌倒的可能。这是太极拳手法中的一个特殊击法。同时,由于前一拳式对双手双足都已蓄劲十足,因此这式的上击,其要点在于一沉其劲当中能更加高度地集中其劲,这样才能使向上击发的动作表现出坚刚而沉着的内劲。

第三十九式 翻花舞袖(胸向东南转东北)

动作:此为继上式双分其劲的上击之后,一变为下沉的身法。动作之前,须再加一沉着的弹性劲,并由顶劲带头领起身躯。这是"意欲向上,必先寓下"的要求。因此,在由后下转为前上的神气鼓荡的配合下,带动右手由后下逆缠向前上。同时,左手在前做顺缠小圈,配合右手合住劲。接着,右手仍以逆缠由前上向前下用掌缘下砍,如同用斧砍柴一样。砍时全身须松开,要用弹性劲;同时,左手

图 67

向左后方为宾地一击。当双手向后右侧时,提起左足;当双手到达上前时,左足落地为实;同时右足向前迈出一步。右手下砍时为实,右足为虚。(图 67)

要点:

此式也是从戚继光拳式内选出来的,它与前式不同:前式为由下上击,而此式为由上下砍。为了做好下砍,首先须合住劲于胸前,然后联合身手的内劲,并在转圈后下砍。此时,要

求手足协调，并在得势得劲之下表现出坚刚的一砍。因此，双手须在转过一大圈后，方始下砍；犹如拿着大锤转个圈后打铁一样。这是第二趟架子唯一转圈下砍的拳式。在击发下砍时，身躯必须中正不偏，且具有弹性的松开，这是利用转一圈的惯性力以加强下砍劲的具体表现；要做到使两手和两腿同时并用，以达到极其协调的要求。

第四十式　掩手肱捶（胸向东北转东）

动作：此式连接在"翻花舞袖"之后，与前"掩手肱捶"不同：此式须由顶劲带头领起身躯，将右腿提起，落在左腿平行的地点上震脚为实；同时，将左腿向前伸出一步为虚。此式要求在跃起时前后腿掉换位置。当身躯领起时，右手顺缠与左手逆缠地双合起来，在右腿落地的同时，双手以双逆缠分开，再转蓄起。此时右手改掌为拳，放在右腰侧，并在一沉其劲之下以右拳为主发出劲去。此时，左手以逆缠向后为宾地放劲。（图68）

图68

要点：

在做"翻花舞袖"拳式内的下砍时，是松开地一砍，使人具有将劲向四周扩散的气势，如同灰袋落地，灰向四周散开一样；因为是松开的砍劲，因此当做下一拳式时利用下砍的弹性以领起身躯，犹如将四周的劲集中一点而领起一样。及至右足落地震脚和左足伸出迈步时，意识上又有将劲铺开来的意图。这是这个拳式应具的神态。

第四十一式　伏虎（胸向东转东南）

动作：在上式右拳发劲之后，逆缠地收回右拳，同时左手逆缠成拳，向左前放开。当右拳逆缠向后时，将在后的右足再向后右挪展半步为实，及至右拳逆缠向右外作一大圈，再作一小圈，使右拳到达左额角时，完成伏虎的拳式。同时，收回的左拳向左内一小圈，当转到左腰侧时，撑在左腰际。此时右足实，左足虚。（图69）

要点：

此式在左右前后和上下旋转一个大圈（大蓄劲）时，要使身躯在运转中越运越低，同时大圈儿也越转越小，这是形成身躯螺旋向下的最明显的一个例子。此式与一般拳式不同的是在开的姿势下形成蓄劲；因为身躯越向低处运转，作用于腿部的蓄劲的弹性亦愈大。这种蓄劲，能为下一式轻灵跃起的弹力作好准备，这是第二趟架子最低的拳式，也是腿部缠丝配合手的缠丝最明显的一个拳式。

图69

第四十二式　抹眉红（胸向东南转北，再转南）

动作：上一拳式是大蓄身法，做这一式时，则是在上式身法蓄得十足的情况下的大放身法。在脊背右边放长和弹性十足的基础上，运用腰脊弹性恢复的收缩过程，以右手顺缠从上划弧向下转前一甩（假定上式伏虎撑腰的左手被采），左拳以逆缠由下后向上划一个整圈，借着右拳向前一甩的离心力将身躯领起，右足亦随之向前跃出一大步，左足随后跟进。此时双足离地。（图70）跃到对面当右足落地为实时，使身躯在空中向左旋转180°，使左足置于右足的东侧。此时，左拳亦由上逆缠向下置于腰间。（图71）在跃进转身过程中，很自然地表现出一背折靠劲，以去掉被采的左手，并收回左手置于腰间。

图70

图71

要点：

此式主要基于上式的蓄劲。在跃进之前，须将腰腿后坐一下，以加强弹劲。然后借着蓄劲的弹性，使身向前上跃起，这是跃得轻灵而易转的关键。转身时务须中正其身，这是背折靠劲得以安全发放的保证，也是不去求解脱而自然得脱的基础。

第四十三式 右黄龙三搅水（胸向南）

动作：此式跃起转身后，左拳撑腰，接着右手在胸前以顺缠划圈。当右手往下划圈时，右足随即提起为虚。（图72）当右手往上划圈时，右足又落地为实，完成一次"搅水"。（图73）接着继续再做两次"搅水"动作。（图74、73，再接74、73、74）

要点：

按照运动技能的要求来说。拳式愈简单，则愈难做好一动全动的要求。此式仅右手一只手划圈，右足配合上下分虚实以进行运动，这样的动作是比较简单的，因此是练习缠丝劲以达到节节贯串的基本功。要达到一动全动，其要点仍在于腰脊的带动和手臂劲的松开，如同鞭子一样划圈，这是做好此拳式的关键所在。

此处正是第二趟架子的第二分段，可根据需要，反复多做几次。因为在"搅水"以前，连续进行了一系列较激烈的运动，在此可以使人得到一定的休整。

图72　　　　　　　图73　　　　　　　图74

第四十四式　左黄龙三搅水（胸向南，转北）

动作：接上式，转过身来，换为左手"搅水"划圈。它的做法与右手的"搅水"动作基本相同，所不同的是要做到在左右手交替和转身时须保持内劲不断。上式当右手划圈到由下转左时，撑在左腰的左拳放开并逆缠向右上来迎，形成左微下、右微上的相合。此时右足上提为虚，一待交叉后，双手立即变为双逆缠，由腰脊带头和右手的牵动，转身向右带转180°。同时，右足落地为实，并作为旋转的中轴。随之，左足亦立时随身作弧转，置于右足西侧，完成转身的过程。同时，左手由逆转顺向左外侧划圈，右手则在一小顺缠后置于右腰侧。（图75）这是"左黄龙三搅水"转身后的起点。以后与"右黄龙三搅水"一样，当左手往下划时，左足须提起为虚。（图76）当左手往上划时，左足又下落为实。（图77），完成一次"搅水"。接着再做两次

204

"搅水"动作。(图78、77,再接图78、77、78)

图75

图76

图77

图78

要点:

此式本身的要求与"右黄龙三搅水"同,但要特别注意的是在转身换手之时,不但要转得曲线缓和,同时还要求贯串一气,不使有断续和凹凸发生。其关键在于左手放开和右手相合时,形成两膊相系,能做到在再分开一转时,劲就由右手换到左手去。

此式要点与动作虽同前式，但为了使左手具有同右手一样的灵活程度，此式可以多做几次或十几次；此式运动时右足位置不变，因此在原地多做几次，并无损于整趟架子的结构。

第四十五式　左蹬一根（胸向北）

动作：在上式"搅水"之后，当左臂顺缠从内向外划弧时，撑腰的右手放开，并乘势加入相对又相分的划圈；当转过一个圈后再转向下时，就成为双合劲。此时掌心对掌心，双手相距比肩略窄，并置于腹前。当右手加入到最后为合时，左足由实转虚。（图79）在双手不停地划圈之下，继续以双顺缠加紧一合，使双掌变拳交叉于胸前。此时，左手在外，右手在内，同时，提起左腿。（图80）在达到交叉的终点后，将双手和左足尽力向左右一齐发出劲去。这是在右足独立姿势下将左足蹬出劲去的。此时左手为主，右手为宾。（图81）

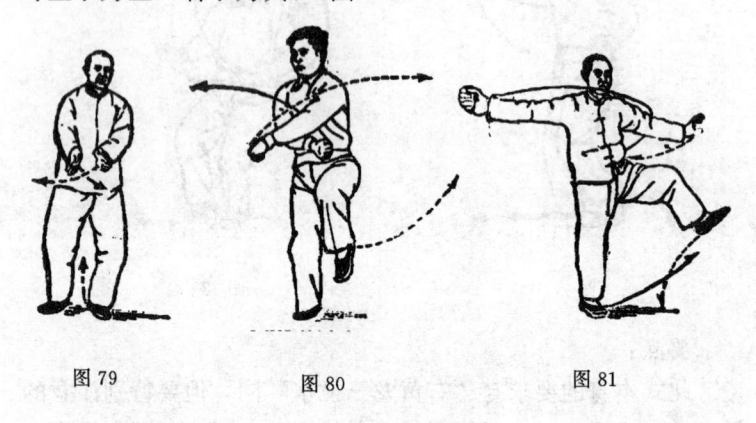

图79　　　　　图80　　　　　图81

要点：

此式的弹劲是在双合中产生的双开劲，因为当双手为双合时，肘与膊寓有双开劲。同时，在两足微曲而双合时，因圆裆而使腿也有双开劲。这说明双臂与双腿均有相系的外掤劲，这是发劲能松脆的关键。待双手和左足齐向左右两侧分发时，由于双手分发的稳定作用，使身躯在发出时能得到一定的稳定性。这种发劲是练习关节韧带、加强其弹性的良好办法。

第四十六式　右蹬一根（胸向北转南）

动作：在上式"左蹬一根"之后，双手由逆缠向左一合，牵动身躯左转过来；同时左足落地一震脚，并提起右腿，形成左腿独立，双手在右膝两侧合住劲。（图82）接着将双手和右足尽力向左右一齐发出劲去，这是在左足独立姿势下将右足蹬出劲去的。此时右手为主，左手为宾。（图83）

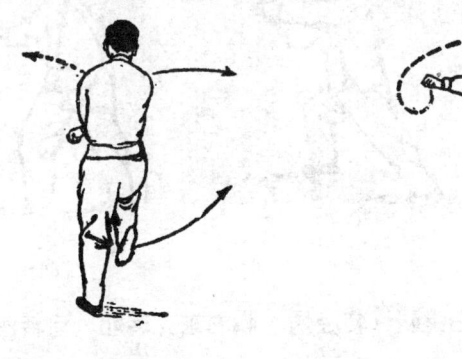

图82　　　　　　　　　　图83

要点：

此式是提着左腿向左平旋过来；平旋时不易达到稳定的转动，因此，其要点在于顶劲提起和双手逆缠相互合住劲，使脊背绷紧，左足尖向下，以减轻左腿悬坠的下沉重量。这是右蹬脚前转身时应掌握的蓄劲姿势。当左足落地一震脚后，立即提右腿，把右足和左右手一齐向两侧发出。

第四十七式　海底翻花（胸向西）

动作：同第三十式"海底翻花"，惟转身幅度较小，余皆相

同。(图84)

第四十八式　掩手肱捶（胸向西）

动作：右足下落震脚为实；此时右手为顺缠，左手为逆缠。当左手转向左前时，左足向左前迈进一步；同时右掌变拳转逆缠发出劲去，左拳逆缠转后，向左后放出劲去为宾。(图85)

要点：

同第十七式。

图84　　　　　图85　　　　　图86

第四十九式　扫蹚腿（转胫炮，胸向东，转北，后转南再转北）

动作：在"掩手肱捶"发劲之后，右手在前逆缠收回再向前划一个圈，左手在后逆缠向前又向后划一个圈。(图86)当右手再逆缠由前收回到右腰前时，右足蹬地震脚；此时左拳逆缠向前上举。(图87)紧接着震脚之后，右脚脚尖外撇，向右后迈出小半步，形成旋转惯力，把身向右后带转约280°，右腿下蹲，左足亦随之仆腿划弧转扫280°，扫至右足的西北。(图88)

要点：

此式是练习足部横扫时的踝击劲。为了稳定地旋转左腿，横扫一个整圈，就必须使意气上表现出犹如右足在地面生了根。

图 87　　　　　　　图 88

其次，为了加强腿的横扫劲，须利用右脚向右后、脚尖撇迈小半步，来带动身腿的旋转、形成旋转的惯力。再次，须做好上下配合一致，才能使身腿轻灵而沉着地旋转；这主要在运动的前半圈是如此，姿势是由高转低，而在运动的后圈，则内劲又须由低再转高而后落地。这也是一个难度较高的动作，是练腿领身的运动，能使腿部肌肉放长和增强。为了加强腿的横扫劲，可提出作为散手专练，也可以做两个360°的扫蹚腿。

第五十式　掩手肱捶（胸向北转东）

动作：在上式转过280°以后，双手交叉合于胸前，（图89甲）接着双拳变掌，分别向左右两侧弧形而上展开；同时，右足离地提起，左足即蹬地跃起。（图89乙）接着右足落于西南方，左足随着落于东北方。双手自上双逆缠合于胸前，再顺缠而开，逆缠而合，然后右拳打出，左拳收于左肋下。（图90）此式与前十七式不同者仅有跃步动作，待两足落地后，即与其他几式"掩手肱捶"相同。

要点：

这是架式盘旋上升到达终点时的一个稳定动作，是继身躯大旋转之后一种螺旋式上升的练习，也是在体育上对前庭分析

209

器的一种良好锻炼；要达到这一稳定作用，在扫蹚腿终了时立身必须中正。

要点：

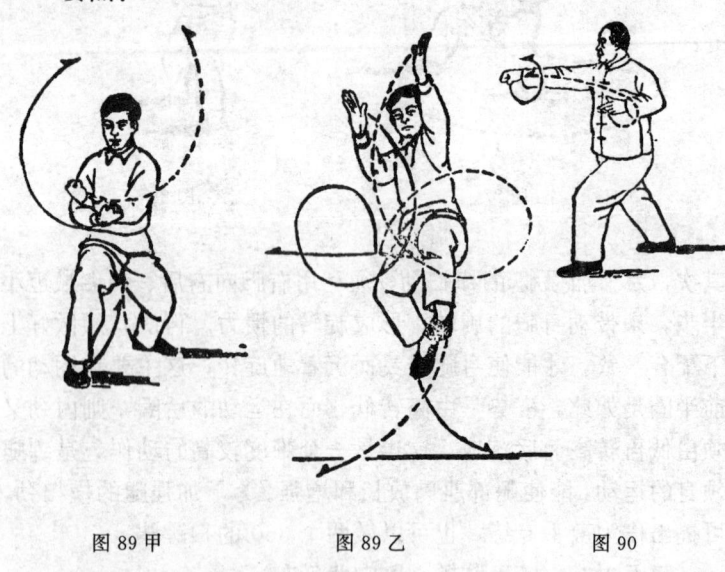

图89甲　　　　　图89乙　　　　　图90

同第三十一式。

第五十一式　左冲（胸向东）

动作：因动作是由左腿在前开始的，故名"左冲"。它在上式"掩手肱捶"发劲之后，右拳顺缠收回，左拳逆缠向前伸出，两拳合住劲，形成双拳相对。（图91）接着借着前伸的左手与右手双双下沉向右胁侧划一个圈，划到后上时收回左足，并上提为虚。（图92）当双拳又由上转下到左腰侧时，左足落地一震足。划到前下时，迈出右足；双拳转到左胁侧后，下沉其劲（图93），这是冲捶的蓄势。接着以双顺向前上发出抖劲。划圈下沉时，在后的左足为实，双拳向前抖出劲时，右足为实。（图94）

图 91

图 92

图 93

图 94

要点：

此式动作是双拳由右侧转到左侧，整整划两个前后上下的大圈。动作要接连不断，一气呵成，因此必须利用旋转惯力，这样才能使劲贯串到最后的抖劲上去。如内中有断续，就会失去加强其劲的作用。同时，这是练习抖劲的一个必要拳式。初学时，抡两个大圈后，方始发出抖劲，以后可以渐抡渐小，逐步减到一个圈；最后，只要意念一发动，就可同样地发出抖劲。这是发出抖劲的最深功夫。

第五十二式 右冲（胸向东）

动作：因动作是由右腿在前开始的，故名"右冲"。此式先是右腿在前，最后换到左腿在前；双拳先从左胁侧转到右胁侧，划两个大圈后抖出劲去；在这两点，此式与上一式正相反，因此它的动作路线与上式是对称的。（图95、96、97）

图95　　　　　　　　图96　　　　　　　　图97

要点：

同"左冲"。

第五十三式 倒插（胸向东，转东北）

动作：在上式发出双抖劲后，假定右手被采（这种采劲，常可使被采者下跪），为了做到沾粘连随，使之不与顶抗，右手就以逆缠下随，使右手与左手相合。合时左手垫在采手下方，并以右手下压，做初步的解脱。此时右手向下为实，右足上步为虚，与左足并立，脚尖点地，这样双手靠近自己身躯的上下，是为"合中解脱"，是以轻制重的又一范例。（图98）

第五十四式 海底翻花（胸向东）

动作：如上式倒插不能"合中解脱"，则再往下沉后突然一转，放长身躯，转为上下双开其手。这是在气贴脊背之下，由顶劲领起身躯,为二次解脱,是"合中解脱"后的"开中解脱"的方法。在"开解"的同时,右手顺缠向右上再转右下,左手逆缠向左下再转左上,整个身躯放长,左足独立,右足提起(做为踢的准备);左拳向左顶上放劲,拳心向右,右拳向右腰侧下放劲,拳心向前;其动作与前几个"海底翻花"同,惟本式仅微微转体,前几式转体幅度较大。(图99)

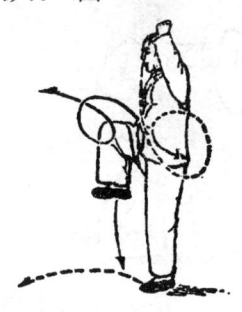

图98　　　　　　　　　图99

要点:

太极拳多用往下采的采劲,借使对方不易运用连随得到解脱;为此,右手逆缠向下,右足前迈;左手垫入采手之下。由于"倒插"的右足上步,即使自己的双手靠近自己的圈心,从而加大了作用于对方的力矩,同时减少了自己的作用力矩;一大一小,又是一种以轻制重的典范,可使自己"得势"。这种上压下垫的解脱,为求解脱的初步形式。如仍不能得脱,与对方发生了顶抗,则应顺其顶抗之劲而一反其路线而行,把左手转在对方采手之上,并使左手下斩和右手上提,使和"斩手"一样。同时一震左足,使整个身躯放长而起立,双手双开其劲。这是变换的解脱形式,说明在海底部位间有双开、双合的翻转与变换,也是击发与解脱一着两用的手法。

第五十五式　掩手肱捶（胸向东）

动作：在上式右腿提起之下，接做发劲，其动作与第五十一式同。（图100）

要点：

同第三十一式。

图100　　　　　　　　　图101

第五十六式　夺二肱（一）（胸向东，转南）

动作：上式"掩手肱捶"发劲之后，先略微双开其手，随即左拳逆缠，右拳顺缠，从右边转回一合劲。此时右拳在下外，左拳在上内，同时右足跟进半步，使与左足靠拢。然后双拳转为双顺，使右拳向上收回到胸口，左拳下沉到左膝前，同时左足向前迈出半步（图101）接着，重心前移，使左足为实，同时由于合劲，以左足为轴身向右转180°。在后的右足同时提起向左后侧退步（横移半步）。在转身过程中，双拳继续在胸前里外双翻合住劲地顺缠。当转身到身躯朝东时，右拳适在里前上，左拳则在外前下。当右拳由里向下转外再向上转里时，右足随之提起，沿地面收回，两膊合住劲。此时右拳在外弯住，左拳在内弯住。（图102）前述动作是蓄劲，此后动作则是蓄而后发的发劲。它在双拳十足掤劲的环抱下，右拳微向上提，当转到左拳内侧后，即向下沉劲。同时右足一震脚，沿地面铲了出去，上下相随地铲到对方圈心时，右臂横着由小臂发出劲去，同时左拳逆缠向左后放劲。这是右手右足同时并进的特殊动作，也是在姿势上的上下相随。发劲时左足为实。(图 103)

图 102 　　　　　　　　图 103

要点：

这一拳式的要点是在合劲中转过身来，与前面各式由开劲中转身不同，因此这是本式练习的主要内容。此式假定后面遇有袭击，就以转身来化去这种袭击，并利用转身，以加强蓄劲，使下一拳式能发得更脆，这是本式的特殊作用。在转身过程中，要保持尾闾正中神贯顶，就是顶劲不丢，尾闾不倒。

自转身后当横着右臂合住劲时，假定在前的右腕节被采，则此时即无须另求解脱的方法，可以右拳、右足同时一震，向前铲地而出，并由右小臂横着掤出劲去（掤劲是弹簧劲，为太极拳八劲之首，是一种防御性的劲。若能用于掤发劲之中，就等于一着两用；这种着击，只要手一抖就可发出，因此距离短而效用大，为最简便的发劲）。这也是解脱与击发一着两用的联合作用。它的要点是须在"中土不离位"和"以身进退"①之下求得解脱,也是进入人圈的击发手法,尤其是将掤用于击发,是一着两用的最简要的手法。

第五十七式　夺二肱(二)(胸向南,转西再转南)

动作:在上式掤发劲后,假定还没有被解脱,就要继续做第二个"夺二肱"。所以,应有人字上步。这是一个连随着人继续上前两步的动作,在拳架内是少见的,所以要作为一个动作来练习。这个动作,开始时是右拳顺缠向上里收回,同时左拳从下外向上,左足随之跟进一步。(图104)当左拳到右臂外边再向上用劲和右臂在左拳内侧转向下用劲,并贴近已身上下对劲时,已将被采的右臂解脱了。在解脱的同时,又上了右步,这也是为右臂将要掤发劲作好蓄劲的准备。(图105)

图104　　　图105　　　图106

在上式上了左步之后,继续上第二个右步,这是人字上步的最后一步。双拳如同风车似地在胸前里外地相互翻转一大圈。上一动作当右拳向前上向里顺缠时,右脚收回半步,足尖

---

①　"中土不离位"和"以身进退"为太极拳术语,意为手与足先后联系着前进时,应如大纛旗一样树立不倒地移动。

点地。接着右拳在胸口前向下一沉劲和左拳向上的配合，以二次解脱被采的右手。同时右足向下一震脚，并乘势铲地而进。同时，右拳横臂向前，掤出劲去。（图106）

要点：

若上式的掤发劲尚不足以解脱被采的右手，为了避免顶抗，就须运用连随而拖着继续上步。因此，这式主要的练习内容是连续上前两步而仍不致有断劲发生，并要随时有可脱可击的机势，要达到这个要求，其要点是两膊相系着使双拳在行进中上下翻动，以揉动脊背来摆脱右手的被采。

由于第一个"夺二肱"还不能求得解脱，就必须顺着要劲，在推动对方退后的过程中，连脱带击地掤出劲去。这是推动与解脱的统一作用。因此，它不论迈左步或右步，均须转动脊背而进。这是放出掤发劲时能否使脊背的蓄劲如弓弦脱扣一样地放出劲去的关键。

第五十八式　连环炮（胸向西）

动作（一）：在上式右手掤发劲之后，在左后蓄住的左拳就如弓弦脱扣一般着击抖出，同时右拳顺缠收回置于右胁侧。击出时左腿为实。（图107）

动作（二）：动作（一）是左拳的抖劲，动作（二）是右拳的抖劲，两者基本相同，所不同的是脊背揉动。当左拳顺缠收回，置于胸前的同时，右拳即如扯钻似地发了出去。右拳发出时右腿为虚。（图108）

动作（三）：同动作一。（图109）

要点：

"冲捶"是双拳发出的抖劲，这一式是单拳分别发出的抖劲。其要点在于松开身肢，然后突然向外一抖，是短距离的掤劲。发出后仍须曲蓄其臂；曲蓄的度数，以能再发为准。

动作（二）的用劲，犹如木工用手工钻扯钻打孔一样，具有连环击出的作用，这是锻炼腰脊与双臂弹性的特殊拳式。

图107　　　　　图108　　　　　图109

第五十九式　玉女穿梭（胸向西，转北再转东）

动作：在上式发劲后，假定左拳被采，即将左拳微里收即伸出，并迈出左足飞步跃进。（图110）同时右足随之跟进，把身躯向右带转180°，置右足于左足的西侧，以解脱左拳的被采；并由此转身以背折靠劲击发对方。同时，双拳在胸前双逆下挫合住劲。（图111）

图110 　　　　　图111

第六十式　回头当门炮（胸向东）

从上式转身时左足实，下挫时右足实；接着拳双顺缠向前上抖出劲去，此时左足为实。（图112）

要点：

太极拳的背折靠劲均系为了连随，是不得已而用的劲，是不轻易采取身法去击发的。因为在"玉女穿梭"飞身连随过程中，运用转身的一靠，不但能解脱被采的手，并且又可急用"回头当门炮"一式攻击对方。这是使解脱与击发两用的最简便的方法，所以在转身过程中

图112

常采用背折靠劲以求解脱。"玉女穿梭"的飞步转身，并以靠劲击发对方，也是运用上述原则的又一范例。其要点是在跃出前挫右腿而一沉其劲，然后再迈出左足跃步向前。在"随"的过程中，尚须注意中正其身，这是运用靠劲的必要条件。接着，再双拳以顺缠抖出劲去。

第六十一式　玉女穿梭（胸向东，转北再转西）

动作：此式与上一"玉女穿梭"，都是飞身跃进的拳式，并在跃进转身过程中运用背折靠劲的攻击，以求解脱。所不同的上式是左拳被采，所以用向右转身的左肩背折靠劲；这式是右拳被采，用向左转身的右肩背折靠劲。左转与右转的背折靠劲应该并练。在上式发劲后，假定右拳被采，将右拳微收即伸出，左拳同时收于腰部，同时右足亦立即向前跃出一大步。（图113）接着左足随之跟进，把身躯向左带转180°，置左足于右足的东侧，以解脱右拳被采。（图114）

第六十二式 回头当门炮（胸西）

动作：从上式转身落地后，双拳往后下逆缠一沉劲，随即向右前上方抖出劲去。在沉劲时，左足为实，发劲时，右足为实。(图115)

图113   图114

图115   图116

要点：
同第六十式。

第六十三式 撇身捶（胸向西，转南）

动作：在上式右足在前，左足在后，双拳双顺缠向前发出劲后，两膊相系地微含蓄势。假定有从左后方受到袭击的情况，因此双拳在前双顺缠一小圈，使左手转到胸前与右手在右上含住劲，胸向南转。（图116）当双拳再转向右时，双开其劲，就将左拳顺缠向左后，以背反捶发出劲去。同时右拳顺缠向右后放劲，重心移到左腿为实。发劲时左拳为主，右拳为宾。（图117）

要点：

这是在上式双拳向右前发出抖劲后，忽然左侧发现有可能被袭击而采取的拳式。其要求是只要回头一看，左拳就很自然地用背反捶发出劲去。要做好此一着击，主要在裆口下沉的基础上，好像小腹前有一小圈转了一下后，就由腰脊带头，运用离心力将左拳背甩了出去。

第六十四式　拗鸾肘（胸向南，转北）

动作：在上式左拳向左后发出劲去后，假定发后左拳又被采住，就毫不迟延地将双拳一沉劲，后转双逆，两膊合住劲。同时带转身躯向左转180°，右足亦跟进一大步到左足的东侧。左拳放开为掌，压在对方的采手臂上（也就是放在自己的右拳上），使双臂如环形地合成一臂，用压在左掌内的右拳作转动中心，以右小臂逆缠向胸右发出肘劲。同时，左掌亦随右拳的转

图117　　　　　　　　　图118

动而上翻,掌心向上,左足为实。(图118)

要点:

上式发劲后左拳被采,为了不顶不抗,就不得不转上一大步,转过身来,压住对方的采点作旋转中轴,向前发出肘劲。这是近距离的肘劲,也是解脱被采的简要方法。用掌压在对方采的手掌上,并以此为中心,使对方的采手不易变换,再以右肘横向右击。这是激烈的击法,也就是不求解脱而自脱的又一拳式。

第六十五式 顺弯肘（胸向北）

动作:这是继续上式"拗弯肘"横肘由胸前内右击出后,如还不能解脱其采,就继续顺着要劲,分开自己的双手,用右肘尖逆缠、左肘尖顺缠一小圈,向下方发劲。因为右足在右前为虚,就很自然地沿着地面铲进,左足在后跟着前进。(图119)

第六十六式 穿心肘（胸向北）

动作:这是继续上式"顺弯肘"两肘下沉发劲后,以左拳护胸,用右肘尖逆缠一小圈,向右侧展开步法以击出。右足沿地面铲进,左足在后跟着前进。右足在前为虚。但当发肘劲时,右足立即变实。(图120)

图119

图120

要点：

凡手臂越出方圆圈外，就叫做出隅；越进方圆圈内，就叫做进隅。出隅须用采挒，进隅须用肘靠。所以肘靠之用，犹如短兵相接，速战速决，没有回环的余地。为此，须有连珠为用的措施，以求得最后的解脱。此式就是这一措施的继续。当右手仍然不得脱的时候，顺着要劲，右足沿地面铲进，右肘向右击出，同时左足相随地一震脚，这是形成如弓弦脱扣的气势，形成以轻制重、连珠肘击的要点。

第六十七式　窝里炮（胸向北）

动作：这是从"撇身捶"的左手被采以后，一连串运用肘劲的连珠击发；解除了被采的左手，到此已是解除后紧接的一个发劲。它是以右顺左逆在胸前双含其劲，使右拳在下内，左拳在上外；同时，将在前的右脚收回，形成气贴脊背的曲蓄姿势；在蓄势之后，右拳立即外翻，用拳背向右前击出；同时，左拳向左后逆缠到左腰侧放劲，以配合右拳的击发；当右拳向前击发时，将右腿压了出去，重心前移，左足亦随之跟进半步。（图121）

图121

要点：

第六十三式"撇身捶"是左手的背反捶，此式则是右手的背反捶。此式要点是在上式铲地前进之下，取近舍远，在裆口下沉和运用离心力的同时，以坠肘作枢纽用拳背反击出去；右足亦随之铲地而进。为了劲发得更脆，就要在双拳右顺左逆的合劲下，将圈儿缩小，以加强蓄劲，然后由肘领身地向右外反击出去。此式要求一动全身俱动,而这只有在腰脊联合基础上,运用惯性力,才能做到恰到好处。

第六十八式　井揽直入（胸向北,转南）

动作:继续上一式,右拳发劲后,右顺左逆地在胸前一合后,双拳再以右顺左逆的向右一双开劲,将身躯以右足为旋转中轴向右带转180°,左足亦随之弧转到右足的东侧。当胸转到南面时,双拳在胸前作里外上下的顺缠,如风车式弯臂旋转一个圈。当右拳翻向内上时,右足为实。(图122)当右拳翻向外下和左拳翻向内上时,左足为实。(图123)

图122 　　　　　　　　　图123

要点:

本式主要是在骑马式的裆口下,双拳掤劲十足地在胸前翻转,做一个上下里外的顺缠圈,揉动脊背,以锻炼气由脊发的功夫。做此式时,并立的双腿也要里外缠转,要表现出劲起于脚跟、达于拳尖的神态。这是校正动作、达到正确姿势的一个拳式。

第六十九式　风扫梅花（胸向南,转西再转北）

动作:在上式"井揽直入"之后,为了转向面北,双拳变双掌,使双掌以右顺左逆的缠丝上下双分又双合于胸前;然后以左逆右顺翻转放开其圈,促使身躯向右转90°。此时左足为实,并以左足为旋转的中轴,右足随之向右横扫到左足的东侧。当右掌由上顺缠向下,待到小腹前时,掌心已翻转向左上。同时左掌亦以逆缠从左上向右下按劲,与右掌相合于小腹前。(图124)接着,左掌按住一点逆缠转左后,重心仍于左足;右掌随之顺缠向上一开劲,以带转身躯再向右转90°。此时仍以左足为旋转中轴。(图125)

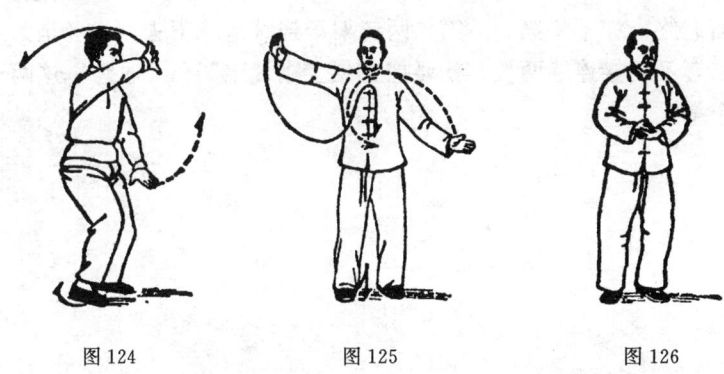

图124　　　　　图125　　　　　图126

要点:

此式的"风扫梅花"与第十式的"风扫梅花"基本相同,所不同者,第十式的"风扫梅花"旋转360°,而本式则旋转180°。它的作用,主要是使练习者最后转为面北而结束第二趟架子。

第七十式　金刚捣碓(胸向北)

动作:此式是在"风扫梅花"之后继续做的一个"金刚捣碓"。它与第十二式转了360°以后再做的"金刚捣碓"相同,因此不再重述。(图126)

要点:

同第十二式。

第七十一式 收势（胸向北）

动作：本式继上式"金刚捣碓"之后，随即双手左右分开，以双逆缠的双手会合到胸前；两手的手指碰到后，掌心向下，再逆缠双手向前双分而下，止于股的两侧；掌心向后，恢复到预备式。（参见图1）

要点：

第二套架子，同样是以"文象"始，"武象"终。面南起，面北终；如不将第一、第二两趟架子连续地练下去，或者是第二套不要接连练两次，就要加上"金刚捣碓"和"收势"这两个拳式。

第四章　陈式太极拳推手

陈式太极拳的双人推手方法，原来称为"擖手"或"打手"，是太极拳学派继承明代民间武术技击方法并加以发展的一种独创性的竞技运动。它综合性地继承并发展了"拿、跌、掷打"三种方法，因此原来的技击性极为强烈。缠绕粘随和缠丝式的螺旋运动，是它创造性成就的中心内容。根据"太极两仪，有柔有刚"的理论，它要求以"刚柔相济，轻沉兼备"的变化灵活、富于弹性和韧性的内劲作为统帅。

陈王庭在《拳经总歌》中说："纵放屈伸人莫知，诸靠缠绕我皆依"（"诸靠"指的是两人以手臂互靠，运用"掤捋挤按采挒肘靠"八种方法和劲别），这两句话概括地说明了推手的特点和方法。原始的四句《打手歌》："掤捋挤按须认真，上下相随人难侵，任人巨力来打我，四两化动八千斤"——这是解释"诸靠"的作用和以掤捋挤按四手为基本功夫的原则。

到十八世纪末叶，山西人王宗岳，以及十九世纪中末期河北永年人武禹襄、李亦畬师徒两人，都发挥了太极拳的理论和推手练法，并根据各自练拳经验写下了总结性的太极拳和推手的论文。这些拳论，言简意赅，传抄广泛，成为近代练太极拳和推手者的指导性理论；与武、李同时的陈家沟的陈仲甡及子陈鑫，也阐发了陈氏累代积累起来的太极拳和推手理论。

一、推手的一般要义

自杨式太极拳盛行，把"搨手"或"打手"称作"推手"以来，"推手"已成为通俗的名词。推手是两人搭手，互相缠绕，运用太极拳运劲如缠丝的独特锻炼方法，根据"沾连粘随，不丢不顶，无过不及，随屈就伸"的原则，运用掤捋挤按采挒肘靠八种方法和劲别来练习全身皮肤触觉和内体感觉的灵敏性，探知对方劲力的大小、刚柔、虚实、长短、迟速和动向，选择合乎杠杆原理的沾粘点为支点，运用弹性和摩擦力（力点）的牵引作用，发挥"引进落空"、"乘势借力"、"以轻制重"的技巧，掌握"动急则急应，动缓则缓随"、"彼不动，己不动，彼微动，己先动"的战略战术，牵动对方重心，在时间和力点最为恰当的时机则又"以重击轻，以实破虚"地将劲发了出去；这种发劲要"沉着松静，专注一方"，由弧形而笔直前去对向目标，又稳又准，犹如放箭时箭头深入箭靶内一样，乘势将对方干脆地发出去。总的要求是能化能发，化劲松净，发劲干脆。这种竞技运动，既能训练力量和耐力，也能训练灵敏、技巧和速度等身体素质。

近代发展的推手方法为了避免伤害事故，限制了抓拿摔跌打等方法的使用，因此成为男女老少人人可练的一种武术运动了。

太极拳套路的练习，原来就和"推手"相辅而行，拳套练得纯熟细腻，中正圆满，内外合一和虚实刚柔具备之后，就可以充分发挥推手的技巧。在练拳的同时，若再练推手；则既可将走架子得来的劲别认真地运用到对抗练习的推手之中，同时又可以检验练习太极拳套路的正确程度，便于改正、充实其姿势和动作。举行推手比赛，可以纠正某些曲解太极拳理论的练法，纠正对推手的片面性理解，从而使太极拳的技术得到恢复和发展。

二、陈式推手方法

陈式推手的基本步法为一进一退，也可以连续进步或连续退步。手法为掤捋挤按，称为四正手；每四手推过一圈即一进一退，进者为按挤，退者为掤捋。四正手的推手熟悉了，然后掺入采挒肘靠，此为四隅手，也称作大捋、大靠。基本步法熟悉后，可以练习"散步"推手，即不拘方向的动步，也有称作"乱踩花"的。

陈式推手时，甲如右（左）足在前，乙则左（右）足在前，使上肢两手互推，下肢前足亦互相粘化，使手足同时练得触觉灵敏。凡进步的一方，前足踏在对方前足的内侧。双方前足互靠粘贴，可以作为以后使用管脚的方法，作为发展跌法技巧的基础训练。

甲，四正基本推手：掤捋挤按

两人搭手前，相对站立，中正安舒地成立正姿势。相对站立的距离，以双方两臂向前平举（握拳），拳面相接触为标准。甲如右（左）足前迈，乙则左（右）足前迈，成弓步式，但重心落于两腿之间，便于进攻时坐实前腿，引化时坐实后腿；同时各以右（左）手向前掤出，高不过眉，掌心向外（掌心向外是为了便于采拿），两肩放松，肘节下坠，腕节之下的外侧互相粘贴掤住。凡搭手时，须手臂松柔，但主要攻防手的粘着点，须以意贯劲掤住，不可软化；武禹襄正确地总结出"一举动，惟手先着力，随即松开"，他所指的力，乃指松开有弹性和韧性的力,不是说的鼓劲的拙力;所以李亦畬《五字诀》:"心静"项内说"彼有力,我亦有力,我力在先;彼无力,我亦无力(掤劲不丢),我意仍在先"。陈鑫说:"不可有力,亦不可无力,折其中而已。"腕节对向自己胸部中线,掌心内向时,大指对向鼻尖;掌心外向时,小指对向鼻尖;同时左(右)手腕节下尺骨轻贴于对手肘节之上的上膊部分。(如图1:双搭手)然后一方主动进攻用按法,另一方用掤法引化,即开始掤捋挤按的练习,周而复始,连绵不断。

掤劲 由于身肢放长产生一种弹性,犹如弓弦为弓背的弹力所拉长而产生弹性一样,形成一种弹簧劲,呼为掤劲。凡是以意贯注于肢体任何部分旋转地向前引伸的(顺缠丝),都是掤劲的作用。

在推手中,掤是以右(左)手掤住对方双按,粘着点作轴心运动的旋转,随着"主宰于腰脊"的轴心旋转,采取缠丝螺旋式的划弧以走化,并采拿对手的掌而引进(采拿现仅陈式运用),同时以左(右)手尺骨处轻捋对方右(左)手上臂而引进,采捋的合一,旨在使对方立身不稳。身渐后坐,同时,收胯,转腰,塌裆,后足渐变为实,前足渐变为虚,成"下塌外辗"之势(如图2:甲按乙掤)。

捋劲 捋劲也是在身肢放长的条件下产生的,当身肢运向内左或内右,并作逆缠丝的螺旋时,即产生捋劲。由于螺旋关系,扩大了接触面,因而增大了摩擦作用。凡是以意贯注于肢体任何部分旋转地向后或左或右地走化的,都是捋劲的作用。

捋劲 是掤劲的反面。在推手中,当对方双按,经我掤化而不得劲后,即变为挤再继续进攻时,我仍渐渐划弧捋回,引之近己身的左方或右方而化之,使其落空(捋之引近自身,乃露空而诱彼深入,但手须掤住,并须注意捋回时自己的手臂勿贴己身,"肘不贴肋",肘尖勿使移向身后,以免被逼不能出劲还击)。捋时坐实后腿,转腰落胯,裆步下塌外辗。(如图3:甲挤乙捋。图5:乙挤甲捋)

挤劲 掤捋二劲为四正的主动,按挤为掤捋的辅助劲。有时掤劲的弹性不够,为了避免发生匾病,采用双手交叉来加强掤劲,将双臂合成如环形,在力学上名为合力。这样就可以左右逢源,虚实互变地发劲,呼为挤劲。在推手中,当我双按为

图1

图2

图3

图4

231

对方掤化攦引后觉已不得势时，即变前手（被掤、被攦的手为前手）为屈肘，掌心斜向外下，或平圆（手与肘平）前挤，或立圆（手在下，肘在上）前挤，后手贴于前手肘节之下，掌心向外，以助前手之势（后手手掌斜向前上，作为预防对方击面的防御手法，也便于对方接手拿或攦，或变为按，逐渐迫使对方立身不稳，身前坐，前足为实）。

图5

按劲 按是以掌中心作轴心，用掌的四周旋转压迫以找寻对方的空虚，力争上游，位在人手之上；这样不但用处多，范围广，且天地盘大，易转为四正的其它三劲，也易转为四隅的采挒二劲。在推手中，按是以我双掌按住对方的一臂并转换虚实于双按之中，一手控制腕节，一手控制肘节，使对方不易活变和还击，沉肩、垂肘、坐腕、虚虚笼住，不使拙力，长劲向前往对方身上轻轻按去，手中轻沉兼备，不但两掌在互换虚实，忽隐忽现，单掌周围也在息息变换虚实，掌心周围旋转于对方手臂之上，也就是不断地移动力点，作无数前按的想象，逐渐逼使对方立身不稳身渐前坐，前足为实。（如图4：乙按甲掤）

总之，掤攦两劲为走化劲的手法，裆劲要下去，裆步要下塌外辗，坐实后腿，在腹胯变换重心时，同样须使肩胯垂直，两乳与两肚角成垂直，勿使身体俯仰倾斜，始终保持立身中正，自己的手臂要轻灵柔软，但又不可失去掤劲，以免失去"松开我劲勿使屈"之势。所以臂肘部分万不可贴住己身，要留有旋转走化的余地，腋下也始终保留有空隙约可容一拳；同时，肘尖不可移向身后，以免被逼不能出劲还击。按挤两劲为进攻的手法，坐实前腿，出手不宜太过足尖，肘节下坠始终屈而不直，在任何角度上力求肩与胯成垂直，两乳与两肚角成垂直，不使身体俯仰歪斜，要保持"立身中正"，"上下一条线"。

乙，四隅补助推手：采挒肘靠

采劲 采劲与挤劲相反，挤是双合，而采是双分，它的形式犹如一手把住树枝，一手采果一样。采劲为擒拿的基础。擒拿手是从采劲内发展而来的。它的主要作用在于出隅制隅和牵动对方。拳论说："采天靠地相应求。"采法是以掌指虚虚笼住对方手臂，乘势借力地由轻而突然沉重地一采，速度快，距离短，落点准，猛力一采，不许死握滞重，乃惊战之法，最易牵动对方足跟，但也容易震动对方脑神经，故此法不宜轻用，功力相当者可以互试用劲得当与否。

挒劲 挒劲的特色为运用指掌的尖点，以突击的方式在近距离内抖出一种劲去，为已往擒拿内闭穴的基础。挒是主要用抖击，而不是发劲，常用于当手达其点而发的形势已变时，欲发不能，则改为挒劲抖出。如用挒时，触觉对方已被牵动，则又可乘势转为发劲。这种挒劲与按劲同属运用范围较广的一种手法。挒劲除了主要作用的抖击之外，也具有与捋劲相反方向的作用，为弧形的即化、即打，惟方向相反。捋为往后或左或右捋化，挒为弧形稍化即斜向前斜角旋转挒出，如抛物线；捋为使对方向我身后或左或右倾跌，挒为使对方向其自身左右旋转后跌。

总之，挒劲与采劲，它们是一个对立面，在采的过程中遇到阻碍，即可转为挒，挒遇到阻碍，即可一转反以采之。这是采挒二着的统一，犹如四正的掤捋二劲。但是采挒是统一于掤、捋之中，它们之间以掤、捋为主，采、挒为宾。

肘劲 肘、靠与采、挒，虽然同是隅手，但采、挒是用于手腕出了方圆圈外，而肘、靠则是用于手法进入方圆圈的内圈里（参阅第二章的图 12），这同样属于出隅，所以采、挒譬如"长兵"接战，而肘、靠是"短兵"为用。在推手过程中若形成俯斜出圈，就以采、挒补救之；若形成仰匾进入内圈里，就以肘、靠作后备军。

肘之为用，另一臂要搭于前发的肘臂上，使一肘变为两肘之用，如第二套的"拗弯肘"、"顺弯肘"等拳式就可以左右进击。用肘、挒都是在中部人字地位，不同于采天，靠地；它譬如象棋中的士相的作用。肘击是以肘尖或肘的周围部分紧贴于人之身躯而击出，因为用肘尖击人胸肋易于伤人，现在已经不许应用于胸肋；推手时用肘部进击对方胸肋，只许紧贴对方手臂而用肘法放劲。

靠劲 凡是用身躯某一部分以抖劲的震弹力击人者，均呼为靠劲。靠劲如同象棋中将帅亲自出战，八面威风，气势逼人；也有因左或右的某一臂出隅，而另一臂又支援不及，处于此种不得已时，才运用身法以肩靠击之。肩靠有前肩、侧肩、后肩之别。肩靠必须做到靠出去时重心不偏于一边，并针对对方重心以击出，以免有落空失势之虞。肩靠时须裆劲下沉，身法中正，前肩、侧肩靠出时，肩部不可超出膝尖。

除了肩靠以外，尚有"七寸靠"，当被掘前倾失势时，随即乘势进步插裆，俯身用肩挑对方小腹以迎跌之（须有腰腿功夫者始能做到）；还有"背折靠"，乃是跃起折转身躯以背击出，这是遭遇被采要劲时，为了顺应要劲而给之，在给的过程中背转身躯，为自然解脱被采局势的方法。同时，还能得到攻击的机会，在冲击中突然转折发劲，是一着二用，所以呼之为背折靠劲。靠法的使用，须腰腿身乘势粘贴对方的身肢，俟对方微动时即发劲，必要时并须步法略跟进，侵占对方地位，始能放劲干脆而自己不失重心。

　　肘击肩靠在推手中都是乘势而用。陈氏前辈拳家有专以肘击肩靠著名者，但一般也有被逼失势而随用肘肩者。即凡手腕进入方圆里圈内而失势时遂用肘法，肘法失势时随之用肩，用肩靠和背折靠都是贴身靠打的方法，以胯部弹击对方者，也属于靠法的范围。此种以身攻击的方法，身入虎穴，势险节短，通常是"泼皮胆大功夫纯"，敢于迫近对方的表现，譬如象棋中以帅亲自作战，有其一定的威力，但若运用不善，危机立见，故非正常之法。太极拳推手虽有八法八劲，而基本功夫则以四正推手为尚。故《打手歌》中有"掤捋挤按须认真，上下相随人难进"之说，从这里也可看出四正推手与四隅推手的主从关系，这是前人练拳总结出的宝贵经验，是值得我们练习时注意的问题。

　　另外，还须认识的是：四正推手中又以掤捋二劲为主，掤为顺缠，捋为逆缠，逆从顺而来。相反相成。掤、捋是相互矛盾而又统一的，螺旋式的顺缠为离心力，螺旋式的逆缠为向心力。

三、陈式推手的两项演变

　　陈式推手原来拿、跌、掷打（发劲）兼施并用，乘势活变。拿法原来是以拿脉、抓筋、反骨为主，后来由于避免发生伤害事故，已不轻于传授和运用；推手运用拿法时，也适可而止，并发展为以拿住对方劲路为主，拿成我顺人背的得机得势即止。功夫纯粹者，一举手，一投足，圆转、柔和、轻灵地控制对方劲路，即可使对方失机失势，无从转变，即可发劲；或一待放任转变，即顺应变转之点而发劲，这是拿住对方劲路的高级技术。

陈式推手原来在退步用掤劲以化开对方挤劲或靠劲时，蹲身下坐，而身法仍然中正不偏，达到前足腿肚着地，足尖翘起，随势起落（由于前足延伸及远，可以起到管住对方双足的作用，使用跌法时备极精巧）。但这样低的架式，一起一伏，一来一往，腰腿的运动量极大，因此非从幼年练起是不易做到的。现在一般以不蹲身下坐为原则，使更适合于大众化。

四、太极拳推手是阴阳兼备的

我国古代哲学家认为，世界上存在着两种互不可分而又互相对抗的力，即阴和阳。二者是万物变化和发展的根源，阴阳的和合是矛盾对立面的转化和统一。太极就是包含阴阳二种力量的一种阴阳学说。阴阳代表着动静、刚柔、虚实、轻沉、迟速等等对立的事物，对于对立两方面的关系，两者是有着相互依存、相互制约、相互为用的统一关系的。

太极拳采用阴阳学说为理论基础，要求动静、刚柔、虚实、轻沉、迟速兼备，又要阳不离阴，阴不离阳，阴以阳为主，阳以阴为根，达到刚柔摩荡，阴阳相济的懂劲地步，进一步要求达到忽阴忽阳，阴阳无迹可寻的"神明"阶段。因此练习太极拳和推手，不能偏于柔，也不可偏于刚，要阴阳相济。凡是偏于柔的仅得太极的一面，只能称为柔拳，不能称为太极拳；偏于刚的，只能称为刚拳，也不能称为太极拳。凡是能柔能刚，有轻有沉，虚实兼到，急应缓随，动静合宜的才是完整的太极拳。

"极柔软，然后能极坚刚"，"运劲如百炼钢，无坚不摧"的古典太极拳论，正确地说明了练太极拳须发展柔的一面至极度，同时也须发展刚的一面至极度，刚柔摩荡，错综变化，才能像

《周易·系辞》所说："变动不居，周流六虚，上下无常，刚柔相易，不可为典要，唯变所适。"要提高太极拳推手的技术，阳刚阴柔必须兼备，才能最后求得"化劲松净，发劲干脆"的能化、能发的全面的高级技术。

五、推手动作要领

（一）身法

推手时必须立身中正，不偏不倚，虚领顶劲，气沉丹田，尾闾正中，裆劲满足，沉肩坠肘，含胸拔背，上下相随，头顶百会穴与裆内会阴穴始终保持垂直线（"上下一条线"），脊柱要节节松沉而又虚虚对准，腰部要松沉直竖，要微微转动，不可软塌，不可摇摆，使身法在任何变换时保持中正，能八面支撑；脊柱骨节和胸背肋骨节节松沉，而意往上翻（内劲由裆）中上翻至背脊，谓之"气贴背"、"力由脊发"、"主宰于腰"），忌前俯，左歪右斜，尤忌后仰；手腿前去时，腰脊命门穴往后撑，裆劲须下沉，这和练拳的要求一致。以腰脊命门穴（后丹田）为调节全身平衡的轴心，并作为主宰于腰的爆发力的来源，我们在实践中证明它是练好推手技巧的关键。

身法虚实的变换，关键在以腰脊命门穴为轴心的左右腰隙（两肾）的抽换；腰隙向左抽则左实而右虚，腰隙向右抽则右实而左虚；以腰脊命门穴为轴的左右两肾抽换（外形是两腰侧的抽换）变化虚实，是全身总虚实的所在，也是"源动腰脊"、"内动不令人知"的诀窍所在。

太极拳在上述身法的要求下，运用"沾、连、粘、随"，以不丢不顶，不匾不抗为原则，彼按我掤，彼挤我捋，只此掤捋挤按四字，循环无穷，更须认真分清劲别，长期练习，循规蹈矩，打好圆满柔顺的稳固基础。

太极拳与推手都是首先注重身法，身法端正始能制人而不受制于人，身法乖离则处处授人以隙，何能制人？所谓"其身正，不令而从；其身不正，虽令不从"，就是这个道理。太极拳与推手，以虚静为极致，以身法中正为基础，虚则无所不容，静则无所不应，身法中正则既能八面支撑，也能八面转换，上下四傍，转接灵敏，故太极拳与推手的传统理论都强调时时中正。陈家沟著名拳师陈长兴（1771—1853）以立身中正著名，当时人们称作"牌位大王"。陈式拳家以立身中正为第一要义，直接从陈式发展而来的杨武两式拳家也严格遵守这个规定，值得我们研究其原理所在。

（二）手法

初学推手时，缠丝转圈要宽大，力求圆满柔顺，无有凹凸、缺陷、断续和顶抗之处（参见第一章第三特点），动作要慢不要快，快则处处容易滑过；功夫加深后逐渐将圈收小，能慢能快，适合"动急则急应，动缓则缓随"的要求。

肩关节始终要松柔圆活而下沉，肘节始终要下坠，用意贯注。进攻引化始终要手臂松柔，用意不用力，才能灵活无滞，使对方不易觉察我之动向。脊柱松沉，骶骨有力，裆劲下好，自然稳重而又灵活。凡此种种，始终贵乎严谨。

引化进击的诀窍在于内劲不令人知，意在人先，粘着点的作轴心旋转，逐步求得"先引后进"、"半引半进"、"即引即进"的技巧。陈鑫所谓："两手转来似螺纹"，"胳膊令其骨转，方能以真劲引动"，使对方"欲进不得势，欲退不敢，此引进之妙境也"。"先引后进"是引化来劲使落空而后进击；"半引半进"是肘以上臂部稍后退，下丹田（小腹）稍前进，肘以下至腕掌随之前进，成蓄吸之势而发呼；"即引即进"是小圈转关，干脆直射,陈鑫所谓"虚笼诈诱,只为一转",亦即截其来劲之法。一面练拳,一面推手,校正手法、身法、步法和眼法;进攻退化,上下相随,使一一合乎太极拳锻炼要领;明规矩而守规矩,脱规矩而合规矩;坚持原则,不以胜负为念,不妄用拙力,才能发展技巧。

从松静、轻柔入手,与练拳同一步骤;功夫日久,周身合一,由松静、轻柔而渐入沉着,两肩松柔灵活,两肘尖下沉,前手去,后手跟;一手回,另手随,"两手转来似螺纹"。两手管住对方两手,控制其关节(腕节为梢节,肘节为中节,肩节为根节),使不易活变。其中尚有擒拿之巧,粘随不脱,手中似柔非柔,似刚非刚,外如棉花,内如钢条,能运用引进落空的方法,然后讲究放劲;小圈转关,干脆直射(陈鑫说"虚笼诈诱,只为一转"),如电光猛闪,其快无比。凡此皆是用意,不在外形,彼之劲方挨我皮毛,我之意已入彼骨里,处处意在人先,则不致丢顶硬撞,不致徒恃血气之勇,也不致误于只求轻灵而不求内劲的充沛(正如陈鑫所说"即擒即纵缠丝劲,须于此内会天机")。此后愈练愈细密、灵巧,随机应变,浑身轻灵,挨着何处何处动,处处能曲线柔化,处处能直线刚发,曲中求直,蓄而后发,蓄发从心所欲。

(三)**步法**

动步要轻灵,两腿要分虚实,又要虚中有实,实中有虚,虚实相互渗透,使变化得以灵活。两腿分清虚实,关键在两胯关节的抽换,两胯关节的抽换,与腰隙的抽换相一致,亦即步法要随身法的变换而变换,将欲迈左步,腰隙先右抽落实,气沉右腹侧,右胯关节随着内收而下沉,右足为实,而后右足迈出;反之亦然。

步法又要与手法相呼应,务使上下相随。所谓"上于两膊相系，下于两腿相随"，又须使手足有相吸相系之意。手与足合，肘与膝合，肩与胯合的外三合必须注意，使上下完整不乱。动必进步，进必"套插"。套是前足管住对方前足外侧，插是前足插于对方裆步中间。套封插逼，足进肩随，大撅大靠（适用采挒肘靠四劲）之法，即在其中。

套封插逼是推手时使用跌法的下体管脚占势的方法，膝节的内扣和外撇，起着以弹簧劲打动对方桩步的作用，也起着消化对方以膝节打动我桩步的作用。陈鑫说"拳中惟是要跌法，不明跌法身徒劳"。跌法在陈式推手中现仍继续保持。两腿的虚实要灵活变换，又要塌腰落胯，实腿劲缠绕下沉如深植地中，使能在运化时桩步稳固，不因被逼、被引而破坏身法；粘化还击时，胯先下沉，弧形微往上而向前进逼，与手法螺旋形动作相一致，才能在放劲时更好地利用地面反作用力，能使劲起脚跟，注于腰间，通于脊背，形于手指。推手时，意要连，形要连，将欲放劲，步须暗进，胜在进步，不败在退步；身手步必须上下相随；进手而不进身，身手进而不进步，不但粘封不成，放劲浮而不沉，不能连环放劲，而且也易于被对方牵动。放劲时，身、手、步和眼神须一齐俱到，膝尖、足尖、鼻尖、手尖和眼神须对准同一方向，使力点集中。

（四）眼法

各家拳法，以眼神为尊，发令者在脑，传令者在眼神，精巧处全凭眼法。我之意能入彼骨里，全凭于眼力之能"敌情预晓"，所谓"一眼看透"。古拳家还重视"先以眼法慑服对方"；引劲发劲之变化，意在领先，目光亦随之变换，身手步随目光之动向而转换。将欲往上打，必先寓往下之意，目光也须先微往下视而后往前往上直射，则发劲动向正确而意远劲长。控制对方劲路以何手为主，则目光须视其处。目光决不可与动向有偏差。

放得人出，目光仍须前注，始有"一克如始战"，"劲断意不断"，"神气不令割断"，"放劲如入木三分"之作用。眼神则须兼顾周身上下，故目光宜有专注，而眼神决不可呆视，必须如捕鼠之猫的眼神。或以为太极拳精巧处在触觉灵敏，不重视眼法之运用，有的甚至偏头傍视，表示专在手上听劲，这是误解。须知，视觉、听觉和触觉是有机配合在一起的，不是乖离的。

（五）沾连粘随

推手时不仅双手要沾连粘随，身法、步法也要有沾连粘随之意，不先不后，协同动作。这是动作上做到上下相随，周身一家的表现，形要连，意要连，随人之动而伸缩进退，能不丢、不顶、不匾、不抗，这叫做"懂劲"的功夫。懂劲是由"舍己从人"而来的，处处能察觉和顺应客观的变化规律。能在虚实上做到上下相随，则进攻退化就能舍己从人和圆转自如；从人而仍然主宰在我，不失我之中正不偏，就能制人而不受制于人。这是手法、身法和步法达到沾连粘随的功用。

运化首先在腰腿，次在胸，又次在手。因此说："紧要全在胸中腰间运化"，"有不得机得势处，身便散乱，必至偏倚，其病必于腰腿求之，上下前后左右皆然"。其中缠丝式螺旋的屈伸往来，为"引进落空合即出"的主要作用。手在粘着点不离支撑面，作轴心运动的旋转，可以圆转自如，从粘化中预知对方虚实。身手粘着点的掤劲作用，即是"让中不让"的妙用，粘化中不失我之机势。放劲时手不超越足尖，劲力能沉透，己身也不失重心，可以保持"八面支撑"的蓄势，然后能"滔滔不绝"，劲不中断，并能连环放劲。

陈式推手既要求做到不使对手触及己身，而己能控制对方重心，又要求做到敢于使对手贴近己身，达到搭手即有办法，近身亦有办法。沾连粘随的功夫，在手上，亦在身上，搭手微引即发劲是一法，搭手引使近身，受而制之，制而摧之；以身受手，使对方一手或双手置于无用之地，而我手尽可活变，此又是一法。远不怕，近不怕，能远能近，能蓄能发，能柔能刚，则尽到了推手之能事。

推手到懂劲阶段，运劲要忽隐忽现，似有实无，似无实有；功夫纯粹者，随人的劲力动向，能粘走丝毫不差。内劲潜移默化，意在人先；人不知我，我独知人；但依着何处，即依向何处放劲（陈鑫说："依着何处何处击，无心成化如珠圆，此是本地风光，最难最难"）。随感而应，自然就能不泥于掤搌挤按采挒肘靠等八法、八劲；这是由沾连粘随到达懂劲阶段，进而达到触处成圆，能化能发的"阶及神明"的功夫。总的原则是彼以刚来，我以柔应，柔中寓刚，令人难防，时时存一片灵机，处处与对手密贴，粘走相生，意在人先。

（六）一身备五弓

陈仲甡说："浑灏流行，自然一气。轻如杨花，坚如金石。虎威比猛，鹰扬比疾。行同乎水流，止侔乎山峙。消息在不即不离之间，精神在引而未发之际。"武禹襄在《太极拳论》中也说到："静如山岳，动若江河。""静如山岳"是表示定势时的稳定沉重，严整有力；而静中有预动之势，谓之"视静犹动"，也就是"精神在引而未发之际"；"动若江河"是表示动作时波浪起伏，滔滔不绝，形成虚实的变换灵动，不断的弧形走化，不断的直进粘逼，而变转时仍然周身规矩合一，谓之"视动犹静"，也就是"消息在不即不离之间"。佚名氏的《十三势行工歌诀》所说的"静中触动动犹静，因敌变化是神奇"，都是阐发了推手时须"静如山岳，动若江河"的周身一家，完成"蓄劲如张弓,发劲如放箭"的要求。在陈武两家的口授诀窍中,全身整体劲的蓄发相变是需要"一身备五弓"的,今试综合陈武两家"一身备五弓"的具体操作方法,扼要地叙述如后。

一身备五弓指的是身躯犹如一张弓,两手为两张弓,两足为两张弓。五弓合一,即为全身的整体劲,"静如山岳,动若江河",能蓄能发,滔滔不绝。

身弓以腰为弓把,脐后腰脊命门穴始终以意贯注,中定而不偏倚摇摆;放劲时命门穴须往后撑,"暗门"(颈椎第一节)和尾闾骨为弓梢,上下对称,调节动度,加强其蓄吸之势(武式的身弓,以大椎为弓梢之一,较"暗门"的调节动度为小)。身弓备,则腰部柔韧中定而下沉,上于"暗门"虚竖,大椎微微鼓起有上提之意(即拔背、气贴背的作用);下于尾闾骨前送而内劲有上翻之意。尾闾骨要前送,则无突臀之病;臀又要有上泛之意,则内劲自裆中上翻,经脊背至头顶而下,气落丹田,日久任督二脉自然接通。

手弓以肘为弓把,以意贯注于肘节,使沉着松静而有定向。手腕和项下锁骨为弓梢,弓梢必须固定,前后对称。手在松柔灵活中用"坐腕"来固定(掌根微微着力而下沉,腕节柔而不软谓之"坐腕")。锁骨用意来固定,不使偏倚摇摆,锁骨管着两手的动向,锁骨的固定是两手固定的前提。

足弓以膝为弓把,胯骨与足跟为弓梢。足弓备,则膝节有力而微前挺,胯骨松沉而后撑,足跟下沉而劲往上翻,腰腿之劲自然相顺相随,是谓"有上必有下,有前必有后,有左必有右",相反相成,对拉匀称,自然能劲起脚跟,主宰于腰,通于脊背,形于手指。

五弓以身弓为主,手弓足弓为辅,是以腰为轴,上于两膊相系,下于两腿相随,上下相随,中间自然相随。每站一势,五弓具备，形成八面支撑的蓄势。源动腰脊，周身劲整，就能"机由己发，力从人借"，弧形走化，直线发劲，蓄发相变，滔滔不绝。功夫极深者，触处成圆，但依着何处即从何处放劲。

五弓合一是内外整体劲的具体规定。练拳和推手都应该一动势即五弓具备。五弓合一则"静如山岳，动若江河"，"立身须中正安舒，能八面支撑"，"劲以曲蓄而有余"，"曲中求直，蓄而后发"之势即可呈现。

（七）发劲的提合蓄与放开发

练习推手，宜先认真练习掤捋挤按四手，力求柔顺圆满，周身一家；先学柔化，后求发劲。发劲应力求使对方双足离地，向后（也可向左或向右）向上腾空掷出为佳。练习发劲阶段，须研究提放结合呼吸的方法，使吸蓄得足，吸发得透；吸得足以见其巧，发得透以见其妙；能蓄得巧，始能发得妙。

吸为提、为合、为蓄，呼为放、为开、为发。平时，须单练和双练提放的方法。单练是抽出几个拳势正面、反面地连续专习蓄发；胸、肩、背、胯、臀等部的震弹力，都需单练纯熟，要哪有哪。双练是研究蓄发劲正确程度的"喂"法。放劲须集中而猛透，尤须速沉，使发劲极为刻入而锐利；动贵短，意贵远，劲贵长，集中则专注一方面力透，速则乘势而不致失势，要去就去，不犯犹疑之病，则对手不易变化；沉则制住其力，使不得活变；动短则一触即发，彼不及走化，而已跌出。功夫高妙者，能使对方不见其动，而已腾空掷出。意远劲长，则放人弥远。功夫纯粹者，动之至微，引之至长，发之至骤，吸则自然能提得起人之脚跟，利其反力，动其重心；呼则自然能沉得下，放得人出而干脆。吸提时气沉小腹（下丹田，中极穴），呼放时部分气呼出，部分气下沉于小腹，部分气移行于脐部（中丹田、神阙穴），呼气时半吐半沉，才有余不尽，滔滔不绝。上丹田在百会穴，始终虚领顶劲，以保持吸提、呼放时的立身中正。

近代太极拳的高手如陈发科、杨澄甫等。运化时轻柔圆活，毫不受力，使对方失去平衡，有凌空失重之感；放劲时由于速度快，落点准，内劲足，粘着点突然放劲，对方不及感觉，无从运化，即已腾空掷出，达到了蓄发相变的高级技巧。

（八）呼吸与方圆刚柔

呼吸往来的运用，不出于方圆互变和刚柔互换。粘连密贴，接转柔化为圆；得时得位，刚劲摧迫为方；劲的缠绕为圆，发放为方。粘随劲如胶如漆，就是从螺旋的向心、离心加速度所产生的摩擦而来。粘随面的核心点，就是螺旋的轴向线上的一点。顺旋为离心力的作用，逆旋为向心力的作用。顺旋逆旋的错综变化，越是细微灵巧，"屈中求直"，"蓄而后发"，则圆中有方、方中有圆的运用就越显示其精妙。《打手歌》的"引进落空合即出，沾连粘随不丢顶"，很完美地说明了呼吸与方圆刚柔的作用。发劲时，"屈中求直"，外方而内圆，曲蓄有余，滔滔不绝；呼则身肢开展为方，吸则身肢紧凑为圆，随方就圆以往来；吸则提劲为柔，呼则放劲为刚。最高的要求为速战速决，因此也要养成一吸一呼而胜负立判的技术，得陈氏之传的杨班侯就主张"一哼一哈，胜负立判"。因而由于呼吸就影响到方圆刚柔的互相变化，渐至呼吸练得极其自然时，虽绝不用力，却可以提之使来不得不来，放之使去不得不去；舍己从人而擒纵在我，舍己从人而仍然由己；擒纵在我为由己，由己而仍然从人。如此运动，就能表现为不断的方而圆、圆而方，使得其圆中以应无穷。内中质量是刚而柔、柔而刚，忽柔忽刚，亦柔亦刚，等到刚柔无迹可寻，方圆无形可见，是为推手中达到妙手的境界。

陈仲甡《咏太极拳》绝句云："动静无端随势转，引进落空任人来,若非太极图中得,哪有神机抱满怀。"功夫达到这种"阶及神明"的阶段,呼吸自然合拍,刚柔方圆不但兼备,亦无形迹可寻,浑然一太极图圆象。

(九)内劲在推手中的作用

内劲是蕴于内的一种劲(参见第一章),是太极拳学派专用的一个名词。它是从"神舒体静"的松柔中以意贯注而锻炼出来的一种"弹劲"和"韧劲"。柔中有刚为弹劲,刚中有柔为韧劲。所谓"柔里有刚攻不破,刚中无柔不为坚",辩证地说明了弹劲和韧劲的特性及其对立的统一性。内劲具有"神以知来,智以藏往"的特点,隐于内而不显于外,随人之动而不断改变方向,不丢不顶,丝毫不差,内动不令人知,故称为"内劲"。内劲充沛,弹性和韧性就足。这是太极拳套路和推手相结合所产生的一种独特的劲。太极拳内劲的实质和运行,陈鑫认为是以意行气,轻轻运动,发于丹田,运于骨缝之内,再由骨缝内运于肌肤,贯注于四梢(两手指,两足尖),复归于丹田,缠绕往来,轻灵圆转,逐渐产生一种绵软而又沉重,外似棉花,内如钢条的一种内劲。功夫越深,内劲的质量越高,得陈氏老架、新架之传的武禹襄形容这种劲为"似松非松、将展未展","行气如九曲珠,无微不到","运劲如百炼钢,无坚不摧"。

内劲是潜移默化地在螺旋式地旋转的,它像水银似地流动极为快速;在外形上看,它是轻灵而不流于飘浮,沉着而不涉于呆滞,富有缠绵曲折的意趣。内劲主要是从练拳架中锻炼出来的,它是极为沉重而又极为虚灵的一种浑厚灵活的劲。推手时如果没有内劲,即使已做到一身备五弓,掌握了呼吸蓄发的有机联系,仍然是不可能将对方"引之使来,不得不来,放之使去,不得不去"的。陈鑫说:"但引而不击,有顺势牵之使进,以抖他人之劲;抖足则其劲自散,全体无力,欲进不得势,欲退不敢,此引进之妙境也。"这种抖劲即来源于充沛的内劲,也说明了太极拳缠绕运转时之需要内劲,是和推手的实践有关系的。

推手如果单凭触觉灵敏,而缺乏一种浑厚轻灵的"极柔软,然后能极坚刚"、"运劲如百炼钢,无坚不摧"的内劲,则等于有被动而无主动,有轻武器而无重武器,就很难引动对方,放劲干脆;相反地,易被地方所引动。

太极拳阴柔轻灵的一面,譬之和风细雨,太极拳阳刚沉着的一面,譬之雷霆万钧,两者兼备互用,才得"太极两仪,有柔有刚"之全。阳刚阴柔两者的融浑无间,即两仪的仍归太极。凡偏刚无柔的须防跌失,偏柔无刚的,难临强敌。一举动,轻柔重刚齐发的,处处能控制对方重心,使失去平衡,处处能越过对方防守点轻灵地进逼,使对方不知我手从何而来,达到"出手不见手,手到不能走"的境界。才是太极拳的妙手。内劲即包含有柔化刚发的阴阳浑沦的全体大用。陈鑫说:"若是功夫纯熟,由其大无外之圈,造到其小无内之境,不遇敌则已,如遇劲敌,则内劲猝发,如迅雷烈风之摧枯拉朽,孰能当之。"缠丝劲的沾连粘随如果没有充足的内劲,出手就没有威力,化也化不好,发也发不好;想引动对方则不能起作用,就不能得机得势而制人;想化动对方来劲,又容易被压匾而身法被破坏,因之处于失机失势的被动局面而受制于人。陈鑫指出:"气不由中心丹田而发,则气无所本而失于狂妄,必至失败。此内劲之不可不研练也;果能研练至此,则神乎其技矣。"

内劲是无定向,又有定向的,"无定向"为"圆","有定向"为"方",二者互变,互为其根,它是"刚柔兼至而浑于无迹",是灵活善变的。但是必须方法对头,太极两仪的刚柔虚实必须兼备,加上不断地苦练,才能功夫上身,渐臻精妙。空谈

"引进落空","四两拨千斤"而功夫不上身,刚柔不兼备,所谓"拳无功,一场空",是经不起推手比赛的考验的。陈鑫说:"善变无形并无穷,无穷功夫在百练;不疾而速得真宰,如此方称太极拳。"推手时以缠丝劲的沾连粘随为灵魂,但又需以刚柔具备的内劲为统帅,这是前辈太极拳家的训练原则,极为辩证地贯彻了太极的含义。缠丝劲里有内劲的贯注,方能起到"能汇万法为一,能衍一法为万"的作用。着为法,法有万千;以一法制一法,等于一把钥匙开一把锁。劲贯着中,劲为刚柔兼备的一种内劲,一以贯万,以简驭繁,等于掌握了总钥匙。所以王宗岳说:"虽变化万殊,而唯理一贯。""变化万殊"是着法,"唯理一贯"是"沾连粘随不丢顶"的刚柔、虚实具备的"似松非松"、"就屈就伸"的内劲。太极拳着重内劲,得其一而万事毕。医疗性、娱乐性的推手不必请求内劲,但作为竞技性的推手,必须请求内劲。

六、《太极拳论》在原则上对推手的指导作用

《太极拳论》是太极拳理论方面的经典著作,对推手也是一种很好的理论指导,细心研究其内容并用它来指导练习推手,则可得事半功倍的效果。

(一)太极拳推手功夫的四项基本原则

(1)《太极拳论》中说:"太极者无极而生,动静之机,阴阳之母也;动之则分,静之则合。"古时所称"太极",是对立统一的象征,是一切动静的枢机,由太极生阴阳,如顺逆、柔刚、轻沉、圆方、虚实、开合等皆属此。运动时充分利用了离心力和向心力,因此动之则分,静之则合;分为阳,合为阴。陈

鑫说："太极两仪，天地阴阳，阖辟动静，柔之与刚"，就是指这种规律。这种矛盾存在于推手的整个过程中，并贯串于每一个动作过程的始终。因此推手的第一个基本原则，就是要它符合事物运动的矛盾法则，即"矛盾与开合"。

(2) 推手时双方搭手对练的过程，也是不断产生矛盾和解决矛盾的过程。《太极拳论》中所说"无过不及，随曲就伸"，就是指动作必须符合下列四点：

①必须"无过"；无过呼为"沾劲"，过则呼为"顶病"；

②必须"能及"；能及呼为"粘劲"，不及呼为"匾病"；

③必须"随曲"；随曲呼为"连劲"，不随而曲呼为"丢病"；

④必须"就伸"，就伸呼为"随劲"，伸得太早，呼为"抗病"。

推手的一切过程都要求具有"沾粘连随"四功，不发生"顶匾丢抗"四病。陈鑫说："沾连粘随，会神聚精，运我虚灵，弥加整重。"所以第二个基本原则是"沾粘连随"。

(3)《太极拳论》中说："人刚我柔谓之走，我顺人背谓之粘；动急则急应，动缓则缓随；虽变化万端，而理为一贯。"这是为了做到四功，避免四病的措施。这就是说，人刚则我柔，用"走"以引之。这是被动局面下的"卷合"运用。同时，为了问劲，运用顺遂的势和劲，迫使对方成为"背"，转化为我刚人柔，用"粘"以逼之。粘走时，对方动急则急应之，动缓则缓随之，这样就可有四功而无四病。陈鑫说："前后左右，上下四旁，转接灵敏，缓急相将。"所以第三个基本原则是"急缓粘走"。

(4)《太极拳论》中说："由着熟而渐悟懂劲，由懂劲而阶及神明，然非用力之久，不能豁然贯通焉。"在推手时熟练地掌握了前面三个基本原则后，就可领悟人劲，探测对方的动向，所谓懂得人劲。到此时，可信手而应，达到自动的"神明"境界。这是多年反复揣摩、实践和理论研究最后得到豁然贯通的结果。所以第四个基本原则是"实践与理论一致"。

推手功夫四项基本原则

序号	基本原则	具体做法
1.	矛盾开合	动作要开中寓合、合中寓开以达到矛盾对立的统一。
2.	沾粘连随	要做到提上拔高，留恋缱绻，舍己无离，彼走此应。
3.	急缓粘走	使行动粘即是走，走即是粘和动急急应，动缓缓随。
4.	实践与理论一致	钻研前人经验和自己多下功夫相结合。

（二）怎样安排自己来运用四项基本原则

四项基本原则的具体运用

1	虚领顶劲，气沉丹田	须在精神提起，气向下行和全身放长之下实现。
2	不偏不倚	要立身中正，支撑八面，尾闾正中神贯顶。
3	忽隐忽显	隐则柔，显则刚；忽隐忽显，刚柔相济。
4	左重则左虚，右重则右杳	两手分虚实，两足分虚实；一手一足上下相随地分虚实。
5	仰之弥高，俯之弥深；进之愈长；退之愈促	左列四项，必须遵照进行，切不可背道而驰，它形容沾粘连随的方向。
6	一羽不能加，蝇虫不能落	轻灵得一羽不能加，旋转得蝇虫不能落。
7	不为人知，善能知人	粘即是走，走即是粘，人不知是粘是走；粘的引进，走的落空，通过粘走，得以知人。

《太极拳论》中说:"虚领顶劲,气沉丹田;不偏不倚,忽隐忽显;左重则左虚,右重则右杳,仰之则弥高,俯之则弥深;进之则愈长,退之则愈促;一羽不能加,蝇虫不能落;人不知我,我独知人;英雄所向无敌,盖皆由此而及也。"因此,为了运用四项基本原则,就必须按照上列拳论做好下列六点:

(1) 顶劲要虚虚领起,则精神自然提起。同时气向丹田下沉。由于上领下沉,即使身躯放长而产生弹性成为掤劲。陈鑫说"沿路缠绵,静远无慌,肌肤骨节,处处开张。"若是硬邦邦的僵劲,就会失去掤劲,也就不能再通过沾粘去求懂劲。

(2) 立身须中正安舒,具有支撑八面之势,使推手时身躯不致偏于一边或依赖于对方身手之上,以免己劲为人所懂。若偏于一边,就不易顺遂地运用粘走功夫。

(3) 在神气内隐则柔、外显则刚的前提下,推手时要具有急隐急显的刚柔变换作用,这正是求懂劲过程中不断问劲的表现。

(4) 推手时要求做到两手有虚实,两足有虚实,一手一足上下亦要分虚实,形成处处皆有此一虚一实。陈鑫说:"虚实兼到,忽见忽藏;""实中有虚,人已相参;虚中有实,孰测机关。"待虚实的转换熟练后,只要注意一手,其他一手两足由于上下相随,自然也就能随着灵换。所以陈鑫又说:"千古一日,至理循环,上下相随,不可空谈。"这是问劲、化劲和得到懂劲功夫的基础。

(5) 对方仰来则高以引之,使有高不可攀之感而失重心,对方俯来则愈向下引,使有如临深渊,摇摇欲坠之感;对方进迫则愈引愈虚,使有长不可及之感,对方退走则粘逼使有迫促之感。这是符合沾、粘、连、随的化劲与发劲要求的,这样就可避免发生顶匾丢抗四病。

（6）推手时精神须提起，这样周身才能轻灵贯串，并要轻灵得具有"一羽不能加"的敏感。同时要螺旋式缠丝地不断变动，要旋转得形成"蝇虫不能落"的气势。若动作表现出迟重不灵，则不易懂劲；若运劲而没有缠丝，则失去化劲，也失去半化半进、明化暗进、即化即进的缠丝劲技巧。没有化劲，就变成比力，就不成为太极式的推手了。能化而不能发，能柔而不能刚，刚柔不能相济，都非太极两仪之全。

具有上列六项功能，就能贯彻推手的四项基本原则，达到懂得人劲而不为人懂的功夫，使比赛能处于不败之地。

（三）太极拳推手要求人力克制自然

《太极拳论》中说："斯技旁门甚多，虽势有区别，概不外乎壮欺弱，慢让快耳。有力打无力，手慢让手快，是皆先天自然之能，非关学力而有为也。察四两拨千斤之句，显非力胜，观耄耋能御众之形，快何能为？"可见，太极拳推手不是比力而是比技巧。"壮欺弱，慢让快"那是自然的本能，不是技巧的功能。所谓技巧，则是顺应自然以克制自然，达到"弱胜壮，慢胜快"。自然界中的杠杆粘点和螺旋转化的原理，就具有"四两拨千斤"的功能。推手利用了这种原理，就可揉化一切重力，呼为化劲。有此化劲功夫，就可以轻制重。同时，太极拳的运劲是运用了离心力，并以腰脊作中轴，使一切动作皆走内圈；走内圈，虽"线速度"较慢，而仍可胜过走外圈的快，这是"后人发；先人至"的缘由，也是慢胜快的关键所在。

（四）如何防止"双重病"

《太极拳论》中说："立如枰准，活似车轮，偏沉则随，双重则滞，每见数年纯功不能运化者，率自为人制，双重之病未悟耳。"所谓双重病，就是指推手过程中双方僵持不动的病象，这是由于姿势上和劲别上发生了顶抗所形成的。为了解除此病，在身肢上必须"立如枰准",在步法上必须"活似车轮"。所谓枰准,就是头如准头,腰如根株,两膊相系地掤着如两盘,使自己形成似一架水平仪一样的身法。用这样的身法探触对方,则对方的轻重浮沉莫不显然可辨。若偏沉于己,则走以引之;若偏沉于彼,则粘以随之;这是身法上立如枰准的功用。上部两膊相系的旋转,下部两腿相随的变换,犹如一架水平仪装在球形车轮上,可以左右、前后、上下地旋转。步随身转,身随眼动,眼身相随,则旋转进退自如,这是步法上活似车轮的成果。因此,能引能随,则身法和步法就可避免双重的病象。

防止"双重病象"的措施

1	立如枰准	全身具有一定的掤劲,在立身中正之下才能达到如水平仪一样的平衡。	用这样身法探触对方,轻重浮沉莫不显然可辨。
2	活似车轮	在腰脊作中轴和两膊相系之下,活动的关键,在上下虚实相随。	活似车轮的另一个作用,是当对方要劲时则顺缠以给之,若对方给劲时,则逆缠以受之。

(五)要求在避免"双重病"中达到懂劲

《太极拳论》中说:"欲避此病,须知阴阳;粘即是走,走即是粘;阴不离阳,阳不离阴;阴阳相济,方为懂劲。"要防止双重病,就劲别上说,首先必须了解粘即是走和走即是粘的道理,以达到粘走的统一。粘走的统一是由缠丝而来的;统一了粘走,就可随时互变,并灵换粘、走的方向。在此变更的一瞬,呼为"听劲[1]"。听劲是用触觉和内体感觉来探测对方劲的动向:彼微向后左或后右,就立即采用顺缠的粘;彼微向己左或己右,

---

[1] 所谓听劲,乃是由皮肤的触觉和内体感觉来探测对方劲的大小、长短和动向的意思。

253

则立即采用逆缠的走。这是"彼不动，己不动；彼微动，己先动"的要求。由于粘走统一，遂形成阴阳相济，由于沾粘连随，遂得到懂劲的功夫。这是由避免双重转而求得懂劲的妙用。

在防止双重病过程中达到懂劲的功夫

序号	怎样避免双重	怎样得到懂劲的功夫
1	须知阴阳	要知道对方动作的来龙去脉和劲的大小，必须做到粘走的统一，如缓速、轻沉、刚柔等，这是懂劲的基本方式。
2	粘即是走，走即是粘	这是推手的中心环节，它体现了收即是放、放即是收的原则。要求在粘走中如玉环的无端。若不能粘走相生，推手就无真懂劲可言。
3	阴不离阳，阳不离阴	粘走是线路，阴阳是质量。它的具体表现是慢快相间、柔刚相济、圆方相生、轻沉相易、虚实相应、开合相换。凡此种种，皆摄于粘即是走、走即是粘的具体动作之中。

（六）懂劲后的"神明"阶段及舍己从人的界线

《太极拳论》中说："懂劲后，愈练愈精，默识揣摩，渐至从心所欲，本是舍己从人，多误舍近求远。所谓差之毫厘，谬之千里，学者不可不详辨焉。"在熟练的基础上，就须进一步作理论上的研究，通过客观的摩到主观的揣，使主客观得到统一。由实践练得的动力定型渐至从心所欲，以达到自动化的"神明"阶段。这是推手最高的功夫。到此阶段，尚须辨明舍己从人的界线，以求达到正确的运用。推手要求舍己从人，这是产生沾粘连随的基本要求。但从人须有分寸，不能一味盲从，其原则是："从近不从远"。远则孤军深入，使自己出了方圆。这是给人利用以制己，是授人以柄。陈鑫说："敌如诈诱，不可紧追；若逾界限，势难转回，况一失势，虽悔何追。"这就是说，在这方面差别虽小，但对最后的得失却是关系甚大的。

第五章 陈式太极拳拳论

陈鑫关于陈式太极拳理论留有许多著作,他曾逐势详解理法和运劲,成为陈氏累代专门之学。但陈鑫阐述的理论散见于各篇,不够系统,也不够集中。作者(顾留馨)素爱太极拳并穷究其理,故由他从几本书中分类摘录陈鑫的拳论,以便练拳时参考和揣摩。

下面分类摘录的拳论,所根据的主要是陈鑫所著《陈氏太极拳图说》及陈绩甫所著《陈氏太极拳汇宗》一书中陈鑫的著作部分。后者校对粗疏,误字漏字较多,幸获有李剑华老先生根据原稿(原名《太极真诠》)的抄本,得以校正了文字,庶几无误。

太极拳在一、二百年前也是一种技击性拳术,故古拳论中有许多部分是以陈式老架动作为例,从技击角度出发来加以论述的。本书为了便于研究和整理太极拳理论,特别是为了推广太极拳推手,这些拳论也酌情选用了,尚希读者批判接受,做到古为今用。

陈鑫传略

陈鑫,字品三(1849—1929),河南温县陈家沟人。祖父陈有恒、叔祖陈有本,俱以家传太极拳著名。有本并创造陈氏新架。父陈仲甡（1809—1871），叔陈季甡（1809—1865），有恒中年溺于洞庭湖，仲甡、季甡遂改从叔父有本学拳。

仲甡猿背虎项，魁伟异于常儿，三岁即习武，及长与弟季甡同入武庠。咸同年间，陈家沟拳家以仲甡、季甡与陈长兴（1771—1853）子耕云为功夫最好，仲甡能运使铁枪重三十斤作战，尤称武勇。陈鑫和兄垚从父习拳。垚十九入武庠，每年练拳万遍，二十年如一日，故功夫纯厚，躯干短小，不知者不信其能武，尝与县衙护勇斗，连击六七人踣地，余皆畏怯遁去。

鑫自幼从父习拳，备明理法，故于太极拳亦精微入妙。以父命读书，而仅得岁贡生，晚年颇悔习文，以为兄习武多成就，于是发愤著书，其志尤在阐发陈氏世代相传之太极拳理法。著有《陈氏家乘》五卷、《安愚轩诗文集》若干卷、《陈氏太极拳图说》四卷、《太极拳引蒙入路》一卷及《三三拳谱》。

《陈氏太极拳图说》写自光绪戊申（1908）至民国己未（1919），手自抄写，虽严寒盛暑不懈。其抄本先后有四本，阐发陈氏累代积累的练拳经验，洋洋二三十万言，逐势详其着法、运劲和周身规矩，以易理说拳理，引证经络学说，贯串于缠丝劲的核心作用，而以内劲为统驭。鑫无子，老且病，乃召兄子椿元于湘南，以《陈氏太极拳图说》授之曰："若可传则传之，不则焚之，毋与妄人也。"1930年冬末，唐豪约陈子明去陈家沟搜集太极拳史料，见其遗稿而善之。1931年春初向河南国术馆馆长关百益建议购其书，关氏遂集资七百元向椿元购得一本，交开封开明书局于1933年出版，线装四册。陈鑫殁后，以家贫停柩多年未葬，椿元得稿费后始为营葬。1935年陈绩甫（照丕）编著《陈氏太极拳汇宗》（南京版，两册）亦采入其图说，惟所采分别一稿本，内容较前书略少，文字亦间有不同。《太极拳引蒙入路》为《陈氏太极拳图说》简明本；《三三拳谱》则为以太极拳理法修订形意拳谱者，唐豪于椿元处曾翻阅其书，仅许抄存目录，其所修订者约为形意拳原谱十之三云。椿元于1949年去世，陈鑫遗稿不知藏于何人之手。自陈家沟陈氏九世陈王庭创造太极拳以来，陈氏世代习其拳，名手辈出，而著述极少。经七传至陈鑫始重视文字记录。

（此传资料系据陈子明《陈氏世传太极拳术》、张嘉谋《温县陈君墓铭》、陈鑫《陈氏家乘》和唐豪生前所述编写而成）

一、太极拳经谱　　陈鑫

太极两仪，天地阴阳，阖辟动静，柔之与刚。屈伸往来，进退存亡，一开一合，有变有常。虚实兼到，忽见忽藏，健顺参半，引进精详。或收或放，忽弛忽张，错综变化，欲抑先扬。必先有事，勿助勿忘，真积力久，质而弥先。盈虚有象，出入无方，神以知来，智以藏往。宾主分明，中道皇皇，经权互用，补短截长。神龙变化，俦测汪洋？沿路缠绵，静运无慌。肌肤骨节，处处开张，不先不后，迎送相当。前后左右，上下四旁，转接灵敏，缓急相将。高擎低取，如愿相偿，不滞于迹，不涉于虚，至诚运动，擒纵由余，天机活泼，浩气流行。佯输诈败，制胜权衡，顺来逆往，令彼莫测。因时制宜，中藏妙诀，上行下打，断不可偏。声东击西，左右威宣，寒往暑来，谁识其端？千古一日，至理循环，上下相随，不可空谈。循序渐进，仔细研究，人能受苦，终跻浑然。至疾至迅，缠绕回旋，离形得似，何非月圆。精练已极，极小亦圈，日中则昃，月满则亏。敌如诈诱，不可紧追，若逾界限，势难转回。况一失势，虽悔何追？我守我疆，不卑不亢，九折羊肠，不可稍让；如让他人，人立我跌，急与争锋，能上莫下；多占一分，我据形胜，一夫当关，万人失勇。沾连粘随，会神聚精，运我虚灵，弥加整重。细腻熨帖，中权后劲，虚笼诈诱，只为一转；来脉得势，转关何难？实中有虚，人已相参；虚中有实，孰测机关？不遮不架，不顶不延（迟也），不软不硬，不脱不沾，突如其来，人莫知其所以然，只觉如风摧倒，跌翻绝妙，灵境难以言传。试一形容：手中有权，宜轻则轻，斟酌无偏；宜重则重，如虎下山。引视彼来，进由我去；来宜听真，去贵神速。一窥其势，一觇其隙，有隙可乘，不敢不入，失此机会，恐难再得！一点灵境，为君指出。至于身法，原无一定，无定有定，在人自用，横竖颠倒，立坐卧挺，前俯后仰，奇正相生。回旋倚侧，攒跃皆中（皆有中气放收，宰乎其中）。千变万化，难绘其形。气不离理，一言可罄，开合虚实，即为拳经。用力日久，豁然贯通，日新不已，自臻神圣。浑然无迹，妙手空空，若有鬼神，助我虚灵，知岂我心，只守一敬。

二、太极拳拳谱　　陈鑫

中气（即太和之元气，不偏不倚，无过无不及）贯足，精神百倍（十年用功，十年养气），临阵交战，切忌先进；如不得已，浅尝带引，静以待动，坚我壁垒。堂堂之阵，整整之旗，有备无患，让彼偷营；一引一进，奇正相生，佯输诈败，反败为攻。一引即进，转（转者，从引而忽转之）。进如风，进至七分，疾速停顿。兵行诡计，严防后侵（前后皆是敌人），前后左右，俱要留心。进步莫迟，不直不遂，足随手运，圆转如神。忽上（手足向上）忽下（手足向下），或顺（用顺缠法，其劲顺。）或逆（用倒转法，其劲逆），日光普照，不落边际（以上是敌侵我）。我进击人，令其不防，彼若能防，必非妨方（四句是我侵人）。大将临敌，无处不慎，任他围绕，一齐并进；斩将搴旗，霸王之真。太极至理，一言难尽，阴阳变化，存乎其人，稍涉虚伪（学思并用，须下实在功夫），妙理难寻（拳法有经有权，生机无穷，变化由我，不待思索）。

三、陈鑫太极拳论分类语录[①]

1. 心静身正，以意运动

"学者上场打拳，端然恭立，合目息气，两手下垂，身桩端正，两足并齐，心中一物无所著，一念无所思，穆穆皇皇，浑然如大混沌无极景象，故其形无可名，名之曰无极，象形也。"

"太极者，生于无极也。阴阳由微至著，循环无端，即其生生之机也。……打拳上场手足虽未运动，两端然恭正之中，其阴阳开合之机，消息盈虚之数，已俱寓于心腹之内。此时壹志凝神，专主于敬，而阴阳开合，消息盈虚，特未形耳。时无可名，亦名之曰太极。言此以示学者初上场时，先洗心涤虑，去其妄念，平心静气，以待其动。如此而后可以学拳。"

"拳名太极，实天机自然之运行，阴阳自然之开合也，一丝不假强为，强为者皆非太极自然之理，不得名为太极拳。""精神贵乎蕴蓄，不可外露圭角。"

"静以待动。""太和元气到静时，不静不见动之奇。""不矜不张，局度雍容，虽曰习武，文在其中矣。"

"身必以端正为本。"

"身法端凝莫侧，收敛精神，别无他诀，心平气和则得。"

"身法正者，身桩端正，无所偏倚，虚灵内含，故不惧他人推倒。"

"不偏不倚，无过不及。"

---

① 所有集录均系根据陈式老架子练习的方式方法录出，但可供练新架时参考，并可证明老架一般是难练的，复杂的。

"不偏不倚,非形迹之谓,乃神自然得中之谓也。""若兼带俯仰伸缩法,规矩方为完全合一。久练纯熟则起落进退,旋转自由,而轻重、虚实、刚柔齐发。"

"打拳原是备身法,身法有正有斜,有直有曲,有顺有逆;有偏前,有偏后;有偏左,有偏右;有偏上,有偏下;有在地上坐,有在空中飞;有束住,有散开;种种身法,不可枚举,皆有中气以贯之。此临时以意会之自知。"

"身虽有时歪斜,而歪斜之中,自寓中正,不可执泥。"

"间架即有时身法歪斜,是亦中正之偏,偏中有正,具有真意,有真意其一片缠绵意致,非同生硬挺霸,流于硬派。"

"以心中浩然之气,运于全体,虽有时形体斜倚,而斜倚之中,自有中正之气以宰之。"

"至于身法,原无一定,无定有定,在人自用,横竖颠倒,立坐卧艇,前俯后仰,奇正相生,回旋倚侧,攒跃皆中(皆有中气放收,宰乎其中),千变万化,难绘其形。"

"身法不论大身法转关或小身法过角,以灵动敏捷为尚。"

"能会此身转移法,神机变化在其中。"

"打拳心是主。"

"以心为主,而五官百骸无不听命。"

"天君有宰,百骸听命。"

"运用在心,此是真诀。""中和元气,随意所之,意之所向,全神贯注。"

"动静缓急,运转随心。"

"运化全在一心中。"

"四体从心而运,官骸皆悦以顺从,而要皆以乾坤正气行之也。"

"心中一物无有,极其虚灵,一有所着,则不虚不灵,惟静以持之，养其诚以至动静咸宜，变化不测。"

"妙机本是从心发。"

"问：运行之主宰？曰：主宰于心。心欲左右更迭运行，则左右手足即更迭运行；心欲用缠丝劲顺转圈，则左右手即用缠丝劲顺转圈；心欲沉肘压肩，肘即沉，肩即压；心欲胸腹前合，腰劲剿下，裆口开圆，而胸向前合，腰劲搔下，裆即开圆，无不如意；心欲屈两膝，两膝即屈，右足随右手运行，左足随左手运行，而膝与左右足皆随之，不然多生疵累，此官骸之所以不得不从乎心也。吾故曰：心为一身运行之主宰。"

"或曰：拳之大概既闻命矣，而要打不出神情，何也？曰：此在平居去其欲速之心，如孟子所言，必有事焉而勿正，心勿忘，勿助长焉。临场先去其轻浮慌张之气，清心寡欲，平心静气，着着循规蹈矩，积久功熟，然后此中层累曲折，历尽难境，苦去甘来，机趣横生，浡不可遏，心中有情有景，自然打出神情矣。要之此皆人力所能为者，至于无心成化，是在涵养，日久优游，以俟其自至则得矣。"

"一片灵机写太和，全凭方寸变来多，有心运到无心处，秋水澄清出太阿。"

"拳虽小技，皆本太极正理。"

"拳虽武艺，得其正道（中庸之道，不偏不倚，无过无不及），无往不宜。"

2. 开合虚实，呼吸自然

"开合虚实，即为拳经。"

"以吾身本有之元气，运于吾身，其屈伸往来，收放擒纵，不过一开一合与一虚一实焉已耳。"

"一开一合，拳术尽矣。"

"动静循环，岂有间哉！吾所谓：一动一静，一开一合，足尽拳中之妙。"

"一开一合妙入微，上下四旁泄化机，纵使六子俱巧舌，也难描写雪花飞。"

"开合原无定，屈伸势相连。太极分阴阳，神龙变无方。"

"阖辟刚柔顺自然，一扬一抑理循环。"

"一开一合，有变有常，虚实兼到，忽现忽藏。"

"开中有合，合中有开；虚中有实，实中有虚。"

"实中有虚，虚中有实，太极自然之妙用，至结果之时，始悟其理之精妙。"

"周身一齐合到一块，神气不散，方能一气流通，卫护周身。"

"打拳以调养血气，呼吸顺其自然。……调息绵绵，操固内守，注意玄关。……轻轻运行，默默停止，惟以意思运行。"

"头直，眼平视，肩与肩合，肘与肘合，手与手合，大腿根与大腿根合，膝与膝合，足与足合，平心静气，说合上下一齐合住，气归丹田，合法皆用倒（逆）缠法。"

"开则俱开，合则俱合。""至合之时，气必归于丹田。"

"一开一合，莫非自然。"

"非但合之以势，宜先合之以神。"

"合者合其全体之神，不但合其四肢。"

"一开一合阴阳备，四体（两手两足）殷勤骨节张。"

"每日细玩太极图，一开一合在吾身。"

"心要虚，心虚则四体皆虚，丹田与腰劲足底要实，三处一实则四体之虚者皆实，此之谓虚而实。"

"天地阴阳之理，不过消息盈虚而已，故孔子尚消息盈虚。打太极拳亦是消息盈虚。息者，喘息也，呼吸之气也，生长也，故人之子谓之息，以其所生也，因气微，故谓之息。消者，减也，退也。盈者，中间充满也。虚者，中间空也。"

3. 轻灵圆转，中气贯足

"能敬能静，自葆虚灵。"

"心身不可使气，轻轻运动。"

"以灵动敏捷为尚。"

"且心一虚，则全体皆虚，惟虚则灵，灵足以应敌。"

"打拳者，手极虚极灵，物有挨着即知，即能随机应之，不惟手，即背面全身尽是虚灵。"

"往来屈伸，如风吹杨柳，天机动荡，活泼泼地毫无滞机。"

"以虚灵之心，养刚中之气。"

"至于手足运动，不外一圈，绝无直来直去。""所画之圈有正斜，无非一圈一太极。""沿路缠绵，静运无慌。"

"足随手运，圆转如神。"

"离形得似，何非月圆，精练已极，极小亦圈。""圈是周身转，不但手足，而手足在外易见，故以手转言之。"

"越小小到没圈时，方归太极真神妙。"

"打拳中气所往，人孰能禁！"

"以浩然之气行之，无往不宜。"

"心劲一发，而周身之筋脉骨节，无不随之，外之所形，皆由中之所发，故曰内劲。"

"内劲何发何行？发于一心，而行于四肢之骨髓，充于四肢之肌肤。"

"不滞不息，不乖不离，不偏不倚，即是中气。"

"中气得十分满足，气势盛足。"

"拳以中气运行，人乃心服，斯即化成天下。"

"以引足为止，学者多性躁，未下功夫，先好打人，不知侵到何处，即以何处引击，不拘定格。"

"中气贯足，物来顺应，物莫能违。"

"拳家手成，能平其志，自无横气。"

"中气运到手指头方为运足。"

"足大趾待手气走足后，乃与手一齐合住，此时方可踏实。"

"其劲皆发于心内，入于骨缝，外达于肌肤，是一股劲，非有几股劲，即气之发于心者。得其中正即为中气，养之即为浩然之气。"

"中气贯脊中。"

"若问此中真消息，须寻脊背骨节中。"

"中气上自百会穴，下贯长强穴，如一线穿成也。"

"中气贯于心肾之中，上通头顶，下达会阴，……中气充实于内，而后开合擒纵，自无窒碍。""中气必由胳膊中徐徐运行，不可慌张忽略，顺其当然之则，运其自然，勿令偏倚，而以心气行于两肱之中，是为中气。"

"其形若止，其意不止，渐渐充其内劲，必使劲由骨缝中充至肌肤，以及指头，待内劲十分充足，则下势之机致自动。"

"一气运行，绝不停留，纯是浩气流转于周身，势不可遏。"

"但凭得周身空灵，一缕中气随势扬。"

"两人相敌，性命所关，外观诸人，内观诸己，知己知彼，百战百胜，而一以中气御之，不失大中至正之道。"

"以心中之中气运乎四肢之中，是人所不见己，我独知之地，须时时神而会之，久而自明。"

"顶劲领起来（顶劲：心之中气。领：如提起）顶劲何在？在百会穴，其意些须领住（领是领其全体精神，令其不偏不倚）就算，不可太过，过则下掤上悬，立不稳当，此是一身关键，中气之所通者，不可不知。中气上通百会，下通二十椎，此处一通则上下皆通，全体之气脉胥通，自无倒倾之弊。脑后二股筋是佐中气之物，二筋之间其无筋处乃中气上下流通之路，下行脊骨之中至二十一椎止。即前后任督二脉亦皆是辅吾之中气。"

"中气最难名,即中气所行之路处亦最难名,无形无声,非用功夫久,不能知也。所以不偏不倚,非形迹之谓,乃神自然得中之谓也。即四肢中所运之中气亦即此中气之旁流,非另有一中气。此处不偏,而后四肢之中气皆不偏,虽四体形迹呈多偏势,而中气之流于肢体中者自是不偏,此意第可神而明之。"

"气非有两,其柔而劲者为中气,一味硬者为横气。其为用也,不偏不倚,无过不及,是中气之用,非中气之体。中气之体即吾心中阴阳之正气,即孟子所谓配道义浩然之气也。"

4. 缠绕运劲,舒畅经络

"凡经络皆有益于拳。"

"打太极拳须明缠丝劲,缠丝者,运中气之法门也,不明此,即不明拳。"

"太极拳缠丝法也。进缠退缠,左右缠,上下缠,里外缠,大小缠,顺逆缠,而要莫非即引即缠,即进即缠,不能各是各着;若各是各着,非阴阳互为其根也。"

"浑身俱是缠劲,大约里缠外缠,皆是随动而发,有左手前,右手后;右手前,左手后,而以一顺合者;亦有左里合,右背合者;亦有用反背劲而往背面合者,各因其势之如何而以自然者运之。其劲皆发于心内,入于骨缝,外达于肌肤,是一股劲,非有几股劲,即气之发于心者,得其中正,则为中气,养之即为浩然之气。"

"此中意趣,莫割断神气,神气不断,血脉自然流通。"

"天地间未有一往而不返者,亦未尝有直而无曲者矣。"

"盖物有对待,势有回还,古今不易之理也。""卫生之本,还气妙诀。能善运气,始能卫其生命。"

"自当从良师，又宜访高朋，处处循规矩，一线启灵明；一层深一层，层层意无穷，一开连一合，开合递相承。"

"五运六气司变化，武术得之自通神。"

"任脉起于会阴，上行循腹里至天突、廉泉止，督脉亦由会阴起，过长强，顺脊逆行而上至百会，下降至人中止。……人身任督以腹背言，……皆位乎中，可以分，可以合也。分之以见阴阳之不离，合之以见浑沦之无间，……人能明任督以运气保身，……行导引之术，以为（却病延年）之根本。打拳以调养血气，呼吸顺其自然，扫除妄念，卸尽浊气，先定根基，收视返听，含光默默，调息绵绵，操固内守，注意玄关（即丹田），功久则顷刻间水中火发，雪里花开，两肾如汤热，膀胱似火烧，真气自足。任督犹车轮，四肢若山石。无念之发，天机自动。每打一势，轻轻运行，默默停止，惟以意思运行，则水火自然混融。……练过十年以后，周身混沌，极其虚灵，不知身之为我，我之为身，亦不知神由气生，气自有神，周中规，折中矩，不思而得，不勉而中，……不知所以然而然；亦不知任之为督，督之为任，中气之所以为中气也。时措咸宜，自然合拍。此言任督之升降顺逆，佐中气以成功。气动由肾而生，静仍归宿于肾。一呼一吸，真气之出入，皆在于此。……总之，任说千言万语，举莫若清心寡欲，培其本原，以养元气。身本强壮，打拳自胜人一筹。"

"此劲皆由心中发，股肱表面似丝缠，斜缠顺逆原有定，最耐浅深细研究。究研功夫真积久，一旦豁然太极拳，人身处处皆太极，一动一静俱混然。"

"胳膊劲由心发，行于肩、过肘、至指，此是顺缠法。由骨至肌肤，由肩至指，出劲也。由指至肩倒（逆）缠法，所谓入劲者，引之而来，使敌近于我也。"

"两腿之劲,皆由足大拇趾领起,过涌泉,上缠过外踝,向里缠,斜行而上,过三里,越膝,逾血海,至大腿根,两腿根间谓之裆,即会阴穴也(盖两劲对头是其结穴,此处是腿劲归宿,腰劲稍往下降,降至此腿根撑开,裆劲自圆)。运动足后跟踏地,渐至趾通谷、大钟、外腓以及隐白、大敦、厉兑,实实在在踏于地上(脚趾脚掌要抠住地,涌泉要虚,不虚则趾不着力,用不上力,是为前后实,中间虚)。"

"官体之劲,各随各经络运行,无纤悉之或差。"

"一往一来运一周,上下气机不停留,自古太极皆如此,何须身外妄营求。"

5. 上下相随,内外相合

"一身必令上下相随,一气贯通。"

"内外上下必随,其劲不可拂逆。"

"发令者在心,传令者在手,观色者在目。此心、手、眼三到之说,缺一不可。"

"上下手足各相随,后往前转莫迟迟。"

"不先不后,迎送相当,前后左右,上下四旁,转接灵敏,缓急相将。"

"上面手如何运,下体足如何运,上下相随,自然合拍。"

"耍手全在手掌,手指领起周身运动,足随手尤其紧要。"

"足随手运,圆转如神。"

"中间胸腹随手足运,上下一气贯通,说动一齐动,说止一齐止。"

"击首尾动精神贯,击尾首动脉络通,当中一击首尾动,上下四旁扣如弓。"

"内外一气流转。"

"八体(顶、裆、心、眼、耳、手、足、腰)关紧君须记,人力运成夺天工。"

"太极拳千变万化，无往非劲，势虽不侔，而劲归一。夫所谓一者，自顶至足，内有脏腑筋骨，外有肌肤皮肉，四肢百骸相联而为一者也。破之而不开，撞之而不散。上欲动而下自随之，下欲动而上自领之，上下动而中部应之，中部动而上下和之，内外相连，前后相需，所谓一以贯之者，其斯之谓欤！"

"心与身不可使气，轻轻遵住规矩，顺其自然之势而运之。以手领肘，以肘领肩；下则以足领膝，以膝领大股。其要处全在以手足指头领住运行。或问：手足全不用气，何以运动？曰：手中之气，不过仅仅领住肩臂而已，不可过，过则不灵。至于足，较之手稍重而已。"

6. 着着贯串，势势相承

"拳之一道，进退不已，神气贯串，绝不间断。""初学用功，先求伏应，来脉转关，一气相生。""上着下着，一气承接，勿令神气间断。""打拳全在起势，一起得势，以下无不得势。即无敌人徒手空运，亦觉承接得势，机势灵活，故吾谓每一势全在一起，于接骨斗笋处彼势如何落下，此势如何泛起，须要细心揣摩。又全在一落必思如何才算走到十分满足，无少欠缺。神气既足，此势似可停止，而下势之机已动，欲停而又不得停；盖其欲停将停之机，又已叫起下势矣。吾故曰：此时之境，似停不停（不停者，神未足也），不停而停（所停者只一线，下势即起）。"

"学太极拳着着当细心揣摩,一着不揣摩,则此势机致情理，终于茫昧，即承上起下处尤当留心，此处不留心，则来脉不真，转关亦不灵动，一着自成一着，不能自始至终，一气贯通矣。不能一气贯通，则与太和元气终难问津。"

"平素打拳，全在一起一转，所谓'得势争来脉，出奇在转关',本势手将起之时,必先使手如何承住上势,不令割断神气血脉;既承接之后,必思手如何得机得势。来脉真,机势得,转关自然灵动。能如此,他日与人交手,自能身先立于不败之地,指挥如意。"

每势将成,"迹似停,气却不停,必待内劲徐徐运到十分充足,下势之机跃跃欲动,方能上势与下势打通,中无隔阂,一气流行,不但一势如是,拳自始至终,每势之末,皆如是。"

"接骨斗笋,细心揣摩。"

"理精法密,条理缕析。"

"层累曲折,胥致其极。"

7. 虚领顶劲,气沉丹田

"问:打拳关键在何处?曰:在百会穴下,自脑后大椎通至长强,其动处在任督二脉。"

"百会穴领其全身。"

"顶劲者,是中气上冲于头顶者也。不领则气塌,领过不惟全身气皆在上,足底不稳,病失上悬,即顶亦失于硬,扭转不灵,亦露笨象,是在似有似无,折其中而已。"

"打拳全是顶劲,顶劲领好,全身精神为之一振。"

"提纲全在顶劲,故顶劲一领而周身精神皆振。""顶劲中气是股正气,心中意思领起即行到头顶上,中气自然领起来,非有物以提之,是意思如此。"

"拳自始至终,顶劲决不可失,一失顶劲,四肢若无所附丽,且无精神,故必领起,以为周身纲领。"

"顶劲上领,意思如上顶破天,不可用气太过。"

"顶劲领起斜寓正,裆间撑(膝撑开)合(劲合住)半用圆。"

"中气上自百会穴,下贯长强穴,如一线穿成也。"

"顶劲领起来,领顶劲非硬蹬脑后顶间二大筋之谓,乃是中气上提，若有意，若无意，不轻不重，似有似无，心中一点忽灵劲，流注于后顶，不可提过，亦不可不及，提过则上悬，不及则气留胸中，难于下降，此顶劲式。"

"中气贯于心肾之中，上通头顶，下达会阴。"

"顶劲上领，浊气下降，中气蓄住入于丹田。"

"人之一身，以腰为中界，气往上下行，中间以腰为界。"

"孟子曰：志者气之帅，气者体之充。心如将军气如兵，将军一出令，则士卒皆听命。清气上升行于手，浊气下降行于足，气皆行到指头乃止，丹田为全体之气归宿处，如兵马屯处，气之上行下行似两橛，其实一气贯通也。"

"百会穴领其全身，要使清气上升，浊气下降。清气如何上升？非平心静气不可，浊气必下降至足。一势既完，上体清气皆使归于丹田，盖心气一下，则全体之气无不俱下。"

"周身之劲往外发者，皆发于丹田；向里收者，皆收于丹田，然皆以心宰之，处处皆见太和元气气象。""气归丹田，上虚下实，中气存于中，虚灵含于内。"

"势既成，心平气和，中气归于丹田。"

"丹田气一分五处，其实一气贯通，上下不可倒塌，一也。心气一领，丹田气上行，六分至心，又一分两股，三分上行至左肩，三分上行至右肩，皆是由肩骨缝中贯到左右指头，其在骨缝中者谓之中气，其形肌肤者谓之缠丝劲；其余四分，亦分两股，二分行于左股，二分行于右股，皆是由骨缝中贯至左右足趾。

"至于中气归丹田之说，不必执泥，但使气降于脐下小腹而已。若细研之，丹田非气之原，何以独言归此？此不过略言大意而已，若究其原，周身元气皆出肾，肾水足则气自壮；养于胃，胃得其养则气亦壮；藏于肝，肝气一动逆气横生，气不得其平；涵泳于心，心无妄念则心平者气自和；肺主声，实鸣之以心，心机何往，不必声出诸口而心先喻也；壮于胆，胆则无前，气亦随之，运于脾，是经多气少血，闻声则动，动则运化不已，心一动脾则动矣。佐以大肠，大肠多气少血，且为传道之官；又辅以小肠，小肠在前脐上，后附脊，滓秽不存，浊气去而清气来矣。以上经络，皆有益于拳，故及之。若专言肾，肾者作强之官，技巧出焉，是经少血多气，藏精于志，精神之舍，性命之根。肾有两枚，枚各两系，一系于心，一上通于脑，气之所生，实始于此，归宿必归到此。至于命门，实两肾之间气所出入之门，故曰命门。"

"命脉者，肾也，中气之所由来也。动则出，静则入。有定而无定，言不时变易势，故阴阳二气变易亦无定。""出肾入肾是真诀。"

"跨虎势定式：腰以上背后魄户、膏肓向胁前合，胸前左右胁第一行渊液、大包属三焦，二行辄筋、日月亦属少阳三焦，三行云门、中府、食窦、胸乡属肺与脾，四行厥阴、期门、天池属肝胆，五行阳明大肠缺盆、气户、梁门、关门属肠胃，第六行少阴腧府、神藏、幽门、通谷属心肾，中一行华盖、紫宫、玉堂、膻中、中庭、鸠尾。

左右胁由渊液、大包以至幽门、通谷两边，皆向玉堂、膻中合住，左右各胁皆相呼应，此左右胁腰以上之式。

胸以下左右气冲、维道皆向气海、关元、中极合住，此左右软胁下式。"

"何谓闪通背？以中气由心下降过脐到丹田，复由丹田与任脉逆行而上越脐，越上脘、华盖、天突、廉泉至承浆（下嘴唇），督脉接住逆行水沟、人中、素髎（鼻准），越神庭、上星、囟会、前顶以至百会，下降越后顶、强门、脑户、风府、哑门、大椎、陶道、身柱、神道、灵台、至阳、筋缩、脊中、悬枢、命门、阳关、腰俞，以至长强（皆脊背俞也），再至会阴极矣（是前任脉，后督脉下面两脉起端处）。中气由百会下通长强、会阴，是谓通背。闪者，如人搂住后腰，前面腰向前猛一弯，头与肩往下一下，后面长强与环跳（即大腿外骨）往上用力挑其小肚，往上一翻，敌自手散开，颠倒从吾头上闪过前面，仰跌吾前矣。此之谓闪通背。"

"通背如何？当头与肩往下栽时，屁股往上一挑，则督脉从长强穴逆行而上通百会，以至人中，任脉接住下行以至丹田，是引阳入阴一周也。右手从裆涉起，任脉即从丹田逆行而上以至承浆穴，右手随身逆转，手到下，督脉从人中逆行过顶后顶，由大椎顺行而下，复至长强，是由阴附阳又一周也。待右足退行到左脚之后，右手从下涉起到上，则督脉又自长强逆行而上已至头顶百会矣。是督脉上运已大半圈，待下势以演手捶合住，则督脉由百会下至人中穴，任脉由承浆下行以至丹田，是三周也。以通背一势，而督脉上下来回三过其背，是之谓通背。"

右手由头至裆是顺缠法，由裆涉起转过身来手到下，复由下涉起到后之上，以至下势演手捶，皆是逆缠法。"

"演手捶势：此势右足后蹬用劲，劲由后踵逆行而上，至委中，再上行过意舍、魂门、神堂、膏肓、魄户，至肩髃，再由肩髃下行入小海，分入手三里，下行合骨（二指）、中渚（四指）、腕骨（小指），以至四指之第三节。右足之劲用逆缠法，由下逆缠而上，至会阴，斜入意舍，直到肩髃，复用逆缠法缠至捶头，手背朝上，为合劲。督脉逆行而上，由长强上过百会，下至人中，任脉由承浆接住，下行入丹田，前后转一周，以助右拳之劲。且顶劲之领，亦全凭此督脉。右膝右前往里合住劲。胸中要虚，惟虚则灵，劲向前合。腰劲下去，屁股向上翻，则前

273

面气海、丹田与裆中自然向前合住劲,裆不合则下体足底皆不稳,不虚则左右旋转不灵,故必向前合住劲,兼以虚圆。

演手捶五官百骸之劲,皆聚于捶。

演手者易于前贪,不知前贪太过,不惟左右易揭起来,且左右旋转不灵,易于失败,故宁欠一二分,断不可过界一厘,此谓强弩之末,不能穿鲁缟,过之故也,演捶者戒之。"

8. 含胸拔背,沉肩坠肘

"胸要含住劲,又要虚。"

"胸要虚含如磬。"

"胸如鞠躬向前微弯,四面包涵住。"

"中间胸腹自天突穴至脐下阴交、气海、石门、关元,如磬折如鞠躬形,是谓含住胸,是为合住劲,要虚。"

"平心静气,勿使横气填塞胸中。"

"胸要含蓄,气降丹田,无留横气于上。"

"胸膈横气卸到脚底,即不能,亦当卸至丹田。"

"胸间松开,胸一松,全体舒畅,不可有心,亦不可无心。自华盖至石门要虚虚含住,不可令横气横于胸中。"

"胸亦随手转圈。"

"(白鹤亮翅势)胸间劲亦若随住右手与左手先从右向下,而左而上至右,绕一大圈。"

"胸中内劲如太和元气转圈。"

"太和元气运胸中,一动一静合轻重。"

"打拳运动全在手领,转关全在松肩,功久则肩之骨缝自开,不能勉强,左右肩松不下则转关不灵。且松肩不是䑃肩,骨节开则肩自松下。"

"肩塌下,不可架起来。"

"转圈机关,全在于肩,故肩中骨缝,宜令开张。"

"胳膊如在肩上挂着一般。"

"肩髃、肩井、扶突，皆松下。"

"肩膊头骨缝要开，始则不开，不可使之强开，功夫未到自开时心说已开，究竟未开；必行功苦日久，自然能开，方算得开。此处一开，则全胳膊之往来屈伸，如风吹杨柳，天机动荡，活泼泼地毫无滞机，皆系于此。此肱之枢纽，灵动所关，不可不知。"

"两肩要常松下，见有泛起，即将松下；然不得已上泛，听其上泛，泛毕即松。不松则全肱转换不灵。故宜泛则泛，宜松则松。每势毕，胸向前合，两肩彼此相呼应。此两肩式。"

"俯肩一靠破铜墙。"

"两肘当沉下，不沉则肩上扬，不适于用。"

"肘尖向下……膝盖与肘尖上下相照。"

"肘在前后、左右、上下，要呼应合住劲。"

9. 运柔成刚，刚柔相济

"打拳以鼻为中界，左手管左半身，右手管右半身，各足随各手动之。心身不可使气，轻轻运动，以手领肘，以肘领臂，手中之气仅仅领起手与臂而已，不可过，过则失于硬。上体手如何运动，下体亦随之，上下相随，中间自然皆随，此为一气贯通。裆劲要开要虚，裆开然后心气发动。""肌肤骨节，处处开张。"

"欲刚先柔，欲扬先抑。"

"世人不知，皆以（太极拳）为柔术，殊不知自用功以来，千锤百炼（百炼此身成铁汉），刚而归之于柔，柔而造至于刚，刚柔无迹可见。但就其外而观之，有似乎柔，故以柔名之耳，而岂其然哉？且柔者，对乎刚而言之耳。是艺也，不可谓之柔，亦不可谓之刚，第可名之为太极。太极者，刚柔兼至，而浑于无迹之谓也。其为功也多，故其成也难。"

"阴阳互为其根，不可分为两橛。"

"克刚易，克柔难。"

"柔能克刚，以退为进者，坤道也；坤错乾，乾，刚也。坤至柔而动也刚。此拳外面似柔，其实至刚。"

"故拳术以柔克刚，因而中也。"

"打拳何尝不用气，不用气则全体何由运动？但本其至大至刚之气，以直养无害焉已耳。"

"一阴一阳，要必以中峰运之，中峰者，不偏不倚，即吾心之中气（不滞不息，不乖不离，不偏不倚，即是中气），所谓浩然之气也。"

"此气行于手足中，不刚不柔自雍容。"

"浑灏流行，自然一气，轻如杨花，坚如金石，虎威比猛，鹰扬比疾，行同乎水流，止侔乎山立。""以虚灵之心，养刚中之气。"

"胸中一团太和元气，充周四体，至柔至刚，实备乾健坤顺之德。当其静也，阴阳所存，无迹可寻；及其动也，看似至柔，其实至刚，看似至刚，其实至柔，刚柔皆具，是谓：阴阳合德。"

"运动似柔而实刚，精神内藏而不露，此为上乘。""坤至柔，而动也刚。""柔顺济以刚直。"

"乾刚坤柔，阴阳并用，不偏不倚，无过不及。"

"阴阳互用，天道所藏，动静无偏，乃尔之强。"

"久练纯熟，则起落进退，旋转自由，而轻重、虚实、刚柔齐发。"

"任人四面来侮，此身全仗虚灵，官骸无所不雇，……任尔奸巧丛生，自是刚柔素具。"

"拳以太极名，古人必有以深明乎太极之理，而后于全体之上下、左右、前后,以手足旋转运动,发明太极之蕴,立其名以定为成宪,义至精也,法至严也,……虽曰拳为小道,而太极之大道存焉。……后之人,事不师古,不流于狂妄,即涉于偏倚,而求一不刚不柔,至当恰好者,以与太极之理相吻合者,盖亦戛戛乎其难矣。"

"虞廷执中,孔门一贯,此外无余蕴。……神而明之,存乎其人。"

"然刚柔既分,而发用有别。四肢发动,气形诸外,而内持静重,刚势也;气屯于内而外现轻和,柔势也。用刚不可无柔,无柔则环绕不速;用柔不可无刚,无刚则催迫不捷。刚柔相济,则粘、游、连、随、腾、闪、抖、空、掤、挒、挤、捺,无不得其自然矣。刚柔不可偏用,用武岂可忽耶!"

10. 先慢后快,快而复慢

"由起至止,须慢慢运行,能慢尽管慢,慢到十分功夫,即能灵到十分,惟能灵到十分火候,斯敌人跟不上我,反以我术为奇异,是人之恒情也,殊不知是先难之功之效也。"

"每著之中,五官百骸顺其自然之势,而阴阳五行之气运乎其中,所谓:'动则生阳,静则生阴,一动一静,互为其根'。是所谓:'阳中有阴,阴中有阳'。此即太极拳之本然。"

"练太极拳之步骤有三层功夫:第一步,学时宜慢,慢不宜痴呆;第二步,习而后快,快不可错乱;第三步,快后复缓,是为柔,柔久刚自在其中,是为刚柔相济。"(此一则为陈复元语)

11. 窜奔跳跃,忽上忽下

"青龙出水是直进平纵法,左足随右足向前飞纵,裆中会阴、长强劲随顶劲上提,前纵如灵猫扑鼠,纯是精神,又虚又灵。"

"引蒙:指裆捶下紧接青龙出水,二势夹缝中先将右肩松下,右半个身随之俱下，下足再泛起来往前纵，其未纵时右手捶如绳鞭穗欲往前击，先向后收，然后从后翻上向前绕一大圈击去，身亦随之前纵。其纵之诀，前面手向前领，后面右足之隐白、大敦、厉兑、窍阴、侠溪，皆用劲。劲由足底过涌泉至足踵翻上去，逆行而上，逾委中、殷门、承扶、环跳，斜入扶边，上行越魂门、魄户，至附分，再斜上行，由曲垣逾小海，斜入支沟、阳池，沿路翻转。将手展开，束住五指，右手领身纵向前去，左脚用力往下一蹬，随右手皆至于前，左手亦随身至前，脚落地后左手落于右乳前停住。

内劲：右半身皆用右转劲（右转即顺转，从里往外转），右手用缠丝劲由腋上行，从里向外斜缠至指肚，右足亦用缠丝劲顺缠至大腿根，上行与扶边相会，一齐上行至附分，分行至腋，斜缠至指肚；左手左足须用倒转劲，而后才能随住右手右足转圈前纵之，本全由于心，心劲一提，上边顶劲领住，中间丹田劲发，上行偏于右半身，下边两足，右足用跃法，右足掌用力后蹬；未纵以前，全是蓄劲，聚精会神，团结其气；方纵之时，纯是向前扑劲，一往直前；右手带转带进，如鹞子扑鹌鹑、苍鹰捉狡兔一样，其志专，其神凝，其进速，其气（气即魄力）稳。玉女穿梭平纵身法，此亦平纵法，愈远愈好，要皆本自己力量为之，必得优游气象，勿露努张之气方好。"

"其内劲发源最远，由仆参逆行而上，逾背后至附分，以至右指。"

"玉女穿梭是顺转平纵法。……其进如风，……手法、步法、转法，愈快愈好，……上虽凭手，下尤凭足，足快尤显手快之能，……自起势以至终势，右手足虽是顺缠法，而周身法皆是倒转劲，连三赶进，皆是进步。至于内劲，自顶劲以至足五趾，法皆与前同，始终以右手右足为主，而以左手左足佐之。右手顺转，左手必是倒转，缠丝劲即道也者不可须臾离也。右手以转大圈为式，功久自然小方好。

此势是大转身法，上承野马分鬃下来，右手趁其在下之势，不容少停，即以右手用缠丝劲从下握上，沿路斜形飞风向东去，指如钢椎，亦全赖右足在后随住右手，亦用顺缠丝劲就住上势，大铺身法，尽力向东连进三大步，方够一大圈约八九尺许。尤在顶劲提好，裆劲不得满足，身随右手如鸷鸟疾飞而进，莫能遏抑，步落粘地即起。

玉女穿梭已成之式，似与揽擦衣大同小异，然其实大不相同，彼则身不转动，专心运其右手右足，其气恬，其神静，兹则连转身带运手足以防身御敌，且以快为事，故其气猛，其神忙，非平素实有功夫，临事以气贯其上下全体者，不能获万全。何也？盖以出入广众之中，以寡敌众，旁若无人，惟天生神勇，其胆正，其气刚，其练习纯熟，故披靡一切裕如也。"

"转引转击出重围，宛同织女弄织机，此身直进谁比迅，一片神行自古稀。"

"二起腿是上跃法，……何谓二起，左右二脚相继一齐离地四五尺而跃起也，故名踢二起。……然必左足先用力狠上踢，而后右脚始踢高，脚面要平，二起纯是用全体升提法，身法心劲往上一提，全身精神振奋，皆往空中耸跃，右足能高头顶方合式。身随顶劲用力往上纵，愈高愈好，有纵过头顶者，非身轻力大不能。……上身向上纵，下身愈得用力随之上纵，其纵之法，必左右足用力先往下一蹬，足蹬愈重，则身起愈高。"

"心劲一领起来，而五官百骸皆随之而起。"

"二足连环起，全身跃半空。"

"中气提来膂力刚，连环二起上飞扬。"

"何谓跌岔？身从空中跌下，两腿岔开，方为跌岔。此图左腿展开，右腿屈住，此为单跌岔；以双跌岔非用纵法不能起来，不若单跌岔只用左足踵往前一合，右膝往外一开，右足踵用力一翻，即遂起遂落，较之稍易，故用之亦能制胜；且今之拳家皆如此，姑从之。"

"跌岔与二起回顾照应，二起从下而上，飞向半空；此则由半空而下，两腿着地。天然照应，不做牵合，此古人造拳法律之严如此。"

"上惊下取君须记，左足擦地蹬自利。"

"不是肩肘能破敌，一足蹬倒凤凰台。"

"若非此身成铁汉，掷地何来金石声。"

"解围即在一蹬中，非有大功夫，不能以一足胜人也。"

"蹬一跟：吾以左脚踢敌，敌以右手捋住吾脚，欲扭转吾脚，令吾疼痛扑地，或上提吾脚欲吾全身离地而后颠起打之。吾即顺势倒转两手搽住地，而以右足顺住左腿逆行而上，蹉敌人搦吾左脚之右手，难即解矣。或又以敌人搦吾左脚，吾即以右脚蹬敌人右肘尖或蹬其手节，皆可解之。此是蹬一跟之大略。

人来蹬吾，吾即以左脚往后退一步，以防蹬吾鸠尾与承浆以下至咽喉。

然慎之于蹬人之时则已晚，不若慎之于上势将踢之时，视其可踢则踢之，不可踢则不踢，不可妄用其踢也。

即有隙可乘，踢贵神速，不贵迟缓；贵踢关紧穴俞，不贵踢宽髀厚肉不着痛痒处，此要诀也，踢者须知。"

"野马分鬃势：两手握地转如飞，中间一线贯无倚。两手擦地而上，上下全体皆能顾住；中气上自百会穴，下贯长强穴，如一线穿成。两手如两个圆环，互相上下，更迭而舞，其刚莫折，其锐无比，其转无间，故能御敌。"

"铺地锦势与跌岔相呼应，跌岔悬空直下，右脚跺地如金石声,以踩敌人之足,左足蹬人臁骨,可破其勇,右手展开胳膊握地而上,左手前冲以推敌人之胸;此则以髋股后坐坐人之膝,右手拳屈有欲前击意,左腿展开如不得胜,两手右向捺地,用扫堂鞭以扫群敌下臁,则难自解。此以同类相呼应者如此。又与金鸡独立相呼应,金鸡独立左腿竖起,此则左腿横卧,金鸡右膝膝人,此亦以右膝屈住,金鸡独立左手下垂,右肱向上伸,此则右上屈住,左手向上冲,故以上下相呼应。又与二起相呼应,二起身飞半空,此则身落地面,故亦以上下作呼应。"

"前后左右,上下四旁,转接灵敏,缓急相将,高擎低取,如愿相偿。……上行下打,断不可偏,声东击西,左右威宣。……横竖颠倒,坐立卧挺,前俯后仰,奇正相生,回旋倚侧,攒跃皆中(皆有中气放收,宰乎其中)。"

"足随手运,圆转如神,忽上(手足向上)忽下(手足向下),或顺(用顺缠法,其劲顺)或逆(用倒转法,其劲逆)。"

"倒卷红是退行以避左右;白鹤亮翅是右引左击,兼上引下击法;搂膝拗步是六封(上下,前后,左右皆封住门),四避(四避是东西南北四方令人无隙可攻);闪通背是前闪(后往前闪)、后滑(是后面捺不住,强捺则滑而跌之)进击法;揽擦衣与单鞭皆是一引一进(此进字是进而击之)法;运手是左右一引一进击法;高探马是左肱背折肘法;左右插脚是下体前攻裆法;中单鞭是左右上下手足并击法;击地捶是攻下法,身后兼滑跌法,诀窍以两腰之中两肾之间命门为上下体之管键枢纽,管键上下皆是倒转劲,身带侧棍住,右后胁向上,左后胁向下,裆劲不好,足踏稳,人遭著背后,身即扭转,愈速愈好,能遵足法,则人自一滑跌倒矣。踢二起与踢一脚、蹬一跟是倒转大转身法,兼以两足上攻法(手当足用,足当手用也);演手捶,小擒打是前攻上下法;抱头推山是逆转(谓身也)进推法;单鞭

281

是顺转（顺转也是谓身法）左右引击法。

以上数十势是以一人敌数十人大战也；至于避敌之法，不越上下两旁，那面紧先解那面围；一齐来者，中气一动，即令一齐皆散，非有功夫不能。"

（附注：以上所提各拳式，均是陈式老架的拳式，录之以供参考）

12. 刚柔俱泯，一片神行

"运动之功久，则化刚为柔，练柔为刚，刚柔得中，方见阴阳。故此拳不可以刚名，亦不可以柔名，直以太极之无名名之。"

"当其静也，阴阳所存，无迹可见；及其动也，看似至柔，其实至刚；看似至刚，其实至柔。刚柔互运，无端可寻。"

"太极理循环，相传不计年，此中有精义，动静皆无偏……开合原无定（活泼泼地），屈伸势相连（却有一定）。太极分阴阳，神龙变无方，天地为父母，摩荡柔与刚，生生原不已，奇正不寻常。乾坤如橐龠，太极一大囊，盈虚消息故，皆在此中藏。至终复自始，一气运弛张，有形归无迹，物我两相忘。"

"阖辟刚柔顺自然，一扬一抑理循环。"

"终而复始，始而复终，惟始与终，循环不穷。"

"太极不过阴阳之浑沦耳。……泯然声臭之俱无。纤巧悉备者，化工也。浑乎雕刻之不作。"

"一来一往运一周，上下气机不停留。"

"天机活泼，浩气流行，动静缓急，运转随心。……至疾至迅。缠绕回旋，离形得似，何非月圆。精练已极，极小亦圈。"

"纯乎天则打拳皆随天机动宕，莫非自然而然，活泼泼地，太极原象，皆从吾身流露。"

"人身处处皆太极，一动一静俱浑然。"

"至虚至灵，一举一动，俱是太极圆象。"

"圆转自如,浑浩流行,绝无滞机,每势完仍归到浑然一太极气象,绝无迹象可寻,端绪可指。"

"打拳熟而又熟,无形迹可拟,如神龙变化,捉摸不住,随意举动,自成法度,莫可测度,技至此,真神品矣。太极之理,发于无端,成于无迹,无始无终,活盘托出,噫!观止矣!拳虽小道,所谓即小以见大者,盖以此拳岂易言哉!"

"故吾身之运行或高或低,或反或正,且忽迟忽速,忽隐忽现,或大开而大合,忽时行而时止,莫非一片灵气,呈于色象,真如鸢飞鱼跃,化机活泼,善观拳者必不于耳目手足之鼓舞于迹象间者深嘉赏也。故学者必先研其理,理明则气自生动灵活,非气之自能生动灵活,实理使之生动灵活也。知此而后可与言内劲。如第以由内发外者为内劲,此其论犹浅焉者也。"

"诚于中,形于外,千变万化自无穷,火候到纯青,法密理精,浑身轻灵,左右拿出应应应。"

"神穆穆,貌皇皇,气象浑沦,虚灵具一心,万象藏五蕴,寂然不动若愚人,谁知道,阴阳结合在此身。任凭他四面八方人难近,纵有那勇猛过人,突然来侵,倾者倾,跌者跌,莫测其神;且更有去难去,进难进,如站在圆石头上立不稳,实在险峻,后悔难免陨。岂有别法门,只要功夫纯;全凭者,一开一合,一笔横扫千人军。"

"太极阴阳真造化,鸳鸯绣出从君看。"

"脚踢拳打下乘拳,妙手无处不浑然,任他四围都是敌,此身一动悉颠连。我身无处非太极,无心成化成珠圆,遭着何处何处击,我亦不知玄又玄。"

"一气旋转自无停,乾坤正气运鸿濛,学到有形归无迹,方知玄妙在天工。"

13. 培养本元，勤学苦练

"心为一身之主，肾为性命之原，必清心寡欲，培其根本之地，无使伤损，根本固而后枝叶荣，万事可作，斯为至要。"

"任说千言万语，举莫若清心寡欲，培其本原，以养元气，身本强壮，打拳自胜人一筹。"

"用功各因自己力量运动，其遍数一遍可，十遍亦可，不拘遍数；有力尽管运动，无力即止，不必强为运动，以致出乎规矩，惟顺其自然则得矣。"

"每一势拳，往往数千言不能罄其妙，一经现身说法，甚觉容易，所难者工夫，所尤难者长久工夫。谚有曰：'拳打万遍，神理自现'信然。"

"空耍拳势，原无定格。……平居耍拳，不可不守成规，亦不可拘泥成规，是在学者能善用其内劲。至于形迹，或为地势所限，随其地势斟酌运用可也。"

"自初势至末势，所图者皆有形之拳；惟自有形造至于无形，而心机入妙，终归于无心而后可以言拳。可见拳在我心；我心中天机流动，活泼泼地触处皆拳，非世之以拳为拳者比也。此是终身不尽之艺，非知之艰，行之惟艰。所图之势皆太极中自然之机。……千变万化，错综无穷，故终身行之不能尽。学者勉之。"

"拳当功力既熟，端正恭肃，敬其所事，不敢自满。……不矜不张，局度雍容，虽曰习武，文在其中矣。"

"孟子曰：'大匠诲人，必以规矩。'规矩者，方圆之至也。以之诲人是则大匠所能也，至于巧，大匠不能使，惟在学者。苟至于巧，则是遵规矩而不泥规矩，脱规矩而自中规矩。而要志不可满。谚有曰：'天外还有天，一满即招损。'"

"或者曰：'此拳不能打人'。不能打人只是功夫不到，若是功夫纯熟，由其大无外之圈，造到其小无内之境，不遇敌则已，如遇劲敌，则内劲猝发，如迅雷烈风之摧枯拉朽，孰能当之。"

"今之学者未用功而先期效，稍用力而即期成，其如孔子所谓先难后获何？问：工夫何以用？必如孟子所谓必有事焉而勿正，心勿忘，勿助长也而后可。理不明，延明师，路不清，访良友。理明路清而犹未能，再加终日乾乾之功，进而不止，日久自到。问：得几时？小成则三年，大成则九年，至九年之候，可以观矣。抑至九年之后，自然欲罢不能，蒸蒸日上，终身无住足之地矣。神手复起，不易吾言矣。躁心者其勉诸。"

"人言此艺别有诀，往往不肯对人表，吾谓此艺无甚奇，自幼难以打到老。打到老年自然悟，豁然一贯神理妙。回头试想懒惰时，不是先知未说到，说到未入我心中，我心反觉多烦恼。天天说来天天忘，有心不用何时晓？有能一日用力寻，阴阳消长自有真。每日细玩太极图，一开一合在吾身，循序渐进工夫长，日久自能闻真香。只要功久能无间，太极随处见圆光，此是拳中真正诀，君试平心细思量。"

"人人各具一太极，但看用功不用功，只要日久能无懈，妙理循环自然通。"

四、陈鑫关于官骸十三目的语录[①]

1. 头

"头为六阳之首，周身之主，五官百骸，莫不体此为向背。"
"顶劲领过则上悬，领不起则倒塌。"
"至于头，耳能听敌来之声，眼能视敌发之色，头能前后左

[①] 其中顶、肩、肘、胸、胯、膝六目，已见前引，不另录。

右触之，且左右手又能上行助之。"

2. 眼

"其精神在何处？曰：在眸子。心一动则眸子传之，莫之或爽。"

"运行根于一心，而精神看于眼目，眼目为传心之官，故眼不旁视，足征心不二用。"

"眼神尤为紧要，当随主要之手运行，不可旁视，旁视则神散，志亦不专。"

"手眼为活，不可妄动。"

"眼神注于（主要）手中指，不邪视。"

"眼看住前手中指，中指的也，故必视此，不可旁视令涣散无着。人之一身，运用全在一心，而传神全在于目，故必凝神注视，揽擦衣势右手为主，左手是宾，右手发端，眼必视之，眼随右手而行，至右手停止，眼必注于右手中指甲，五指肚要用力，此前后手运毕归宿处，故必用力。此时运动手似停止而其运动之灵气实不停止，一停止则其气息矣，即与下一势隔阂。此即天地阴阳运转不息，曾二气之在吾身独可息乎哉！惟不息故气越运越实，至运到十分满足，则下势即发起，此即阳极阴生，阴极阳生之意。"

"目能眼光四射。"

"目平视前，光兼四射。"

"眼睛顾视左右，要快。"

"收视返听，含光默默。"

3. 耳

"耳听身后兼左右。"

"耳听身后，防敌暗算。"

"敌人之来，必先有风，急者其风大，缓者其风微，即无风亦必有先兆，敌在前目能视之，其或在右、在左、在身后，是即先兆，……惟凭耳听心防。"

"耳听左右背后，恐有不虞侵凌，人有以后来者，必先有声音，可闻其声音。有声自与无声不同，故心平气静，耳自聪灵。"

4. 鼻、口

"呼吸顺其自然。"

"调息绵绵。"

"心息相依。"

"打拳以鼻为中界。"

"口唇轻闭，舌尖轻抵上颚。"

5. 项

"项竖直不可硬。"

"项要端正竖起，如中流砥柱，不前不后，不左不右，不至倒塌方得。"

"项要灵活，灵活则左右转动自易。"

6. 手

"以心运手，顺势转圈。"

"手上领之时，腰与裆一齐俱下，上体周转自觉活动，下体亦不死煞。"

"手上领转圈，手指之画圈与胳膊之缠劲，是一股劲，不可视为两段。"

"手虚虚笼住。""劲运到指肚头。"

"眼看中指甲，中指与鼻准相照。"

"中指以鼻准为的，用缠丝劲自肩缠到手，中气行到中指头方为运足。中指劲到，余指劲也到。柔住劲，不可稍留硬气。"

"以手运行止物，必得刚气行乎其中。"

"手如红炉出铁，人不敢摸。"

287

7. 拳

"去时撒手，着人成拳。"

"拳力如风又如雷。"

"一击如雷之霹雳一声，不及掩耳。"

"捶由后向前击如山上之雷，迅不及防，其进比鸟飞还迅。"

"近身屈肘用努力，去远何能不展肱？"

"用周身全力用拿劲打，不露粗率，方合法度。……劲由后脚跟越腿肚。顺脊上行串至肩臂，转过由胳膊背面运至手背，故拿住劲打有力。然虽劲由脚跟起，其用本在心；心机一动，中气即由丹田发出至手，周身全力皆聚于此。至于击人则视人之远近，远则展开胳膊可以及人，近则胳膊不能展开，故用屈肘合捶打，极有含蓄，外面全不露形迹，被击者即跌倒，方为上乘。盖远击易，近击难，故得多下功夫才能如是。"

"内劲由丹田下过裆后，再由长强逆行到百会，降下至肩，前进运至捶，周身精神俱聚于捶，方有力。左右足踏地稳重如山在地上，莫能摇撼，方为有力。"

"在拳纯是浩气流转于周身，势不可遏。"

8. 腹

"腰劲搌下，尻骨微泛起，小腹自然合住劲。"

"胸腹宽宏广大，向前合住，中气贯住，上下全神，实有睟面盖背气象。久用其功，到是境地，自然知其神情；即至其境，亦但可以意会，不可以言传也。"

"调息绵绵，操固内守，注意玄关，功久则顷刻间水中火发，雪里花开，两肾如汤热，膀胱似火烧，真气自足。"

9. 腰

"腰为上下体枢纽转关处，不可软，亦不可硬，折其中方得。"

"腰是上下体之关键，腰以上气往上行，腰以下气往下行，似上下两夺之势,其实一气贯通,并行不悖。"

"腰劲贵下去,贵坚实。"

"腰劲磁下不可软。"

"腰劲下去,腰是上下交关处,不下则上体气浮,足不稳。"

"腰劲要下去,下去要劲,两膝撑开,裆合住,要圆要虚,自然下体又虚又灵又稳当,摇撼不动。"

"腰一扭转,则上体自然扭转,与下体相照,是腰为上下体之枢纽。"

"腰中要虚,一虚则上下皆灵。"

"腰劲下不去,不能气归丹田;气不归到丹田,则中极、会阴失于轻浮,因而胸中横气填塞饱满,即背后陶道、身柱、灵台左右,横气亦皆填塞充足,而前后胥滞涩矣。盖不向前合失之一仰,向前合则裆劲轻浮,足底不稳,上体亦不空灵。"

"诀窍以两腰之中,两肾之间命门,为上下体之管键枢纽。"

10. 脊、背

"脊骨是左右身之关键。"

"内外转徐徐(缠皆内向外),中气贯脊中。"

"若问此中真消息,须寻脊背骨节中。"

"背用中气贯住。"

"背折舒开,顶劲、裆劲足。"

11. 裆与臀

"肾囊两旁谓之裆,贵圆贵虚,不可夹住。"

"裆要圆,圆则稳。"

"两大腿根要开裆,开不在大小,即一丝之微亦算得开,盖心意一开,裆即开矣。不会开裆者,腿虽岔三尺宽,不开仍然不开。是在学者细心参之。"

"裆固不得不开,然会阴要虚,小肚要实。"

"裆撑圆，虚虚合住。……（停势时左右足）缠丝劲法，从足趾自内而外上行斜缠至腿根，以及会阴，……合不到会阴，则无裆劲，且不能撑圆，此缠丝劲之不可离也。"

"下腰劲，尻微翻起，裆劲自然合住。"

"裆尤要虚，虚则回转皆灵。"

"浊气下降，合住裆劲。"

"下盘稳当，上盘亦灵动。"

"臀骨翻起，前裆合住，后臀自然翻起。"

"尻骨、环跳蹶起来，里边腿根撑开，裆自开；两膝合住，裆自然圆。"

"中间裆开圆，要虚，不可岔如人字形。"

"骻骨不泛起，则前面裆合不住劲。"

"两屁骨臀肉向上泛起来，不泛起则前面裆合不住，软胁下为腰，腰劲搌不下，则膝与足无力。屁骨、环跳、里边骨向里合，不合则两大腿失之散。"

"顶劲领过则上悬，领不起则倒塌，此不会下腰劲、裆劲，以致身不自主。"

"裆劲、腰劲既皆下好，而屁股泛不起来，不惟前裆合不住，即上体亦皆扣合不住；上下扣合不住劲，则足底无力，而外物皆能摧倒我。"

12. 足

"千变万化由我运，下体两足定根基。"

"演手捶势：左右足踏地稳重如山在地上，莫能摇撼，方为有力。"

"足稳则身不可摇。"

"前后左右用劲匀停，自然立得稳。"

"足之虚实因乎手，手虚足亦虚，手实足亦实。"

"实足脚底前后皆要用力平实踏住地,涌泉穴要虚。"

"上虽凭手,下尤凭足,足快尤显手快之能。"

"肾藏志,以足从志,亦顺着转圈。"

"足随手运,圆转如神。"

足大趾待手气走足后,乃与手一齐合住,此时方可踏实。"

"以引进搏击之术,行于手足之中。"

"至于手足运动,不外一圈,绝无直来直去。"

"胸膈横气卸到脚底。"

"劲虽由脚跟起,其用本在心。"

"一点灵气从心起,上入青天下入地,此气行于手足中,不刚不柔自雍容。"

"云手:二足更迭转,机不停留,左足横开一步,右足随之虽亦横开一步,然右足将至左足边,复自上转回五六寸方才落地,如此方见运行无直步。每左足开步右足随之皆如是。……如右手顺转一圈,前半圈中气由腋里边向外斜缠到指,后半圈自外回来,劲自外斜缠到腋下,左手亦然。至于足,如右足前半圈由腿根内向外缠到指,回来自外向里缠至腿根,左足亦然。"

"足踏出:如前有深渊,说回即收回,至虚至灵。"

"足运行极其缠绵不直,又能随手运行,不失螺丝缠劲。"

"足蹬愈重,则身起愈高。"

"不蹬则已,蹬之必令敌跌倒。"

"至于足,左来则左摆,右来则右摆;踢以御前,蹬以御后,举足如疾雷不及掩耳。凡敌之侵我下体者,足之为功居多,足之为用大矣哉!"

"将踢之时,视其可踢则踢之,不可踢则不踢,不可妄用其踢也。即有隙可乘,踢贵神速,不贵迟缓;贵踢关紧穴俞,不贵踢宽髀厚肉不着痛痒处。此要诀也,踢者须知。"

"脚踢拳打下乘拳，妙手何处不混然。"

"四肢百骸主于动，而实运之以步，步者乃一身之根基，运动之枢纽也。……捶以论势，而握要者步也；活与不活在于步，灵与不灵亦在于步，步之为用大矣哉。"

13. 骨节

"骨节松开。"

"肌肤骨节，处处开张。"

"周身一齐合住劲，且周身骨节各处与各处自相呼应而合，如手与足是也。"

"说合则周身一齐扣合住方佳，至于周身骨节，如左右肘，左右肩，上下各处名目相合者，各自一切照应合住。"

"手与足，肘与膝，肩与胯，上下、左右、前后，运转停势时亦各呼应对齐，开则俱开，合则俱合。"

"骨节要对，不对则无力。"

"骨节齐鸣。"

五、揭手拳论

1. 揭手论集录

"沾连粘随，会神聚精，运我虚灵，弥加整重。……细腻熨贴，中权后劲。"

"不即不离，不沾不脱，接骨斗笋，细心揣摩。"

"乾刚坤柔，阴阳并用；不偏不倚，无过不及。"

"不先不后，迎送相当，前后左右，上下四旁，转接灵敏，缓急相将。"

"神以知来，智以藏往。"

"两手转来似螺纹，一上一下甚平均，全凭太极真消息，四两拨动八千斤。"

"中气贯足,切忌先进,浅尝带引,静以待动。"

"阖辟动静,柔之与刚;屈伸往来,进退存亡。一开一合,有变有常;虚实兼到,忽见忽藏。健顺参半,引进精群;或收或放,忽弛忽张。"

"内以诚心商榷,外以柔顺之气引人之进,是以刚气伏于柔中也。"

"我之交敌,纯以团和气引之使进。"

"不可使硬气,亦不可太软,折其中而已。"

"又半引半进,带引带进,即引即进,以引为进,阴阳一齐并用,此所谓:道并行而不悖。非阴阳合德,不能心机一动手即到,快莫快于此。""其半引半进之法,肘以上引之使进,手以下劲往前进,胳膊背面为阳,里面为阴,则是阳引阴进之法,非互为其根不能。"

"手用引劲引开敌人之手,须用缠丝劲引之,令其立脚不稳。"

"伸中寓屈何人晓,屈内寓伸识者希。"

"徐徐引进人莫晓,渐渐停留意自深,右实左虚藏戛击,上提下打寓纵擒。"

"先引后进人谁识,太极循环一圈圆。"

"引进落空最为先。"

"敌以手来,我以手引,即引即打,非既引之后而后击之,于此足证阴阳互为其根之实。"

"引进之劲说不完,一阴一阳手内看,欲抑先扬真实理,击人不在着先鞭。"

"两人手交,我守我疆,不卑不亢,九折羊肠;不可稍让,如让他人,人立我跌;急与争锋,能上莫下,多占一分,我据形胜。"

"来宜听真,去贵神速。"

"至疾至迅,缠绕回旋。"

"力贵迅发,机贵神速,一迟即失败,一迅疾即得势。"

"进如疾风吹人,电光猛闪,愈速愈好。"

"发手要快,不快则迟悮;打手要狠,不狠则不济。"

"势如手推山岳,欲令倾倒,……顶劲领好,腰劲下好,裆劲撑圆,足底用力踏地,膀力用到掌上,周身力气俱注于左右手掌上,推时力贵神速,纵不能推倒,亦可令其后退数步。"

"人来感我,不肯轻放过我;我之感人,岂肯轻放过人?势必至用全身力和欲推倒山岳之势以推。"

"此身有力须合并,更须留心脊背间。"

"炼就金刚太极尊,浑身合下力千斤。"

"然非徒以气大为之,而实以中正无气运转催迫,令其不得不倒退,且以引进击搏之术,行于手足之中,又使不能前近吾身。"

"心手眼足一气,敌被我擒预定。"

"柔中寓刚,人所难防。"

"虚笼诈诱,只为一转。"

"陡然一转人不晓。"

"转引转击,……一片神行。"

"欲刚先柔,欲扬先抑,太和元气,浑然中伏。"

"中气运于心,一发莫比毒;何况进如风,疾迅谁能敌?形骸与人同,用法只我独。不是别有方,只为中气足。"

"但凭得周身空灵,一缕中气随势扬。"

"拳者,权也。所以权物而知其轻重者也。然其理实根乎太极,而其用不遗乎两拳,且人之一身,浑身上下都是太极,即浑身上下都是拳,不得以一拳目拳也。"

"眼力手法兼身法,粘着何处何处动。"

"精神团聚周身健,旋乾转坤手内存。"

"功久则灵,其灵无比,依著即知,自然有应,不即不离,沾连粘随;如蝇落胶,有翅难飞,此中之妙,微乎其微。"

"若是功夫纯熟,由其大无外之圈,造到其小无内之境,不遇敌则已,如遇劲敌,则内劲猝发,如迅雷烈风之摧枯拉朽,孰能当之!"

"即擒即纵缠丝劲,须于此内会天机。"

"问:耍拳缠丝劲作何用?盖硬与人直接者则人易躲闪,易离去,惟以柔接之,则人易其柔软而心不惧,心不惧故不躲闪,惟以其柔软缠丝法接之,未粘住人身则已,如粘住人身,则人不能躲闪;躲则以手跟之,如漆胶粘硬物,物自不能躲闪,离则以缠法缠绕其肱,如蜘蛛以丝缠蝇,又如已上之螺丝,欲硬拔去不得。故未粘住人之肱则已,如既粘住,则吾以缠丝法捻住其肉,当缠而绕之、沾之、连之、粘之、随之,令其进不得进,进则前入坑坎;退不得退,退则恐我击搏,故不敢硬离去。此缠丝劲之在拳中最为紧要妙诀也。"

"至成时,敌人怎来怎应,不待思想,自然有法。……但依着何处,即以何处(此是本地风光,最难最难)引而击之,时措咸宜,莫名其妙,真不思而得,不勉而中也。

然而未成者不能也。

问:要到何时算成?曰:此中层级,终身阅不尽。但以目前粗疏者言之,大成则九年,小成则七年,至于精妙,亦终身不尽之学。"

"先合者以合打之,后开者以开打之,手足无在非转圈之时,即无在非打人之地,……吾岂有心打人哉!吾自打吾拳,亦行所无事而已矣。拳至此,艺过半矣。"

"拳术家创立缠丝劲法,默行乾坤不息之螺旋线,循环无端,神妙万物,其至命矣夫,技艺云乎哉!"

2. 揭手十六目

(1) 较(较,是较量高低)

(2) 接(接,是两人手相接也)

(3) 沾(沾,是手与手相沾,如"沾衣欲湿杏花雨"之沾)

(4) 粘(粘,如胶漆之粘,是人既粘我手,不能离去)

(5) 因(因,是因人之来)

(6) 依(依,是我靠住人身)

(7) 连(连,是手与手相接连)

(8) 随(随,是随人之势以为进退)

(9) 引(引,是诱之使来,牵引使近于我)

(10) 进(进,是令人前进,不使逃去)

(11) 落(落,如落成之落,檐水下滴于地;又如叶落于地)

(12) 空(空,宜读去声,人来欲击我身,而落空虚之地)

(13) 得(得,是我得机、得势)

(14) 打(打,是机势可打,乘机打之)

(15) 疾(疾,是速而又速,稍涉延迟,即不能打,机贵神速)

(16) 断(断,是决断,一涉游疑,便失机会,过此不能打矣)

3. 揭手三十六病

(1) 抽(抽,是进不得势,知己将败,欲抽回身)

(2) 拔(拔,是拔去,拔回逃走)

(3) 遮（遮，是以手遮人）

(4) 架（架，是以胳膊架起人之手）

(5) 搕打（搕打，如以物搕物而打之）

(6) 猛撞（猛撞者，突然撞去，贸然而来，恃勇力向前硬撞，不出于自然，而欲贸然取胜）

(7) 躲闪（躲闪者，以身躲过人手，欲以闪赚跌人也）

(8) 侵凌（侵凌者，欲入人之界里而凌压之也）

(9) 挈（如以刀听物）

(10) 搂（搂者，以手搂人之身）

(11) 揎（揎者，将手揎下去）

(12) 搓（搓者，如两手相搓之搓，以手肘搓敌人也）

(13) 欺压（欺是哄人，压是以我手强压住人之手）

(14) 挂（挂，是以手掌挂人，或以弯足挂人）

(15) 离（离，是去人之身，恐人击我）

(16) 闪赚（闪赚者，是诳愚人而打之）

(17) 拨（拨，是以我手硬拨人）

(18) 推（推，是以手推过一旁）

(19) 艰涩（艰涩，是手不熟成）

(20) 生硬（生硬者，仗气打人，带生以求胜）

(21) 排（排，是排过一边）

(22) 挡（挡，是不能引，以手硬挡）

(23) 挺（挺者，硬也）

(24) 霸（霸者，以力后霸也，如霸者以力服人）

(25) 腾（腾，如以右手接人，而复以左手架住人之手，腾开右手，以击敌人）

(26) 拿（拿，如背人之节以拿人）

(27) 直（直，是太直率，无绵缠曲折之意）

（28）实（实，是质朴太老实，则被人欺）

（29）钩（钩，是以脚钩取）

（30）挑（挑者，从下往上挑之）

（31）掤（掤，以硬气架起人之手，非以中气接人之手）

（32）抵（抵，是硬以力气抵抗人）

（33）滚（滚，恐已被伤，滚过一旁，又如圆物滚走）

（34）根头棍子（根头棍是我捺小头，彼以大头打我）

（35）偷打（偷打者，不明以打人，于人不防处偷打之）

（36）心摊（心摊者，艺不能打人，心如贪物探取，打人必定失败）

以上三十六病，或有全犯之者，或有犯其四五，或有犯其一二者，有犯干处皆非成手。手到成时，无论何病，一切不犯，益以太和元气，本无乖戾故也，然则搨手将如之何？亦曰："人以手来，我以手引之使进，令其不得势击，是之谓走；走者，引之别名。何以既名引，又名走？引者，诱之使进；走者，人来我去，不与顶势，是之谓走。然走之中，自带引进之劲（功纯者引之使进，不敢不进，进则我顺人背而擒纵在我），此是拳中妙诀，非功久不能。"

附注：搨手十六目和搨手三十六病，为陈鑫《陈氏太极拳图说》原稿文字，唐豪于1932年1月约同陈子明去陈家沟调查太极拳历史时，抽出此两篇刊入陈子明《陈氏世传太极拳术》一书中。兹参考《陈氏太极拳汇宗》所载，加以校补。（顾留馨）

4. 掤捋歌二首

掤捋挤捺须认真，引进落空任人侵，周身相随敌难近，四两化动八千斤。

上打咽喉下打阴，中间两胁并当心，下部两臁并两膝，脑后一掌要真魂。

注：前一首为陈氏旧传歌诀，见于陈氏两仪堂本拳谱者为："挤掤搂捺须认真，

上下相随人难进,任他巨力人来打,牵动四两拨千斤。"陈子明据别本抄出者,题为《挤手歌诀》,有六句:"掤捋挤捺须认真,周身相随人难进,任人巨力来攻击,牵动四两拨千觔。引进落空合即出,沾连粘随就屈伸"。陈氏三本所载,与李亦畬手钞本午阳县盐店王宗岳所修订者又有异同。徐震《太极拳考信录》云:"盖在陈沟,初只十口相传,久而稍异,及各据所闻,笔之于书,遂不能悉合也。"此亦为推定之词,四句有异文,并衍为六句,亦可推定为后人修订文字之证。

第二首为拼死活之打法,仅见于陈鑫书中,可能系陈鑫缀录旧说,附于旧传四句之后。

六、陈鑫等拳论短文选

1. 咏太极拳(五言俚语)

太极理循环,相传不计年,此中有精义,动静皆无愆。收来名为引,放出箭离弦(此二句上句言引进落空,下句言乘机击打),虎豹深山踞,蛟龙飞潭渊(上句言静,下句言动),开合原无定(活泼泼地),屈伸势相连(却有一定)。太极分阴阳,神龙变无方,天地为父母,摩荡柔与刚,生生原不已,奇正不寻常。乾坤如橐籥,太极一大囊,盈虚消息故,皆在此中藏。至终复自始,一气运弛张,有形归无迹,物我两相忘(与道合一)。太极拳中路,功夫最为先,循序无躐等。人尽自合天。空谈皆涨墨,实运是真铨。鸢飞上戾天,鱼跃下入渊,上下皆真趣,主宰贵精研。若问其中意,道理妙而玄,往来如昼夜,日月耀光圆。会得真妙诀,此即太极拳,凡事皆如此,不但在肘间。返真归朴后,就是活神仙,随在皆得我,太璞自神全(仍归太极)。

2. 太极拳缠丝法诗

七言古 三首

动则生阳静生阴,一动一静互为根,果然识得环中趣,辗转随意见天真。

阴阳无始又无终，来往屈伸寓化工，此中消息真参透，圆转随意运鸿濛。

一阵清来一阵迷，连环阖辟赖撕提，理经三昧方才亮，灵境一片是玻璃。

五言古

理境原无尽，端由结蚁诚，三年不窥园，壹志并神凝。自当从良师，又宜访高朋。处处循规矩，一线启灵明，一层深一层，层层意无穷；一开连一合，开合递相承。有时引入胜，工欲罢不能。时习加黾勉，日上自蒸蒸，一旦无障碍，恍然悟太空。

3. 太极拳发蒙缠丝劲论　　陈鑫

太极拳，缠法也。缠法如螺丝形运于肌肤之上，平时运动恒用此劲，故与人交手，自然此劲行乎肌肤之上，而不自知，非久于其道不能也。其法有：进缠，退缠；左缠，右缠；上缠，下缠；里缠，外缠；顺缠，逆缠；大缠，小缠。而要莫非以中气行乎其间，即引即进，皆阴阳互为其根之理也。或以为软手；手软何能接物应事？若但以迹象视之，似乎不失于硬，故以为软手。其周身规矩：顶劲上领，裆劲下去（要撑圆，要合住）；两肩松下，两肘沉下，两手合住，胸向前合；目勿旁视，以手在前者为的；顶不可倒塌，胸中沉心静气；两膝合住劲，腰劲下去；两足常用钩劲，须前后合住劲。外面之形，秀若处女，不可带张狂气，一片幽闲之神，尽是大雅风规。至于手中，其权衡皆本于心，物来顺应，自然合进退、缓急、轻重之宜。此太极之阴阳相停，无少偏倚，而为开合之妙用也。其为道岂浅鲜哉！

4. 太极拳推原解　　陈鑫

拳者，权也；所以权物而知其轻重者也。然其理实根乎太极，而其用不遗乎两拳。且人之一身，浑身上下都是太极，即浑身上下都是拳，不是以一拳目拳也。

其枢纽在一心，心主乎敬，又主乎静；能敬而静，自葆虚灵；天君有宰，百骸听命。动则生阳，静则生阴，一动一静，互为其根。清气上升，浊气下降，百会、中极，一体管键。

初学用功，先求伏应，求脉转关，一气相生；手眼为活，不可妄动。其为气也，至大至刚，直养无害，充塞天地；配义与道，端由集义，浑灏流行，自然一气。

轻如杨花，坚如金石；虎威比猛，鹰扬比疾。行同乎水流，止侔乎山立。进为人所不及知，退亦人所莫名速。

理精法密，条理缕析。放之则弥六合，卷之则退藏于密。其大无外，其小无内。中和元气，随意所之；意之所向，全神贯注。变化犹龙，人莫能测，运用在心，此是真诀。

不偏不倚，无过不及，内以修身，外以制敌。临时制宜，只因素裕。不即不离，不沾不脱，接骨斗笋，细心揣摩，真积力久，升堂入室。

5. 太极拳体用

太极拳体

太极拳之道，开合二字尽之；一阴一阳之谓拳，其妙处全在互为其根。

太极拳用

拳之运动，惟柔与刚；彼以刚来，我以柔往；彼以柔来，全在称量（以我手称住人之手，如秤称物；以我之心度人之心，量其上下迟速，或半路变换机势）。刚中寓柔，与人不侔；柔中寓刚，人所难防。运用在心，不矜不张，中有所主，无任猖狂；随

301

机应变，终不惊慌。

6. 太极拳总论和拳经

（1）总论

纯阴无阳是软手，纯阳无阴是硬手。一阴九阳根头棍，二阴八阳是散手，三阴七阳犹觉硬，四阴六阳显好手，惟有五阴并五阳，阴阳无偏称妙手。妙手一着一太极，空空迹化归乌有。

（2）拳经

太极阴阳，有柔有刚；刚中寓柔，柔中寓刚；刚柔相济，运化无方。

7. 陈复元太极拳论　　陈子明

先严讳复元，字旭初，初学于耕云公，功成后复从仲牲公习新架，故发手能柔如绵，坚如刚，往来口外数十年，未遇敌手。子明少小传侧，习闻拳理，兹就记忆所及者笔述一二，以成本篇，固陋如余，未能道其万一也。

开合与阴阳

动为阳，静为阴，一动一静，即为开合，阴变阳为开，阳变阴为合，此就太极拳之全体而言也。以运化而言，左手领左半身向左方运化者，开为太阳，合为太阴。右手随之而开者为少阳，合为少阴；右方亦然。刚柔即包于其中，故太极生两仪、两仪生四象。两仪者，阴阳也，亦即开合也。四象者，太阳、太阴、少阳、少阴是也。阴阳开合，互相化生，得其极致则浑元一气，循环无端，变动莫测。是以不明阴阳开合者，即不明刚柔动静之互相为用，偏刚偏柔，不能相济，则去太极拳之根本远矣。又吾师品三先生谓："练拳之道，开合二字尽之、一阴一阳之谓拳，其妙处在互为其根而已。"又作七言诗二首，其一云："动则生阳静生阴，一动一静互为根，果能识得环中趣，辗转随意见天真。"其二云："阴阳无始亦无终，往来屈伸寓化工，此中消息真参透，太极只在一环中。"

运化转关

运化为转关之先机，关即人之周身穴节，故转关亦曰转节。凡初学之人，多尚拙力而无灵劲，故以运化去其滞气，使转关达于虚灵，盖虚则有以聚，灵则有以应；虚者集，灵者感；集者静，感者动；起落旋转，开合变化，不能离乎运化转关。所谓运化转关者，即由柔筋活节而至接骨斗榫（音笋），苟不知此，即不足与言动静之虚灵者也。

虚实

太极拳动静瞬息之间，无不有虚实，故其练法中之前进、后退、左旋、右转，以举足为虚，落足为实，向左则左实，向右则右实，前进则后虚，后退则前虚，倘虚实不分，必犯抽脚拔腿之弊，精而求之，则一处自有一处虚实，练时如是，对待敌人时亦复如是，彼虚则我实，彼实则我虚，虚则实之，实则虚之。临敌乘机，切无拘泥定法，斯为得其要谛。

变化

变化者，有一手之变化，有一著之变化，有一势之变化，然无论一手、一著、一势，其变而能化，皆由简单渐至于详密。以开合为一手之变化，以转关为一着之变化，此即上传下接之义。惟身法、步法，旋转紧凑，方向之变，皆属一势之变化也。由开展至于紧凑，切莫逾乎范围，乱其循序，自能积手为著，著合为势，势联成套。始练似觉有界，久练功夫娴熟，自能豁然贯通，运转自如，千变万化，随心所欲矣。

步骤

先哲有言："物有本末，事有终始，知所先后，是近道矣"。如无深浅之别，先后之序，即是失却根本，无论教者本领若何高强，学者定不能艺超于众。故练太极拳术之步骤有三层功夫：第一步，学时宜慢，慢不宜痴呆；第二步，习而后快，快不可错乱；第三步，快后复缓，是为柔，柔久刚自在其中，是为刚柔相济。教者必由是而教，学者亦必由是而学，则庶乎无差忒矣。

练太极拳术者，固愈慢愈柔者为佳，不宜用力带气，又必须知至何时可以换劲，及慢至何时可以速柔，至何时可以刚。此于教授之责攸关，宜从事解释其发端而至于究竟，继则实施于法，俾易知用途之次序，为入门之阶梯。如能预定进度，因人施发，使学者精神焕发，兴趣环生，自必易得门径，进步迅速。

腰裆之开合

练太极拳者对于腰裆两部之要点不可不知，一开一合，一动一静，腰裆各有专注，且贵互用，故宜分析明白。

腰之要点曰：拧腰、活腰、塌腰。

裆之要点曰：松裆、合裆、扣裆。

拧腰时裆须扣，不扣则散；活腰时裆须松，不松则滞；塌腰时裆须合，不合则浮。

凡塌腰活裆者为蓄劲，活腰松裆者为柔劲。惟出劲时须扣裆拧腰。

兹以各势各著说明之：如拳式中之掩手捶、披身捶、青龙出水、肘底看拳、闪通背、青龙戏水、二起式、踢一脚、蹬一根、小擒拿、抱头推山、前招、后招、野马分鬃、玉女穿梭、摆脚跌岔、十字脚、指裆捶、真龙搅水、摆脚、当头炮等，均属扣裆拧腰。金刚捣碓、懒扎衣、单鞭、白鹤亮翅、搂膝拗步及收式、合式等，均属松裆活腰。

凡姿势成时裆宜合，腰宜塌；其义主静，即本著已停，下著未作，虚灵劲预蓄其中，动则必变必发，故其功效无量。其时间及所趋方向不可预定，遇左则左应，遇右则右应，上下、前后、刚柔、缓急、轻重，悉如之。

太极拳之圈

闻诸先严，太极功夫以没圈为登峰造极，非一蹴可几，必须循序渐进，由大圈收至小圈，小圈收至没圈，复以内劲为其统驭，联贯变化，运用神妙，技至于斯，形式上无从捉摸之矣。

8. 太极拳之要点　　陈子明

余缀父师之言，成太极拳要义三篇，又恐初学者不能得其要领，不嫌烦复，谨举其要点，以为初步研究者参考。

（1）性质：太极拳之性质，吾师品三虽言"刚中寓柔，柔中寓刚，刚柔相济，运化无方"，此言成手时之功夫也。初学宜以自然柔活为主，柔宜松，活宜领，柔而不松，活而不领，即不自然，安能致坚刚于将来哉。

（2）方法：太极拳之方法，其最主要者为："虚实开合，起落旋转"八字，初学宜辨别清楚。

（3）程序：习太极拳之程序，须先慢后快，快后复缓，先柔后刚，然后刚柔始能相济。

（4）姿势：动作停止时之架式曰姿势，太极拳姿势之要点不外乎手领眼随，身端步稳，肩平身合，尤须注意顶裆两部之劲，无使有失，否则必致上重下轻，周身歪斜，站立不稳之病百出矣。

（5）动作：太极拳之动静作势，纯任自然，运化灵活，循环无端，要知其虚实开合，起落旋转，俱从圆形中来。凡初步入门，以大圈为法，始则柔筋活节，进则接骨斗榫。学者诚明乎此，身作心维，朝斯夕斯，精而求之，进步自速。

（6）呼吸：呼吸调气，足以发达肺部，若于早晨呼吸后练拳术，或在练拳时有相当之呼吸，随其动静出纳以调气，则筋肉与肺部必同时发育，自无肺弱之患。

（7）精神：太极拳之精神以虚灵为极致，初习者固不能达此境界，然能守所举要点，契而不舍，久久自能水到渠成。

（8）周身相随：四肢百骸协同动作，此之谓周身相随，故太极拳一动无有不动，一静无有不静。

（9）变著转势：太极拳之变著与转势，原属两解。（一）前著已停，下著未作，其中间之动作成一势名曰变著，如懒扎衣下练习之右合式，又如搂膝拗步下练之右收式，野马分鬃、玉女穿梭前之两个左收式，均为变著。（二）此著一停要作下著中间之一动作名曰转势，如单鞭以下之左转，又如掩手捶以下之右转等动作，均属转势，均须辨别明白。

（10）身作心维：语曰"口诵心维"，读书且如此，况习武乎？故身而作，心而维，实习最易使人进步之一法。太极拳之身作心维，至要者曰：身宜作其圆活，心宜维其虚灵。

（11）无贪无妄：习太极拳最忌贪多，尤戒妄动，凡运用与姿势均须求其正确，庶练成后不致犯病，而精进自易，若贪若妄者，成就终鲜，此弊初学什九难免，切宜注意。

（以上两篇摘自陈子明著《陈氏世传太极拳术》，1932年上海版）

（顾留馨选编整理）

杨式太极拳

重印说明

我社于1963年3月出版了《杨式太极拳》第一版本,书中介绍了著名拳师杨澄甫的技术套路和练习心得。

这次重印再版,除改写了《杨式太极拳简介》外,保留了原书的全部内容。为了更好地继承和发展传统的太极拳技术和理论,希望读者提出宝贵意见。

人民体育出版社编辑部
1996年4月

杨式太极拳简介

杨式太极拳是太极拳的一个流派。这派太极拳是由河北永年人杨露禅（1799—1872）及其子杨健侯（1839—1917）、其孙杨澄甫（1883—1936）等人在陈式老架太极拳的基础上发展创编的。

杨式太极拳拳架舒展简洁，结构严谨，身法中正，动作和顺，轻灵沉着兼而有之；练法上由松入柔，刚柔相济，形成独特的风格。

由于杨式太极拳姿势开展，平正朴实，练法简易，因此它深受广大群众热爱，开展得最为广泛。

杨式太极拳的拳架有高、中、低之分，初学者可根据不同年龄、性别、体力条件，以及不同的要求，采用高低不同的拳架适当调整运动量。因此，它既适于体力较好者用来增强体质，又适用于体弱者作为疗病和保健的手段。

前　言

为了继承杨澄甫老师精湛的太极拳技术，我受人民体育出版社之托，自1961年5月开始编写本书，直至1962年8月才全部写完。

"太极拳之练习谈"和"太极拳说十要"两文，录自先师杨澄甫所著《太极拳体用全书》，并在三两处做了某些删节，以作为读者练习本拳套时的指南。

拳路图解和推手图解两部分系由我演述，由周元龙同志笔录和绘图。

编写本书的目的在于继承传统套路，并不以技击为主，所以只在动作方面作了较详细的说明，对于技击作用则从略。在动作要点方面，我根据《太极拳体用全书》的原来架式，同时参考先师所著《太极拳使用法》而编写的，另外我尽量将过去先师教导我时对每个姿势所提出的要求写出，未曾增减，公诸同好，以为楷式。在图照方面，有76幅是按照先师原有拳照加以摹绘的，其余是根据练法和动作分解上的需要而添绘的。

在编写本书过程中，国家体委武术科和上海市体委曾予以大力支持，顾留馨同志对本书进行审阅，并提出了宝贵的意见。此外，先师次子振基和三子振铎曾为本书校订。我在这里谨表示衷心的感谢。

本书由我主编，但限于水平，所有演述难免有不到之处，热忱希望读者不吝指正和批评。

傅钟文　谨识
1962年8月于上海

第一章 太极拳要领

太极拳之练习谈

杨澄甫口述
张鸿逵笔录

中国之拳术,虽派别繁多,要知皆寓有哲理之技术,历来古人穷毕生之精力,而不能尽其玄妙者,在在皆是,学者若费一日之功力,即得有一日之成效,日积月累,水到渠成。

太极拳,乃柔中寓刚,棉里藏针之艺术,于技术上、生理上、力学上,有相当之哲理存焉。故研究此道者,须经过一定之程序与相当之时日,虽然良师之指导、好友之切磋,固不可少,而最紧要者,是在逐日自身之锻炼。否则谈论终日,思慕经年,一朝交手,空洞无物,依然是门外汉者,未有逐日功夫。古人所谓,终思无益,不如学也。若能晨昏无间,寒暑不易,一经动念,即举摹练,无论老幼男女,及其成功则一也。

近来研究太极拳者,由北而南,同志日增,不禁为武术前途喜。然同志中,专心苦练,诚心向学,将来不可限量者,固不乏人,但普通不免入于两途,一则天才既具,年力又强,举一反三,颖悟出群,惜乎稍有小成,便是满足,遽迩中辍,未能大受；其次急求速效，忽略而成，未经一载，拳、剑、刀、枪皆已学全，虽能依样葫芦，而实际未得此中三昧，一经考究其方向动作，上下内外，皆未合度，如欲改正，则式式皆须修改，且朝经改正，而夕已忘却。故常闻人曰："习拳容易改拳难"。此语之来，皆由速成而致此。如此辈者，以误传误，必致自误误人，最为技术前途忧者也。

太极拳开始，先练拳架。所谓拳架者，即照拳谱上各式各称，一式一式由师指教，学者悉心静气，默记揣摹，而照行之，谓之练架子。此时学者应注意内外上下：属于内者，即所谓用意不用力，下则气沉丹田，上则虚灵顶劲；属于外者，周身轻灵，节节贯串，由脚而腿而腰，沉肩曲肘等是也。初学之时，先此数句，朝夕揣摹，而体会之，一式一手，总需仔细推求，举动练习，务求正确。习练既纯，再求二式，于是逐渐而至于习完，如是则毋事改正，日久亦不致更变要领也。

习练运行时，周身骨节，均须松开自然。其一，口腹不可闭气；其二，四肢腰腿，不可起强劲。此二句，学内家拳者，类能道之，但一举动，一转身，或踢腿摆腰，其气喘矣，其身摇矣，其病皆由闭气与起强劲也。

一、摹练时头部不可偏侧与俯仰，所谓要"顶头悬"，若有物顶于头上之意，切忌硬直，所谓悬字意义也。目光虽然向前平视，有时当随身法而转移，其视线虽属空虚，亦为变化中一紧要之动作，而补身法手法之不足也。其口似开非开，似闭非闭，口呼鼻吸，任其自然。如舌下生津，当随时咽入，勿吐弃之。

二、身躯宜中正而不倚，脊梁与尾闾，宜垂直而不偏；但遇开合变化时，有含胸拔背、沉肩转腰之活动，初学时节须注意，否则日久难改，必流于板滞，功夫虽深，难以得益致用矣。

三、两臂骨节均须松开，肩应下垂，肘应不曲，掌宜微伸，手尖微曲，以意运臂，以气贯指，日积月累，内劲通灵，其玄妙自生矣。

四、两腿宜分虚实，起落犹似猫行。体重移于左者，则左实，而右脚谓之虚；移于右者，则右实，而左脚谓之虚。所谓虚者，非空，其势仍未断，而留有伸缩变化之余意存焉。所谓实者，确实而已，非用劲过分，作力过猛之谓。故腿曲至垂直为准，逾此谓之过劲，身躯前扑，即失中正姿势。

五、脚掌应分踢腿（谱上左右分脚或写左右起脚）与蹬脚二式，踢腿时则注意脚尖，蹬腿时则注意全掌，意到而气到，气到而劲自到，但腿均须松开平稳出之。此时最易起强劲，身躯波折而不稳，发腿亦无力矣。

太极拳之程序，先练拳架（属于徒手），如太极拳、太极长拳；其次单手推挽、原地推手、活步推手、大挒、散手；再次则器械，如太极剑、太极刀、太极枪（十三枪）等是也。

练习时间，每日起床后两遍，若晨起无暇，则睡前两遍。一日之中，应练七八次，至少晨昏各一遍。但醉后，饱食后，皆宜避忌。

练习地点，以庭园与厅堂，能通空气，多光线者为相宜。忌直射之烈风与有阴湿霉气之场所，因身体一经运动，呼吸定然深长，故烈风与霉气，如深入腹中，有害于肺脏，易致疾病也。练习之服装，以宽大之中服短装与阔头之布鞋为相宜。习练经时，如遇出汗，切忌脱衣裸体，或行冷水揩抹，否则未有不罹疾病也。

太极拳说十要

杨澄甫口述
陈微明笔录

一、**虚灵顶劲** 顶劲者，头容正直，神贯于顶也。不可用力，用力则项强，气血不能流通，须有虚灵自然之意。非有虚灵顶劲，则精神不能提起也。

二、**含胸拔背** 含胸者，胸略内含，使气沉于丹田也。胸忌挺出，挺出则气拥胸际，上重下轻，脚跟易于浮起。拔背者气贴于背也，能含胸则自能拔背，能拔背则能力由脊发，所向无敌也。

三、**松腰** 腰为一身之主宰，能松腰然后两足有力，下盘稳固；虚实变化皆由腰转动，故曰："命意源头在腰隙"，有不得力必于腰腿求之也。

四、**分虚实** 太极拳术以分虚实为第一义，如全身皆坐在右腿，则右腿为实，左腿为虚；全身皆坐在左腿，则左腿为实，右腿为虚。虚实能分，而后转动轻灵，毫不费力；如不能分，则迈步重滞，自立不稳，而易为人所牵动。

五、**沉肩坠肘** 沉肩者，肩松开下垂也。若不能松垂，两肩端起，则气亦随之而上，全身皆不得力矣。坠肘者，肘往下松坠之意，肘若悬起，则肩不能沉，放人不远，近于外家之断劲矣。

六、**用意不用力** 太极拳论云：此全是用意不用力。练太极拳全身松开，不使有分毫之拙劲，以留滞于筋骨血脉之间以自缚束，然后能轻灵变化，圆转自如。或疑不用力何以能长力？盖人身之有经络，如地之有沟洫，沟洫不塞而水行，经络不闭则气通。如浑身僵劲满经络，气血停滞，转动不灵，牵一发而全身动矣。若不用力而用意，意之所至，气即至焉，如是气血流注，日日贯输，周流全身，无时停滞。久久练习，则得真正内劲，即太极拳论中所云："极柔软，然后极坚刚"也。太极拳功夫纯熟之人，臂膊如绵裹铁，分量极沉；练外家拳者，用力则显有力，不用力时，则甚轻浮，可见其力乃外劲浮面之劲也。不用意而用力，最易引动，不足尚也。

七、上下相随 上下相随者，即太极拳论中所云："其根在脚，发于腿，主宰于腰，形于手指，由脚而腿而腰，总须完整一气"也。手动、腰动、足动，眼神亦随之动，如是方可谓之上下相随，有一不动，即散乱也。

八、内外相合 太极拳所练在神，故云："神为主帅，身为驱使。"精神能提得起，自然举动轻灵。架子不外虚实开合。所谓开者，不但手足开，心意亦与之俱开，所谓合者，不但手足合，心意亦与之俱合，能内外合为一气，则浑然无间矣。

九、相连不断 外家拳术，其劲乃后天之拙劲，故有起有止，有续有断，旧力已尽，新力未生，此时最易为人所乘。太极拳用意不用力，自始至终，绵绵不断，周而复始，循环无穷。原论所谓"如长江大河，滔滔不绝"，又曰："运劲如抽丝"，皆言其贯串一气也。

十、动中求静 外家拳术，以跳踯为能，用尽气力，故练之后，无不喘气者。太极拳以静御动，虽动犹静，故练架子愈慢愈好。慢则呼吸深长，气沉丹田，自无血脉偾张之弊。学者细心体会，庶可得其意焉。

第二章 杨式太极拳图解

杨式太极拳拳式名称顺序

第一式　预备式	第二十式　白鹤亮翅
第二式　起势	第二十一式　左搂膝拗步
第三式　揽雀尾	第二十二式　海底针
第四式　单鞭	第二十三式　扇通背
第五式　提手上势	第二十四式　撇身捶
第六式　白鹤亮翅	第二十五式　进步搬拦捶
第七式　左搂膝拗步	第二十六式　上步揽雀尾
第八式　手挥琵琶	第二十七式　单鞭
第九式　左右搂膝拗步	第二十八式　云手
第十式　手挥琵琶	第二十九式　单鞭
第十一式　左搂膝拗步	第三十式　高探马
第十二式　进步搬拦捶	第三十一式　左右分脚
第十三式　如封似闭	第三十二式　转身蹬脚
第十四式　十字手	第三十三式　左右搂膝拗步
第十五式　抱虎归山	第三十四式　进步栽捶
第十六式　肘底看捶	第三十五式　翻身撇身捶
第十七式　左右倒撵猴	第三十六式　进步搬拦捶
第十八式　斜飞式	第三十七式　右蹬脚
第十九式　提手上势	第三十八式　左打虎式

第三十九式　右打虎式
第四十式　　回身右蹬脚
第四十一式　双峰贯耳
第四十二式　左蹬脚
第四十三式　转身右蹬脚
第四十四式　进步搬拦捶
第四十五式　如封似闭
第四十六式　十字手
第四十七式　抱虎归山
第四十八式　斜单鞭
第四十九式　野马分鬃
第五十式　　揽雀尾
第五十一式　单鞭
第五十二式　玉女穿梭
第五十三式　揽雀尾
第五十四式　单鞭
第五十五式　云手
第五十六式　单鞭
第五十七式　下势
第五十八式　金鸡独立
第五十九式　左右倒撵猴
第六十式　　斜飞式
第六十一式　提手上势
第六十二式　白鹤亮翅

第六十三式　左搂膝拗步
第六十四式　海底针
第六十五式　扇通背
第六十六式　转身白蛇吐信
第六十七式　搬拦捶
第六十八式　揽雀尾
第六十九式　单鞭
第七十式　　云手
第七十一式　单鞭
第七十二式　高探马带穿掌
第七十三式　十字腿
第七十四式　进步指裆捶
第七十五式　上步揽雀尾
第七十六式　单鞭
第七十七式　下势
第七十八式　上步七星
第七十九式　退步跨虎
第八十式　　转身摆莲
第八十一式　弯弓射虎
第八十二式　进步搬拦捶
第八十三式　如封似闭
第八十四式　十字手
第八十五式　收势

关于图照的几点说明

1. 杨式太极拳图解有动作分解图 244 幅和附图 7 幅，共计 251 幅，其中有 76 幅是按照杨澄甫生前拳照摹绘的，其余是根据需要而添绘成杨澄甫体型的。今将按杨澄甫原照所描之图的图号列出，以便读者参考：3、6、9、11、14、17、22、24、28、33、35、37、41、43、49、53、56、60、74、78、81、82、85 的侧面图、87、90、92、93、96、103、105、109、111、112、115、118、121、124 的侧面图、127、130、133、135、139、142、143、146、153、156、160 的侧面图、163 的侧面图、169 的正面图、172、175、179、181、184、187、189、195、199、202、206、207、209、212、214、217、218、220、223、227、228、230、232、238、241、244。

2. 为了便利读者查对拳式的方向，把图照中姿势的方向约定为：面向读者等于向南，背向读者等于向北，面向读者右面等于向东，面向读者的左面等于向西。当读者练习纯熟后，可以根据场地形状任选方向，不一定要把预备式从面南站立开始。

3. 图中所有带有实线或虚线的箭头，均表示手或脚的动作趋向，所有图中的箭头，均表示由本图过渡到下一图的动作趋向。凡动作较简单，用文字即可能说明的，即不再在图中表示其动作趋向和绘箭头，可参看文字和后一图就可明了。

4. 带有实线的箭头表示右手或右脚的动作趋向，带有虚线的箭头表示左手或左脚的动作趋向。

5. 为了表示动作趋向的空间，带有虚实线的箭头大致上按透视原理绘制：近读者的一面为粗、大，远读者的一面为细、小。

6. 由于太极拳中脚的动作也较细致，为了表明脚与地面的关系，在脚旁绘上阴影，以资区别。（参阅下图）

表示全脚着地

脚旁无阴影者，表示全脚离地

表示脚跟着地

表示脚尖着地

杨式太极拳图解

第一式　预备式
两足左右开立，距离同肩宽，脚尖皆朝前；身体自然直立；两臂自然下垂；眼向前平视。（图1）

要点

1. 要求"虚领顶劲"、"气沉丹田"、"尾闾中正"、"含胸拔背"。在这几个主要要求下，放松全身，做到"立身中正安舒"，

319

并贯串于整套动作之中。这几点要求,为太极拳所有动作的共同要点。锻炼时须刻刻记住,在后文的要点中不再一一重述,而仅提醒某一动作容易违反其中某一要求。例如,揽雀尾中的挤式和按式,初学者往往身体容易前俯或后仰,因此就在要点中及时提出,而其他共同要点虽未提及,但仍然要注意。

2. 两臂下垂,肩关节要放松;手指自然微屈。

3. 精神要自然提起;心要静,不要有丝毫杂念。

图1

4. 预备式中的要点大都是整套动作的要点,所以该式是一切动作的基础,初学者尤当注意。

第二式　起势

动作一:两臂徐徐向前平举至高与肩平,两掌相距同肩宽,掌心皆朝下。(图2)

图2　　　　　　　　图3

320

动作二：两肘下沉，自然地带动两掌徐徐向下按至胯前，手指仍朝前，掌心仍朝下；眼向前平视。（图3）

要点

1. 在两臂未举之前，应仔细检查一下预备式是否合乎要求，然后开始做起势动作。这时，思想要领先，要集中在每个动作的动向上，也就是要做到《十三势行功心解》所要求的"先在心，后在身"。例如在做该式两臂前平举时，先要意识到怎样举，然后随着徐徐举起；即使是重复的或已很熟练的动作，也必须这样做，否则，内外动作容易散乱。

2. 练习太极拳时，自起势至收势，每个动作都要求"沉肩坠肘"（详见《太极拳十要》一文）。如该式两臂前举和两掌下按时，两肩不可耸起、紧张或用力，必须松开下沉。两臂前举时两肘不可挺直，须有微屈下坠之意。两肘下沉带动两掌下按时，"坠肘"固然很明显，即使在两掌已下按到两胯前时，仍然要求"坠肘"。在这点上，初学者往往较难理解：认为肘部既已垂在下面，终不能把肘"坠"于两掌的下面去。其实，在这种姿势上（后面动作中也有类似情况，如搂膝拗步中搂膝之手等），对"坠肘"应该这样来理解：就是两肘须微屈，使小臂向前微弯，这样，肘尖露出，也与面成垂直线，仍然可达到"坠肘"的要求；而如果两小臂也垂直，就失掉"坠肘"之意了。

3. 要做到坐腕。所谓坐腕，就是把掌根下沉，手指节微微上翘，但不可用力翘起，必须自然，这样才能把劲贯至掌根，手指也有所感觉。能坐腕，才能"形于手指"。

4. 太极拳从起势到收势，所有前后动作之间必须连接，不可停断，要求速度均匀，绵绵不断，一气呵成。例如，该式两掌前举至高与肩平时即下落，其间不可有停顿现象，亦即每一动作到定点时，必须做到"似停非停"。

5. 练习此拳套用掌时，五指要自然舒展，不可用力张开，也不可松懈、弯曲，掌心要微呈凹形。

第三式 揽雀尾

（一）左右掤式

动作一：右脚尖外撇45°，身体同时右转45°。随转体时，重心渐渐移于右腿，右腿屈膝微蹲，左脚经右踝内侧向右提。同时，右掌随转体自下经腹前而上，在右胸前向右向里向左抹转一小圈，掌心朝下；左手也同时经腹前向右弧形抄至右掌下方，随抄随着臂外旋使掌心翻朝右面上方；两掌相对如抱球状，右肘稍坠；略低于腕，两肩呈弧形。眼随转体平视转移，眼神稍先于右臂到达，并要顾及右臂。（图4、5）

图4　　　　　图5

动作二：右腿继续渐渐下蹲，左脚向左前迈出一步，先以脚跟着地，随着重心渐渐移向左腿而至全脚踏实，脚尖斜朝西南，弓左腿，蹬右腿，成左弓步。当左脚前迈时，身体稍向左转，当左脚跟一经着地，身体即渐渐右转。同时，左肘稍屈，以左小臂向左上弧形掤出，左掌高与肩平，腕微里屈，掌心斜朝右面上方；右掌向前而右弧形下采至高与胯齐，掌心朝下，手指朝前,坐腕,指节微向上翻。眼向前平视,眼神要关及两掌左右分开(图6)。一、二动作为左掤,动作三、四为右掤。

动作三:重心渐渐全部移于左腿,身体微左转,右脚经左踝内侧弧形向前提起。随转体时,左肘向左后方微下撤,自然带动左掌下移于左胸前,随下移随着臂内旋使掌心渐渐翻朝右面下方;右掌同时向左弧形抄至腹前,随抄随着臂外旋使掌心翻朝左面上方,与左掌成抱球状,两臂均呈弧形。眼神略顾左臂后撤,即渐渐转向右臂前方平视。(图7)

图6

图7

图8

动作四：左脚向右（西）迈出，先以脚跟着地，随着重心渐渐移向右脚而至全部踏实，弓右腿，蹬左腿，成右弓步；同时身体微向右转。随着转体，右小臂同时向右（西）上掤，右掌高与肩平，肘稍低于掌；左掌随右臂向前推出。眼向前平视，眼神并要顾及右小臂前掤。（图8、9和图9的正面图）

图9　　　　　图9的正面图

注：关于动作说明中的臂外旋或臂内旋的详细动作，在这里作一下说明，后文不再重述。臂外旋，如以右手心朝里（图乙）为例，就是把拇指的一侧向掌背（或拳背）一面旋转，使手心转朝外，亦即使小臂的桡骨离开尺骨而向"外旋"转（如由图乙向外旋转而成图甲）；臂内旋，就是把拇指一侧向掌心（或拳心）一面旋转，使手心转朝里，亦即使桡骨围绕尺骨"内旋"而交叉在尺骨的上面（如由图甲向内旋转而成图乙）。

要点

1. 身体左右转动时要以腰为轴，身体仍须正直，后面所有转体动作都必须这样做。

2. 身、手、足等方面的动作都须柔缓，速度均匀。

3. 身、手、足等方面的动作在文字叙述中虽有先后，但

图甲　　　　　图乙

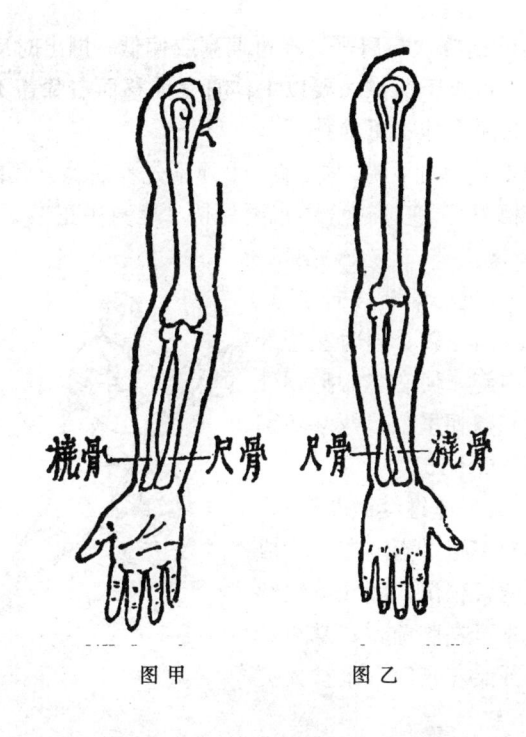

必须同时开始和同时完成，要做到协调一致。所以《十三势行功心解》中说："切记一动无有不动，一静无有不静。"

4.《十三势行功心解》要求"迈步如猫行"。因此，凡步迈出都必须轻灵。例如该式右脚向右迈出，应以坐实之左腿渐渐下蹲来控制着迈出的右腿向前徐徐伸迈，才不致笨重。这也是"分清虚实"在步法上的一种表现。

5. 凡弓步，弓腿之膝不可超出脚尖；蹬腿的脚掌和脚跟要全部着地，腿也不可蹬得挺直。凡弓步，以弓腿为实，蹬腿为虚；一般以弓腿负担体重十分之七，蹬腿负担十分之三。膝要与脚尖方向一致。

6. 右臂前掤须与肩平，不可偏高或偏低；掤出时肩关节不可前探；不可过于前掤，要以上体直立前移而右膝盖不超出脚尖为度，同时身体不可前扑。

7. 重心前移时，腿、腹、胸、手须不先不后地一致前去，自然"上下相随"，变动过程中也要保持"立身中正"。

（二）捋式

动作一：重心渐渐移向左腿，身体同时渐渐左转；同时左臂外旋，右臂内旋，使右掌心翻朝外下，左掌心翻朝里上，两掌随翻随向左捋。（图10）

动作二：身体继续微左转；重心继续移向左腿，坐实左腿，成右虚步；两臂稍沉肘随转体继续左捋，左掌至左胸前，右掌至右胸前；在开始左捋时，眼神先关

图10

图11

图12

及右臂左捋,将要捋至尽处时,眼神稍关及左手,即渐渐转向前(西)视。(图 11、12)

要点

1. 两臂须随腰左捋。左捋时两掌不可向外豁开,但两肱里侧也不可贴着肋部;沉肘起着护胁的作用,但两腋要留有约可容一拳的空隙。整套动作都应该这样,避免把身体困住。

2. 左捋时身体仍须正直转体,不可前俯后仰或摇晃;关键在于"上下相随"、"不先不后"。如果,下肢后坐得快些就会前俯,慢些就会形成后仰。

3. 左捋的动作过程中,由于翻掌、沉肘和向后坐实左腿等,看来两掌似乎稍有低下的现象。其实两掌并不是有意识地向左"下"捋。这点在循着掤、捋、挤、按四式规定的定步推手中也是如此:其中"捋"式也同样只向左(或右)捋,并没有向下之处。所以,凡是向左(右)"下"捋或向"下"捋者,都是不正确的,因这与推手是不相符合的。

4. 捋时左臂松松掤住,捋的过程中,两手要保持着与推手中捋式时同样的距离,也就是要用一手搭在对方腕节,一手搭在对方近肘节的大臂处来引进,使捋化的距离相等,不可拉得太开,这叫做"上于两膊相系"。

(三)挤式

动作:身体微右转;同时体重渐渐移向右腿,弓右腿,蹬左腿,成右弓步;随着转体,右臂外旋使右掌心翻朝里,左臂内旋使左掌心翻朝外,右腿呈弧形横于胸前,右肘稍低于右腕,左掌在右小臂里侧,以右小臂与左掌向右(西)挤出;左掌随挤随着贴近右脉门内侧;眼向前平视,眼神要关及右臂。(图 13、14)

图 13 　　　　　　　　　　图 14

要点

1. 前挤时上身不可前俯或后仰；肩部不可耸起，须放松下沉；臀部不可凸出；肘部不可抬起，须稍低于腕。

2. 挤出后左掌与右脉门之间要似挨非挨。

(四) 按式

动作一：右臂微内旋使掌心翻朝下，左掌经右掌上侧交掌而过，随即两掌分开，距离稍狭于肩，两掌心皆朝下，两肘渐屈下沉，带动两掌略向下抹回；同时重心渐渐后移，坐实左腿；眼向前平视，眼神要关及两掌抹回。(图 15、16)

图 15 　　　　　　　　　　图 16

328

动作二：两掌向前按出，两腕高与肩平；同时，弓右腿，蹬左腿，成右弓步；眼向前平视，眼神要关及两掌前按。（图17）

要点

1. 重心渐渐后移时，右胯根（股骨头关节）微向后抽，使身体正对前方，不致偏向左斜角。

2. 两掌要随胯后坐抹回，要松肩，两肘不可外凸。

3. 两掌须随重心前移而向前按击，呈微微往上的弧形，但幅度不宜大；两臂与肩部不可紧张，不可耸肩，两肘不可用力挺直，身体不可前俯或后仰。

图17

4. 两掌尚未按出时，左掌心斜朝右面前方，右掌心斜朝左面前方；两掌按出时，掌心须随按随向前转，但两掌心不可转至朝正前方；同时要求两掌根下沉，拇指一侧微往后翘。

5. 初学太极拳时，首先要把整套的所有动作和姿势都做准确，然后在做每个动作的同时还要练习运劲。

太极拳的劲点是随着动作的不断变换而不断转移的，所以动作要"绵绵不断"，"运劲如抽丝"。现以揽雀尾（图4—17）中各动作为例，逐图指出其劲点所在和主要部分，以便学者参考和细心体会。

劲点已如上述，这里再谈一下劲的来源。

劲的来源是"其根在脚，发于腿，主宰于腰，形于手指"（见《太极拳论》）。例如按式，从图16过渡到图17，两脚支撑地面是其根。譬如要推动一辆载货的手推车，必须要依靠两脚支撑地面，如果两脚凌空没有支撑点，要推动车辆是不可设想

图号	右手劲点	左手劲点	主要部分
4	在近腕部的尺骨一侧	在小指一侧的掌根处	在右手
5	移至尺骨头处	移至桡骨头处	移向左手
6	移至小指一侧的掌根处	移至近腕部的桡骨一侧	在左手
7	上抄时在食指和大拇指的一侧	肘下沉时胫尺骨至小指一侧的掌根处	移向右手
8	移至桡骨一侧	移至掌根处	在右手
9	移至近腕部的桡骨一侧	掌根处	在右手
10	移至小指一侧腕部	移至食指和大拇指一侧	在右手
11	移至近腕部的尺骨一侧	移至近腕部的桡骨一侧	在右手
12	移至小指一侧的掌根处	移至食指和大拇指一侧	在右手
13	移至小臂外侧	移至小指一侧掌根处	在两手
14	移至近腕部小臂外侧	移至掌根	在两手
15	移至手指	移至手指	在两手
16	移至小指一侧的掌根处	移至小指一侧的掌根处	在两手
17	移至掌根	移至掌根	在两手

的,因此说"其根在脚"(练拳时包括上步、退步或原地支撑)。右腿前弓,左腿后蹬是"发于腿"。譬如要向前推动手推车,两脚虽支撑地面,但必然还要借助于前腿前弓与后腿后蹬。

当重心后坐转为重心前移时,腰部微微向上,而后向下、向前绕一弧形,以引导着劲力和掌握着动作的方向向前(其他如转体动作以腰向左右转动来引导劲力和掌握动作的方向),这叫做"主宰于腰",或"腰为车轴"。通过脊部和背部的肌肉由缓缓收缩转为渐渐伸展,将劲力渐渐旋转递经肩、肘而到达掌根向前按出，并且手指也有劲力到达的感觉，这叫做"力由脊发"而达到"形于手指"。

同时，劲的转换也须这样。例如由掤转为捋式（图9—11），也是通过由脚而腿而腰地将图9的右手原在近腕部桡骨一侧的劲点，移经小指一侧腕部，到达近腕部的尺骨一侧，将左手原在掌根的劲点，移经食指和大拇指的一侧，到达近腕部的桡骨一侧。但不可因此而现出由脚而腿而腰而脊背地先后挨次而动，显出断续；动作总须"节节贯串"、"完整一气"，所以仍要"一动无有不动，一静无有不静"地协调一致〔胸腹部分也必须在腰部的带动下相应地动着，决不是"含（了）胸"、"松（了）胯"就丢开不管，让他一直"含胸"，"松腰胯"地呆着不动〕。

但是，这里所指的劲点，并不是就在此处用力、使劲或紧张，而是仍然要求肌肉放松，动作缓慢、柔和，并仍须按照共同要点来做动作的。至于运劲，也是"先在心，后在身"，以意贯于这个部位，意到劲到，意之所注处就有所感觉，这也是"内外一致"的一种锻炼方法。

初学者如果没有有经验的教师当面给予指教，只要按照各要点准确地完成动作，日久之后由于动作的准确和熟练，这劲路也会自然产生，也会自然地"上下相随"、"内外一致"，这样也才不会产生流弊。由于每一动作都有一定的劲点移转，如果逐一讲解，势必连篇累牍。因此，这里仅举一例以概其余，后文中不再逐一指出。

6. 所谓"眼为心之苗"，是指从眼睛里可以看出思想的活动来，正如戏曲、舞蹈中传神的表演一样。练习太极拳时，眼神是练好一套拳的重要部分。

试举一例来分析一下眼神。例如从左掤过渡到右掤（图6—9）时：身体左转，左肘向右后微下撤，眼神关及左小臂（图

331

7）；身体右转，右臂将要掤出时，眼神移顾右小臂（图8）；当右臂还未掤足时眼神已稍先于手到达意念中所要掤出的方向（在图8与图9之间）；当右臂前掤时，眼虽已向前平视，但眼神须关及右臂前掤。（图9）

从这个动作来看，我们不难了解，在动作过程中眼神是要结合"左顾右盼"的。但左顾右盼并不是没有原则地左右乱看，而是应该与身体转动的方向一致。其实，有许多转体动作如果眼睛不转（眼与脸的方向当然应该一致），腰也会扭不过来；即使像左搌式那样转体幅度不大的动作，但若是眼睛仍看着掤的方向，身体虽也能左转，可是就别扭得很；可见如果转体幅度再大些，就更没法转体了。另外，在"左顾右盼"时，仍不可忽略"虚灵顶劲"这个要求；不可为了要在左右移视时显得灵活而产生摇头晃脑的现象；也不可当手在上方或下方动作时产生仰头俯首的现象，而应该是"顶头悬"似地转动和用眼神关顾，这样才能显得 既灵活又有神。

当动作将要完成时，眼睛总是稍先于手到达完成动作时的方向，要有"以眼领手"的表现，亦即眼睛要成为"心"的代表，并要结合"先在心，后在身"（详见前述）。例如在日常生活中，心里想去拿一件东西，眼睛也总是先看这件东西，然后手才跟着去拿，道理都是一样的。所以，凡是动作向预定的方向去，眼神总须先去。

虽然眼神先到，但并不是就丢开手不管了，仍然要关顾着手的动作直到到达为止。这样，才能将"手、眼、身、法、步"各方面的动作达到"一动无有不动，一静无有不静"地协调起来。

第四式 单鞭

动作一：重心渐渐移于左腿，身体左转；同时，右脚尖微翘，以脚跟为轴随转体脚尖尽量里扣踏实，重心随即移回于右腿；同时，两肘微沉稍屈，两掌心微下复随转体向左抹转半个平面椭圆形，两掌高与肩平；眼神随转体向前平视转移，稍先于左掌到达左方，但眼神须要顾及右手。（图18—19）

图 18　　　　　　　　图 19

动作二：身体微右转；两掌随转体向里经胸前向右弧形抹转半个平面椭圆形，两掌高与肩平；眼随转体平视转移，眼神要关顾右掌。（图20）

动作三：重心全部移于右腿，左脚向里提起；同时身体右转。随重心右移时，右掌渐渐右伸，随伸随着五指尖下垂撮拢成吊手，身微左转；左掌向左弧形上移，随移随着臂外旋使掌心渐渐转朝里。眼神关顾左掌左移。（图21）

动作四：身体继续向左微转，左脚向左迈出，先以脚跟着地，随着重心渐渐左移而至全脚踏实，弓左腿，蹬右腿，成左弓步。同时，右吊手继续松肩右伸；左掌经面前（距面部一市

图20　　　　　　　　图21

尺左右）左移，随移随着臂内旋将掌心翻朝前，即向左微微推出。眼平视左移，稍先于左掌到达左方，但眼神要关及左掌左推。（图22）

图22

要点

1. 图18、19、20中，两掌前后抹转一个平面椭圆形时须随腰转动，同时两肘（肘尖须下沉）也须圆活地随两掌抹转而屈伸。两臂转动时距离要相等，总须前手去，后手跟，"两膊相系"不散漫。当两掌向里抹转经胸前时要含胸转腰才能圆活。但含胸要注意不可凹胸，并要注意胸部不可死板，所以拳论说："意气须换得灵，乃有圆活之趣。"

2. 上身要正直，避免前俯、后仰或向左歪斜。

3. 要"沉肩坠肘"和松腰胯。

4. 定式时两臂与腿（左臂与左腿、右臂与右腿）方向要一致，上下要垂直，避免右臂斜朝右前斜方；膝部不可超出脚尖。鼻尖、脚尖、手尖要三尖对齐。

5. 右吊手的腕关节要弯曲，使五指撮拢下垂，与右足尖成一垂直线。

第五式　提手上势

动作一：左脚尖里扣15°踏实，坐实左腿，身体渐渐左转；右脚提起，落于左脚前一步，以脚跟着地，脚尖自然微翘，右膝微弓，成右虚步。在转体时，右吊手仍变掌，与左掌分别自左右坠肘，并随着向前合拢，右掌在前，高与眉齐，掌心朝左；左掌在后，高与胸齐，掌心朝右，正对右肘关节。眼神通过右掌向前平视。成提手式。（图23、24）

图23　　　　图24

动作二：腰微左转，左胯根（股骨头关节）微内收，右脚提起；同时，左肘向左后撤，随撤随着臂内旋使掌心翻朝下；右掌也同时随转体自前而下向左前弧形移于左手下侧，随移随着臂外旋使掌心翻朝上；眼神稍顾左肘后撤，即转向前平视。（图25、26）

图 25 　　　　　　图 26 　　　　　　　　图 27

动作三：右脚向前仍于原地落下，先以脚跟着地，腰渐左转，右脚尖以脚跟为轴渐渐里扣踏实，重心渐渐全部移于右腿，右腿屈膝下蹲坐实；在上步转腰的同时，右臂向前挤出，随挤随带肩靠，左掌附于右小臂里侧随右臂前挤。眼先随右臂前挤，即渐渐移视右掌。（图 27）

要点

1. 由单鞭过渡到图 24 的两手动作是合劲，脚和手的动作要协调一致。

2. 做图 24 的姿势时，两肩和腰胯要放松，臀部不可凸出，身体应保持正直，胸部不可正对前方。脚跟虚点地面，脚尖微微抬起，不要翘得太高，右膝要微弓，不可挺直，要坐腕。重心应全部坐于左腿上。

3. 由图 24 开始向图 27 过渡时，由于左胯根内收，左腿要有继续微微下蹲的现象。在挤的同时须有靠的意思，但不可耸肩；身要正直，不可前俯。

第六式　白鹤亮翅

动作：左脚稍提起，移至右脚前（东），以脚尖点地，左膝微弓；身体向左微转。同时，右掌向前上提，随提随着臂内旋使掌心翻朝外；左掌也同时弧形下落于左胯旁。眼稍关及右掌上提，即向前平视，眼神要关及两掌。（图28）

要点

1. 由提手上势过渡到白鹤亮翅时要有朝上的气势，但右腿仍要下坐，要拔腰，这样就有着上下对拉，身肢拔长的感觉，但要注意不可形成挺腹；顶颈上领，精神就提得起，沉气落胯，下体就稳重；左脚尖要虚点地面，不可用来支撑身体。

图28

2. 成白鹤亮翅式时，两臂要呈弧形，不可挺直；右掌虽在右额前上方，但不可抬肘、耸肩，要松肩沉肘、坐腕；身体仍须保持中正，不可前俯、后仰，不可挺胸、凸臀。

第七式　左搂膝拗步

动作一：腰微右转，右胯根微内收。随转腰，右肩下松，右肘下沉，自然地带动右掌弧形下落（经右胯侧），随下落随着臂外旋使掌心渐渐翻朝上；同时左掌也随转腰自左下向前而上（高与横膈膜齐）弧形右移。眼随转腰向前平视，眼神要关及右掌。（图29、30）

动作二：左脚提起，上体继续向右微转；随转体，右掌弧形向右斜角上移，左掌继续向右弧形落于腹前；眼稍关右掌即移顾左掌。（图31）

动作三：左脚向前落下，先以脚跟着地，

图29

337

图 30　　　　　　　　　图 31

随着重心渐渐移向左腿而至全脚踏实,身体也同时渐渐左转,弓左腿,蹬右腿,成左弓步。同时,左掌随转体向下经左膝前以半圆形搂至左胯旁;右掌也随着体重前移和身体左转继续弧形向上经右耳旁向前(东)推出。眼关及左掌搂过膝部即向前平视,眼神并要关及右掌前推。(图32、33)

图 32　　　　　　　　　图 33

要点

1. 两手必须随腰的转动而动作;腰部由右转变为左转时,

切不可摇晃，因为一摇晃，上体势必或侧或倾或仰或俯，与"立身中正"的要求不符。向前迈步时，上体也仍要正直，避免前俯、后仰。在迈步过程中，因为只有下蹲的一腿作支撑，所以往往会为了照顾身体的平衡而把臀部凸出，这就不符合"敛臀"和"尾闾正中"的要求了，这点必须注意。定式时两手应该同时到齐，不要一只手已停着，另一只手还在运转。

2. 由图30过渡到图31时，右掌自下向右上移要与左脚提起一致；体左转、变弓步与右掌推出要一致。整个搂膝拗步动作要做得协调、圆满、柔和，不可有滞顿或棱角的现象。

3. 右肩往下松沉时，不可形成右肩低左肩高的现象。整套动作中双肩须平齐。

4. 凡搂膝拗步中搂膝的一臂要呈弧形，避免伸直；推出的右掌，要微微旋转而推出，但到定式时，掌心不可正对前方，须稍朝左斜，两掌要坐腕。

第八式　手挥琵琶

动作：重心渐渐全部移于左腿（如前所述，弓腿的一足负担重心约百分之七十，要完全落实），右腿稍提起，向前距原地一脚许落下，重心渐渐全部移于右腿，身体渐渐右转；左脚稍提起，向前也距原地一脚许落下，以脚跟着地，脚尖微抬，膝微弓，成左虚步。同时，左掌随转体向前弧形上举，随举随着臂稍外旋使掌心朝右，食指高与眉齐；右掌也同时随转体向下后撤，臂稍外旋使掌心朝左，收于左肘里侧，两掌心前后遥对，如抱琵琶状。眼通过左掌向前平视。（图34、35）

要点

1. 由搂膝拗步变为手挥琵琶时，重心前移和后坐都要求上体正直，不可前俯或后仰。

2. 右掌后撤收回时，要以腰为轴，要松肩、坠肘、沉腕这

图 34　　　　　　　　　　图 35

样节节贯串地收回；要以身领手，不可先将右掌撤回而不顾肩肘部分。

3. 左掌上举要带弧形，左臂也不可挺直。

4. 做手挥琵琶动作时要有下沉的气势，但精神仍要具有轻灵活泼的意思。

5. 同前提手上势要点2，惟左右式相反。

第九式　左右搂膝拗步

（一）左搂膝拗步

动作一：腰微右转，右胯根微内收。随转腰，右肩下松，右肘下沉，自然地带动右掌弧形下落经右胯侧，随下落随着臂外旋使掌心渐渐翻朝上；同时左掌也随转腰自前弧形向右下移，随移随着臂内旋使掌心翻朝下。眼随转腰向前平视转移，眼神要关及右掌。（图36）

动作二、三：同前左搂膝拗步动作二、三。（接图31、32再接图37）

要点

同前左搂膝拗步。

图 36　　　　　　　图 37

（二）右搂膝拗步

动作一：左脚以脚跟为轴，脚尖外撇 45°，身体渐渐左转。随转体，左掌渐渐弧形向左后移，随移随着臂外旋使掌心翻朝上；同时右掌也随转体自前弧形向左下移，随移随着臂内旋使

图 38　　　　　　　图 39

341

掌心翻朝下。眼随转体向前平视转移，眼神要顾及右掌。（图38）

动作二：重心渐渐全部移于左腿，右脚向前提起，身体继续微左转；随转体，左掌弧形向左斜角上移，右掌继续向左弧形落于腹前；眼神稍关左掌即移顾右掌。（图39）

动作三：右脚向前落下，先以脚跟着地，随着重心渐渐移向右腿而至全脚踏实，身体也同时渐渐右转，弓右腿，蹬左腿，成右弓步。同时，右掌随转体向下经右膝前以半圆形搂至右胯旁；左掌也随着重心前移和身体左转继续弧形向上经左耳旁向前（东）推出。眼一关及右掌搂过膝部，即向前平视，眼神并要关及左掌前推。（图40、41）

图40　　　　　图41

要点

与左搂膝拗步同，惟左右式相反。

（三）左搂膝拗步

动作与前右搂膝拗步相同，惟左右式相反。（图42接图31、33）

要点

1. 同前搂膝拗步要点。

2. 练习该拳套时，其步型中弓步、虚步的两脚不可站在一条横线上，如 ⬭————⬭ 状，这样容易产生重心不稳和别扭的现象；必须后一脚与前一脚彼此稍微离开横线，左弓步须如

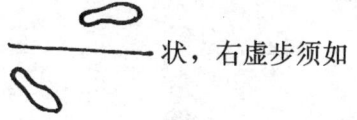

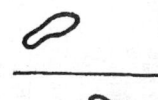

⬭————⬭ 状，右虚步须如

⬭————⬭ 状。所以每当上步或退步时就应注意落步的地点要稍开一些，才显得平稳。"向前退后乃能得机得势"（《太极拳论》）这句话，也包括步型与步法的正确性在内。

图 42

第十式　手挥琵琶

动作和要点皆与第八式"手挥琵琶"相同。（图 34、35）

第十一式　左搂膝拗步

动作和要点皆与第九式"左右搂膝拗步"中（一）左搂膝拗步相同。（图 36 接图 31、32 再接图 43）

第十二式　进步搬拦捶

动作一：左脚尖外撇 45°，身体渐渐左转，随即重心渐渐向前移于左腿，右脚跟离地（开始上步）。随转体，右掌弧形向左下（低与胯齐）移，随移随变拳并随着臂内旋使拳心朝下；左掌也随转体向左后移。眼神关及右手下移，但不可低头（图 44）。

343

图 43

图 44   图 45

动作二：重心渐渐全部移于左腿，右脚向前提起。同时，右拳自右前向左下绕；左掌向左而上划弧，高不超过耳部，随划弧随着臂内旋使掌心翻朝右面下方。眼稍关右拳向左下绕，即渐渐转向右平视。（图 45，反面参看图 99）

动作三：右脚向右前（东南）斜方迈出一步，先以脚跟着地，随即脚尖外撇踏实，重心渐渐全部移于右腿，左脚提起；身

344

体同时渐渐右转。随转体，右拳自左而上经胸前向前搬出，随搬随着臂外旋使拳心渐渐翻朝里面上方，随即渐渐向下弧形抽回；左掌也同时随转体弧形向右经右臂里侧前拦，掌心朝右。眼神关顾左掌前拦。（图46—47反面参看图100—101）

图46

图47

动作四：左脚前上一步，先以脚跟着地；同时身体继续右转；随转体，左掌继续向前探出，右拳弧形收回于腰际。拳心朝上；眼向前平视，眼神要关及左掌前探。（图48，反面参看图102）

动作五：随即重心渐渐移于左腿，左脚渐渐全脚踏实，弓左腿，蹬右腿，成左弓步；同时身体渐渐左转。随转体，右拳向前打出，虎口渐渐转朝上；左掌微里收，坐腕，指尖斜向上前，附于右小臂里侧。眼向前平视，眼神要关及右拳打出。（图49，反面参看图103）

要点

1. 在连续进步时，要求"迈步如猫行"，并要求速度均匀，上下相随；上身要正直，不可歪斜和仰俯；右脚前上一步时要比一般步型更开得阔一些，并要避免上体随右脚上步而向右倾斜。

图 48　　　　　　　图 49

2. 步法和手法要随腰转动；右拳搬出时不可离身体太远，并注意不可抬肘；右拳打出时要随腰转动，并随打随着臂微内旋，使虎口转朝上；右拳打出时中间经由心口向前打出，这叫做"拳从心发"。

3. 练该拳套时，拳要自然握实，不可用力握紧。

第十三式　如封似闭

动作一：右腿弯屈，重心渐渐向后移到右腿。同时，左掌经右肘下向右外伸，并沿右臂向前掠出，随掠随着臂外旋使掌心翻朝里；右拳变掌，沉肘向里弧形抽回，随撤随着臂外旋使掌心也翻朝里，两掌高与肩平，指尖朝上，两臂交叉，右臂在里。眼神关顾两掌。（图50、51）

动作二：重心继续后移，坐实右腿；两掌向左右分开，稍狭于肩，随分随着两臂内旋渐渐使两掌心翻相对。（图52）

动作三：重心渐渐前移，弓左腿，蹬右腿，成左弓步；同时两掌向前按出，随按随着两臂继续内旋使掌心翻至斜朝前，手腕高与肩平，眼向前平视，眼神要关及两掌前按。（图53）

图 50　　　　　　　图 51

图 52　　　　　　　图 53

要点

1. 两臂须随身体后坐回收；两臂交叉时要避免两肩缩拢或耸起；要松肩坠肘，两肘略分开，腋下须留有余地，约可容一拳，但肘部不可外凸或抬起；同时两肘不可后撤到身体后方，以免把自己困住。

2. 重心后移要坐实右腿，松腰胯，不要做成重心没有后移，单是仰身；后坐仍要保持上体正直。重心前移后退时，要注意胸、腹的齐进齐退，不先不后，身法就能保持中正，不致形成前俯后仰。

3. 同前揽雀尾中按式要点1、2。

第十四式　十字手

动作一：左脚尖里扣，同时身体右转；随转体，两肘弯屈分开，带动两掌移至额前，距额部约本人两拳左右；随移随着两臂微内旋使掌心朝前，两臂呈环形；眼随转体通过两掌向前平视。（图54）

动作二：重心全部移于左腿，右脚脚跟先离地，渐至全脚提起，左移（与肩同宽）以脚尖先着地渐渐全脚踏实；随即重心右移两腿渐渐起立，两膝微屈，成开立步；随着重心左移，两掌分别自左右而下经腹前向上划弧合抱交叉于锁骨前，右掌在外，交叉点距锁骨约本人两拳半；两掌经腹前时，即随划弧随着两臂外旋使掌心渐渐翻朝里；眼先关及两掌划弧，当两掌将要交叉时即向前平视。（图55、56）

图54

要点

1. 当左脚尖里扣渐至踏实时，右脚跟即渐渐离地提起，须象翘翘板一样此伏彼起。这也是步法中分清虚实的锻炼方法的一种。当右脚一踏实，就接作下一动，即左脚尖里扣。

2. 整个十字手的动作，要上下相随，要同时开始动作，同时完成，务求协调一致。

3. 十字手的两臂须呈环形，须松肩沉肘，不可耸肩抬肘。

图 55 　　　　　图 56

4. 两腿起立时，身体各部都须放松。

第十五式　抱虎归山

（一）右搂膝拗步

动作一：左脚尖里扣踏实，两腿渐渐屈膝下蹲，随着重心移于左腿，右脚渐渐提起（脚跟先离地）；同时身体右转。随转体，左掌自胸前下抽，向左弧形举至与左肩齐平，掌心朝上；右肘下沉自然带动右掌下移，随移随着臂内旋使掌心翻朝下。眼

图 57 　　　　　图 58

先关及左掌左举，即转向右平视。（图57、58）

动作二：右脚向右前（西北）斜方迈出，先以脚跟着地，随着重心渐渐移于右腿而至全脚踏实，弓右腿，蹬左腿，成右弓步；身体继续右转；随转体，右掌继续向下经膝前搂至右胯旁，左掌自左而上经左耳旁随转体向前推出；眼稍关右掌搂膝即向前平视，眼神并要关及左掌前推。（图59、60）

图59　　　　图60

要点

同前搂膝拗步。

（二）捋式

动作一：重心渐渐移向左腿，身体渐渐左转。同时，左肘下沉，左臂外旋使掌心翻朝里上；右掌自右胯旁弧形向前经左臂里侧举于左掌前，掌心朝外下。（图61）

动作二：与前第三式"揽雀尾"（二）捋式动作二相同，惟方向不同，前揽雀尾的弓步、虚步是朝着正西方，此动作以及后面挤、按各动作是朝西北斜方进行的。（图62）

要点

与第三式"揽雀尾"（二）捋式要点相同。

图 61　　　　　　　　图 62

（三）挤式、按式

动作和要点皆与第三式"揽雀尾"（三）挤式和（四）按式相同，惟方向不同。（图63—67）

图 63　　　　　　　　图 64

第十六式　肘底看捶

动作一、二同第四式"单鞭"动作一、二（图18—20），惟方向正斜不同。（图68—70）

351

图 65

图 66

图 67

图 68

图 69

352

图 70　　　　　　　　图 71

动作三：重心全部移于右腿，身体微左转，左脚提起向左后（正东）方摆出。随转体，左掌向左弧形平移，随移随着臂外旋使掌心翻朝里；右掌也紧跟着向左弧形平移，随移随着臂外旋使掌心翻朝前；两肘稍沉、微屈，使两掌心遥对。眼神关及左掌左移。（图71）

动作四：左脚向左（东）落下，重心渐渐全部移于左腿，身体继续左转；右脚提起，向前微移落下，重心即渐渐移于右腿；随转体，两掌弧形向左平移，左掌移至左侧时即弧形向左下移，两臂随移随着内旋使两掌心翻朝下；眼神先关左掌左移，当右掌将移至胸前时即顾右掌。（图72、73）

动作五：重心全部移于右腿，左脚略提，稍移向左前落下，以脚跟着地，身体继续向左微转。随转体，左掌自左而下向里经右前臂内侧向前上圆转穿出，掌心朝右，食指高与眉齐，与鼻尖对准；右掌向左经左掌外侧下盖，随盖随着握拳，置于左肘下，拳眼朝上，拳心朝里。眼稍关左掌向左下绕，当左掌经右臂里侧将要穿出时，即向前平视，眼神仍要关及左掌穿出。（图74）

353

图 72　　　　　　图 73　　　　　　图 74

要点

1. 自抱虎归山过渡到肘底看捶的动作须根据"一动无有不动，一静无有不静"和"绵绵不断"的要求进行，勿使有棱角和停顿处，要做得圆满、协调。步法和手法均须随腰转动。两脚不要双重，要此起彼落，像翘翘板一样。

2. 当两掌向左平移时，要注意勿使右掌荡下，在平移过程中右掌须坐腕；平移时左手去，右手跟，距离要均等。

3. 做图74的姿势时，左膝要自然微弓；注意两肩不要上耸，松腰胯；两臂须呈弧形，不可挺直；胸部不要正对前方，要侧朝右前斜方；左掌要坐腕。

第十七式　左右倒撵猴

（一）右倒撵猴

动作一：身体右转，右胯根内收，左脚尖仍稍离地。同时，左掌向前微伸；右拳变掌自左肘下经腹前向右下弧形抽至右胯旁，随抽随着臂外旋使掌心渐渐翻朝上。眼关左掌前伸。（图75）

动作二：重心渐渐全部移于右腿，左脚经右踝内侧提起；身

体继续向右微转；同时，右掌向后稍偏右弧形举至与肩齐，左臂外旋使掌心渐渐翻朝上；眼神关顾右拳后举。（图76）

图 75　　　　　　　　　　图 76

动作三：左脚后退一步，先以脚尖着地，随着重心渐渐移于左腿而至全脚踏实（脚尖朝东北）；身体渐渐左转；右脚尖随即移向前方（东）；随转体，左掌弧形向后抽回于左胯旁，右掌弧形向上经右耳侧向前推出；眼随转体向前平视转移，眼神要关及右掌前推。（图77、78）

图 77　　　　　　　　　　图 78

（二）左倒撵猴

动作与前右倒撵猴动作二、三同，惟左右式相反。（图79—81）

图 79

图 80

（三）右倒撵猴

动作与前右倒撵猴动作二、三相同。（接图76、77，再接图82）

图 81

图 82

要点

1. 在连续退步时要注意不要踏在一条线上，要稍离开些。

当一腿提起准备退步时，另一支撑腿不可起立，须仍保持虚步时的高低；注意上体不要前俯。

2. 当一掌后抽时，须经胯旁，初学者往往做成经肋旁，手臂就成直角而不成弧形，就显得不宽舒和别扭。

3. 按上述倒撵猴动作是三个，即退三步。为了加大运动量也可以做五或七个（必须逢单数才能衔接下一拳式），但是如果倒撵猴五或七个，后面的"云手"也必须相应地增加为五或七个，否则收势时就会收不回原地。

第十八式 斜飞式

动作一：重心渐渐全部移于左腿，右脚向后提回。同时，左掌自左而上向右划弧，屈臂置于左胸前，掌心朝下，手与肩平，臂呈弧形，肘部微坠；右掌自前而下经腹前向左划弧，掌心朝上，与左掌相对合抱。眼神关顾左掌划弧。（图83）

图83　　　　　　　图84

动作二：身体右转；同时右脚向右后（南，稍偏西）方迈出一步，先以脚跟着地，随着重心渐渐移向右腿而至全脚踏实，弓右腿，蹬左腿，成右弓步。随转体，右掌以大拇指一侧向右后上方挒出，高与额齐；左掌向左弧形下采，高与胯齐，掌心

朝下。左脚尖随右手挒出向里扣。眼随转体平视转移，眼神要关及右掌挒出。（图84、85，附图85的侧面图）

图85

图85的侧面图

要点

1. 右脚向右后方迈步时，身体平衡较难掌握，往往右脚落地时显得笨重；须坐实左腿，松腰胯，先转腰，随转腰向右后渐渐迈出，才会显得轻灵，同时可避免上体前俯。

2. 左臂在两掌合抱时须含有掤意，右掌向右后上方挒出时，劲要起于脚，发于腿，主宰于腰，通于脊背，由肩到肘，由肘到手，节节贯串地挒出，身、手、步协调，说到一齐俱到，不先不后；不要单以手挒出，丢开其他部分不管，就达不到"上下相随"和劲路上的要求。挒出时右臂要微屈。

3. 由于右脚迈步较难掌握，所以还要注意速度上的均匀，避免产生停顿的现象。

第十九式 提手上势

动作一：重心全部移于右腿，左脚稍提起，向前距原地一脚许落下，重心渐渐全部移于左腿；身体微左转；右脚稍提起，也向前距原地一脚许落下，以脚跟着地，脚尖微抬，膝微弓，成右虚步。同时，左掌弧形向前上移，右掌沉肘微里收，与左掌向胸前合拢，右掌在前，高与眉齐，掌心朝左；左掌高与胸齐，掌心朝右，正对右肘关节。眼通过右掌向前平视。(图86、87)

图 86 　　　　　图 87

动作二、三与前第五式"提手上势"动作二、三相同。（接图25—27）

要点

1. 由斜飞式过渡到图87的动作，腰部以及上下肢动作要同时开始，同时完成。

2. 与前第五式"提手上势"要点同。

第二十式　白鹤亮翅

动作和要点皆与第六式"白鹤亮翅"相同。（参见图28）

第二十一式　左搂膝拗步

动作和要点皆与第七式"左搂膝拗步"相同。（参见图29—33）

第二十二式　海底针

动作一：重心渐渐全部移于左腿，右脚提起，向前距原地一脚许落下；重心渐渐全部移于右腿，左脚提起。当重心前移于左腿时，右臂外旋使掌心转朝左，左掌随重心前移向前上微荡；随重心后移和身右转，屈右肘，右腕向里提回，左掌也同时沉腕。眼神关顾右腕提回。（图88、89）

图88

图89

动作二：左脚略里收落下，以脚尖点地，成左虚步；腰向左转，坐实右腿，左胯根内收，折腰下沉；同时，右掌随转腰向前下插，左掌弧形下落于左胯旁；眼前视，眼神要关顾右掌下插。（图90）

要点

1. 左脚提起，略里收落下时，右腿要渐渐下蹲，左脚尖渐渐落下虚点地面，重心须全部由右腿支撑。

图90

2. 右腕向里提回时要防止耸肩抬肘。

3. 做海底针时，左掌似乎没有很明显的动作，因此初学者往往把左掌的动作忽略掉，其实左掌必须随重心前移、后坐和转腰进行动作，否则就不符合"一动无有不动"的要求。另外，两臂不可伸直，须微屈。

4. 右掌向前下插要随右腿下蹲和折腰而动作,并要以肩催肘、肘催手,节节贯串地下插。

5. 折腰时,自颈脊至腰脊要保持成一直线,不可低头、弓背。眼视右掌 前方,但不可把头抬起。要注意顶劲和沉气,上下一气贯通。

第二十三式 扇通背

动作一:身体右转、直起,左脚提回。同时,右掌由体前上提,随提随着臂内旋使掌心翻朝右;左掌自左胯旁向胸前上提,掌心朝右,手指朝上。眼神关顾右掌上提。(图91)

动作二:左脚向前迈出一步,先以脚跟着地,随着重心移向左腿渐至全脚踏实,弓左腿,蹬右腿,成左弓步。同时,右臂继续微内旋、屈肘,右掌弧形上托,置于右额前,掌心朝外;左掌沿右臂向前平推。眼向左平视,眼神要关及左掌前推。(图92)

图91

图92

要点

1. 左脚前迈时右腿要坐实，不可站起，落步时不可太快，速度要均匀，并防止身体摇晃和前俯后仰。

2. 变左弓步、左掌前推与右掌上托三动作要一致。

3. 右掌上托要防止耸肩抬肘；左掌推出时，掌心不可正对前方，并要坐腕。

4. 做扇通背的动作时往往容易挺胸、直臂，这就会不符合"劲以曲蓄而有余"的要求，同时也不符合"含胸拔背"的要求。所谓"劲以曲蓄而有余"，就是要使动作还有伸展的余地，因此，做太极拳的任何动作时手臂与两腿都不可伸直或挺直。弧形要求圆满，处处要有能"八面支撑"的意思。

第二十四式　撇身捶

动作一：左脚尖里扣踏实，身体同时微右转。随转体，右掌自右前而下（握拳）划弧置于肋前，屈肘横臂，拳心朝下；左掌弧形上举于左额前上方。眼神稍关及右手划弧，即随转体平视转移。（图93）

动作二：重心全部移于左腿，右脚提起，身体继续右转；

图93　　　　　　　　图94

同时，左掌随转体向右而下经右小臂外侧弧形落下，右拳向右前撇，眼随转体平视转移，眼神要关及两手动作。（图94）

动作三：右脚向前（稍偏右）落下，先以脚跟着地，随着重心移向右腿渐至全脚踏实，弓右腿，蹬左腿，左脚尖微里扣，成右弓步；身体继续右转。同时，右拳继续随转体向前弧形下撇，收于腰侧，拳心朝上；左掌弧形收至胸前经右小臂里侧上方向前推出。眼向前平视，眼神要关及左掌前推。（图95、96，撇身捶整个过程图的反面可参看图143—147，彼此动作完全相同）

图95　　　　　　　　　　图96

要点

1. 手法和步法要随腰转动，并要协调一致。

2. 右脚落步时不要踏在一条线上，并注意右脚尖要正对前方，不要外撇。

3. 图93的姿势在动作过程中要清楚、正确地显示出来，不要糊乱地划过去，但也不可因此停顿。

第二十五式　进步搬拦捶

动作一：重心渐渐移向左腿，身体左转。同时，左肘随转

体下沉，左臂外旋使掌心渐渐翻朝上；右拳臂内旋向前上伸于左掌上侧，拳心朝下。眼神关顾右拳前伸。（图97）

动作二：重心继续移向左腿，身体继续左转，两手随转体向左移。（图98）

动作三：重心渐渐全部移于左腿，右脚提回。同时，右拳自右前方向下经腹前向左绕，随向左缓缓划绕，拳心转朝下；左掌向左而上（高不超过耳部）划弧，随划随着臂内旋使掌心翻朝右面下方。眼稍关顾两手划绕，即渐渐转向右平视。（图99）

图97　　　　　　　图98　　　　　　　图99

动作四、五、六与第十二式"进步搬拦捶"动作三、四、五相同，惟方向不同：该式为向西进步，前面的进步搬拦捶为向东进步。（图100—103，反面同图46—49。整个进步搬拦捶的过程图，反面还可参看图148—154）

要点

1. 此式与前面的进步搬拦捶各在其承上的衔接动作上不同，前面的"进步搬拦捶"是上承左搂膝拗步，而该式是从撇身捶过渡而来，前式图45—49与该式图99—103同。

图 100　　　　　　　　　图 101

图 102　　　　　　　　　图 103

2. 与前进步搬拦捶要点相同。

第二十六式　上步揽雀尾

动作一：左脚尖外撇踏实，重心渐渐全部移于左腿，右腿向前提起；身体左转。随转体，左肘向左后撤下沉，自然带动左掌下移于左胸前；右拳变掌自前而下向左弧形抄至腹前，随抄随着臂外旋使掌心翻朝左面上方，与左手成抱球状；两臂皆呈弧形。眼略顾左小臂，即转向右臂前方平视。（图104接图7）

以下掤、捋、挤、按的动作与第三式"揽雀尾"——即自（一）左右掤式动作四起，至（四）按式止——相同。（图8—17）

要点

与第三式"揽雀尾"同。

第二十七式 单鞭

动作和要点均与第四式"单鞭"同。（图18—21接图105）

图 104

图 105

第二十八式 云手

动作一：左脚尖里扣踏实，身微右转。同时，右吊手变掌自右而下划弧；左掌随转体稍向前下移，屈臂沉肘，手与肩平，掌心朝下。眼神关及右掌下移。（图106、107）

动作二：重心渐渐全部移于左腿，右脚向左提起（脚跟先离地）；身微左转。右掌随转体自右下向左弧形运转，掌心朝里；左掌也同时向左上弧形运出，随运随着臂内旋使掌心渐渐翻朝下；此时右掌也运至近左腕。眼随转体平视转移，眼神要关及右掌左运。（图108）

图 106　　　　　　　　图 107

图 108　　　　　　　　图 109

动作三：右脚向左半步落下，先以脚尖着地，随着重心渐渐右移而至全脚踏实；身体同时微右转。右掌随转体自左而上（高处与眉齐）向右运转，掌心仍朝里，左掌也同时自左而下右运，随运随着臂微外旋使掌心渐渐转朝里（稍斜朝上）。眼神随转体关顾右掌右运。（图109）

动作四：重心渐渐全部移于右腿，左脚提起（脚跟先离地）；身体继续微右转。同时，右掌随转体向右弧形下运，随运

367

随着臂内旋使掌心渐渐翻朝下;左掌继续向右上运,向右接近右腕。眼神关及右掌右运。(图110)

动作五:左脚向左横跨半步,先以脚尖着地,随着重心渐渐左移而至全脚踏实;身体同时左转。左掌随转体继续自右而上经面前(高与眉齐)向左运;右掌继续自左而下弧形左运,随运随着臂微外旋使掌心渐渐转朝里(稍斜朝上)。眼随转体平视转移,眼神要关及左掌左运。(图111)

图110

图111

动作六:重心渐渐全部移于左腿,右脚向左提起(脚跟先离地);同时身微左转。右掌随转体继续自下向左弧形向上运;左掌继续自上而左弧形向下运,随运随着臂内旋使掌心渐渐翻朝下。眼神关顾左掌左运。(接图108)

动作七、八、九、十是重复动作,与动作三、四、五、六同。(图109—111,再接108)

动作十一、十二、十三、十四仍是

图112

368

重复动作,与动作三、四、五、六同。(图109—111,再接108)

动作十五同动作三。(接图112)

要点

1. 运手时,身体转动要以腰脊为轴,要徐徐转动,不可胡乱摆动,上体不可倾斜,要保持"立身中正"。

2. 两臂要随腰运转,要自然、圆活。经下面向左或右向上运时要含有上抄之意;运转到上面的左或右肘不可抬起,小臂要松松掤住而运转。两臂一上一下,一左一右,更迭运转:左手为主时,右手相随;右手为主时,左手相随;不散漫,不僵滞。

3. 脚提起时要脚跟先离地,踏下时要以脚尖先着地;当踏下的脚跟一经踏实,另一脚的脚跟即离地,要此伏彼起,像跷跷板一样。

4. 自动作三到六为一个云手,后面又有两个是重复动作,共为三个云手。在上述倒撵猴的要点中已经提到,如果场地宽阔而要加大运动量,将倒撵猴重复为五或七个,则云手也要从三个增为五或七个,然后再接着做动作十五,由动作十五(图112)再接下一拳式"单鞭"。

第二十九式 单鞭

动作一:重心渐渐全部移于右腿,左脚提起(脚跟先离地);身体继续微右转。同时,右掌随转体向右弧形下运,随运随着臂内旋使掌心渐渐翻朝下,并随着五指下垂撮拢成吊手;左掌继续经右上左运(向右接近右腕),随运随着臂外旋使掌心翻朝里。眼稍关顾右掌右运,即移顾左掌。(图113、114)

动作二与第四式"单鞭"动作四相同。(图115)

要点

与第四式"单鞭"相同。

图 113 　　　　　　　　　图 114

第三十式　高探马

动作一：重心渐渐移于右腿，左脚尖随重心后移自然离地。同时，右吊手变掌，屈右肘，弧形移至右肩前；左臂外旋使掌心渐渐翻转为斜朝上。眼神关顾左掌翻转（图116）。

图 115 　　　　　　　　　图 116

动作二：重心全部移于右腿，左脚提回，向里半步落下，以脚尖点地，右腿同时渐渐起立（膝部仍微屈），成高式左虚步；身体随着渐渐左转。随转体，右掌稍向左经左臂上侧弧形前探，手指斜朝左面前方，掌心朝下，高与眉齐；左掌经右臂下侧向下弧形收于左腰前，手指斜朝右面前方，掌心朝上。眼向前平视，眼神要关及右掌前探。（图117、118）

图117 　　　　　　　　图118

要点

1. 当重心移向右腿时（图116），要坐实右腿，要以左胯根渐渐里收来带动左脚提起，同时上体不可后仰；当左脚一经离地收回，右腿即渐渐起立，顶劲要具有冲霄之意，沉气于小腹，有上下对拉、拔长身肢之意。

2. 两臂要呈弧形。右掌前探时不可耸肩。要拔腰，但不可挺胸或弓背。右臂不可挺直；手指不可朝前，朝前就会失掉坐腕的意思。

第三十一式　左右分脚

（一）右分脚

动作一：重心渐渐全部移于右腿，右腿渐渐下蹲，左脚提起；身体随着微右转；同时，右掌随转体向右弧形往里抹转，左掌向左弧形前抹；眼神关顾右掌右抹。（图119）

图 119　　　　　图 120

动作二：左脚向左前（东北）斜方迈步，先以脚跟着地，随着体重渐渐移向左腿，弓左腿，蹬右腿，成左弓步；身体继续微右转。同时，左掌自左而前向右经右臂下侧向里抹转大半个平圆，左臂横屈成弧形，左掌横置于右胸前、右肘旁，掌心斜朝里上；右掌自右而里向左经左臂上侧向前抹大半个平圆，即向右前（东南）斜方探出，掌心斜朝左前，指尖斜朝上。眼神关顾右掌抹转探出。（图120、121）

图 121　　　　　图 122

动作三：重心渐渐全部移于左腿，右脚向前提起；身体随着微左转。同时，左掌微向前方上移；右掌自右而下弧形抄至左掌外侧，随抄随着臂外旋使掌心翻朝里；两手交叉，左掌在里。眼神关顾两掌交叉。（图122）

动作四：左腿渐渐起立（膝仍微屈），右脚向右前（东南）斜方分出，脚面自然绷平，高与胯平；同时，两掌向左右分开，掌心皆转朝外，指尖朝上。眼神关顾右掌分出，并通过右掌向右平视。（图123、124。附图124的侧面图，此图系按杨澄甫原照所绘，由于该图当时没有摄成斜角，而摄成侧面，今将该图仍列入，一方面可给读者看到杨氏原来姿势，另一方面也可作侧面图参考。后面还有几幅图也因类似原因作为附图，后文不再说明）

图123　　　图124　　　图124的侧面图

要点

1. 两掌各抹转一个平圆时，臂要呈弧形，肘部稍沉，抹转平圆要均匀。右臂在抹转后探出时也不可挺直。

2. 两掌合抱交叉后仍须随左腿起立而柔和地向上向外微移，才显得轻灵、沉着。如果左腿起立时两掌交叉着不动，就

373

会产生呆滞现象,合抱时两掌腕部不可松懈地弯屈。

3. 两手分开要和右分脚一致。同时两臂也不可伸直,要微屈肘使前臂稍向身前方弯屈;肘部也须略沉,低于腕部,并要坐腕。

4. 分脚时身体要稳定,不可俯、仰、倾、侧;两肩不可为了保持身体平衡而紧张,仍须松肩。只有"虚灵顶劲"和"气沉丹田"才会使身体易于保持平衡。

(二) 左分脚

动作一:右脚下落,左腿渐渐下蹲,身微右转。同时,左掌屈肘右抹,随抹随着臂内旋使掌心渐渐翻朝下;右掌自右前抹,随抹随着臂外旋使掌心渐渐翻朝上。(图125)

图 125　　　　图 126　　　　图 127

动作二、三、四同前右分脚动作二、三、四,惟左右式相反,右分脚方向为东北,左分脚方向为东南。(图126—130)

要点

与前右分脚同,惟左右式相反。

图 128

图 129

图 130

第三十二式　转身蹬脚

动作一：左脚落下，左膝微提，以右脚跟为轴，身体迅速向左后转；同时两掌向胸前合拢交叉，左掌在外，两掌心皆朝里；眼随转体平视转移。（图 131、132）

图 131 　　　　　图 132

动作二：两掌向左右分开；同时左脚以脚跟慢慢向左蹬出，脚尖朝上，右腿随着左脚蹬出渐渐起立，右膝仍微屈；眼关顾左掌分出，并通过左掌向左平视。（图 133）

图 133

要点

1. 同前右分脚要点 3、4。
2. 左腿须随转身收回，不可着地；要"含胸拔背"，不可后仰。
3. 左脚蹬出时要以脚跟为着力点。

注：杨澄甫老师原来的分脚、蹬脚，都是提膝后迅速踢出，劲透脚尖或脚跟，踢出时都有风声，后来他改为缓缓踢出或蹬出。

第三十三式　左右搂膝拗步

（一）左搂膝拗步

动作一：左脚收回，右腿渐渐下蹲。同时，左掌向右经左胸前向左下弧形下搂；右掌弧形移至右耳侧，随移随着臂外旋、沉肘使掌心斜朝面部。眼神稍关及左掌下搂，即转向左视。（图134）

动作二：左脚向前落下，先以脚跟着地，随着重心渐渐移向左腿而至全脚踏实，身体同时渐渐左转，弓左腿，蹬右腿，成左弓步；同时，左掌随转体向下经左膝前搂至左胯旁，右掌也随重心前移和身体左转而向前（西）推出；眼向前平视，眼神要关及右掌前推。（图135）

图 134   图 135

（二）右搂膝拗步

动作与第九式"左右搂膝拗步"（二）右搂膝拗步动作相同，惟方向相反，第九式是面朝东进行动作，此式是面朝西。（图136—139，反面参看图38—41）

要点

与前第九式"左右搂膝拗步"要点相同。

第三十四式　进步栽捶

动作一：右脚尖外撇踏实，身体渐渐右转，重心随着渐渐

377

图 136

图 137

图 138

图 139

图 140

图 141

移于右腿，左脚（脚跟先离地）向前提起；同时，左掌随转体自前向右弧形下搂，右掌自右胯侧向右向后向前（变拳）划弧置于右腰侧；眼神关顾左掌下搂。(图140、141)

动作二：左脚向前迈出一步，先以脚跟着地，随着重心渐渐移向左腿而至全脚踏实，弓左腿，蹬右腿，成左弓步；身体同时渐渐左转，沉腰胯随转体，左掌继续弧形而下经左膝前搂至左膝旁；右拳向前面下方打出，低过于膝。眼向前视，眼神要关及右拳下打。(图142)

图 142

要点

1. 当左脚前迈脚跟尚未着地时，注意上体保持正直；当左掌搂过左膝时，上体随右拳下打折腰，并沉腰胯。但折腰时，自颈脊到腰脊仍要保持成直线，不可弓背、低头或抬头。

2. 眼视右拳前方，但不可抬头。

3. 两肘须微屈，不可挺直。

第三十五式　翻身撇身捶

动作一：左脚尖里扣踏实，身体同时直起、右转。随着转体，右拳屈肘横臂移于左肋前，拳心朝下；左掌自左而上弧形上举于左额前上方。眼随转体平视转移，眼神要关及两手移动。(图143)

动作二、三与第二十四式"撇身捶"动作二、三相同，惟方向相反。(图144—146，反面参看图94—96)

要点

与第二十四式"撇身捶"相同。

图 143　　　　　　图 144

图 145　　　　　　图 146

第三十六式　进步搬拦捶

动作和要点皆与第二十五式"进步搬拦捶"相同，惟方向相反。（图147—153，反面参看图97—103）

第三十七式　右蹬脚

动作一：左脚尖外撇踏实，身体渐渐左转，坐实左腿，重心渐渐全部移于左腿，右脚向前提起（脚跟先离地）。同时，左掌随转体向左前上移，随移随着臂外旋使掌心转朝里；右拳变

图 147

图 148

图 149

图 150

图 151

图 152

图 153

381

掌自右前而下向左弧形上抄,与左掌合抱、交叉,右掌在外,随抄随着臂外旋使掌心转朝里。眼向右前平视,眼神要关及两掌合抱。(图154、155)

动作二:两掌向左右分开。同时,右脚以脚跟慢慢向右蹬出,脚尖朝上;左腿随右脚蹬出时渐渐起立,膝仍微屈。眼关顾右掌分出,并通过右掌向右平视。(图156)

图154

图155

图156

要点

1. 与第三十一式"左右分脚"(一)右分脚要点3、4相同。

2. 右脚蹬出时要以脚跟为力点。

第三十八式　左打虎式

动作一：右脚下落，左腿渐渐下蹲。左掌自左而前向右弧形平移，随移随着臂外旋使掌心渐渐翻朝里；右掌同时微下移，随移随着臂内旋使掌心渐渐转朝下。眼神关顾右掌。（图157）

动作二：右脚落于左脚旁，两脚相距稍狭于肩，先以脚尖着地，随着重心渐渐移于右腿而至全脚踏实，左脚随即提起（脚跟先离地）；两掌随重心移于右腿向右继续下移，左掌经右肱前，随移随着左臂继续微外旋使掌心翻朝上；眼向前平视，眼神要关及两掌。（图158）

图157　　　　　　　　图158

动作三：左脚向左后（西，稍偏北）斜方迈步，先以脚跟着地，随着重心移向左腿而至全脚踏实，弓左腿，蹬右腿，成左弓步，身体同时左转。随重心左移和转体，左掌自右肱前而下向左经左膝前向左（变拳）而上划弧，停于左额前上方，当左掌变拳自左而上划弧时，左臂内旋使拳心渐渐翻朝外；右掌变拳，随转体自右而前向左屈肘横臂置于胸前，拳心朝里，拳眼朝上，与左拳眼上下相对。眼先关及左拳，当左拳将至左额

383

前上时，即向前平视。(图159、160，附图160的侧面图和正面图)

图 159

图 160

图 160 的侧面图

图 160 的正面图

要点

1. 右蹬脚后，右脚下落时，左腿要相应地下蹲来控制右脚轻缓地着地，这样才符合既轻灵又沉着的要求；如果单是右脚落下，就显得平板呆滞。

2. 左脚迈步时要注意"迈步如猫行"的要求，同时上体要保持正直。

3. 两手过渡为打虎式时，弧形要走得圆，不要有棱角。上下肢要相随一致。

4. 当左手经过左膝前时，掌心朝上要有搂膝之意。

5. 成打虎式时，两臂要呈弧形，圆满地曲蓄，肩部防止上耸。

第三十九式 右打虎式

动作一：左脚尖里扣踏实，身体渐渐右转，坐实左腿，右脚渐渐提起，脚跟先离地。同时，左拳变掌弧形向左下落，掌心朝下；右拳变掌，臂外旋使掌心翻朝上，移于左肱前。眼稍关顾左掌，即随转体平视转移。（图 161）

图 161　　　　　图 162

动作二：重心渐渐全部移于左腿，身体继续右转，右脚向里提起，然后向右前（东南）斜方迈步，先以脚跟着地，随着重心渐渐移向右腿而至全部踏实，弓右腿，蹬左腿，成右弓步。随转体和重心右移，右掌自左肱前而下经右膝前向右（变拳）而上划弧，停于右额前上方，当右掌变拳自右而上划弧时，右臂内旋使掌心渐渐翻朝外；左掌同时变拳随转体自左而前向右屈肘横臂置于胸前，拳心朝里，拳眼朝上，与右拳眼上下相对。眼先关及右拳，当右拳将至右额前上时，即向前平视。（图162、163）

图 163

图 163 的侧面图

要点

与"左打虎式"相同，惟左右相反。

第四十式　回身右蹬脚

动作一：左脚以脚掌为轴，脚跟里磨踏实，身体渐渐左转，重心随着左移；同时，左拳随转体向左平移，右拳向右弧形下移（此时两拳已开始松开）；眼随转体平视转移。（图164）

动作二：重心渐渐全部移于左腿，身体继续微左转，右脚提回；同时，两拳变掌，左掌向左前上伸，右掌向下经腹前向左与左掌合抱交叉，左掌在里，掌心皆朝里。眼稍顾左掌上伸即转向前平视。（图165）

动作三与第三十七式"右蹬脚"动作二相同。（图166）

要点

与前"右蹬脚"相同。

图 164　　　　　　图 165

图 166　　　　　　图 167

第四十一式　双峰贯耳

动作一：右脚下落，右膝提起，以左脚掌为轴，身体迅速右转45度（向东南斜方）；同时，两掌随转体各自左右弧形移至胸前，随移随着屈肘和臂外旋使掌心翻朝里面上方，两肘下坠，两臂呈弧形，两掌相距（以拇指一侧为度）同肩宽。眼随转体平视，眼神要关及两掌合拢。（图167）

动作二：左腿渐渐下蹲，右腿前（东南）迈一步，先以脚跟着地，随着重心移向右腿渐至全脚踏实，弓右腿，蹬左腿，成右弓步；同时，两掌自前而下经右膝两旁分向左右划弧，随划随着两臂内旋，随即变拳向前上以虎口勾击，成钳形状，两拳稍高于头，两虎口相对。眼向前平视，眼神要关及两拳。（图168、169和图169的正面图）

图168

图169

图169的正面图

要点

1. 迈步时要坐实左腿，收右胯根，然后以左腿渐渐下蹲来控制右腿前迈，上身保持正直。迈步的速度要均匀。

2. 随着落胯、沉气、松肩，两掌向下经膝旁时，要以两肘下沉来带动两掌下落，不可单是两掌下落，要用整体的劲使掌背沉着松静地下落。

3. 两拳向前上勾击要与右弓步协调一致。

第四十二式 左蹬脚

动作一：右脚尖外撇踏实，重心渐渐全部移于右腿，身微右转，左脚向前提起（脚跟先离地）；同时，两拳变掌分向左右下经腹前向前上划弧合抱，交叉于胸前，左掌在外；随划弧随着两臂外旋使掌心渐渐翻朝里；眼先关及两掌划弧，当两掌将交叉时即转向左平视。（图170、171）

图170 　　　　　图171

动作二：两掌向左右分开；同时，左脚以脚跟慢慢向左蹬出，右腿随左脚蹬出渐渐起立，膝仍微屈。眼神关顾左掌分开，并通过左掌向前平视。（图172）

要点

与第三十七"右蹬脚"相同，惟左右相反。

第四十三式　转身右蹬脚

动作一：右脚跟离地，以右脚掌为轴，身体迅速向右后转；同时左脚随转体自左而前右摆，下落于右踝旁，先以脚尖着地，随着重心渐渐移于左腿而至全脚踏实，随即左腿微下蹲，右脚提起；同时，两掌随转体自左右向胸前合抱交叉，右掌在外，掌心皆朝里；眼随转体平视转移。眼神要关及两掌合抱。(图173、

图172　　　　　　　图173

图174　　　　　　　图175

174)

动作二与第三十七式"右蹬脚"动作二相同。(图175)

要点

1. 与第三十七式"右蹬脚"要点相同。

2. 转身时须借右脚碾地(一经碾地,脚跟即离地)和左腿摆动之势,才能迅速圆润地转向后面。转身时,身体不可前俯后仰,否则会产生不稳定的现象。

3. 两掌合抱交叉要与转身动作同时开始,同时完成。

第四十四式 进步搬拦捶

动作一:左腿渐渐下蹲,右脚下落,腰微右转。同时,右掌变拳自右而下经腹前弧形左绕,拳心翻朝下;左掌随左腿下蹲时稍下沉,即自左而前弧形向上(高不超过耳部)划弧,掌心朝右下。眼稍关及右拳左绕,即渐渐转向右平视。(图176)

图176

动作二、三、四与第十二式"进步搬拦捶"动作三、四、五相同。(接图46—49)

要点

与第十二式"进步搬拦捶"要点相同。

第四十五式 如封似闭

动作和要点皆与第十三式"如封似闭"相同。(接图50—53)

第四十六式 十字手

动作和要点皆与第十四式"十字手"相同。(接图54—56)

第四十七式 抱虎归山

动作和要点皆与第十五式"抱虎归山"相同。(接图57—

67)

第四十八式 斜单鞭

动作和要点皆与第四式"单鞭"相同,惟方向正斜不同。(接图 68,再接图 177—179)

图 177

图 178

图 179

图 180

第四十九式 野马分鬃

(一) 右分鬃

动作一:左脚尖里扣踏实,身微左转,重心渐渐全部移于左腿,左腿坐实,右脚收回经左踝侧向前提起。同时,左掌屈

392

肘弧形移于左胸前；右吊手变掌自右而下向左弧形抄至腹前，随抄随着臂外旋使掌心翻朝左面上方，与左手成抱球状；两臂皆呈弧形。眼神关顾左掌。（图180）

动作二：右脚向右（西，稍偏北）迈出，身体渐渐右转，先以脚跟着地，随着重心渐渐移向右腿而至全脚踏实，弓右腿，蹬左腿，成右弓步。同时，右掌随转体向右上方以大拇指一侧弧形挒出，高与眉齐；左掌向左弧形下采于左胯旁。眼神关顾右掌挒出，稍先于右掌到达右方。（图181）

图181

（二）左分鬃

动作一：右脚尖外撇踏实，身微右转，重心渐渐全部移于右腿，右腿坐实，左脚经右踝侧向前提起。同时，右掌随转体屈肘移于右胸前，随移随着臂内旋使掌心渐渐翻朝下；左掌向右弧形抄至腹前，随抄随着臂外旋使掌心翻朝右面上方，与右掌成抱球状；两臂均呈弧形。眼随转体平视转移，眼神要关及右掌。（图182、183）

动作二：左脚向左（西，稍偏南）迈出，身体渐渐左转，先以脚跟着地，随着重心渐渐移向左腿而至全脚踏实，弓左腿，蹬右腿，成左弓步。同时，左掌随转体向左上方以大拇指一侧弧形挒出，高与眉齐；右掌向右弧形下采于右胯旁。眼神关顾左掌挒出，稍先于左掌到达左方。（图184）

（三）右分鬃

动作与前（二）左分鬃动作相同，惟左右相反。（图185—187）

图 182

图 183

图 184

图 185

图 186

图 187

要点

1. 野马分鬃的弓步比一般弓步稍微开一些,但不到45度斜角;脚尖要与膝盖方向一致。

2. 两掌成抱球状时,注意不可抬肘。

3. 右或左手挒出时要随腰转动,并要由肩到肘、由肘到手节节贯串地向外挒出。同时挒出与转体、变弓步要协调一致。下采的一手不要离胯部太近。两臂要呈弧形。

第五十式 揽雀尾

动作一:身体微右转,重心渐渐全部移于右腿,左脚经右踝内侧向右提。同时,右掌随转体屈肘下沉里收于右胸前,随里收随着臂内旋使掌心渐渐翻朝下,右肘稍坠,略低于腕;左掌同时向右弧形抄至腹前,随抄随着臂外旋使掌心翻朝右面上方;两掌相对如抱球状,两臂呈弧形。眼随转体平视转移,眼神要顾及右臂。(图188)

动作二、三、四与第三式"揽雀尾"(一)掤式动作二、三、四相同。(接图6—9)

图188   图189

要点

与第三式"揽雀尾"（一）掤式要点相同，（二）捋式、（三）挤式、（四）按式的动作和要点，与第三式"揽雀尾"相同。（接图 10—17）

第五十一式 单鞭

动作和要点与第四式"单鞭"相同。（接图 18—21，再接图 189）

第五十二式 玉女穿梭

（一）左穿梭

动作一：左脚尖里扣踏实；同时，右吊手变掌自右向前下划弧，左掌也渐渐下移。（图 190）

动作二：重心全部移于左腿，身体渐渐右转，右脚提起；同时，右掌随转体自下而左经胸前向右弧形上掤，左掌继续向前下划弧。眼神关顾右掌向右上掤。（图 191）

图 190 图 191

动作三：身体继续右转；右脚向右（西，稍偏北）迈出，先以脚跟着地，随着重心渐渐全部移于右腿而至全脚踏实；左脚经右踝侧向前提起。随转体，左掌经腹前向右弧形移至右小臂

下侧；右掌也随转体继续稍右掤，即沉右肘，自然带动右掌向下移回。眼稍关顾右掌后移，即转向前平视。（图192、193）

图192　图193

动作四：左脚向左前斜方（西南）迈出一步，以脚跟着地。同时，左小臂经右小臂下侧向前上掤；右掌（沉肘）经左小臂上侧穿回，随穿随着臂内旋使掌心渐渐翻朝前面下方。眼向左前平视，眼神要关及左臂前掤。（图194）

图194　图195

动作五：重心渐渐移向左腿，左脚全部踏实，身体渐渐左转，弓左腿，蹬右腿，成左弓步。同时，左小臂经面前上翻，随翻随着臂内旋使掌心翻朝前面上方，左掌停于额前；右掌同时向前推出。眼向前平视，眼神要关及右掌前推。（图195）

（二）右穿梭

动作一：左脚尖里扣踏实，身体渐渐右转。同时，右掌随转体屈肘横臂（臂呈弧形）移于胸前，随移随着臂外旋使掌心渐渐翻朝里；左臂外旋、沉左肘自然带动左掌下移，并使掌心翻朝里。眼神关顾左掌移回。（图196）

动作二：身体继续右转，重心渐渐全部移于左腿，右脚提回，随转体移动。同时，右臂随转体右掤；左掌沉肘经右小臂上侧继续向下移回。眼神先关及左掌下移，即转视右臂前方。（图197）

图196　　　　图197

动作三、四与前左穿梭动作四、五相同，惟左右相反，前左穿梭方向为西南，这一右穿梭方向为东南。（图198、199）

（三）左穿梭

图 198 　　　　　　　　图 199

动作一：重心渐渐全部移于右腿，身微右转，左脚向前经右踝侧提起。同时，左掌随转体 屈肘横臂（臂呈弧形）移于胸前，随移随着臂外旋使掌心渐渐翻朝里；右臂外旋、沉右肘自然带动右掌下移，并使掌心渐渐翻朝里。眼稍关及右掌下移，即转视左臂前方。（图 200）

图 200　　　　　图 201　　　　　图 202

动作二、三与前左穿梭动作四、五相同，惟前左穿梭方向为西南，这一左穿梭方向为东北斜方。（图 201、202）

（四）右穿梭

动作与前右穿梭相同，惟前右穿梭方向为东南，这一右穿梭方向为西北。（图203—206）

图203

图204

图205

图206

要点

1. 玉女穿梭共有四个，方向是朝着四个斜角。图195、199、202、206四图是按杨澄甫老师原照所描。原照拍摄时为了视线清晰，偏于侧面，读者练时可向斜角。

2. 在每个转身或上步时，不可起立，身体要保持正直，动作要连贯、均匀，上下相随，协调一致。

3. 一掌向前上翻时要防止引肩上耸或抬肘；推出一手的臂部不要挺直，要稍屈。

4. 变弓步、一掌前推时，脚尖、膝盖、身体、面目与推出的一掌方向要一致地朝着斜角。

第五十三式　揽雀尾

（一）掤式

动作一：重心渐渐全部移于右腿，左脚向右经右踝内侧提起。同时，右掌屈肘下沉里收于右胸前，随里收随着臂微外旋使掌心翻朝下，右肘稍坠，略低于腕；左掌同时向右下弧形抄至腹前，随抄随着臂外旋使掌心翻朝右面上方；两掌相对如抱球状，两臂呈弧形。眼神关顾右臂（参看图5）。

要点

与前第三式"揽雀尾"掤式要点相同。

（二）捋式、（三）挤式、（四）按式的动作和要点与第三式"揽雀尾"相同。（接图10—17）

第五十四式　单鞭

动作和要点皆与第四式"单鞭"相同。（接图18—21，再接图105）

第五十五式　云手

动作和要点皆与第二十八式"云手"相同。（接图106—111，再接图108—111，再接图108—111，再接图108，最后接图112，即三个云手）

第五十六式　单鞭

动作和要点皆与第二十九式"单鞭"相同。（图113、114，再接图207）

图 207

第五十七式 下势

动作：右脚尖外撇踏实，重心渐渐移向右腿，右腿屈膝下蹲，成左仆步；同时，左掌随重心后移屈肘弧形里收下移，经胸前而下，由左腿里侧前穿。眼神关顾左掌。（图208、209）

图 208　　　图 209

要点

1. 左掌弧形里收下移时，须随身体重心后移松腰胯，松肩部，下沉肘部，这样才能节节贯串带动左掌里收下移。左掌由里收下移到前穿要圆活，掌指要朝前（东），掌心朝南。

2. 做下势动作时要防止身体前俯、低头和臀部突出，要仍然保持上体正直，并要注意不可挺胸。

3. 成左仆步时,左膝微屈,左腿不可用力挺直。

4. 眼神虽随左掌,但当左掌由下向前穿时,不可低头。

第五十八式　金鸡独立

(一) 左独立

动作:左脚尖外撇,身体渐渐左转,重心渐渐向前移于左腿,上体前移而起;左腿屈膝前弓,蹬右腿;右脚脚跟先离地向前提膝,随即左腿渐渐起立,成左独立式。同时,左掌随着身体前起左转向前上穿,即弧形下搂至左胯侧(掌心朝下);右吊手变掌自后而下,随着右腿向前提膝,以右前臂尺骨一侧贴近右大腿上侧向前弧形上托,屈肘置于面前,手指朝上,高与眉齐,掌心朝左。眼先关及左掌前穿,当左掌左搂时即顾右掌上托,并稍先于右掌到达,并通过右掌向前平视。(图 210—212)

图 210

图 211

(二) 右独立

动作:左腿渐渐屈膝下蹲,身体渐渐右转;右脚下落于左脚跟旁,脚尖先着地,随着重心渐渐移于右腿而至全脚踏实;随即左脚脚跟先离地向前提膝,右腿随着渐渐起立,成右独立式。

随着左腿下蹲和右脚下落的同时，右掌弧形下落于右胯旁，掌心朝下；左掌自下向前，随着左腿向前提膝，以左小臂尺骨一侧贴近左大腿上侧向上弧形托起，屈肘置于面前，手指朝上，高与眉齐，掌心朝右。眼先关及右掌下落，随即移顾左掌上托，稍先于左掌到达，并通过左掌向前平视。（图213、214）

图 212　　　图 213　　　图 214

要点

1. 由下势左仆腿起，重心前移时，要左腿渐屈，右腿渐蹬，松腰胯，上体要平行前移，然后渐渐前起，形成左弓步的形状，不要两腿伸直而起。

2. 在过渡为左独立式时，先要稳固地屈膝坐实左腿，然后右膝向前渐渐提起，同时左腿随着渐渐起立；不要先左腿起立，然后再提膝，形成不协调。由下势变为左独立的整个过程中，要防止上体前俯，须保持正直。

3. 由左独立变为右独立时，注意右脚下落时，左腿要同时下蹲，不要单是右脚下落而左腿仍然直立。当左腿提膝时，右腿也要随着渐渐起立。

4. 在做独立式时，须"沉肩坠肘"，"坐腕"，"虚灵顶劲"，"气沉丹田"；要"肘与膝合"，即肘与膝上下成垂直，向前的方向要一致。独立的一腿直立时不要用力挺直。

5. 在左右独立式动作说明文字中所用的"托"字，是按该动作的技击作用而来的，但在锻炼时不要为了"托"字的意义而将掌心朝上，应该手指朝上。

第五十九式　左右倒撵猴

（一）右倒撵猴

动作一：右腿渐渐屈膝下蹲，左脚经右踝内侧下落；同时，右掌向后（稍偏右）弧形上移，至与肩齐平；左掌伸臂前移，随移随着两臂外旋使两掌心翻朝上。眼关顾右掌向右后上移。（图215）

动作二与第十七式"左右倒撵猴"（一）右倒撵猴动作三相同。（接图77、78）

图215

（二）左倒撵猴与（三）右倒撵猴动作与第十七式"左右倒撵猴"相同。（接图79—81，再接图76、77，再接图82）

要点

与第十七式"左右倒撵猴"相同。

第六十式　斜飞式

动作和要点与第十八式"斜飞式"相同。（接图83—85）

第六十一式　提手上势

动作和要点与第十九式"提手上势"相同。（接图86、87，再接图25—27）

第六十二式　白鹤亮翅

动作和要点与第六式"白鹤亮翅"相同。（接图 28）

第六十三式　左搂膝拗步

动作和要点与第七式"左搂膝拗步"相同。（接图 29—33）

第六十四式　海底针

动作和要点与第二十二式"海底针"相同。（接图 88—90）

第六十五式　扇通背

动作和要点与第二十三式"扇通背"相同。（接图 91、92）

第六十六式　转身白蛇吐信

动作一、二与第二十四式"撇身捶"动作一、二相同。（接图 93、94）

动作三：右脚向前（稍偏右）落下，先以脚跟着地，随着重心移向右腿，渐至全脚踏实，弓右腿，蹬左腿，左脚尖微里扣，成右弓步；身体继续右转。同时，右拳变掌继续随转体向前弧形下撇至右腰前，掌心朝上，左掌弧形收至胸前经右小臂里侧上方向前推出；眼向前平视。并要关及左掌前推。（接图 216、217）

图 216　　　　　　　　图 217

要点

该式除在动作三内的"右拳变掌向前下撇"与撇身捶不同外,余皆相同。所以要点也同前撇身捶。

第六十七式　搬拦捶

动作一:重心渐渐移向左腿,身体左转。同时,左肘随转体下沉,左臂外旋使掌心渐渐翻朝上;右掌变拳向前上伸于左掌上侧。眼神关顾右拳前伸。(接图 97)

其余动作皆与第二十五式"进步搬拦捶"相同。(接图 98—103)

要点

与第二十五式"进步搬拦捶"基本相同,仅衔接动作"右掌变拳"不同,其余动作皆同。

第六十八式　揽雀尾

动作和要点与第二十六式"上步揽雀尾"相同。(接图 104,再接图 17)

第六十九式　单鞭

动作和要点与第二十七式"单鞭"相同。(图接 18—21,再接图 105)

第七十式　云手

动作和要点与第二十八式"云手"相同。(接图 106—111,再接图 108—111,再接图 108—111,再接图 108,最后接图 112,即三个云手)。

第七十一式　单鞭

动作和要点与第二十九式"单鞭"相同。(接图 113—115)

第七十二式　高探马带穿掌

(一)高探马

动作和要点与第三十式"高探马"相同。(接图 116、117,

接图218）

(二) 左穿掌

动作一：左脚提回，右腿渐渐下蹲；左脚向前迈出一步，先以脚跟着地，随着重心渐渐移向左腿而至全脚踏实，弓左腿，蹬右腿，成左弓步；身体同时渐渐右转。随着左脚提回，同时右掌渐渐屈肘横臂，臂呈弧形，以弧形向左而下内收，随收随着臂外旋使掌心翻朝上；当左小臂穿过右掌上侧时，右掌即臂内旋使掌心仍翻朝下，右掌落于左腋下；左掌由右掌上侧穿出，掌心仍朝上，高与颔平。眼稍关顾右掌里收，即仍向前平视，并要关及左掌前穿。（图219、220）

图218

图219 　　图220

要点

1. 左穿掌动作要同左弓步、身体右转协调一致。
2. 迈步时要防止上体前扑，要做到"迈步如猫行"，落步时要轻灵。

3. 左掌穿出时右臂要呈弧形,右腋要留有空隙,不要逼紧。如果逼紧和臂不呈弧形,一方面在姿势上显得别扭,达不到处处求圆满的要求,另外在动作转换中也会失掉圆活之意。

第七十三式 十字腿

动作一:左脚尖里扣踏实,身体渐渐右转,重心渐渐全部移于左腿,右脚向左提回(脚跟先离地)。同时,左臂屈肘右移,掌心朝里;右掌经左臂外侧随身体右转合抱,随合抱随着臂外旋使掌心翻朝里,两掌合抱交叉于胸前。眼随转体向右平视,眼神要关及两掌合抱。(图221、222)

图221

动作二与第三十七式"右蹬脚"动作二相同。(图223)

图222

图223

要点

与第三十七式"右蹬脚"要点相同。

十字腿这个动作，原来的练法是单摆莲。上述这种练法，是杨澄甫最后修订定型的，目前按此法练者又最普遍，因之本书按最后定型的编著。但为使读者对原来练法有所了解，兹将原来练法介绍如下：

自左穿掌后，左脚尖里扣踏实，身体渐渐右转，重心渐渐全部移于左腿；同时，左掌屈肘随转体经面前右移，右掌仍在左腋下。身体继续右转，右脚自左向右上方弧形外摆，膝部自然微屈，脚高不过肩，脚背略侧朝右面；同时左掌自上而右向左迎着右脚面拍击。

下面就接进步指裆捶，在衔接动作上，即进步指裆捶动作一的说明，所不同的只是将右掌自左腋下经腹前左绕变拳。

第七十四式　进步指裆捶

动作一：左腿渐渐下蹲，右脚下落，身体渐渐右转。同时，右掌变拳自右而下经腹前左绕，随绕随着臂微内旋使拳心转朝下；左掌也随左腿下蹲和身体右转下沉前移。眼稍关及右拳，即向前平视。（图224）

图224　　　　　　　　　　图225

动作二：右脚脚尖外撇向右前（西北）斜方上步，先以脚跟着地，随着重心移向右腿而至全脚踏实；身体继续右转。随转体，右拳自左而上经胸前向右前搬出，随搬随着臂外旋使拳心翻朝上；左掌同时随转体弧形向右前拦，掌心朝右。眼神关顾左掌前拦。（图225）

动作三：重心渐渐全部移于右腿，左脚经右踝内侧向前上步，先以脚跟着地；身体继续向右微转；同时，右拳随转体向右、向后、向前绕一弧形收于右腰侧，左掌自前而右弧形下搂。眼向前平视，眼神要关及左掌。（图226）

图226

图227

动作四：重心渐渐移向左腿，左脚渐至全脚踏实，弓左腿，蹬右腿，成左弓步；身体渐渐左转，微折腰。同时，左掌向左经左膝前弧形搂至左膝旁；右拳向前打出，高与腹齐。眼向前平视，眼神要关及左掌左搂和右拳打出。（图227）

要点

与第三十四式"进步栽捶"同。

第七十五式　上步揽雀尾

（一）掤式

动作一：左脚尖外撇踏实，重心渐渐全部移于左腿，右腿

411

向前提起；身体左转直起。同时，左掌屈肘自左而上弧形移于左胸前，掌心朝右下；右拳变掌自前向左弧形抄至左掌下方，随抄随着臂外旋使掌心翻朝左面上方；与左掌成抱球状，两臂均呈弧形。眼略顾左小臂即转向右臂前方平视。（接图7）

动作二与第三式"揽雀尾"（一）左右掤式动作四相同。（接图8、9）

要点

与第三式"揽雀尾"掤式要点相同。

（二）捋式、（三）挤式、（四）按式的动作和要点与第三式"揽雀尾"相同。（接图10—17）

第七十六式 单鞭

动作和要点与第四式"单鞭"相同。（接图18—21，再接图207）

第七十七式 下势

动作和要点与第五十七式"下势"相同。（接图208，再接图228）

第七十八式 上步七星

动作：左脚尖外撇，重心渐渐向前移于左腿，身体渐渐前起左转，左腿屈膝前弓，蹬右腿；右脚脚跟先离地向前经左踝内侧提起，向前迈出半步，以脚尖点地，成右虚步。同时，左掌上抄至胸前变拳，右吊手变拳随右脚前迈自后经腰部向前交叉于左拳下侧，与左拳同时向前上掤，两拳高与颏齐，左拳心朝右面里侧，右拳心朝左面里侧。眼向前平视，眼神关及两拳交叉前掤。（图229、230）

要点

图 229　　　　　　　　图 230

1. 同第五十八式"金鸡独立"要点1。

2. 由下势过渡为右虚步时，注意身体不要摇晃。上体要保持正直，要松腰胯，腰部要防止为了保持平衡而僵硬。不可用右脚尖来分担身体重心，因为此时右脚为虚，左脚为实。如果右脚尖用力着地，分担重心，就会犯步法上"双重"的毛病，也就是虚实没有分清。

3. 右拳向前上掤时，要如掤如打，注意不要做成向前上扬的动作。

4. 两拳前掤时，两肩不可因两拳交叉而上耸或锁住，两臂要呈弧形，使姿势达到曲蓄而又圆满的要求。

第七十九式　退步跨虎

动作：右脚经左踝内侧退后一步，身体随着微右转；重心渐渐移于右腿，左脚略向后提，距原地半脚许落下，以脚尖点地，成左虚步，身体随着仍转朝前。同时，两拳变掌向左右分开，右掌随身体右转由前而下向右而上（此时身体正向前转）划弧，停于身体右侧上方，随划弧随着臂内旋使掌心朝前（稍朝上侧）；左掌自前而下向左弧形落于左胯旁，掌心仍朝下，手指

朝前。眼先关顾右掌向右划弧，当右掌自右向上划弧时，即转向前平视，眼神并关及两掌。(图231、232)

图 231　　　　图 232

要点

1. 向后退步时注意右脚的落地点，不要踏在一条线上。

2. 成退步跨虎式时（图232），上体不可朝右侧倾或后仰、前俯，仍须正直。

3. 两掌分开后，两臂要呈弧形，注意两掌不要距离身体太开而形成松散的现象。

第八十式　转身摆莲

动作一：左掌自左胯旁向左弧形上移至左额前；右掌自上向右而下经腹前弧形移至左胸前，掌心朝下，略朝前侧。（图233）

动作二：以右脚掌为轴，身体向右后转，左脚随着略踩地而起，左腿向右随转体后摆；两掌向右后随转体移转，随转随着右掌渐渐上移至高与鼻齐，左掌渐渐下移至与胸平，两掌心皆朝下。眼随转体向前平视转移。（图234、235）

图 233　　　　　图 234　　　　　图 235

动作三：左脚向左前（东北）斜方脚尖里扣落地，随着重心渐渐移于左腿而至全脚踏实，身体继续右转，左腿屈膝坐实，右脚仍为脚掌着地，如右虚步形状。两掌继续随转体向右平移，右掌移于身体右前方；左掌移于右腕左侧，稍低于右掌。眼随转体平视转移，眼神要关及两掌右移。（图 236）

图 236　　　　　图 237　　　　　图 238

动作四：腰自左向右转，右脚自左向右上方弧形外摆，膝部自然微屈，脚高不超过肩部，脚背略侧朝右面；同时两掌自右向左迎着右脚面拍击（左先、右后。身体此时由右向左转）。眼神关顾两掌拍击右脚面。（图237、238）

要点

1. 以右脚掌为轴身体向右后转时，要借左脚略踩地、左腿向右后摆和转体之势，才能转得圆活。在转体时，身体不可摇晃，要立身中正，但腰部不可因此而挺硬，仍要放松。

2. 左脚落地时，要渐渐下蹲，形成象右虚步的过程，然后随着腰部自左向右转和右脚自左向右上摆而渐渐起立，但也不可挺直。

3. 右腿摆莲是横劲，要用转腰来带动右腿外摆。由于右腿外摆是横劲，又要由腰来带动，因此右脚最好不超出肩部，同时右腿不要挺直，要微屈。如果腿部伸直和脚的高度超出肩部，则势必胯部力量用得多，而腰部力量用得少；反之，腿部微屈，脚的高度不超过肩部，就能充分运用腰部力量，达到横劲的要求，并且所发到右脚背的劲力也更大。

第八十一式　弯弓射虎

动作一：左腿渐渐下蹲，身体继续左转，右脚下落于原地（仍为东南斜方），先以脚跟着地，随着重心渐渐移向右腿而至全脚踏实；同时，两掌随转体向左平摆，右臂随着外旋使掌心翻朝上。眼神关顾两掌左移。（图239）

图239

动作二：身体渐渐右转，弓右腿，蹬左腿，成右弓步。两掌随转体自左而下经腹前右绕变拳，继续向右弧形上绕；右手随绕随着臂内旋使右拳心渐渐翻朝外，经右耳侧（此时身体由右向左转）向左前斜方打出，高与额平，置于右额前，臂呈弧形；左手随绕随着臂内旋使拳心渐渐转朝下，向上经胸前（此时身体由右向左转）向左前斜方打出，高与胸平。眼先关顾两手向右上绕，当身体左转，两拳向左前将要打出时，转向左前斜方平视，眼神并要关及左拳打出。（图240、241）

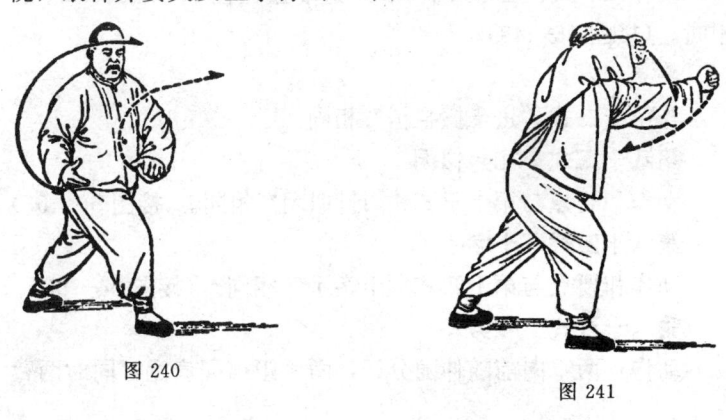

图240

图241

要点

1. 两手要随腰转动。腰部随两手拍击右脚面后先左转，随即右转，两手也随着向右上绕；当右拳绕至右耳侧和左拳绕至胸前时，身体又变为左转，两拳也随着体左转而向左前斜方打出。身体转动、两拳打出与变左弓步等动作要协调一致。

2. 成为弯弓射虎时（图241），要防止右肘上抬，肩部上耸，身体前扑。

第八十二式 进步搬拦捶

动作一：重心渐渐移于左腿，身体渐渐左转。同时，左拳变掌随转体向左后掤，随掤随着臂外旋使掌心翻朝上；右拳向前弧形下落于左掌前上方，随下落随着臂外旋使拳心翻朝左面里

417

侧（右拳高与肩齐），随左掌左捋。（接图147—148）

动作二：重心渐渐全部移于左腿，右脚提回。同时，右拳自右前向下经腹前左绕，拳心转朝下；左掌向左而上（高不超过耳部）划弧，随划弧随着臂内旋使掌心翻朝右面下方。眼神稍关顾两手划绕，即渐渐转向前平视。（接图149和图45）

动作三、四、五与第十二式"进步搬拦捶"动作三、四、五相同。（接图46—49）

要点

与第十二式"进步搬拦捶"相同。

第八十三式 如封似闭

动作和要点与第十三式"如封似闭"相同。（接图50—53）

第八十四式 十字手

动作和要点与第十四式"十字手"相同。（接图54—56）

第八十五式 收势

动作：两掌向前随伸随分开，两手距离同肩宽，同时两臂

图242 　　　　　图243 　　　　　图244

内旋使两掌心转朝下；随即两肘下沉，自然带动两掌徐徐向下，按至胯前，手指朝前，掌心仍朝下。眼向前平视。（图242—244）

要点

1. 与第二式"起势"要点相同。
2. 最后，两臂与两手手指要自然下垂。

第三章　杨式太极拳推手

杨式太极推手有三种传统推法,在这里附带作一简略介绍。

定步推手

定步推手又称四正推手,是两人彼此用掤捋挤按四种手法,在原地进行的,其动作如下:

1. 甲乙两人对立,彼此迈出右足(此处为便于说明,假设互出右足。在练习中可使左右足轮流在前,进行练习),互举左手相搭(手背相对,手腕相交叉),各含掤劲;再各起右手抚于对方左肘,成为左手腕相交的双搭手。乙屈右腿前弓,甲屈左腿后坐;同时乙转为两手向甲按去,甲以左臂掤承对方的按势,同时甲顺势上体开始左转。(推手图1,黑衣者为甲,白者为乙;甲为掤,乙为按)

2. 甲顺对方按势身体左转,并随着后坐,左腕仍掤住对方左掌按劲,以右腕黏于对方左肘,向左捋出;捋时右臂外旋;乙即将右手离开对方左肘移至自己的左肘内侧。(推手图2,甲为捋式)

3. 乙顺对方的捋势以右掌附于自己的左肘内侧,向甲胸部挤出,同时弓足右腿;甲顺乙之挤势,腰部右转,两臂内旋。

(推手图3，乙为挤式）

4. 甲顺对方的挤势，腰部继续右转，身体转至正对乙方，同时两臂继续内旋，并以右手接住乙的右手，左手下沉落于对方近肘部的小臂处，两手同时前按，并屈右腿前弓；乙即以右臂掤承对方的按势。（推手图4，甲按，乙掤）

然后，乙上体右转，以左手黏甲右肘右捋；甲再以左手附于自己右肘内侧前挤；乙即转为按式，甲又复以左臂掤接，如此循环互推。如果上肢向相反方向转动，动作同前，惟左右相反。

图 1

图 2

定步推手要求彼此各在挤足时，恰是步子弓足的时候，在捋足时恰是后坐到点的时候（如果挤时后坐和捋时前弓，都是错误的）。掤与按在弓、坐两者之间。

图 3

图 4

活步推手

活步推手，是两人用掤捋挤按四种手法，配合着前进后退的步法进行的循环练习。步法分为合步与套步两种。

1. 合步步法：假设甲乙两人都是左足在前作双搭手为开始（活步推手步法图之图 1 甲的起点）。假设甲退乙进。甲稍向前提右脚向后仍落于原地；乙同时稍向后提回左脚向前仍落于原地。接着甲退左脚，乙进右脚，甲再退右脚，乙进左脚（步法图 1 甲。看来似乎甲退三步，乙进三步，其实第一步不过稍提腿后仍落于原地）。然后转为乙退甲进（步法图 1 乙中的起点，

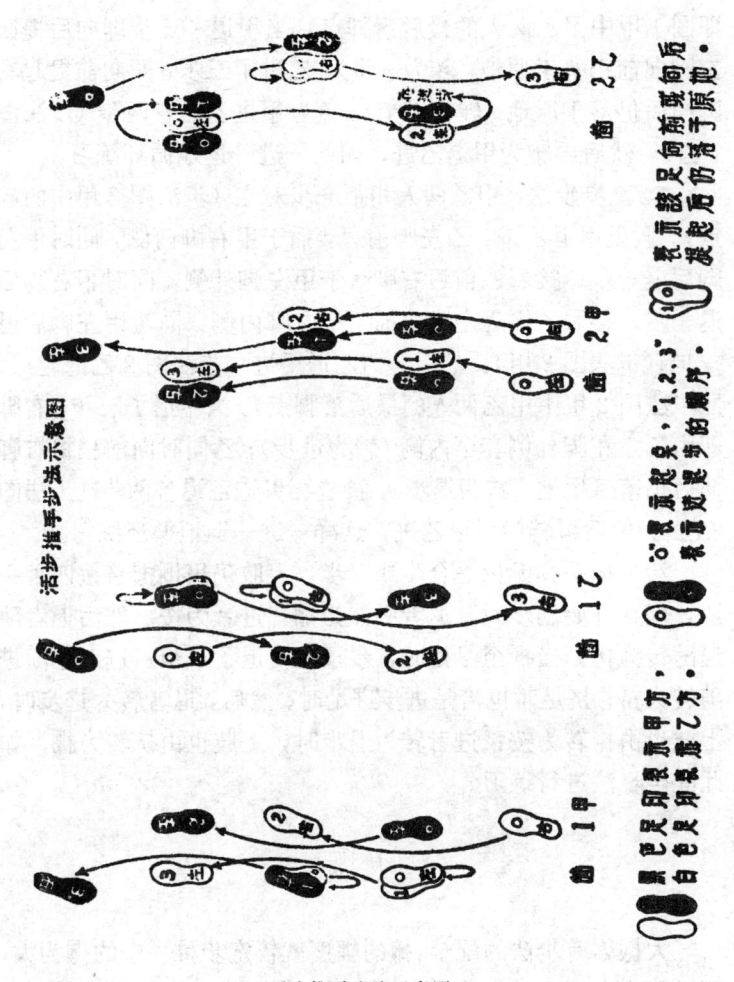

活步推手步法示意图

即图1甲中甲乙两人的最后落脚点)。当甲退了三步即向后提回左脚向前仍落于原地(转为进步),乙进了三步,即向前提起右脚向后仍落于原地(转为退步)。接着甲进乙退各两步(步法图1乙),然后再转为甲退乙进,如此一进一退地循环练习。

2. 套步步法：甲乙两人相距一步对立(步法图2甲中的起点)。假设甲退乙进,乙左脚前迈,插于甲右脚内侧,同时甲左脚后退一步;接着乙前迈右脚落于甲左脚外侧,同时甲右脚后退一步;接着乙再迈左脚仍插于甲右脚内侧,同时甲左脚后退一步(步法图2甲)。然后转为乙退甲进(步法图2乙的起点,即步法图2甲中甲乙两人的最后落脚点)。当甲退了三步,右脚即由乙之左脚外侧套至内侧(转为进步);乙同时向前稍提右脚向后仍落于原地(转为退步)。接着再甲进乙退各两步(步法图2乙)。然后再转为甲退乙进,这样一进一退地循环练习。

活步推手,无论是合步或套步,上肢仍用掤捋挤按四种手法,但在开始动步时,退者必然为掤,进者为按。然后退者随退随转为捋,当捋至尽处时,步子也恰退了三步;进者也随进随转为挤;挤足时也恰是进步进足时。然后,退者转为进步时,上肢也由捋转为按;进者转为退步时,上肢也由挤转为掤。如此配合步法进行练习。

大捋

大捋因有步法的配合,捋的幅度就较定步推手中的捋为大,所以称为大捋;又由于大捋步法的方向是朝着四个斜角的(参看大捋步法方向示意图1—4的整个趋向),因此又称四隅推手法;又因它的主要动作是捋和靠,在每个循环中,两人合计有四个捋和四个靠的动作,所以也叫做四捋四靠。其动作如下:

大挒步法方向示意图

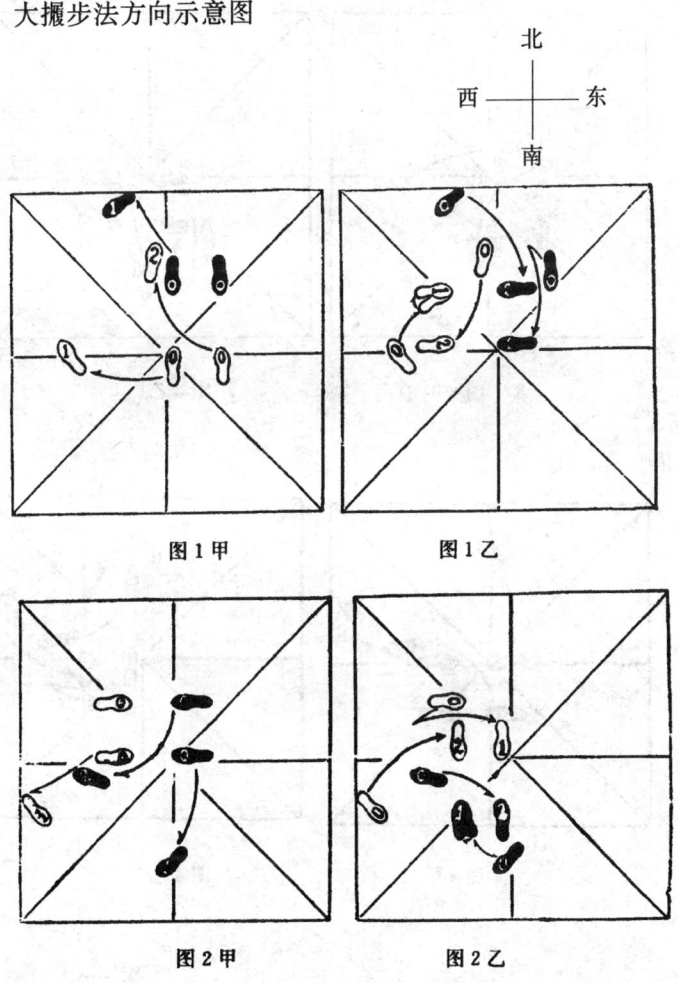

图1甲　　　　　图1乙

图2甲　　　　　图2乙

图 3 甲　　　　　　　图 3 乙

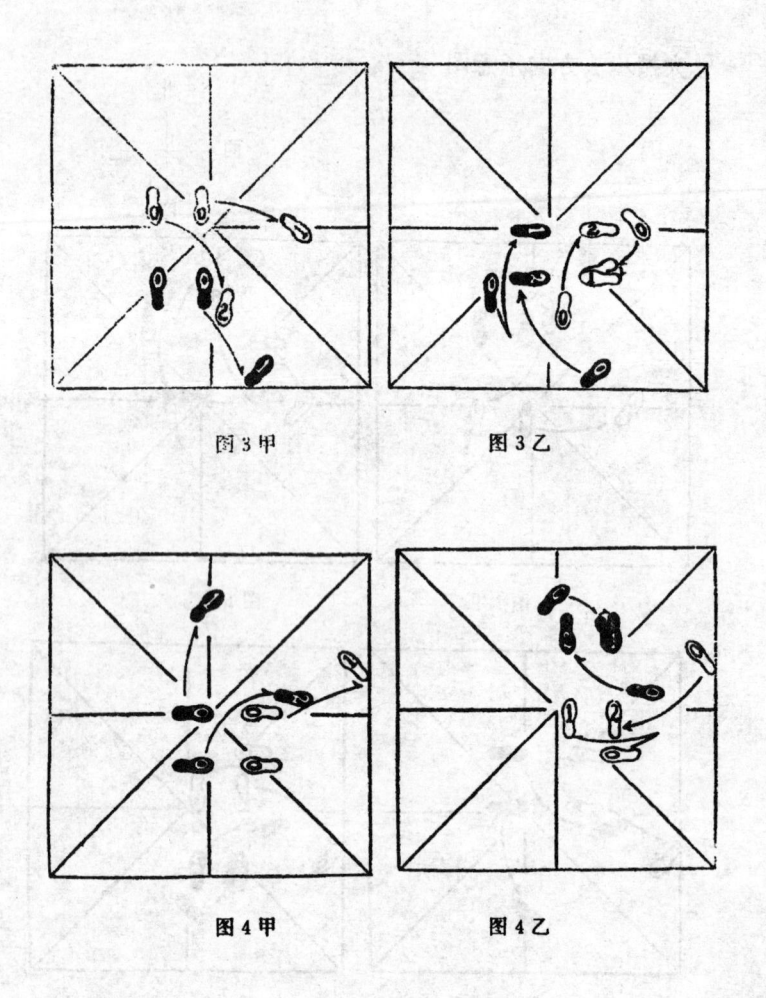

图 4 甲　　　　　　　图 4 乙

1. 两人南北对立：假设甲向南，乙向北，两人成右手腕相交叉的双搭手，并假设甲挒乙靠，甲退乙进。乙转 为双手按甲右小臂，甲以右小臂掤住（大挒图1，动作说明中是右势，图中为左势）。甲右足向西北斜方退步，身体右转；同时，翻右手采（虚握）乙右腕，并以左小臂（近腕部的尺骨一侧）黏乙右上臂（近肘关节处）向右挒去。在甲退步的同时，乙向西（稍偏北）横跨左足，顺甲采挒之势，迈右足插于甲之裆间；同时左掌移附于右肘内侧，以肩部向甲胸前靠去。（步法见大挒步法方向示意图1甲，姿势见大挒图4，图中杨澄甫为乙。大挒姿势参考图共5幅，皆根据杨澄甫原照所描，由于没有过渡动作的图照，难以连贯，但左右挒靠之姿势皆有，所以附作参考。其中图5一幅更为难得之照，也一并附上）

2. 甲左小臂随腰下沉，以化开乙之靠劲，并以右手向乙面部一闪。（大挒图3，杨易为甲。此图乙的姿势未靠足，步型应该与大挒图4中杨澄甫同）

大挒图1

大挒图2

3. 乙即以右腕接甲之右腕，左手同时移黏于甲右肘上，与

大捋图 3

大捋图 4

大捋图 5

甲两人仍复为原来右手腕相交叉的双搭手式。乙在接甲右腕的同时,上左脚,即以左脚掌为轴向右转体,退右脚,与左脚并立,转为面朝东。甲也同时左脚稍提回即向南扣脚尖落步,体右转,并右步,转为面朝西。(大捋步法图1乙)

大捋的每一循环需走四个斜角,上述的甲退乙进、甲捋乙靠,走完了一个斜角,完成了第一次捋靠的动作。接着第二次捋靠是乙退甲进、乙撅甲靠(动作同上述,惟甲乙互易,乙之退步方向为西南。大撅步法图2甲),乙转为朝南,甲朝北(大撅步法图2乙)。第三次又是甲退乙进、甲撅乙靠,再转朝东西。(动作同第一次,惟方向不同。大撅步法图3甲、乙)。第四次又换为乙退甲进、乙撅甲靠,仍复原为甲朝南、乙朝北(动作同第二次,大撅步法图4甲、乙)。如此反复循环练习。

　　上述动作是由右手腕相交叉的双搭手开始,所以无论甲或乙所走的撅和靠,都是右撅右靠。如果要走左撅左靠,可换为由左手腕相交的双搭手开始,按前述动作左右相反即成(大撅图2和5)。练习时可左右轮换。

　　大撅的手法有采挒肘靠四种。在练习中采(同时撅)和靠的动作表现得很明显,挒和肘并没有表现出来,只有在变化中才会运用出来。

　　挒法——按杨澄甫所著《太极拳体用全书》中,大撅四隅推手解里对"挒"是这样解说的:"……握乙之左腕是为采。右手不动即为切截。一变便为挒。挒者即撇开乙之左肘。向乙领际以掌斜击去。"这是以甲左挒、乙左靠的动作来讲解的。甲以左手采乙左腕,同时以右小臂(近腕部的尺骨一侧)黏于乙左上臂(肘关节稍上处)左撅;如果"右手不动"即以尺骨一侧"切截"乙之左肘关节;如果"一变便为挒",就是右手"撇开乙之左肘",以右手大拇指一侧的手背"向乙领际以掌斜击去"。因之,挒的动作在练习时并不表现出来,只有在意念中或变化时有挒的动作。这样,当以用手背的侧击为"挒"。此外,另有两种说法:一种是以闪为挒掌;另一种是,当甲左撅后,接着右肘下沉、右带化开乙之靠劲作为挒。

　　肘法——也是在意念中或在变化时有肘的动作,就是当甲左撅以右小臂切截乙左肘,乙即将左肘折迭于甲之右小臂上侧,用肘尖向甲胸部顶去，作为肘的动作。按《太极拳体用全书》中"采势。甲左采而变为闪。右仍为切截，乙以左肘折住"（人民体育出版社，1957年7月第1版，第42页）之句来看，也是被挒者折肘以使用肘法。但另有一说是挒者使用肘法，就是当甲左挒、乙左靠之时，甲用右肘下沉化开乙的靠劲这一动作，作为肘的动作。

大挒虽说是采挒肘靠四种手法，其实兼有掤、捋、挤、按的手法。关于掤、捋和按，详见前大捋动作说明。挤在被挒者使用靠法之前，含有挤意。另外在变化中，挒者也可使用挤法，就是当甲左挒后仍以右小臂黏于乙左上臂，松开下采的左手移附于右腕处，即成挤式。

附 录

一、太极拳论

王宗岳

太极者无极而生。阴阳之母也。动之则分。静之则合。无过不及。随曲就伸。人刚我柔谓之走。我顺人背谓之黏。动急则急应。动缓则缓随。虽变化万端。而理为一贯。由着熟而渐悟懂劲。由懂劲而阶及神明。然非用力之久。不能豁然贯通焉。虚灵顶劲。气沉丹田。不偏不倚。忽隐忽现。左重则左虚。右重则右杳。仰之则弥高。俯之则弥深。进之则愈之。退之则愈促。一羽不能加。蝇虫不能落。人不知我,我独知人。英雄所向无敌。盖皆由此而及也。斯技旁门甚多。虽势有区别。概不外乎壮欺弱。慢让快耳。有力打无力。手慢让手快。是皆先天自然之能。非关学力而有为也。察四两拨千斤之句。显非力胜。观耄耋能御众之形。快何能为。立如枰准。活似车轮。偏沉则随。双重则滞。每见数年纯功。不能运化者。率自为人制。双重之病未悟耳。欲避此病,须知阴阳。粘即是走,走即是粘。阳不离阴。阴不离阳。阴阳相济。方为懂劲。懂劲后。愈练愈精。默识揣摩。渐至从心所欲。本是舍己从人。多误舍近求远。所谓差之毫厘。谬以千里。学者不可不详辨焉。是为论。

长拳者。如长江大海。滔滔不绝也。掤捋挤按采挒肘靠。此八卦也。进步退步左顾右盼中定。此五行也。掤捋挤按。即乾坤坎离四正方也。采挒肘靠。即巽震兑艮。四斜角也。进退顾盼定。即金木水火土也。合之则为十三势也。

二、十三势歌

(作者待考)

十三总势莫轻视。命意源头在腰隙。变转虚实须留意。气遍身躯不少滞。静中触动动犹静。因敌变化示神奇。势势存心揆用意。得来不觉费工夫。刻刻留心在腰间。腹内松静气腾然。尾闾中正神贯顶。满身轻利顶头悬。仔细留心向推求。屈伸开合听自由。入门引路须口授。功夫无息法自修。若言体用何为准。意气君来骨肉臣。想推用意终何在。益寿延年不老春。歌兮歌兮百四十。字字真切义无遗。若不向此推求去。枉费工夫贻叹息。

三、十三势行功心解

武禹襄

以心行气。务令沉着。乃能收敛入骨。以气运身。务令顺遂。乃能便利从心。精神能提得起。则无迟重之虞。所谓顶头悬也。意气须换得灵。乃有圆活之趣。所谓变转虚实也。发劲须沉着松静。专主一方。立身须中正安舒。支撑八面,行气如九曲珠。无往不利(气遍身躯之谓)。运劲如百炼钢。无坚不摧。形如搏兔之鹄。神如捕鼠之猫。静如山岳。动如江河。蓄劲如开弓。发劲如放箭。曲中求直。蓄而后发。力由脊发。步随身换。收即是放。断而复连。往复须有折迭。进退须有转换。极柔软。然后极坚刚。能呼吸。然后能灵活。气以直养而无害。劲以曲蓄而有余。心为令。气为旗。腰为纛。先求开展。后求紧凑。乃可臻于缜密矣。

又曰。彼不动。己不动。彼微动。己先动。劲似松非松。将展未展。劲断意不断。又曰：先在心。后在身。腹松气敛入骨。神舒体静。刻刻在心。切记一动无有不动。一静无有不静。牵动往来气贴背。而敛入脊骨。内固精神。外示安逸。迈步如猫行。运劲如抽丝。全身意在精神。不在气。在气则滞。有气者无力。无气者纯刚。气若车轮。腰如车轮。

四、太极拳论

武禹襄

一举动,周身俱要轻灵。尤须贯串。气宜鼓荡。神宜内敛。无使有缺陷处。无使有凸凹处。无使有断续处。其根在脚。发于腿。主宰于腰。形于手指。由脚而腿 而腰。总须完整一气。向前退后。乃能得机得势。有不得机得势处。身便散乱。其病必于腰腿求之。上下前后左右皆然。凡此皆是意。不在外面。有上即有下。有前则有后。有左则有右。如意要向上。即寓下意。若将物掀起而加以挫之之力。斯其根自断。乃坏之速而无疑。虚实宜分清楚。一处有一处虚实。处处总此一虚实。周身节节贯串。无令丝毫间断耳。

433

五、打手歌

王宗岳修订

掤撅挤按须认真。上下相随人难进。任他巨力来打吾。牵动 四两拨千斤。引进落空合即出。粘连粘随不丢顶。

吴式太极拳

重印说明

本书是已故作者徐致一编著的。

书中介绍了著名拳师吴鉴泉（1870—1942）的拳式。拳式的动作插图，其中六十余幅是根据吴鉴泉的遗留拳照绘制的；另五十幅是按照吴先生弟子赵寿村补充的拳照绘制的。补充的拳照有些是拳式过程中的衔接动作，不是已经静止的定式，可能有与定式不尽符合的地方，这点应加以说明。

有关拳术的理论部分，是作者根据吴鉴泉先生的传授论述的。其中有关自然科学部分是作者个人的心得体会。

吴式太极拳以柔化为主，作者只从柔化方面论述太极拳的拳理和拳法，但不否认太极拳其他方面的有关理论。

原书在编写过程中，作者曾得到赵寿村、吴耀宗、陈振民、张达泉、郭启通、孙润志、杨炳诚、杨孝文、丁晋山、丁德山、程锡甫、陈觉吾、朱廉湘、周元龙等的帮助。

这次重印只改写了《吴式太极拳简介》，对原版本的内容未作改动。书中不妥之处，希读者提出意见，以便不断改进和充实。

人民体育出版社编辑部
1996 年 4 月

吴式太极拳简介

吴式太极拳是从杨式太极拳所传的拳式发展创新的。杨式太极拳原有大架和小架之分,吴式太极拳是在杨式小架拳式基础上逐步修订的。吴式太极拳始于满族人全佑(1834—1902),后经其子吴鉴泉(从汉姓吴,1870—1942)加以改进修润而形成一个流派。

吴式太极拳以柔化著称,动作轻松自然,连续不断,拳式小巧灵活。拳架由开展而紧凑,紧凑中不显拘谨。推手动作严密、细腻,守静而不妄动,亦以柔化见长。

书中介绍的系吴鉴泉晚年所传授的拳式。

第一章 太极拳的优点

武术的各种套路在锻炼上都有特殊的要求。由于它的锻炼要求限定在某些方面，就必然不能兼顾到其他方面，所以任何一项武术都有它的优点，也都有它的缺点。太极拳是一种柔性武术，按照它的方法来进行锻炼，在疗养作用上和柔化功夫上，当然有它的特点；但在扩大肌肉和发展外壮功夫的方面，当然就不能和刚性武术相提并论。因此，说太极拳有优点，并不等于说太极拳没有缺点，也并不等于说这些优点只是太极拳所独有。总之，太极拳有它自己的特点是不可否认的事实。下面就根据它的特点来说明它的优点。

一、作为健身运动的几个优点

（一）**全面锻炼**：太极拳的动作有几个极为重要的特点，如柔软、慢、连贯、走弧线（即圆形动作）和一动无有不动（语见"十三势行功心解"），都是锻炼上绝对不可忽视的法则。后文还要分别细说。在这里只是拿一动无有不动的特点来证明它的全面锻炼的作用。大家都知道，游泳是需要手足和身体一起动作的一项运动，它已经被公认为有全面锻炼效果的运动项目之一。太极拳在动作时，凡是全身能动的部分，都需要参加活动,所以叫做一动无有不动。它的运动量虽然较游泳为小,但在全身动作的和谐上和细致上,却是有过之而无不及的。可见太极拳具有全面锻炼的优点。

(二)**内外兼顾**:太极拳在锻炼时,不但肌肉活动有各式各样的柔和动作,同时还要做好呼吸运动和横膈运动,来促进心、肺、肠、胃等内脏的机能活动。另外,由于每一个动作都用意识加以引导,使人精神集中,不起杂念,以至越练越纯静(即心境异常安静之意),也能使中枢神经系统进行更好的调节作用。这种锻炼方法,一面具有一般运动项目活动肌肉的好处,一面又吸收了静坐法调息养神的好处,所以能有内外兼顾的优点。

(三)**趣味浓厚**:太极拳的动作都走圆形或者弧形的线路,在初练架子时,不容易做好圆形动作,当然趣味较少。但练到后来,越练越熟,圆转如意的程度不断提高,便会发生浓厚的趣味。到最后,如能在圆形动作中,运用虚实变化和运动调息的功夫时,它的趣味也就更加层出不穷了(这种趣味对于推手也并不例外)。趣味浓厚能提高锻炼情绪,对促进健康很有好处,这也是太极拳所具有的优点之一。

(四)**陶养性情**:太极拳的动作要求柔和,要求轻灵贯串,又要求在动作中包含着"动中有静、静中有动"的意识作用,能使性急的或者性慢的练拳人在无形中接受影响,矫正原有的习惯。因为太极拳一面讲究灵敏,能使人提高敏感,一面又讲究沉静,能使人抑制浮躁。另外,在推手时,即使两人功力相等,但好勇斗狠的一方,往往受到更多或者更重的打击,这也能使粗暴的人收到潜移默化的效果。由此可见太极拳具有陶养性情的优点,在理论上和事实上也都有一定的根据。

(五)**人人可练**:太极拳动作柔和,速度较慢,拳式也并不难学,而且式子的或高或矮和用力的或多或少都可根据各人的体质而有所不同。由于它的运动量可大可小,不但年老体弱的人经常练习不致发生流弊;即使对于身体强壮或者从事剧烈运动的人也都是极为适宜的。推手虽是两人对练技击的方法,但由于太极拳以灵敏柔化为主,只要任何一方不用僵劲或者猛力,也决不会发生伤害事故。这些都是太极拳合于人人可练的优越条件。

(六) **医疗作用**:运动量较大的体育运动,消耗体力过多,弱者不能胜任,病后更不相宜。太极拳有它的种种特点,以适应病人的不同要求(但正在咯血或者出血的病人除外),所以能帮助病人在恢复和增进机能活动上获得显著的效果。我们对于疾病的发生,在很早以前,就有"气血不和"的说法。这句话,以前曾经被认为不可理解,其实是旧时的用语:以心代脑,以气代神经纤维,所以和现代学说难以相通。根据作者的体会,这句话原是包含着神经系统对于心脏血管系统的调节和支配不能统一的意义在内,所以内科中医用药时都是以促进病人的本能来治疗其自身的疾病;针灸医师和推拿医师也都是用刺激或者压迫有关神经的方法来达到医疗的效果。太极拳一面运用有效的动作来活动全身肌肉(当然包括神经纤维的活动在内);一面又运用深长的呼吸来调节心脏的机能活动和血液的流行;同时还要用意识引导动作,使人排除杂念,专心一意,在极其宁静的情绪下进行锻炼,都在于促使神经中枢对整个神经系统发生良好作用,以自己的本能来治疗疾病或者增进健康。

二、太极拳在技击上的几个优点

(一) **以柔济刚**:太极拳所以重柔轻刚,不仅仅是为了柔能克刚的道理,主要是怕人在技击上犯了"双重"的毛病。有人认为"两腿同时用力支持身体"就是"双重",以致在拳趟中取消了骑马式,这是不对的。甚至害人不浅。拳趟中用不用骑马式虽可由各人的要求来决定。但是把骑马式作为双重来解释,就难免要误人不浅了。所谓双重,是说与人交手时,既不肯用人刚我柔的走劲去引使对方落空,又不会趁势用"粘劲"去取得我顺人背的优势,只知道遇人用力我也用力,见人抢先我也抢先,结果是力小输给力大的,手慢输给手快的,这并不是对方武艺高强,而是自讨苦吃。王宗岳太极拳论对于这一点说得非常明白,原可由学者自己去领悟,但恐双重之说误解越来越深,所以趁此机会略为解释。双重的毛病,简单说来,就是只知用刚不知用柔的毛病。须知两人交手都用刚劲,劲小者必受制于劲大者,或者两败俱伤。太极拳处处讲柔化,首先在避免这种不必要的或者不利于自己的冲突。但是在交手时,如果只知退避而不会进击,就与刚柔相济和以柔克刚的道理不相符合了。太极拳之所以称为太极,主要在说明它的用劲是柔中有刚、刚中有柔,相当于太极的阴不离阳,阳不离阴的意义。曾听人说:专练柔化者不会发人(就是没有"发劲"的意思),这是错把"柔"与"发"分为两件事,并未懂得柔中有刚和刚中有柔的道理。太极拳的动作必须走弧线,就是为增进动作中的由柔转刚和由刚转柔的便利而制定的。在运用时,刚柔循环,无端可寻,它与一般直线击法的出入分明,绝不相同。也许有人要问:手快打手慢,大力打小力,不是更为干脆,何必要走迂缓的弧线呢?要知道一个人只相信自己的手快力大,绝不估计他人的更快更大而轻易出手,显然是从主观出发的冒险行动。他可以侥幸得胜,也可以一败涂地,在安全上是毫无保障的。太极拳处处用柔劲,首先在避免冲突中的无谓牺牲,以免一出手就遭到失败的危险,同时可以从柔化中去了解对方的虚实强弱,然后根据已经获得的优势而立即还击；如不当还击，也不致失手误伤。至于走弧线，粗粗看来，似乎比走直线为慢，但弧线动作可以随处转变，有时更比走直线为快，所谓"后发先至"就是从这当中得来的。这种"刚柔相济、攻守咸宜"的技击方法，是太极拳的基本优点所在，学习者应当特别注意。

（二）**以静待动**：太极拳的柔化方法虽然有攻守咸宜和保障安全的优点，如果用得不得其时或者不得其点，未能掌握对方的动向，还是难以得到充分效果的。因此，在应用时还须依靠"以静待动"的素养。根据前面的说法，可以想见太极拳的击人，并不主张采用"先下手为强"的主观手法，而是在听出（这是交手时的感觉，术语叫做听劲，是用身手的感觉去听对方的劲路）对方真正动向以后，用"后发先至"的还击方法。这种击法首先要求本人自己极度镇静，听任对方争先出手和出劲，不可着慌，必须等他发出劲来，方可还手。如来势较猛可用化劲引使落空，挒采二劲就可择一而用。如不要他近身，也可乘他未至而用掤劲截之。或者乘对方第一劲已过第二劲尚未发动的空隙而发劲击之。总之，要在对方不及转变或者陷入劣势的时候，给以迅速的打击。打手歌中所说："彼不动，己不动；彼微动，己先动"，就是指"以静待动""后发先至"而言。这一优点的作用主要表现在下面两个方面：一是待机而动，容易击中对方；一是万一击不中时，由于对方已处于被动地位，也不致受到对方的还击。

（三）**以小制大**：这是太极拳根据力学原理，利用一种动作（技击上叫做"着"）在对方的动作上，加上我的劲或者减少我的劲（从有劲突然变为无劲，术语叫做"空劲"，目的在使对方落空，外界所传说的：空劲打人，在太极拳中是没有这种劲的），使对方重心动摇，或者先"化"后"粘"逼使对方陷入不利的方位，然后趁势打击，绝对不用硬打硬进的手法。拳论中所说的"四两拨千斤"并不是夸大，因为在对方重心极度不稳的时候，只要轻轻一拨就会跌倒，原无需用很多力量。有时只要大声一喝，也能使对方因受惊而随势跌倒。因为人身也是物体，不能不受重心的影响，而人是能自动的，乘他自动而加以打击，他就比不动的物体更容易失去重心。这里面都有力学的根据，可以证明小力制大力的可能性，绝不是这门拳术另有其它神秘作用。体弱力薄的人如欲懂得一些技击上的道理，学习太极拳也最为相宜。

（四）**以退为进**：太极拳的用劲虽然千变万化，但总的说来，只有两个大字：一个是"走"字，一个是"粘"字（参阅附录的"太极拳论"）。走是柔化对方以保障自己安全的方法；粘是柔化以后乘机贴进以控制对方变动的方法。这两个方法，在应用时实在是一个方法的两面，学习者必须懂得"走即是粘，粘即是走"（语见"太极拳论"）的道理，方能尽其妙用。同时，做动作还要养成走弧线的习惯，须知"由走转粘和由粘转走"都是以圆形动作为基础，功夫越深，在应用时，弧线也就走得越短，甚至只有弧线的意味而很难看出弧线的动作。这种"曲中求直"（语见"十三势行功心解"）的方法，粗看起来，好似迂缓，但实际上则是"后发先至"的主要关键所在。至于走与粘所以要循环运用，简单说来，只是教人在交手时，先要顺着来劲的方向，用"走"法引使落空，以避免冲突（即是避免损伤），然后再顺着走化以后的余势，随即用粘法遏制对方的转变，以造成我顺人背的优势。此时，如果对方还想勉强挣扎，便可越粘越紧，使对方身体失去平衡，若再趁势发劲，对方在劣势下无法还手，很难逃避打击。如果我的粘法遏制不住对方，便不可冒昧发劲，应当放任对方转变，并继续用走用粘，去造成优势，方可发动打击。当然，功夫较高的技击家，只要用一次走粘便能把对方击中。但在练功时，应在循环运用上去力求熟练，以养成"以退为进"的习惯，方能在应用时得到有胜无败和虽败不伤的保障。这与硬打硬进缺乏安全保障的方法来比，就不难看出以退为进的方法，确是技击上一个极大的优点。

　　本章主要在说明太极拳的性能和趣味所在，并不打算把它夸大为万能的武术，因为柔性武术偏于修养的作用，在发展肌肉和锻炼外壮功夫方面是不能与刚性武术相比拟的。

第二章　太极拳在行功时的心理作用

在任何一项体育运动里，每一个动作，都需要用力，而且有一定的要求。如果没有人的意识通过神经中枢起着支配作用，那是绝对不可能出现任何一个动作的。各项武术，虽然都是以摹仿技击动作为主，但是在要求上有刚、柔、快、慢和其他不同的特点，所以在练习时，还要根据各人的不同要求，用意识去想象每一个动作的技击作用。可见练习各项武术都需要"用意"，并不是只有太极拳才重视这个法则。那么，太极拳为什么特别要强调"用意不用力"这一个特点呢？这是因为太极拳的用力与其他武术的用力有所不同，所以在"用意"上也显得格外重要了。现在先从动作与意识的结合来说，太极拳的动作是一种柔软轻松的慢动作，与刚强有力的快动作截然不同。这两种动作，在要求上，既然有一刚一柔和一快一慢的巨大区别，那么，在练习时，虽然以同样的技击动作作为对象，但是所作的想象，为了符合动作的要求，就不可能采取同样的内容：一则以动作刚快为主，自然应当"从抢先进攻"去想象它的技击作用；一则以动作柔缓为主，自然应当从"先化后打"去想象它的技击作用；它们都有各自的因果关系，不可随意变更。同时，太极拳的慢动作，对接受意识的支配来说，还有它更重要的作用：刚强有力的快动作，由于速度高，它只能在动作的起讫

（止）两点，甚至只有其中的一点，受着意识的支配（一发必须发足，一收必须收足，在中间没有回旋余地）；太极拳由于动作柔和缓慢，不但在一起一迄的动静两点上，受着意识的支配，即在由动而静和由静而动的任何一个过程中也处处接受意识的引导，想停则随处可停，想进也随处可进。这种练法，在技击上，主要有两个作用：一是教人在运动时作不断的想象，把技击功夫提高到"神明"阶段，换句话说，就是利用精神力量（即心理作用）来影响肉体上的种种锻炼；一是在于养成不妄动的习惯，使人在交手时，不至于不自觉地做出毫无作用的动作。上面主要在说明两种技击动作的不同处，下面再把精神影响肉体的道理，略为介绍，以供初学者参考。

关于精神能够支配肉体的事例，是不胜枚举的。最常见的，如意志坚强的人在工作上或者事业上往往不怕任何艰难，百折不挠。更显著的如一些具有坚强意志的革命志士，在任何遭遇中，都能够忍受生活上或者肉体上的任何痛苦而决不屈服，这都可以证明精神力量的伟大作用。再拿小事情来说，一个人在异常高兴的时候，往往会觉得眼前的东西样样可爱，胃口也会比平常好些；如果遇到忧伤的事情，就会发生相反的现象，这也可以证明生理作用受着心理作用的影响。这是因为我们人的神经系统从中枢到末梢是一个整体。身体同外物相接触或者受到刺激的时候，首先是引起神经末梢的感觉，感觉对于所接触到的东西并无认识的能力，在感觉以后，立即由神经末梢的波动，通过神经纤维而传到神经中枢，方能发生想象作用而有所认识，这就叫做知觉。知觉是人们的种种观念的发源地。观念与运动中枢的关系极为密切，如有时我们心里刚想拿一件东西，还没有想到对象，手便举了起来；或者在看到梅子的时候，并没有尝到酸味，口里也会充满涎水，这都是观念对运动中枢发生作用所引起的反射现象。动作上的所谓熟能生巧，实际上，就是上面所说的反射作用。此外，研究精神治疗的人能够应用催眠术治疗疾病或者矫正习惯，也是利用本人的心理作用来达到医疗效果的。有时，我们还无须运用催眠术，只要用言语鼓励也能发生效力，如最近所看到的一篇文章中说：有一个十二岁的女孩，重病后很久还不能行走，妨碍她独立行走的主要原因，是她不相信自己再能站起来走路，后来在大家的劝说和鼓励下，她终于试着练走，结果能走了，医生不用外科手术而用心理治疗，是在培养她对恢复走路能力的信心（大意如此，不尽是原文），就是一个很有力的证明。最近在体育参考资料上还看到一则消息："苏联专家在研究将催眠术用到体育上去的可能性，滑雪中的跳台运动员在练习中已运用催眠术"，这更可以证明心理作用与体育运动的密切关系了。初学太极拳者必须懂得上面所说的道理，才能深刻了解用意不用力的作用。

　　太极拳在"十三势行功心解"里，一开首就有"以心行气"、"以气运身"等语，虽然是行功时很重要的一个法则，但是，初学者往往不易领悟。其实，上一句里的"以心"二字应当作为"用意"来解释，是大家都想得到的，在"太极拳论"和"十三势歌诀"里也一再提到这个"意"字。所难懂的，只是在"行气"和"用气"这一个问题上。这个"气"究竟是什么东西呢？这是因为我们的先辈对于身体里面有神经中枢、神经纤维和神经末梢的物质存在，以及它的生理作用都还没有明确的认识。总以为人的动作是一种"气"或者一种"神"在内部发生作用，术语上所常用的"内练精气神"就是从这个认识而来的。拿我们所知道的生理知识来说，这里所指的"气"决不是与呼吸有关的气，应当作为遍布全身的神经纤维和神经末梢来解释。因为人身的动作和内脏的活动都是这些东西在接受神经中枢的命令以后所发生出来的作用。可见以心行气不过是运用意识的意思，再与"以气运身"一语相结合，就能说明意识与动作的主从关系。前人是把"气"看做神经系统以外的一种东西，所以分作两句话来说明行功的方法，这是首先应当看清楚的。

上面一段主要在肯定太极拳在行功时的心理作用，至于太极拳如何把心理作用结合到动作上去，还得细说一番。在第一章里，我们已经知道太极拳的动作有不少特点，我们根据这些特点来进行锻炼，当然也能够在健康上和技击上得到很好的效果。但是，太极拳的创造者是把精神锻炼和肌肉锻炼看做同样重要，甚至还把前者看得更为重要。同时，由于前人深信精神能够支配肉体的道理，所以在锻炼方法上还要提出"用意不用力"的最高法则，使所有动作在意识的不断影响下，能够发生精神力量，以提高太极拳的运动效果。"十三势行功心解"在"以心行气"、"以气运身"等话之后，紧接着还有"精神能提得起，则无迟重之虞……，意气须换得灵，乃有圆活之趣"等语，也都是以精神来影响动作的说法。因此，我们在练习太极拳的时候，并不是单单从姿势上和动作上去满足有形的要求，必须同时在动作上和姿势上加上一定的想象，并且要确信每一个想象一定能够在动作上产生预期的效果。这一个方法，作者在三十年前曾经给它取了一个名称，叫做"想当然"，只是利用它的词面，不是采取它的原意，作者是作为"一切想象都有当然效果"来解释的。譬如"以心行气"和"以气运身"这两个不可捉摸的动作，都是无法表演的，我们只有按照拳论的指示，用自己的想象去肯定它的作用和效果。又如"以心行气"句下还有"务令沉着"一语，既然太极拳是不许用力的，那么，我们也只有在动作上作沉着的想象，以符合拳论的要求。另外还有"气沉丹田"、"气宜鼓荡"等要求，虽然可以从动作上得到一定的帮助，但是在行功时，也不是用力去鼓气或者用力去沉气，只是在意识上作应有的想象而已。上面所说的想象，说起来虽然简单，但其效果却不是一下子就能得到的，必须在不断的锻炼中和不断的想象中使自己的精神先受一种催眠作用，方能在生理上发生一定的影响。"十三势歌诀"里所说的"势势存心揆用意，得来不觉费工夫"和"功夫无息法自修"等语，都足以证明这一方法久练自然见功的道理。在技击上，太极拳就是依靠这种锻炼方法，来养成中枢神经的反射作用，使人在交手时，只要凭着感觉或者凭着想象，无须通过知觉的分析作用，便能发出适当的动作而取得胜利。这种现象，在我们的手工操作上，有的人能够练成惊人的技能，也是同样的道理。

由于"用意不用力"是太极拳里最为重要的一个法则，所以，作了较多的说明。但这一法则要说得很透彻实在也不容易，作者限于水平，只能说到这里为止。

第三章　太极拳在动作特点上的生理作用

　　上一章所说的心理作用，实际上也就是生理作用，原可列入本章范围以内一起说明，因鉴于这一特点——"用意不用力"是太极拳各项特点中最为突出的一个特点，并且需要较多的解释，所以另立一章，并不是把它撇出在特点之外。太极拳的各项特点，有些表现在动作方面，有些表现在姿势方面，都是锻炼上的重要标准，在后面的练习方法里当然还要分别说明其内容，本章为了避免重复，只是把这些特点的生理作用略为介绍，以供学习者参考。

一、表现在动作方面的几个重要特点

　　（一）**柔**：在武术中有专练刚劲的，也有先练刚劲后练柔劲的（如形意拳有明劲、暗劲和化劲的分段），太极拳则始终以锻炼柔劲为主，所以是一种柔性的武术。柔的好处是用力较少而不使肌肉过于紧张，从扩大肌肉、增强体力来看，虽属效果较小，但在运动时不致使呼吸过于急促，也不会消耗过多的体力，对身体较弱或者患病初愈的人来说，则是一种适应生理要求、不致发生流弊的保健动作。

（二）**缓**：练刚劲或者练明劲，在动作上，都需要快而有力。练柔劲也有用快动作的，但太极拳则是以慢动作为主，所以"缓"也是太极拳的一个动作特点。缓与柔，在动作时，是密切配合的。它对于调和呼吸具有更积极的控制作用，同时也是节制体力消耗的一个有效方法。另外，对于"用意识引导动作"的运动方法，它也起着极为重要的阶梯作用，这是太极拳必须用慢动作的主要原由。

（三）**松**：太极拳，从保健方面来说，是一种"在运动中兼修静坐功"的锻炼方法，在术语中叫作"动中求静"。因此，在练拳时，绝对不许有丝毫强项、努目、挺胸、拔腰等紧张姿态。不但在动作上最有关系的手腕、臂、肩首先应当放松，即在胸、腹、腰、背等处也必须做到无处不松，方为合法（下肢要承载体重，虽然不能求松，但也要力求自然）。这样做，首先可以不引起情绪上的紧张，其次在使腹呼吸和横膈运动不受牵制，可以发挥更大的作用。它与上面所说的柔缓两动作相结合，成为三位一体，是太极拳一切动作的基础动作，也是练太极拳的人所以能够在平淡无奇的姿势中得到健康效果的关键所在。

（四）**和谐**：绝大多数的武术项目，在动作上，都讲究和谐，在术语上，一般叫作内三合、外三合，总称六合，太极拳当然也不会例外。但太极拳所要求的和谐，必须是：全身各部分，从头到脚都能与手所指示的动作密切配合，做到"一动无有不动"，成为完整一体的样子。不但在动作上的进退起落、上下左右要处处互相呼应、十分和谐；同时在呼吸方面和意识方面，也要尽可能地与每一个姿势的虚实动静相结合。它的作用，首先在使全身各部分，在每一个动作中，都能得到同时运动的机会；其次是利用动作的完整性来促进腹呼吸的鼓荡作用（即拳论所谓"气宜鼓荡"）；同时，对于上面所说三个基础动作的适当配合，也能起着极为自然的调节作用。由于太极拳所要求的和谐不同于一般和谐，所以在动作上也成为一个重要特点了。

（五）**连贯**：这是指整套太极拳在各个拳式之间，或者各个动作之间，都要前后衔接，不可在衔接处有显著的停顿或者露出断续的痕迹（在无形中用意识表示虚实轻重者不在此限），务使全部动作，节节贯串，绵绵不断，如同一气呵成一般。例如体操或者简单的武术动作，都是做完一式再做一式，各式之间不相衔接，恰恰与此相反。这一特点主要在使各个式子的和谐动作连接起来，形成一种自然的节奏，来提高动作的效果。拳论中所说"如长江大海，滔滔不绝"，就是指这种景象而言。另外，这种有节奏的连续运动，由于动作异常细致，还具有逐步引人入胜的浓厚趣味，可以提高练拳人的情绪，在生理上，当然也会引起良好的作用。

（六）**圆形动作**：一般锻炼身体的动作，绝大多数是走直线的，而太极拳则个个动作要走弧线，由于动作的前后连贯，弧线往还相接，自然就成为圆形动作了。圆形动作的好处，不但对于上述各特点的完成要求起着积极的作用（不走弧线是不可能做到太极拳所需要的和谐与连贯的）；同时由于动作的圆转曲折，以及全身上下都有或大或小或明或暗的圆动作在和谐地进行，能使肌肉、骨骼和韧带同时得到适当而均匀的活动。所以在锻炼效果上，也不是任何直线动作所能相提并论的。当然，这一特点，还得与上述各特点相配合，方能发挥太极拳的运动效果，否则，就不过是一般的圆形动作了。

（七）**用意不用力**：这是说练拳时应当多用意识去影响动作，不要依靠多用力气去求得效果（完全不用力，是不可能的，少用力是可能的）。关于这一特点的生理作用和它的重要性，已在上一章详细说明，此处不再多说。

二、表现在姿势方面的几个重要特点

(一) **悬顶弛项**：悬顶在术语中叫做"顶头悬"，又叫做"虚领顶劲"，是说头顶与地平线应当保持垂直的姿势，如同头顶上有绳索悬着的一般。这样头部可以自然垂直，同时也不致于前俯后仰或者左右歪斜。悬顶不同于拔顶，所以在拳论中又有"虚领顶劲"的指示，教人不要故意拔顶。弛项与强项恰恰相反，是教人颈部不要用力，应当任其自然放松，以与悬顶相适应，太极拳要求全身都能放松，头部是神经中枢所在的地方，当然更不应有丝毫紧张。根据苏联生理学家巴甫洛夫的理论，我们应当相信，凡是使神经中枢受到良好影响的方法（神经中枢需要安静，不需要紧张），也就是使中枢神经系统对全身各个系统和器官的机能活动起着良好作用的有效方法。因此，我们对于太极拳的头部姿势不仅仅在于保持它的垂直，尤其重要的是在于注意它的松弛与自然。同时，我们还应当记着头部姿势的正确与否，对于全身整个姿势也有很大的影响。至于面容方面，当然也要听其自然：第一不要努目而视（不努目的呆视也要避免），否则，是与拳论"神宜内敛"一语不合的，同时也会使眼球的肌肉活动不够灵活；第二不要用力闭口，更忌使劲咬牙，鼻腔呼吸是符合卫生的好习惯，因此，闭口是必要的，但是口上用力不宜过大，那样会形成屏气不吐的毛病（练拳时如果呼吸太紧张是应当张口徐徐吐气的）；第三应当舌抵上颚，使唾腺分泌更多的津液，不但可以适应练拳时的润喉之需，使呼吸不致受喉头干燥的影响，同时有较多的津液咽入胃脏，对消化也有一定的帮助。

(二) **含胸拔背**：在生理上，身体的强弱与肌肉运动力的强弱有着密切关系。但肌肉有随意肌与不随意肌的区别，前者是与身体各部分的骨骼骨节相联结，在意识的暗示之下，能够随意伸缩；后者则是围绕在内脏的壁部，不受意识的暗示，而是由于本体的伸缩力自成运动。因此，可以想见不随意肌的肌肉活动，如专靠四肢运动，显然只能得到间接的或者较小的效果，如果要获得较大的直接效果，势非在躯干上另加适当的运动不可。太极拳的含胸拔背就是为达到这种效果的一个主要姿势。含胸与挺胸恰恰相反，挺胸是使胸部突出，含胸是使胸部收进，两者作用不同，可想而知。太极拳是以练习深呼吸（即术语所谓气沉丹田）为其主要运动之一，所以用含胸的姿势能使内部横膈有向下舒张的机会（含胸是随着动作而有所变动的，并不是固定的姿势），可以很自然的形成横膈式的深呼吸（吸气时腹部能自然收缩，呼气时腹部能自然舒张，与气功疗养法的逆呼吸相同），同时由于横膈的张缩，使腹腔和肝脏受到时紧时松的腹压运动，对输送血液和促进肝脏机能活动，当然也有良好的生理作用。至于拔背，原是随同含胸动作，背部自然弓出的一个姿势，能含胸自然也能拔背。它的主要作用在使脊柱的胸椎部分能够得到从前弓形〔）〕转向后弓形〔（〕的调剂活动；其次，是在运动时使肩背部分的肌肉得到更多的舒展活动。技击上所说的"力由脊发"，就是从这里练成习惯的。横膈式呼吸运动，对其他内脏机能当然也有一定的生理影响，本书不作专门研究，所以从略。

（三）**转腕旋膀**：在早先，作者也是把"沉肩坠肘"看作太极拳的特点之一，其实"不许寒肩"（即两肩耸起，如同畏寒之状，与沉肩恰恰相反）和"坠肘护胁"，原是一般武术所同有的规律，只能称为要点，不能称为特点。当然，太极拳的沉肩坠肘，在技击上还另有它的特殊作用，但也不过是运用上的不同，不能作为姿势上的特点而论,所以不列入本文以内。转腕旋膀(膀指小臂)的术语,虽是作者所创造,不见经传,但太极拳的动作是走弧线的,我们在绝大多数的上肢运动里,都可以看到"腕随掌转"和"膀随腕转"的细致动作,以与圆形动作相配合,这与一般刚性武术的上肢运动(手腕要固定有力,小臂的屈伸也很少旋转)是显然有别的。因此,我们有理由把它作为姿势上的一个特点。它在技击上是提高柔化作用的一个方法,同时它也增进了腕、肘、臂、肩各部在联合动作中的肌肉活动,都是一般直线动作所不能得到的运动效果。

(四)**展指凸掌**:太极拳名为拳术,其实握拳甚少而用掌特多。掌的练法,一般都讲究手指用力并紧,太极拳偏偏相反,要求自然舒展,既不许用力并拢,也不要故意伸开。可是在伸臂出掌到达终点的时候,特别是立掌前推的动作,却要把掌心用暗劲微微一凸(如不用暗劲,也要用意识在暗中同时表示),使指尖有一种感觉,如同有气贯注一般,在小臂上也会觉得肌肉微微紧张。这两个姿势虽都是很小的特点,但展指对放松肩臂起主要作用,而凸掌则与腹呼吸有密切关系(它是与沉气相呼应的),有一些练拳的人只注意展指而并不重视凸掌,在作者看来,是不够严格的。

(五)**弓腰收臀**:在拳论中有"主宰于腰"一语,在"十三势歌诀"里又有"命意源头在腰隙"和"刻刻留心在腰间"等语,可见太极拳是十分重视腰部动作的。我们前面谈到太极拳是走圆形的动作,可是这种圆形动作,并不是光用手画些圈子就算对了,腰部也必须有旋转动作去适应或者去带动身上其他部分的动作,才算合乎法则。明白了腰部动作应当与一切动作息息相关的道理对于上面所说的几句拳经也就不难理解了。弓腰即坐腰,也有叫做塌腰的,它是坐身时向下松腰使腰部向外弓出的一个姿势,与一般向上拔腰使腰部向里瘪进的姿势完全相反;这一姿势与含胸相配合,就是静坐法的坐身姿势。收臀是弓腰后臀部自然收进的姿势,与一般瘪腰突臀的姿势完全相反。弓腰收臀的作用,主要与沉气有关,也就是加强横膈式的呼吸运动;其次在保持尾闾(即尾骶骨,在脊柱的下端)的自然中正(突臀时容易扭臀常常要使尾闾中正受到影响),另外,由于身体重心能够稍稍降低,对于做好平衡动作,也有很大的帮助。

(六)**屈膝坐腿**:一般武术动作,在一腿向后伸出的姿势里都要求腿膝用力伸直,不许弯曲,但太极拳却以自然伸直为主,而同时又独多屈膝坐腿的姿势,为一般武术所少见。它的作用主要还是与沉气有关。由于在动作中采取了这样的姿势,使得膝胯两骨节的肌肉和韧带得到更多的伸展活动,在锻炼上,也有很显著的运动效果(初练太极拳时自觉腿上并未用力也会发酸即其明证)。另外,由于这一姿势,两腿一虚一实,在动作时不断交换,也避免了两腿同时用力容易疲劳的缺点。这一姿势,在过去并未作为特点,其实,它与含胸弓腰密切相配合,是极为重要的一个姿势,而且也是太极拳所必需的姿势,所以作者特地把它列了出来,以供初学者参考。

本章主要在于把太极拳的动作特点与健身有关的道理略微介绍,以供读者研究。至于其他基本动作当然也有增强体质的作用,但因为都是武术上的一般动作,所以不作说明。

第四章 太极拳在技击上的力学根据

用拳击人或者用掌推人，可以使对方身体受到力的作用而移动原有位置，有时，也可能因为用力不当，或者对方已有准备而没有得到预期效果。从力学来看，不问它们所产生的效果如何，都是符合于运动定律的必然现象。因此，任何一项武术，不论是刚性的或者是柔性的，只要用以击人的力确是一种物质的力，而且在两人中间发生作用与反作用的，都是同样受着运动定律的支配。同时也可以想见：这种运动定律，既不是太极拳所独有，更不是太极拳另有什么神通可以创造运动定律或者违反运动定律，只不过是久练太极拳有了成就以后，能够在运用上，或多或少地掌握着运动定律，以使力的作用符合于自己的要求。由于近年来还不免有一些人对于太极拳的技击术存着神秘的看法，所以作者先把上面的浅薄道理略微介绍，希望爱好太极拳者都能有正确的认识。其次，太极拳的技击手法变化多端，作者对于它的力学根据，也不可能一手一手的介绍，因此，在本章里，只是把较为基本的几个要点，根据个人的体会，作一些原则性的说明。

（一）**符合于力的作用时间和速度变化的规律**：习外功拳者握拳击人，出手快而用力大，但其效果只是使对方被击部分发痛或者受伤，除非用特别强大的力量，很难把对方身体击出或者击倒。这主要是因为出拳的目的大都在于击痛或者击伤对方，所以只求一击而中，根本上就没有在击中以后使"力"继续前进的意图。同时又怕所出之手受到对方伤害，往往抽手极快，以致打在对方身上的作用力，在受到对方反作用力的同时，就立刻消失了。这样的击法，只能击痛对方，不能使对方移动位置，乃是当然的结果。太极拳的击法，在出手的快慢和用力的多少上，虽然也要根据客观情况而有所不同，但所出之手与对方身体相接触以后，并不立即收回，而是有意识的向对方身上继续加力，以延长力的作用时间，使对方身体发生加速运动，那么，对方的身体自然要随着力的方向而变动原有位置了。这与牛顿第二定律："运动是在外力同一方向的直线上发生变化"和"动量的变化相等于力与时间的乘积"的原理，都是相符合的。太极拳的出手，总是在接触对方身体以后，开始伸臂发劲，也就是为了这个原因。为了使读者更能明了力的作用时间对物体速度变化的影响，特再举出下面两个例子，以供参考：①在天平的两个盘上各放相等重量的物体，使其平衡，此时，如用一根小玻璃管对重物迅速地打一下（击人时一击即回，即是这一类的击法），天平的平衡不会受到什么影响，但如把这根小玻璃管放到重物上去，这一头的盘立即下降，天平的平衡就被破坏了。②我们用大铁锤去击几尺见方的大石块时，如两手举硬柄的大铁锤用大力去击石块，因怕两手虎口被震痛，往往锤到石面立即松劲，由于力的作用时间很短，结果只能击碎石块的表面而不能使石块裂开；如果改用软柄的大铁锤（用藤或竹的软柄可免虎口震痛），两手使出同量或者较小的力去击石块，只要听任大铁锤重重落下，使石块受震（即是加长力的作用时间），石块就会分裂为二。太极拳中有所谓"内功"者就是与此相类似的击法，实际上，并不是力的本质的问题，而是力的作用时间的问题。

（二）**符合于物体惯性的规律**：从牛顿第一运动定律："物体不受外力不改变原有状态"，我们知道物体有保持自己静止或者运动状态的特性，这种特性，在力学上，叫做惯性。牛顿的第三运动定律又告诉我们："每一个作用总是有大小相等、方向相反的反作用，或者说，两个物体的相互作用总是大小相等方向相反的"，例如，枪炮子弹出膛时，枪炮一定要向后反撞，就是反作用力所造成的。至于物体惯性的例子，如人站立在电车里，电车突然停止，人就要继续向前晃动，甚至倾跌，就是物体惯性的一种表现。太极拳在出手时，总是以用力越少为越好，不肯立即用大力去打击对方，这样，首先就可以不引起太大的反作用力作用于自身。其次，在与对方身体相接触以后加力于对方身上时，如果对方用大力抵抗，我也能够很自然的立即松手，将力减少或者撤消，使对方身体受物体惯性规律的支配，不由自主地继续前进而失去平衡。这时，我就可乘对方重心不稳立即发劲击他；如对方身体向前倾并不甚猛，而正在用力挣扎，可以仍向原方向加力于对方身上；如对方前倾之势甚猛，便应当向左右或者相反的方向去加力，对方都是很容易被击出或者被击倒的。如果对方不懂太极拳，两脚往往不肯随势移动，在物体惯性的作用下，总是上身向前倾倒，而不是整个身体一起前进，所以要影响他自己的重心。练太极拳者，在这种情况下，必然要动步相随，以保持自己的平衡。如上面所举乘电车的例子，我们在遇到电车突然停止时应当趁势向前迈步以免倾跌，正是同样的道理。

（三）**符合于合力的原理**：在太极拳的击法里，凡是对方先出手向我攻击，最忌从相反的方向去用力抵抗，总是或多或少地顺着对方进击的方向,加力于对方力上,以产生更大的合力,使对方身体失去平衡,陷于不利的地位。这种击法,是以"柔""顺"为主,与硬打硬进的方法绝然不同,所以在效果上也有很大的区别。两人交手时,如果双方都用硬打硬进的方法,其结果虽然是手快赢手慢、力大赢力小,但力大手快者也未必能完全避免损伤。因此,练太极拳者,在习惯上,总是以静待动,并不抢先出手,即使出手在先,也只是引人出手,以便在接触中凭感觉去探知对方的虚实,然后乘机而作。如无机可乘,便立即交换手法,宁可一变再变,只化不打,决不冒昧进击以图一逞。当然,功夫较深者,也能一交手就击中对方弱点而使对方跌出,但在原则上,总是以利用合力、牵动对方重心为上。上面所说的"加力于对方力上",有时是化劲,目的在引动对方重心,有时是发劲,须用在对方重心不稳的时候。总之,都离不开顺着来力的方向及时加力,从合力上来提高打击的效果,这是借人之力以供我用的方法,也就是太极拳能够以小力胜大力的关键所在。为了使练拳者对合力原理有更多的了解,特在下面作一些力的合成图示,以供参考。

如图1:以 AB 线作为对方手臂向前发出的力量和它的方向,以 AC 线作为一般击法用力横击的力量和方向,那么,AC 横力和 AB 直力相加就是对方所受到的合力,如图中 AD 斜线

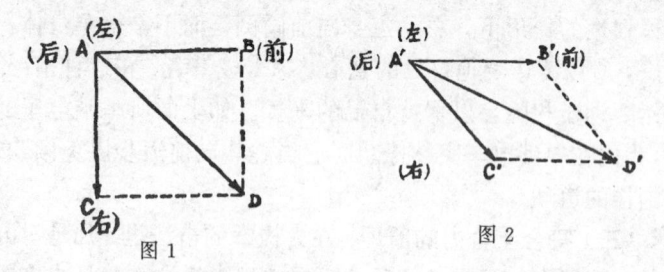

所表示的力量和方向。

如图2：A′B′线仍作为对方的直力（力量和方向与图1的AB线相同），以A′C′线作为太极拳顺着方向作用于对方的斜力（力量与图1AC线相同，方向不相同），那么对方所受到的合力，应当为A′D′线所表示的力量和方向。

如图3：A″C″斜力的方向比图2A′C′斜力更为斜些，那么，对方所受到的合力应当为A″D″线所表示的力量和方向。

从三个图所表示的情况来看：图1的AD合力小于图2的A′D′合力，而图2的A′D′合力又小于图3的A″D″合力，这与力学上力的合成原理所证明的"两个分力大小不变，两分力间的夹角越小，它的合力越大；夹角越大，合力就越小"都是相符合的。可见太极拳的上述击法与合力原理也是相符合的。有时在击法上，我们并不需要太大的合力，那么，我们可以将AC分力减少，如图4：AB线不变，AC线较短，而所得的合力AD则仍然与图1的AD相等，这也可以证明太极拳用力较小而收效较大的力学根据。

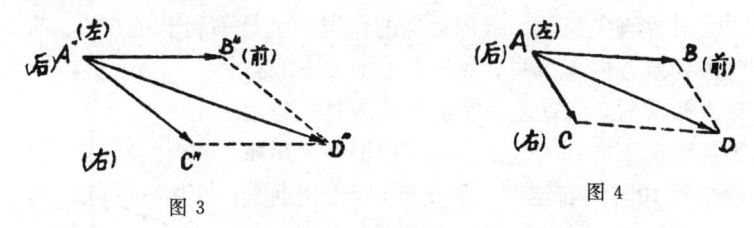

图3

图4

上面所说的是对方出手击我的例子。如果是由我出手在对方身上加力的时候，我们可以从下面三个图示来研究太极拳的击法。

如图5：EO线作为对方的胸部，AB线作为我用手掌向对方胸部直线前推的作用力。这样的用力直推，一则对方胸部有

图 5

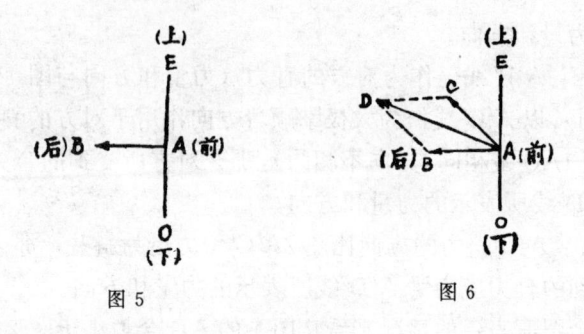

图 6

同量的反作用力作用于我身，二则我如努力前推，对方也可努力抵抗，在两不相让的时候，往往变成僵持的形势。如对方力大，反要将我顶回。按照太极拳的原则，如我不打算抽回手掌，就必须用图 6 或者图 7 所指示的方法去应付对方。如图 6：AB 线仍作为直推的作用力和方向，AD 线则作为我的手掌在直推的同时再用手掌和手指利用摩擦力向上加力的动作（即拳论所谓"若将物掀起……"的掀劲）。这时，向前向上两力合成 AD 合力，使对方受到更大的推力，而从合力的方向来看，也有同时使对方脚尖离地、身向后仰的作用，都是不利于对方的。有时遇到对方向下沉身，我的向上加力不能将对方掀动时，我就应当在前推的同时趁势用手指改向下方加力（手指向下抹也是利用摩擦力）。如对方右腿在身后支撑，应当偏向其左下方加力，如左腿在后则应偏向右下方加力。

图 7

如图 7：AD 是 AB（向前直力）与 AC（向下斜力）相合成的合力，它的方向与对方沉身的方向相顺，所以就容易推动对方身体了。假定用了图 7 的方法以后，对方依然顽抗而未被推动，那么，我就应当有意识地向 AC 方向稍稍加力，以逼使对方用力向上反抗，并立即转为向上加力（如图 6 所示），或者立即撤消手掌上的力量（这与利用物体惯性有关），使对方力的作用落空。如果对方不懂移步相适应的方法，或者突然之间不及动步挽救，身体便要向前倾倒而站立不稳，我于此时再加力于对方身上，就能得到预期的效果了。

（四）**符合于力偶原理**：凡两个平行力，大小相等、方向相反者，在力学上，叫做力偶。力偶不能产生合力，但能使物体旋转。在太极拳的击法里，如对方以右手击我左肩（或者以左手击我右肩，可以类推），我的左肩应当顺着来手的方向转身避让，使对方的力不受我身阻力而继续前进，同时，我立即以右手击对方的左肩，无须用很大的力，就能使对方身体旋转。如图 8：AC 作为对方伸手击我左肩时他右肩所受的作用力。当对方击着我时，我即转身避让（只旋腰，不动步），使这一个作用力继续前进以引动对方身体，我随即循 BD 方向击他左肩，这时，对方两肩受着 AC 和 BD 两个方向相反的平行力，就要使自己身体旋转（如 OE 虚线所示），而发生不稳状态。如果对方感觉不稳而立即抽回右手，则 AC 作用力自然消失，而产生另一 AC′力作用于对方右肩（如图 9），此时，BD 力仍存在，对方

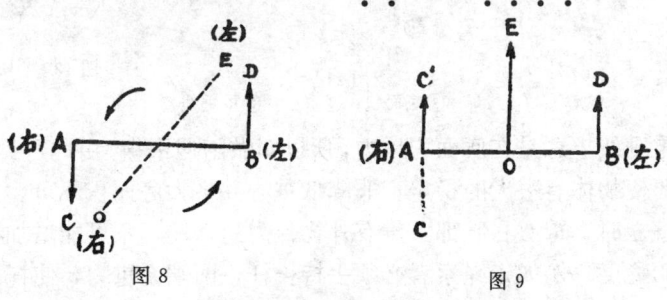

图 8　　　　　　　　图 9

反而受着BD和AC′两个同方向的平行力，其合力为OE，对方受力更大，便要向后方（即OE方向）退步或者跌出，这就是力偶转变为合力的一种现象。为了说明上的便利，故上面只用两肩作比。例如，太极拳的"挒"劲（参阅推手图解）就是根据力偶原理，在对方的两臂上"化""打"并用，以使对方身体倾侧，然后再趁势加力于对方身上。

（五）**符合于物体平衡的原理**：物体有三种平衡状态，即稳定平衡、不稳定平衡和随遇平衡。如图10：锥形体是处于稳定平衡状态，它在不太倾斜的时候，重心虽然升高，但重心的重垂线不容易越出底面积，很快就能回复原状。如图11：锥形体是处于不稳定平衡状态，只要微微一侧，它的重垂线立即越出底面积，虽然重心降低也不能免于倾倒。如图12：锥形体是处于随遇平衡状态，无论如何推动，它的重心不升高也不降低，

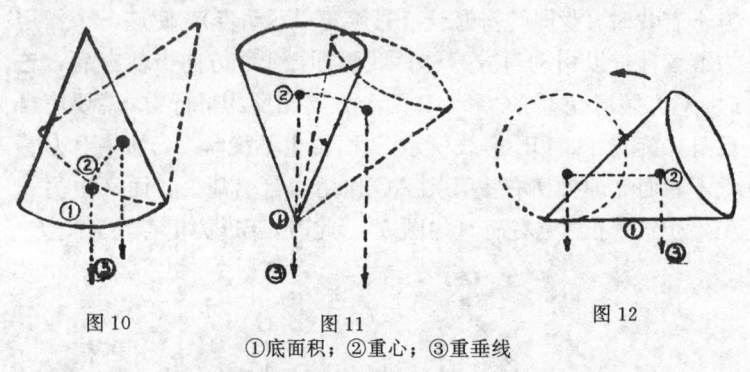

图10　图11　图12
①底面积；②重心；③重垂线

重垂线也总是在底面积以内，所以叫做随遇平衡。由此可见，如要使物体有很大的稳定，非降低重心并扩大底面积不可。人体直立时，重心在脐部，没有外物外力的帮助，不可能增加很大的稳定。例如走绳索者必须手持长杆，两端系重物，使杆的两端低于两脚，将重心降低到极点，故能在绳索上自由走动。练

武术者大多要练站桩功夫（即是常做骑马势），有的还要练沉气功夫，在运用时，当然可以稳定身体重心或者降低身体重心。但人的两脚所占的底面积，有了宽的一面，就会有窄的一面。在两脚前后站开时，是前后宽而左右窄，在两脚左右站开时，是左右宽而前后窄，如向其窄处打击，身体重心的重垂线还是很容易越出底面积以外。可见技击家如仅仅依靠重心降低而不知弥补底面积上的缺点，还是很难保持身体稳度的。太极拳以击出对方身体为它的主要击法，故在发劲时首先要动摇对方重心，使对方身体的重垂线越出底面积而失去稳定平衡。自身也处处以维护身体的稳定平衡为主，但在方法上，则并不是专靠蹲腿沉气去支撑自己的身体。须知太极拳即是以全身重量寄托于一脚为它的基本姿势之一，一脚的底面积较两脚更为狭窄，被击时，重心的重垂线也更容易越出底面积，都是很显然的事实，但为什么，反能把身体的平衡维持得更好呢？惟一的方法，是全靠两脚的随势变换虚实，以适应身体稳度的需要。所谓两脚变换虚实，就是：当一脚不稳时，立即以全身重量移置于另一脚上，使身体由不平衡而复归于平衡，也就是底面积时时随着重心的变动而变动。这样就自然能够使重垂线在将要越出底面积的一瞬间又纳入另一个底面积了。这在形式上虽然与随遇平衡的物体有所不同，但在实际上却有同样的效果；行功时有所谓"动中求静"者，在技击上，也是包含这个意义在内的。又如前述走绳索的例子，有功夫的人在走较短的钢索时，可以不用长杆帮助，就是靠两脚善于变换；否则与力学原理相违反，就会跌落下来。

  本章主要在证明太极拳的用劲方法与力学定律相暗合，以免初学者被玄虚的说法所迷惑。可惜作者学力不足，不能在理论上有更多和更深的阐述，真是憾事。

第五章　盘架子时应当注意的法则

太极拳的成套拳式，在习惯上，叫做"架子"。盘架子就是打拳的意思。由于太极拳是一种"重意不重形"的武术，不但流传下来的式子有好几种，而且同一种式子，由同一位老师传授，到造诣较深的时候，各个人也不会在式子的"神似"上或者"形似"上完全一致。这同学习书法一样，初学时，对于任何字体总是力求形似，到后来有了形似的底子，再根据自己的心得和爱好专在神似上求发展，日久自然要变样了。盘架子也是如此。其次，太极拳的架子，还可以根据学拳人自己身体的强弱或者要求的高低而有所不同。因此，任何一种架子都可以分作大中小三种姿势来练：大架子可以往小里练，也可以把架子练得更大些；小架子可以往大里练，也可以把架子练得更小些。总之，要先往大里练，然后再往小里练，"十三势行功心解"里说："先求开展，后求紧凑"，盘架子也不能例外，但架子的大小与运动量的大小有关，架子较大运动量也较大，架子较小运动量也较小，故上面所说的先求开展后求紧凑，对身体较弱的练拳人来说，是并不相宜的，在初学时，务须量力而行，不可勉强。

盘架子本来也是一种练习技击的东西，所以在某些书里提到拳式上的用法，本章以说明太极拳的运动方法为主，所以下面所说的法则只是根据健身运动的要求而写的。其实，太极拳的技击功夫和健身效果，原是同一个方法下的两个产物，如果在意识上把每一个动作都看做技击方法，当然可以增进技击功夫，但同时也并不会减低它的健身效果。如果意识作用专注在健身方面，自然可以得到更显著或者更充分的健身效果；但在无形中也有培养技击基础的作用，不过在没有研究技击方法以前，并不是人人都能运用这种基础的。

以上是初学太极拳者首先应当认识清楚的两个要点。下面根据作者的见解，分做三个阶段，来说明盘架子的法则。

第一阶段

初学太极拳者，不问他先前有没有练过其他武术，在最初的阶段里，最好不要把太极拳的种种要点一下子就全部吸收到各个拳式或者整套架子里去，免得顾此失彼，反而收获不大，所以作者只提出下面四个要点，作为盘架子的初期法则。

（一）**轻**：拳论中所说的："一举动，周身俱要轻灵"，是太极拳已经练熟以后的标准，初学者应当先从"轻"字入手，不必急于求"灵"。根据经验：凡是练过其他武术者，虽然身手比较灵活，但因为在动作上已经用惯大力，大多是灵有余而轻不足。至于从来没有参加过体育活动的人，也多半是学灵容易而学轻较难。作者初学太极拳时心里想着"打拳必须用力"的想法，总是注意灵而不注意轻。后来明白了太极拳的特点，才把这个想法扭转过来。须知太极拳的练法，主要是从精神上去养成感觉灵敏，并不是专从动作上去追求身手灵活。前者用力少而后者用力多。用力过大对敏感有一定影响（例如两臂相击，用力握拳，可以减少痛感）。因此，在初学时，应当先在用力越少越好的轻字上多下功夫，不妨把动作的灵活放在次要地位，等到"轻"字有了基础再去练"灵"字，决不嫌晚。拳论中所说的"一羽不能加，蝇虫不能落"的高度敏感，虽然不是完全从"轻"字中得来，但"轻"字是练成这种灵敏功夫的入门阶梯。同时还应当知道：练好轻动作只是为以后练功打下基础（不要把基础当做目的），一则可以在动作的轻重上，减少注意而听任自然，二则在兼练沉着功夫的时候也不致妄动拙劲而误入歧途。

（二）慢：大家都知道太极拳的动作要慢，但是不是越慢越好呢？这是很值得研究的一个问题。在拳论里既说"一举动，周身俱要轻灵"，又说"动急则急应，动缓则缓随"，可见太极拳并不是只要慢不要快。在"十三势行功心解"里还说"精神能提得起，则迟重之虞……意气须换得灵，乃有圆活之趣"，也可证明太极拳是要求灵活而反对滞重的。虽然在行功心解的后段另有"运劲如抽丝"一语，可以作为动作要慢的根据，但原意是教人用劲要同抽丝一般的绵绵不绝，不可用又脆又快的断劲；如果作为越慢越好来解释，那么，与上面所引的几句话就无法相通了。根据作者的体会：太极拳的动作应当比一般武术都慢，那是毫无疑义的，尤其在初学的阶段，更须刻意求慢，也可以说是越慢越好。这样的练法，一则对于体弱的人更为相宜，二则可以避免动作草率而影响姿势的正确，三则在初练时先养成了慢动作的习惯，日后愈练愈灵活，仍可在动作上保持一定的慢速度，不致越练越快而违反原则。可见慢同轻一样都是一种基础功夫，在基础上应当去建筑一些什么东西，那当然是另一回事了，至于造诣较深者专练动中求静的功夫时，动作虽然应当由灵活而归于淳朴，但在速度上仍可根据各人习惯不必刻意求慢，因为此时的意识只在求静而不在求慢，与初练时的求慢而慢，也是不一样的。

（三）圆：在太极拳里，任何一个动作，都要走弧线，不许走直线，即使到了功夫很深的时候，还是非走弧线不可。不过在初练时，要求姿势开展，同时在动作上又要刻意求慢，所以有必要把弧线走得更为圆大，以适应姿势和动作的要求。日后功夫较深，姿势逐渐紧凑，弧线相应缩短，当然也不需要把圆圈走得太大了。但在线路上，即使是一个很小的动作，还是应当保持固有的弧线，不可改变。目前有些教师为了便利初学起见，把每一个式子都拆成较多的小动作，以致在整个动作上看不出弧线来。须知这只是一种教授方法，并不是太极拳的动作可以不走弧线。因此，在这种教法下学会拳套以后，仍须把拆开的动作联合起来，改成弧线动作，进行练习，以抹去各个动作间的断续痕迹（即是拳论中所说的"无使有断续处"），方可在学习上告一段落。圆形动作虽然并不难做，但要做到很自然、很适当也不是一件简单的事。因为它与全身动作都有密切关系，不可能很快的就练到这种境地。所以对于初学者只要求在手的动作上尽先养成走弧线的习惯，日后全身动作相互配合，自然能把圆形动作做得更为圆满的。太极拳讲究"动中有静，静中有动"，动静转变和相互循环，则是以圆形动作作为阶梯，可见圆的作用是很重要的。希望初学太极拳者，一开始就在"圆"字上认真下功夫，去体会它的作用，不要只在形式上依样画葫芦就算完事了。

（四）匀：上面所说的，第一点——轻是动作上的力量问题，第二点——慢是动作上的速度问题，第三点——圆是动作上的线路问题，现在在第四点里还要提出一个动作的匀度问题。所谓动作的匀度者，就是说：手的动作，不论速度较快或者较慢都应当用相应的"等速运动"去完成它的动作过程。例如我们平时一出手，很快的就从起点伸到了终点，由于动作过程需时极短,我们就不可能也没有必要去掌握它的"等速运动"。但太极拳是走慢动作的,在初学时,即使很注意,我们在动作的过程中还是很容易发生快慢不匀的毛病,或者在每一个式子里动作有快有慢,或者在整套架子里,前后快慢参差不齐。前面已经说过,练太极拳应当用意识去支配动作,但是这一法则,一般说来,是较难掌握的。因此,我们有必要首先在动作的匀度上去运用我们的意识,为日后进一步掌握这个法则打下有利的基础。练习匀度的方法,简单说来,就是每次出手应当把动作的过程看做是各个"点"相接而成(即如虚线……的样子),不要把它看做只有起止两点的一条实线,这样,就能够使我们的动作,在无形中,有按"点"进行的意味,久练之后,养成习惯,手的动作也自然能够在任何速度上都不会失去应有的匀度了。当然,在功夫较深的时候,我们的动作还要讲究虚实变化,虽然在动作的快慢上并不要求严格一致,但在出手上,不论动作快慢,仍须保持适当的等速运动(即按"点"进行)',否则,就是违反了"运劲如抽丝"的要求,而且在动作上还要发生浮滑的毛病。

以上四点,都与太极拳的基础有关,所以作者都列为第一阶段的练习法则。但各人的情况不同,仍可由各人自己斟酌,分点进行,不一定要四点同时贯彻。不过在没有打下一些基础以前,最好不要开始第二阶段的练习方法,因为循序渐进的练习可以获得更大的效果。

第二阶段

在上一阶段里,提到在练习时,做每一动作都应注意轻、慢、圆、匀四个要点,主要是为了打好基础,这对盘架子来说,还只能算做准备功夫。根据经验：这种准备功夫越是练得好的，也往往会在动作上显得格外拘谨，这是必经的阶段，我们不可嫌它呆板而看做毛病。同时，也正因为这样，我们有必要在第二阶段里提出另外几个要点，作为练习的进一步目标。假如说，我们在第一阶段里对动作的要求要作到"端正"，那么在第二阶段里就应当练得"流利"。须知在动作端正的基础上加上流利，对任何一个动作都不会失掉规矩，但如果先练流利，后练端正，在成就上就难免事倍功半。下面就是本阶段的四个要点：

（一）**灵活**：太极拳以慢动作为基础，它所要求的灵活，不但在动作上有一定的限度，即在精神上也要注意含蓄，不可尽情暴露以显示过度的灵活。其次，太极拳虽然以敏感为重，但在本阶段里，还应当先从动作的形象上去求得灵活，如把灵活与敏感并为一谈，对初学者来说，反而要无所适从。因此作者在这里只要求初学者注意下面三点：①如果原来的架子已经练得够开展了，那么，应当酌量收小一些，使与紧凑的要求相符合；②在速度上，不要再刻意求慢，应当使手的动作比较自由或者稍稍放快；③动作时，不要只动四肢不动腰肢，而且要使腰肢居于支配的地位（即拳论所谓"主宰于腰"）。换句话说，就是用腰的动作去带动手足的动作，这是最重要的一点，希望特别注意。初学者根据上述三点进行练习，在与原来的拘谨不相抵触的情况下，得到很自然的调和，就可以符合太极拳所需要的灵活了。

（二）**松净**：这一要点，简单说来，就是全身处处放松毫无牵掣的意思。它与上面所说的轻和灵当然有密切关系。初学者也有一开头就从"松"字上去下功夫的，虽然并不矛盾，不过仅仅为了求轻灵而先去求松净，未免把松净的作用看小了；而且在初学时先练"松"，如果过分强化了松的作用，也会因为动作的太轻松而影响了动作的慢速度,甚至流入浮滑,所以初学者还是按部就班的好。在初学太极拳的时候,往往有这种景象,越是不想用力手脚就越发僵,索性随它去,反倒自然得多。这是情绪紧张不紧张的问题,只要情绪不紧张,自然能把肌肉放松,"十三势行功心解"里所说的"神舒""体静",就指出了这里面的因果关系。至于练习松净的方法,首先应当在情绪上做到放任自然,其次,在身体上也不但要松项松腰,而且,全身处处都应放松,使之互相配合,毫无牵掣,方能符合松净的要求,发挥松净的作用。须知太极拳的动作,并不是只停留在"轻灵"二字上,必须进一步走入沉着阶段,方能在不断的运用中,提高气沉丹田的主要功夫。所谓沉着,也并不是单单在动作上多加一些力量就算对了,主要在通过全身松净,以求得动作上的自然沉重。根据上面的道理,可见松净的作用,主要在求得沉着,不是在求得轻灵,所以作者把它放在轻灵以后来讲。关于全身都要松净一点,也曾有人说过腹部不妨紧张的话,根据"气沉丹田"来看是对的,不过拳论中还有"气宜鼓荡"一语,可见在动作时腹部应当有紧有松,并不是一直紧张的,恐怕初学者有所误会,特再补充几句。

(三) **完整**:上篇第三章讲到"和谐"的特点时,作者已经把动作上的高度完整性有所说明,这里不再重复,现在所提出的完整二字,不过是一般的要求,只希望在动作的形象方面做到完整一体,至于呼吸方面和意识方面的内部配合,不妨留到下一阶段再去练习。在初学时,我们对于慢动作大多很重视,但在刻意求慢的偏重下,往往不能兼顾到动作的完整性。即使练拳已经多年,也有人在盘架子时,仍难免有手和脚快慢不一的地方。最显著的,如脚已落步而手还在慢慢的运动,看起来,总是慢有余而完整不足。这与拳论中所说"由脚而腿而腰,总须完整一气"(上文还有"形于手指"各句应当合起来看)和"十三势行功心解"中所说"一动无有不动，一静无有不静"的要求，都是不相符合的。另外，行功心解所说的"迈步如猫行，运劲如抽丝"也暗示着手与脚的动作应当快慢相称的意思。因此，我们在本阶段里，必须在形象上，尽可能地做到手和脚的同起同止，以符合完整一气的要求（腰部动作的配合，已在第一点里说过，此处只着重在手足方面）。

（四）**连贯**：这一要点在上篇第三章里已有说明，这里不再解释。但有一点必须注意，即在初学时，不可为了追求连贯而把动作的速度随意改快。须知连贯与圆动作最有关系，如果在速度上不加控制，难免不发生过于圆活的毛病，反而要影响其他要点（也包括第三阶段的要点）的适当完成和预期效果，学习者不可不知。

第三阶段

上一阶段，主要是要求在动作方面打下完善而巩固的基础，按照拳论所指示的程序，是"由着熟而渐悟懂劲"的一个阶段。本阶段是最后一个阶段，下面所提出的几个要点，都是"由懂劲而阶及神明"的必要法则。虽然拳论所说是以技击为主，但太极拳的练法重意不重力，吴先生也曾说过"懂劲后的阶及神明，并不完全依靠推手，还须从盘架子的高度功夫里去不断培养"，可见太极拳的最后阶段是健身与技击可分而又不可分的一个阶段，凡是与技击有关的道理，也就是与健康有关的道理，学习者参考拳论时，应当有这样的看法。

（一）**分虚实**：在上两个阶段里，我们的动作，受着慢和匀的约束，同时又要照顾其他要点，虽然在第二阶段里可以练得比较活泼些。但为了打好基础,总还是拘束较多而自由较少。现在基础已经打好,我们就应当用另一种方法来进行练习,目的在解除复杂的注意而代之以简单的注意。在动作上要求分虚实,就是为达到这个目的而提出的一个法则,因此,我们在练习时,对于前阶段所应注意的各点可以完全放开(只是不加注意,并不是改变动作),而把注意力集中到动作的虚实上去。所谓分虚实,首先要注意手上的虚实:在手伸出时,从起点到终点,应当看作由虚而实,这时,手掌就需要由含蓄而逐渐舒张,到终点时,再微微凸掌,以表示"实"的极点(术语叫做阳极);在收回时,就应当看作由实而虚(术语叫做阳极而阴生),这时,手掌就需要由舒张而渐渐地复归于含蓄。在握拳的动作里,也是出拳时逐渐由松而紧,收拳时逐渐由紧而松,并不是只松不紧(专练虚静功夫者不在此限)或者只紧不松。其次,在身体和腰腿等方面,也要与手的虚实相配合,例如:含胸总是随着手的收回而逐渐扩大;弓步和坐腰坐腿也需要与手的速度相适应。又,在落步时应当脚跟先着地,然后随着手的接近终点而全脚徐徐踏实;收步时,也要借着踏脚的余力,趁势缓缓收回,以与手的虚实相呼应。这一要点与下面所说的"调呼吸"极有关系,我们可以从下一要点里看出它的重要作用,此处不再多说。

(二)**调呼吸**:太极拳在技击上专讲柔化,不以气力胜人,故在修炼上也纯以 养气为主。所谓气沉丹田,也是利用动作的轻松和谐而自然形成,绝对不用强制方法。在上两个阶段里,我们虽然没有谈到太极拳的呼吸方法,但太极拳的动作要慢要匀,所以在无形中,已经具有防止呼吸粗浅短促的作用,也不难在自然的过程中逐渐养成呼吸匀细深长的习惯。呼吸能匀细,不但与调息养气有关,并且是"宁神一志"的辅助方法;呼吸能深长，不但可以提高"吐故纳新"的效果，同时对于血液循环和其他内脏机能，也能够起着良好的推动作用。所以学习太极拳者，应当把呼吸看作更为重要的一种动作，方能在运动中得到更多的效果。现在所提出的"调呼吸"，是功夫较深时的呼吸运动，因为上面所说的匀细深长，在太极拳里，还只是自然呼吸的一种标准，而不是一种呼吸的运动，所以在适当的时候，我们必须利用动作去影响呼吸，使呼吸也成为一个运动，方能在完整的运动中取得更高的健身效果。在练拳时，我们的动作有大有小，而呼吸则要匀要长，如有些人所说：每一个动作同每一个呼吸都要取得一致，那是不可能的，也是不必要的。因此，我们只要求在每一个式子里，尽可能地用动作的虚实转变去配合呼吸的自然循环，也就是说在每一个式子里，我们应当尽量寻找机会做好下述的呼吸运动：手的动作由虚而实的时候，我们的呼气也要用同样的意识和同样的速度去配合它，在手到终点微微突掌的时候恰好把气呼足，同时脐下腹部也微微紧张；反之，手的动作由实而虚的时候，我们的吸气也要用同样的意识和同样的速度去配合它，在动作静止的时候，恰好把气吸足，同时脐上腹部也微微收缩。上面所说的腹部一张一缩，就是太极拳的"与动作相结合的腹呼吸运动"，拳论里叫做"气宜鼓荡"。只要照样练习，无须故意用力，日久自然能够得到气沉丹田（丹田在脐下）的功夫。这样的调呼吸，当然是比较难做，所以在初学时，我们盘一趟架子，只能有很少的几个式子，做得比较自然，经过稍长的时候，或者先在单式动作里试做一个时期，自然能够逐渐进步。只要在每一趟架子里，能够有三分之一或者四分之一的式子做得很合法，就可以得到很好的运动效果，也无须提出过高的要求，一定要在每一趟架子里做到个个式子都能调呼吸。如果一时学不好，也不要勉强，以免影响自然呼吸。

（三）用意识：在学习拳式的时候，虽然我们也是用意识去完成动作，但那时所用的意识，只能注重在动作的正确与否上，不可能有更多的注意力把我们的动作加以运用。因此，现在所提出的"用意识"，当然要求较高，它主要在根据太极拳"用意不用力"的法则，把我们的想象作用运用到动作中去；其次，也给我们练习平淡无奇的拳术动作，增加许多趣味。下面分做两点来说明它的要求：①在运动时，应当用意越多而用力越少，使动作的意味更加浓厚，譬如动作要轻灵。我们的一举手或者一投足，都应当把动作的过程看做无数的一举，处处用意识紧密引导，即使是极轻微的一动一静也不能例外。照这样继续不断的利用想象力，使动作越练越细致，自然能够提高我们的轻灵功夫。如要练沉着功夫，我们也应当在运动上作"使劲沉着"的想象，不是用更多的力气去增加手臂的力量。其他动作可以照此类推。②我们对于每一个动作的一虚一实或者一张一弛，都需要把它的技击作用或者健身作用，用意识去想象它，甚至在想象中加以夸大。由于我们的肌肉活动经常在这种心理作用的影响下，根据心理作用能够支配生理作用的理论，我们的运动效果，也自然能够在无形中有所提高。

（四）求虚静：这是实中求虚、动中求静的练法，所以叫做"求虚静"，是太极拳中较为难练的一种功夫。在上一个法则里，我们的运动，虽然以运用意识为主，但我们所作的想象，完全在发挥动作的作用，在动作的本质上，还是以能动为主，不是以能静为主。拿技击功夫来说，仍是动中求胜，不是静中求胜，这对于太极拳的"以静御动"和"虽动犹静"的最高阶段还有一定距离，所以在技击上和修炼上都把"求虚静"作为最后的一个法则。求虚静虽然也要用意识，但由于要求的不同，它首先就把各种想象归纳为一个想象，也就是把各式各样的动作，不管它的形象和内容都只看作是一动和一静的现象，然后根据这个现象，再专心一意的作由动而静或者由实而虚（动为实，静为虚）的想象，使我们的意志集中在求静的一点上，去影响所做的动作。那么，我们就能够在动作上越练越纯静（即是在意不在形的景象），同时，我们的精神，也自然能够在这样的运动中，得到更为宁静的养息。这种练法，对治疗神经衰弱和高血压最为相宜，但在练习时除摒除杂念以外，最好能选择一个清静的环境独自用功，以避免打扰。又，上面所说的分虚实、调呼吸以及其他想象等等，在练习求虚静的法则时，都应当抛开不管，不要再去注意，以免分心。

以上所列举的各项练法，只是根据个人的学习和经验作了简单的介绍，很可能有许多地方与别人的途径不尽相同，同时，也很可能有许多地方还没有说清。例如：练习轻灵，不可能在同一个动作里兼作沉着的想象，我们可以在一趟架子里专练轻灵或者专练沉着，最好是在由实而虚的动作里注意轻灵，在由虚而实的动作里注意沉着，这一点在上面就没有说到。另外，对于握拳应当随着动作的虚实而松紧一点，也只是举了伸拳的例子，没有把"撇身捶"在屈臂时微微握紧拳头的例子（因为"撇身捶"是用弓步的）附带说明。诸如此类，虽然都是不够详尽的地方，但在读者仔细研究之下，还是不难举一反三的。

第六章　吴式太极拳图解

吴式太极拳拳式名称顺序（附释）

太极拳的拳式名称，不但在各派之间互有异同，即同一吴式太极拳，虽然各人所说的动作内容和次序并无差别，但是，在名称上，由于传授有先后，记录有详略，各人之间也不见得一致。其中最容易引起疑问的，如有些拳式究竟是哪些动作所组成，在划分段落上，各人也不尽相同。作者为了下一章的拳式图解有所依据，不能不先在名称上作一番整理，并说明其异同所在，以供初学参考。

1. 预备式：在早先本无这一式的名称，作者旧作《太极拳浅说》（后文简称"致本"）就未曾列入。吴图南所作《太极拳》（后文简称"图本"）称本式为"太极势"，有静而未动的含义，可以作为本式的一个适当名称。陈振民、马岳梁合编的《吴鉴泉氏的太极拳》（后文简称振本）称为"太极起式"是移用了下一式的名称，而把下一式的名称改称为"太极出手"。本书为求通俗起见，所以把这个没有动作的（指手腿都不动而言）第一式称为预备式。

2. 太极起式：这是原有的名称，致本未改；图本略去，但把原有的动作并作下一式"揽雀尾"的第一动作；振本称为"太极出手"，与"太极起式"一名无甚区别。本书不主张变更，故仍用原有名称。

3. 揽雀尾，4. 单鞭，5. 提手上势：以上三个名称，各本相同，惟图本"揽雀尾"有"太极起式"的动作，微有不同。

6. 白鹤亮翅：这是原有的名称，各本相同，惟振本"亮"字改用"晾"字微有不同。亮翅与晾翅都是展翅的动作，可以通用。

7. 搂膝拗步，8. 手挥琵琶：以上两个名称，各本相同，仅图本的手挥琵琶多一式字。

9. 上步搬拦捶：各本原来都作进步搬拦捶，因本式只上一步，故改进步为上步。本书对连上两步和两步以上的式子方用进步二字，以示区别。

10. 如封似闭：各本名称相同，但在动作上，图本照片缺少开首的一个小动作；振本把第三个动作移作下式"豹虎推山"的第一个动作；本书下式不用"豹虎推山"的名称，也不用"抱虎归山"的原名，本式仍为三个动作，以符合一封一闭的形式。

11. 十字手：在上式"如封似闭"之后，早先都用"抱虎归山"的名称，致本图本相同，振本改"抱虎归山"为"豹虎推山"。本书认为这个式子只有两个动作，而且从形式上看，称为"十字手"也比称为"抱虎归山"或者"豹虎推山"都更为适当些，因此采取许禹生先生遗著所列次序，把这两个动作改称为"十字手"而把下一个式子改称为"抱虎归山"。

12. 抱虎归山：在"十字手"之后，致本原先简称"搂膝拗步"；图本是把"十字手"并入"搂膝拗步"统称为"抱虎归山"；振本是根据正反两个动作称为"斜搂膝拗步"和"翻身斜搂膝拗步"两个名称。本书认为：本式正反两个搂膝拗步连续进行，在形象上，比"十字手"的动作，更接近于"抱虎归山"的式样，故根据许著与图本的图解，改称为"抱虎归山"，但没有把"十字手"并进去，这是与图本不同之处。

13. 揽雀尾，14. 斜单鞭，15. 肘底看捶，16. 倒撵猴，17. 斜飞势，18. 提手上势，19. 白鹤亮翅，20. 搂膝拗步，21. 海底针，22. 扇通背：以上十个名称各本相同，仅致、振两本误"撵"为"辇"，图本以"山"代"扇"，以"珍"代"针"，在字面上有些不同，在动作上还是一样。

23. 撇身捶：这一动作只有九十度的转身称为撇身已经足够，致、振二本均称为翻身撇身捶，翻身二字是多余的，故照图本改正如上。

24. 卸步搬拦捶：这是原有名称，致、振二本相同，图本称卸步为退步，比较通俗，但这一步是由前弓步向后撤退，实际上有两步的距离，而且在动作上，是先向前探身，然后趁势退步，与一般退步有别，故本书仍用卸步二字。

25. 上步揽雀尾，26. 单鞭，27. 云手，28. 单鞭：以上四个名称各本相同，仅图本称上步为上势，字面上微有差别。

29. 高探马，30. 左右分脚：以上两个都是原有名称，图本未改；致本改为"左高探马"、"右分脚"、"右高探马"、"左分脚"四个名称；振本改为"左高探马"、"左披身"、"踢右脚"、"右高探马"、"右披身"、"踢左脚"六个名称，都是按照动作分拆为几个名称，与按式定名的原则不符，而且在"左右分脚"中间的一个"高探马"在练熟后还可以简化为一个小动作，以代替"高探马"的形式，因此，本书仍用原名，不再分拆。

31. 转身蹬脚：各本相同。

32. 进步栽捶：这是原有的名称；图本同；致本前加搂膝二字；振本前加一"搂膝拗步"的名称。但本式在连续进步时，可

480

以按照"搂膝拗步"连续进行，也可以简化两手的动作，连搂带进，把重点放在栽捶上，只显出进步和栽捶两个动作的完整形状，所以本书仍用原名。

33. 翻身撇身捶：各本相同。

34. 上步高探马：原先无上步二字，图本同；致本加上步二字；振本称为"进步左高探马"。本式左脚上步，右脚仍站原地，与进步有别，故加用上步二字。

35. 披身踢脚：这一式，早先用跳跃动作，叫做"二起脚"，图本称为"翻身二起脚"；致本改为"右分脚"；振本改为"左披身"、"踢右脚"两个名称。现在跳跃动作已经取消，只有披身踢脚的姿势，没有连续踢脚的形象，所以不用"二起脚"原名。

36. 退步打虎：致本多一式字；图本把退步动作并入"翻身二起脚"，故简称"打虎势"，本书照振本，不改。

37. 二起脚：原先，致本为"披身踢脚"，振本为"右分脚"，图本的"打虎势"是左右各一，故把此脚略去。本书认为这一脚与35式"披身踢脚"是遥相呼应的，故采用"二起脚"的原名。

38. 双峰贯耳：各本相同。

39. 翻身二起脚：致本原分为"左分脚"和"转身蹬脚"两个名称；图本称为"披身踢脚"和"转身蹬脚"。本书照振本仍用上名，因为本式有翻身，又有左右脚连续起踢，是名实相副的。

40. 撇身捶：致本同，图本略去，振本改用高探马式子，称为"右高探马"。本书认为：本式下接"搬拦捶"比较得劲，故仍用原来名称及原来动作。

**41. 上步搬拦捶，42. 如封似闭，43. 十字手，44. 抱虎归

481

山，45. 揽雀尾，46. 斜单鞭：以上六个都是重复式子，各本不同之处，上面已经说明。

47. 野马分鬃：各本相同。

48. 玉女穿梭：这是原名，致、图二本相同，振本把四式中的两个式子加上转身字样，并把中间的"野马分鬃"式的换手动作也列入名称。动作内容各本相同，本书仍用原名。

49. 揽雀尾：这是重复式子，致、振二本相同，图本有上势二字，本书的式子不上步，故照旧不改。

50. 单鞭，51. 云手，52. 单鞭，53. 下势，54. 金鸡独立，55. 倒撵猴，56. 斜飞势，57. 提手上势，58. 白鹤亮翅，59. 搂膝拗步，60. 海底针，61. 扇通背，62. 撇身捶，63. 上步搬拦捶，64. 上步揽雀尾，65. 单鞭，66. 云手，67. 单鞭：以上十八个式子，除"下势"、"金鸡独立"两式外，其余都是重复式子，各本大致相同，其中不同之处，除致本漏列52式"单鞭"名称及图、振二本62式"撇身捶"均多加"翻身"二字外，其余已在前面作了说明。"下势"和"金鸡独立"两名称，各本完全相同；"撇身捶"只有九十度转身，称为"撇身"已经足够，故不加"翻身"二字。

68. 迎面掌：图本略去，但保留本式前的"高探马"一式；致本称为"扑面掌"，上一式也是"高探马"；振本称为"披面掌"，上一式称为"左高探马"。本书认为"迎面"二字含有等待之意，更符合太极拳的击法，所以采用上列名称（迎面掌这一名称，早先也是常用的）。至于高探马的动作，在早先是与迎面掌混合在一起，并不另立一名，故本书也不再保留高探马的名称。

69. 转身十字摆莲：这一式原名是"十字摆莲"，图本同，致本多一腿字，振本加转身二字，又多一脚字，本书认为本式转身较大（是180度的大转身），故采用振本所加转身二字，以免走错方向。

70. 搂膝指裆捶，71. 上步揽雀尾，72. 单鞭，73. 下势，74. 上步七星，75. 退步跨虎：以上六个式子，70、74、75三式各本相同，其余三个都是重复式子。

76. 转身迎面掌：图本略去，致本称"扑面掌"，振本称"披面掌"与68式同。本式也是180度的大转身，故加转身二字。

77. 转身双摆莲：致、振二本均称成"转身摆莲脚"。本式是用双手拍脚，与"十字摆莲"单手拍脚不同，故采用图本名称，加一双字，以示区别。

78. 弯弓射虎：各本相同。

79. 上步迎面掌，80. 翻身撇身捶，81. 上步高探马，82. 上步揽雀尾，83. 单鞭：以上五个式子都是重复式子，图本完全略去，振、致二本在"迎面掌"之前都有"上步高探马"，现在略去"高探马"的名称（可参考68式"迎面掌"的说明），把"上步"二字加在"迎面掌"上，以免漏去上步的动作。

84. 合太极：各本相同。

上面所作整理，没有减少拳式的动作，也没有改变动作的原有次序，在名称上虽然有了一些改换，但是仍采取早先有过的名称，也没有什么创新的地方。因此，这一工作只能解决下面的两点：（1）每一个拳式只给一个名称，不再在某些式子上按照动作拆成几个名称；（2）对少数名实不尽符合的拳式，在名称上或者在动作的段落上，作了必要的修正。作者很希望练过吴式太极拳的同志们，提出更好的意见，以便日后重作整理。

基本动作

太极拳虽然有"重意不重形"的说法，但是，对初学者来说，还是应当先重形后重意，必须力求姿势正确并在基本动作上打下巩固的基础，切不可在"形似"功夫尚未下够以前，就先去练习"神似"功夫。本章可列举的各项基本动作，有一部分是很重要的法则，另一部分不过是动作的式样，为了避免混淆，分做两个部分依次扼要说明。第一部分是头部和身手方面的动作方法；第二部分是拳掌各法和腿步各法的动作式样。其中第一部分各项法则，大多已经在上篇第三章里有所说明，为了避免重复，在这里只能作一些必要的补充，凡是可以省略的地方都不再细说。

第一部分：

1. 悬顶：这一姿势，在初学时，只要记住下面几点：(1)头顶向上，应当听任自然，不要为符合悬顶而用力伸颈；(2)除少数斜身的或者需要微微弯腰的式子以外，都要尽可能地保持从顶到臀的一条直线或者从顶到地的一条垂直线；(3)斜身时不要歪头，弯腰时不要低头；(4)对于"虚领顶劲"的要求暂时可以不管。初学阶段首先在防止低头仰面、左右歪斜的毛病，至于"虚领顶劲"可在日后功夫较深时再用意识去想象，不必着急。其余可参考上篇第三章的有关说明。

2. 正容：初学时主要在保持面容正常，听任面部肌肉自然放松，不要故意抖擞精神，神不舒则体也不能静（"神舒体静"语见"十三势行功心解"）。此外，还必须注意下列各事：(1)眼要平视，不可努目，运动时，眼睛应当随着手势转动，不可呆视；(2)口要轻闭，切勿咬牙，舌抵上颚，这样口腔津液分泌较多，可以随时润喉；（3）用鼻呼吸，要求匀细深长，如感觉呼气不畅，可以张口徐徐吐气（吐完随即闭上），不可憋气。

3. 弛项：在运动时，颈部要随势左右转动，如果用力做成强项的姿势，对转动有一定影响，同时也要阻碍悬顶和正容两个姿势的自然。弛项是很容易做好的，只要不用力，不紧张就成。一动手就想用力的人最易犯强项的毛病，因此，这一法则主要是对这些人说的。

4. 含胸：含胸，不但在健身方面有重要作用，同时也是技击上的一个重要动作，凡是要运用化劲（即走劲）的手法都离不开含胸的辅助。这是与挺胸相反的动作，初学时大多很不习惯，而且一下子做得含度太大，对于身体较差的人也是不相宜的。所以在初学时不要提出过高的要求，首先只要把挺胸的念头完全打消，慢慢的可以在坐身的动作里微微含胸，以适应动作的需要，日久自然会越含越充分的。另外，还应当注意，含胸只是坐身动作的组成部分，并不是任何一个动作都需要含胸，如果处处都含胸不但没有必要，而且在生理上反要降低作用。因为"含"与"不含"是应当交相为用的，而且在学好含胸以后，遇到某些姿势也不妨微微挺胸以助含胸之势。总之，含胸不是固定不变的一种姿势，学习者不可缠误。

5. 拔背：含胸时背部不能不弓出，所以在过去一直把含胸拔背连在一起说。其实这一动作对肩背部分的肌肉活动最有关系。不过在初学时不会沉肩，很难使背部肌肉受到伸展，暂时可以缓练。如果用力勉强去做，反要影响动作的其他方面。不如到日后善于沉肩的时候，再去练习拔背，一定要容易得多。也有人在盘架子时练不好，到推手期间懂得在肩背上用劲的时候，方能运用到架子中去，可见这一动作比较难练，还是移后一些较为相宜。

6. 弓腰：练外壮功夫要挺胸不要含胸，既要挺胸就不可能不拔腰，可见胸与腰在动作时是相当一致的。练太极拳要求含胸，所以在含胸时非弓腰不可。弓腰是要求放松腰部并向后弓出，使整个背部成为浅度的弧圆形。这一姿势并不难做。只要在含胸时能够松腰，腰部自然会向后弓出的。初学时不会含胸，不必勉强去弓腰，可先注意腰部的放松，以免引起拔腰的毛病。

7. 收臀：凡是习惯于拔腰的，往往会把臀部突出，做成腹向前挺臀向后凸的样子。练太极拳到了能够弓腰的时候，臀部绝对不会突出，因此这一动作，主要是对练惯突臀姿势者提出一个相反的要求。收臀，也有叫做敛臀的，原意是要求练拳者在做骑马式或者虚步坐身式时，应当尽可能地把臀部收敛进去。作者认为这一姿势，主要关键在于弓腰，不能弓腰是无法收臀的，能弓腰则臀部就会自然垂直而不致突出，故作者在早先把它改称为垂臀，只要求学习者注意弓腰后的臀部自然垂直，不必故意收敛，以免引起一种拘束。现在仍把这个意思，写在这里以供初学者参考。

8. 尾闾中正：这是应当注意的一个姿势，不是一个动作。前人深怕学者在运动时胡乱扭臀或者臀部不正使整个身体都受到不良影响，所以提出尾闾中正的要求。同时还须想到尾闾与头顶是遥相呼应的，在运动时，一面做好"顶头悬"，一面又能顾到尾闾中正，整个身体也自然能够保持一定的端定了。

9. 沉肩：沉肩是舒展肩部肌肉和韧带的一个动作，凡是在伸臂的动作中，都可以微微用活劲使肩部肌肉伸长，以牵引背部两侧的肌肉。但在屈臂时应当以松肩为主，倘要沉肩，也应当多用意少用力，因为在屈臂坠肘后再向前伸臂时，肩部在向下向后再向上向前的过程中，就包含着一个自然沉肩的环形动作，因此，没有特意沉肩的必要。至于推手时，运用肘部去牵引对方手臂,时常要沉肩,那是用劲的方法,在盘架子时仍以自然松沉为宜,不要过分用力。

10. 坠肘:在胸前屈臂时,除非是肘部与肩头相平或者高于肩头的动作,一般都应当把肘尖朝向下方,不可向左右抬起。这一姿势对盘架子和推手都有很重要的作用。两肘向上抬起,不但妨碍沉肩,同时也要影响沉气,而两胁暴露太多,两肘又容易被人托住,在技击上更多不宜。所以在初学时就应当养成坠肘的习惯。沉肩与坠肘相配合是推手时常常要用到的肘法,过去以技击为重,都把沉肩坠肘联在一起,就是因为它们在运用上有不可分离的关系。

11. 转腕旋膀:这是要求手臂的一伸一屈都不可平出平入,应当尽量把腕和小臂的旋转动作表演出来。例如伸掌向前,在开头时总是先用掌心朝面颊的"侧掌",在前伸的过程中徐徐旋转,到终点时才成为掌心向前的"立掌",可见它的前进是带着旋转形的。现在有一些教师为了迁就初学先从平出平入教起,它的好处是容易学会,可是在学会以后还是应当把它改正过来,以提高手臂动作的运动效果。

12. 展指凸掌:练太极拳大多是在功夫较深时开始注意动作的虚实,其实在初学时,如果一点虚实都不懂,也是不应当的。由于太极拳的动作以用掌为多,故在这里只提出一个"展指凸掌"的要求,希望初学者在伸臂时的"实掌"动作中认真运用,以提高动作的质量。另外,在练熟这一动作以后,将来在其他拳掌动作上要分清由虚而实和由实而虚,也可以格外容易些。关于这一动作的做法在生理作用一章的同一项目和本篇第二章的"分虚实"里都另有说明,这里不再重复。

第二部分:

1. 拳法:太极拳的握拳,在式子上,同一般武术并无差别。

初学时应当握实拳，但不要握得太紧，到功夫较深时，动作要分虚实，握拳也有虚实可分，虚拳要比实拳握得松些。由掌变拳，或者由实拳松为虚拳，都要做慢动作，不要握得太快，也不要松得太快，这样，才能与整个动作的慢度相适应。有些人在盘架子时常常握虚拳而不握实拳，甚至有握得太松而失去拳形的，这是用意不用力的练法，非有真功夫不可，初学时还是以多握实拳为宜。又，在太极拳里用拳打击的动作只有五个，早先叫做太极五捶，下面所列举的各拳式，是根据全部握拳的动作，按照方位或者式样而归纳为几个名称，并不是以五捶为限，也不是固有的名称，所作说明只求分清各拳的不同方向，以供参考。

（1）正拳：向前伸出或者向里收回，所握之拳虎口朝上的都为正拳。用拳时很少用转腕转膀的动作，正拳是惟一没有旋转动作的拳式。

（2）反拳：这是虎口朝下的一种式子，以高举在头前者为限。

（3）立拳：凡是拳顶向上或者斜向上方而虎口朝前、后或者左、右的都为立拳。

（4）栽拳：虎口朝前而拳顶偏向下方的都为栽拳，它与立拳的方向相反，也可叫做倒拳，只有在向前向下打击时才用这个拳式。

（5）仰拳：拳心向上拳背向下的都为仰拳。

（6）俯拳：与仰拳的方向相反，都为俯拳。

（7）抓拳：这与一般握拳不同，它是五指撮在一起，手指向下的一种式子，原先叫做抓子，也有叫做钩子或钩手的，因为它是在落掌后（掌是立掌）用手背（近腕处）击人的一种拳法，所以列入拳法以内。

2. 掌法：初学时，出掌和收掌都以自然舒展为主：手指不要用力并紧或者用力张开，掌心也不要做成窝形。到功夫较深时，已经懂得动作的虚实，在掌上也应当有所表示，例如：向前伸手，在未伸时，手掌微带窝形，蓄而不张，这是虚掌；在前伸的过程中逐渐舒展，即逐渐减少窝形，这叫做由虚而实，到终点时，窝形完全消失，微微展指凸掌以助前伸之势，这时是实掌；将掌收回时，手掌逐渐由舒展而复归于含蓄，仍成微窝形，这叫做由实而虚。掌的动作是整体动作的一部分，所以掌的虚实应当与整体动作的虚实相配合，如果不打算在整体动作上分出虚实，那么，在掌上也只要用自然掌，无须在动作上做出窝掌或者凸掌的形状。拳论所说"其根在脚，发于腿，主宰于腰，形于手指"等语，就含有手的表示应当与腰腿脚的完整动作相适应的意义在内。各种掌法，根据手掌的方向和形象，列举如下：

（1）正掌：指尖向上，掌心向前方，腕部形成九十度左右的直角，都为正掌。

（2）立掌：指尖向上或者偏向上方，掌心不向前方而向其他方向的，都为立掌。

（3）垂掌：指尖向下或者偏向下方者，不问掌心向着何方，都为垂掌。

（4）仰掌：掌心向上或者偏向上方者，不问指尖向着何方，都为仰掌。

（5）侧掌：拇指指尖向上，手掌侧立者，不问掌心向着何方，都为侧掌。

（6）俯掌：掌心向下或者偏向下方的，不问指尖向着何方，都为俯掌。

（7）反掌：手掌侧立而拇指在下的，都为反掌。

3. 腿法：太极拳的立身姿势，除做骑马势两腿都要负担体重以外，其余的都是把体重放在一条腿上为主。它在运动时，不是用两腿的支撑力去锻炼腿肌，而是用屈腿负重的动作去锻炼腿肌。如果蹲腿较低、屈膝较大，便会增加腿部的运动量而感到吃力。所以初学者或者身体较弱的人都应当立身较高，不宜过矮，以免腿部太吃力。下列各种腿法，都有一定标准，不是短期所能学好的，初学时，也可以根据各人体力，降低要求，不要勉强。

(1) 提腿：站着（承担体重）的一腿应当微微屈膝，不要挺直；提起的一腿，应当使膝部高于胯部，小腿要微向前伸，脚尖要向上翘起。另外，全身要松，不要使劲过多。这一点是各种腿法里都要注意的。

(2) 踢腿：这是提腿后将小腿向前方（偏右或偏左）踢出的动作。踢腿时，要全腿伸直，高与胯平。用脚尖向前方踢出的叫做踢腿，也叫踢脚；用脚跟向前方蹬出的，叫做蹬腿，也叫蹬脚。落脚时要落在左前方或者右前方。

(3) 摆莲腿：此腿只用右腿，不用左腿。起踢时无须先提腿，可在原地直接举起，脚尖向上，用脚的外侧循弧线向右前方踹出，高与胯平，落地时即落在右前方。

(4) 弓腿：这是实步的腿法。弓出的一腿，大腿斜度根据各人体力可大可小，无须做到大腿全部放平，但膝头应当与脚尖相齐。在后面的一腿要自然伸直，不要太用力，脚跟不离地。全身重量应当压在弓腿上，伸直的一腿不要使劲支撑。

(5) 坐腿：这是虚步的腿法。弓出的一腿收回半步变为虚步时，全身重量移于另一腿上，应当趁势屈膝下坐，所以叫做坐腿。坐腿的斜度也可随人而定，初学时宜于斜度陡些，不要屈膝太大，因为这是比较吃力的一个动作。

（6）蹲腿：蹲腿有两种式子。一是"骑马势"——两脚成倒八字式分开，脚尖向外，膝头与脚尖同一方向，不要扣裆，两脚距离少则二尺，多则二尺半，不要太开，腿的高矮与弓腿相仿，最好能同时含胸和弓腰。一是"下势"——两腿比骑马势要开些，两脚脚尖都与身体同向，向下蹲身要蹲到底，左腿伸直，右腿要弯到大腿与小腿相接触，身体要竖直，全身重量压在右腿上。下势的蹲身太低，患高血压者不宜练，可以随便些，不要蹲下去。

4. 脚法：脚的动作是腿部动作的一部分，本可在腿法内附带说明，为了容易查考，所以另列一项。

（1）踢脚：先提腿，立稳，然后用脚尖徐徐踢出，脚背要平。踢的方向，总是右脚踢向右前方，左脚踢向左前方。

（2）蹬脚：先提腿，立稳，然后用脚跟徐徐向前方蹬出，脚尖上翘向里勾，使脚跟容易出劲。

（3）分脚：分脚就是踢脚的姿势。在"左右分脚"的式子里，如果着重在连续分脚的姿势上，可以把踢的动作做得随便些。

（4）转脚：要转动身体必须先转脚。转左脚，大都用脚跟，脚的其他部分可以稍稍离地；转右脚，大都用脚趾部分，脚的其他部分可以稍稍离地，如果两脚同时转，应当有一脚踏实步，不可两脚全用虚步。

（5）落脚：向前落脚应当脚跟先着地，向后落脚应当脚尖先着地，然后徐徐踏实。在虚步中也有少数式子是用前脚脚尖着地的，这是动作时的进步势或者退步势有所不同的缘故。

（6）换脚：换脚时，应当先把身体放稳在不动步的一腿上，同时要屈腿，然后提起另一脚向前、向后或者向其他方向徐徐迈步落脚，不可贪图简便，直接迈步。

5. 步法：太极拳有几种架子，而且式子有大有小，所以在步法上也无法一致，下面所作的说明，都是以吴先生的拳式为根据，对其他架子难免有不尽合用的地方。

（1）实步：在前的一腿弯屈，在后的一腿伸直，两脚都踏实，这就是实步，因为有一腿弓出（参阅弓腿的说明），所以又叫做弓步。两脚的前后距离可以根据各人的身材和体力而放大些或缩小些，一般以前脚跟与后脚尖直量相距一尺许、斜量相距一尺半许为适当。两脚的左右相距以不超过一尺半为标准，两脚脚尖尽可能的朝向前方。在运动时，遇到实步必须严格保持两脚前后左右的适当距离，要同踏在川字的两端一样，如图甲的两圈所示两脚位置。所谓川字步即指此而言。

（2）虚步：虚步，大多是从实步收回半步而形成的，在前的一腿大都是由屈腿向前弓出的样子，变为直腿向前伸出的样子，脚跟着地，脚尖向上翘起；在后的一腿应当微微弯屈载着全身重量（参阅坐腿的说明），身体应当含胸而竖直，不要向前俯身。两脚前后左右的距离以实步的一半为标准，如图乙的两圈。另外还有一种虚步是用脚尖着地的，在后的一腿可以比较站直些，两脚的距离很近，前后左右都相距不过一二寸光景。脚跟着地或者脚尖着地的一脚都要虚放，不要用力踏地，以符虚步的要求。又，两脚脚尖也都要尽可能地指向前方，不可一正一歪过于悬殊。

（3）平行步：两脚并立，脚尖均向前，中间距离以五六寸为度，可以并得更近些，但不要站得太开，这种步法并不重要，只要记住这些就够了。

（4）骑马式步：简称马步，也叫桩步。这一步法，即前面蹲腿里所说的骑马势，式样已经在前面说明，这里不再重复。有的人认为两脚都要用力是双重，其实双重所指的并不是这种地方，而且在运动中加一些骑马势，对增长腿力和帮助沉气，也都有一定的好处。

（5）下势步：这一步法的说明，也可从前面的蹲腿里去找到，此处从略。初学者如果身体较差切勿勉强练习，可先用微微蹲腿的动作代替，日久有可能时，再慢慢的多蹲下一些；患严重高血压者，更要注意。

（6）丁字步：这在吴式太极拳中是很少用的一种步子。它是在转身时，左脚已经转动，右脚尚未移位的过渡步子（因此，在后面图解里看不到这种步子），在形状上，是右脚脚尖对着左脚内侧，如同丁字样子，所以叫做丁字步。

（7）交叉步：这是右腿前弓的式子，向右转身两脚不离原地而形成的。蹲腿时，右脚脚尖向前，左脚脚尖向右脚外侧成丁字形；两膝是右膝在上，左膝在下，均向前方。这种式子在吴式太极拳里只有一个，为避免身体起落过大影响调息，也可以在盘架子时尽量减少蹲度或者两腿伸直改做丁字式的步子。

以上所列举的基本动作，只作了很简单的说明，又没有附图，对初学者来说，是不容易一目了然的。但在下一章拳式图解里都要提到这些基本动作，希望初学者把两面的说明相互参阅，也许可以在了解上得到较多的帮助。

吴式太极拳拳式图解

吴式太极拳的全套拳式，虽然有八十四个，但是，除去无动作的预备式和一起一收（即"太极起式"及"合太极"）两个简单动作向来不算拳式以外，实在只有八十一个拳式，再除去重复式子四十五个，可以称为基本拳式的也只有如下三十六个：

(1)揽雀尾8式，(2)单鞭11式，(3)提手上势3式，(4)白鹤亮翅3式，(5)搂膝拗步3式，(6)手挥琵琶1式，(7)搬拦捶4式，(8)如封似闭2式，(9)十字手2式，(10)抱虎归山2式，(11)肘底看捶1式，(12)倒撵猴2式，(13)斜飞势2式，(14)海底针2式，(15)扇通背2式，(16)撇身捶5式，(17)云手3式，(18)高探马3式，(19)左右分脚1式，(20)转身蹬脚1式，(21)进步栽捶1式，(22)披身踢脚1式，(23)退步打虎1式，(24)二起脚2式，(25)双峰贯耳1式，(26)野马分鬃1式，(27)玉女穿梭1式，(28)下势2式，(29)金鸡独立1式，(30)迎面掌3式，(31)十字摆莲1式，(32)搂膝指裆捶1式，(33)上步七星1式，(34)退步跨虎1式，(35)转身双摆莲1式，(36)弯弓射虎1式。以上三十六式中，有十九式是有重复式子的；还有退步打虎一式有连续做左右式的，本书只列左式；金鸡独立一式，可以作为左右二式，也可以把左式含混过去的，在图解中另有说明。此外，搂膝拗步、倒撵猴、云手、野马分鬃、玉女穿梭五个式子都是左右手连续做三次或者四次，也可以说是一个名称里面包含了几个重复式子，总之，把基本拳式肯定为三十六个，是比较适当的。因此，所作图解，主要在说明上述三十六式的动作，对其余重复式子，除非在接合上有不同的地方必须加以补充以外，只是按照次序排列名称，不再重复说明，以节省篇幅。另外，还有几点意见，也得附带说明一下：

1. 下面所作图解，以说明拳式的动作为主，并不涉及动作的用法。因为太极拳是重劲不重着的，讲着法必须同时讲劲，这对尚未懂劲的初学者来说，是很有困难的，而且每一个拳式，从着法来说，虽然都有一定的用法，但是，在应用时，在任何一个环形动作里处处都有变化可说，若要解释清楚，不但作者限于水平，也限于篇幅，只好略而不谈。

2. 学太极拳应当先从拳式入手，这是毫无疑义的，但是，要练好太极拳，以提高这一项运动的健身效果，还要从理论上和法则上去弄清它的关键所在，如果只学会一套空架子，虽然也有一定的好处，但是在收获上却要差得多了。

3. 图解里所补充的拳照和吴先生的拳照，由于师生功夫有深浅，难免有不少大同小异的地方（主要是补充的拳照，在姿势上比较有力，不如吴师拳照柔和自然；问题在于动作的质量，并不在于动作的式样，譬如写字，同一个字，由于质量不同，韵味不同，字样也要显出差别）。学拳者在图解里遇到动作上或者方向上有不尽相同的拳照，应当以文字说明为主，补充拳照只可作为参考之用。

4. 各式的顺序和动作的进退转折方位路线，请参阅插页"吴式太极拳路线示意图"。

关于图照方面的几点说明

1. 本图解共计图132幅。其中有74幅是按照吴鉴泉老师的原来拳照所描，其余是绘者周元龙按作者与赵寿邨所补照的拳照绘成吴氏体型的。今将按吴氏原照所描之图的图号列明，以便读者参考：1、2的侧面图，3、4、5、6乙、7、8、9的侧面图，10、11、12、14、15、16、18、19、20、21、22、23、24、25、26、27、28、30、35、36、38、39、40、42、43、44、45、46的正面图，50、51、52、53、54、55、56、57、58、59、60、62、65、68、69、71的正面图，73、74的正面图，77、78的正面图，79、80的正面图，82、84、90、91、92、93、95的正面图，96的正面图，97、103、106的正面图，109的正面图，111的正面图，112的反面图和图116。

2. 为了便利读者查对拳式的方向，把图照中姿势的方向假定为：面向读者等于向南，背向读者等于向北，面向读者右面等于向东，面向读者的左面等于向西。当读者练习纯熟后可以根据场地的形状任选方向，不一定要把预备式从面南站立开始。

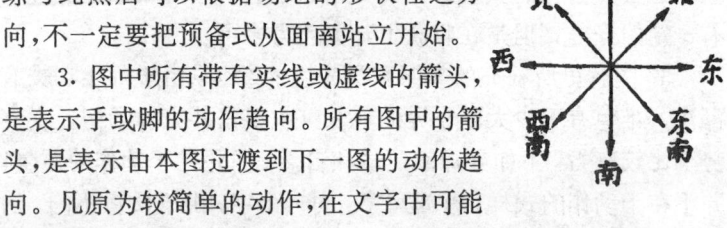

3. 图中所有带有实线或虚线的箭头，是表示手或脚的动作趋向。所有图中的箭头，是表示由本图过渡到下一图的动作趋向。凡原为较简单的动作，在文字中可能说明的而绘上箭头反致混淆者，不再在图中表示其动作趋向，可参看文字和后一图，就能明了。

4. 带有实线的箭头是表示右手或右脚的动作趋向，带有虚线的箭头是表示左手或左脚的动作趋向。

5. 由于太极拳中脚的动作也较细致，为了表明脚与地面的关系。在脚旁绘上阴影，借以区别。

① 表示全脚着地；

②脚旁无阴影者，表示全脚离地；

③表示脚跟着地；

④表示脚尖着地。

第一式 预备式（图1）

本式并无动作，只要静心站着，身体正直，勿挺胸，眼向前平视，两肩放松，两臂自然垂直，指尖向下，手背向前（用垂掌不用俯掌，是吴先生晚年的姿势），两脚平行步，两腿直立，膝弯不要挺出，其余可参考基本动作章的有关说明。

图1　　　　　　　图2　　　　　　　图2　侧面图

第二式　太极起式（图2）

从上式（图1）两手同时提起置于胸前，左外右内，左高右低，左手为侧掌，掌心向里，拇指尖与鼻尖正对并要一般高，右手为立掌，掌心向外，指尖在左腕之下，同时，左脚踏出半步，成为虚步，脚跟着地，脚尖上翘，右腿趁势微屈，承担体重，面仍向南，如图2（附侧面图）。又，左脚尖上翘的多少是与屈右腿的高矮有关，在侧面图里左脚尖上翘不多，就是右腿屈腿（即坐腿）较高的缘故。

第三式　揽雀尾（图3—6）

动作一：从上式（图2）在原地向右转身，先转左脚与右脚成丁字式，踏实后，脚尖向西，随即微微屈腿，承担体重，同时向右转腰提右脚落在左脚的右前方,变为脚跟着地的虚步，两脚相距半步，在转脚的同时，右手循弧线，由下而上，经过左手掌心，向前伸出，成为立掌，拇指尖与鼻尖相对看齐，左手也同时向里往下微微收回，至指尖接近右手腕旁时也变为立掌，两肘下坠，眼视正西，如图3。

动作二：从上式（图3）步法不变，两肘同时下沉，左肘接近胁部，两手在沉肘的同时徐徐转向，右手转为仰掌，左手转为俯掌，指尖偏向上方，在沉肘转掌的同时，微微含胸坐左腿，腰亦微向左转，右手作舀水状，预为下一式的伸掌蓄势，方向正西不变，如图4。

图3　　　　　　　　　图4

动作三：从上式（图4）两手趁势微带弧线向前伸出，右臂不要太直，同时右脚踏出半步变为弓步，体重在右腿，左腿伸直，方向不变，如图5。

动作四：从上式（图5）仍为弓步，右手循自然弧线向右方平移，左手指尖搭右腕上随同移转，同时向右微微旋腰，身体和两手手指均转向西北方，如图6甲。此时，腰已不能再向右旋，即趁势徐徐坐左腿，并徐徐转向正西，变弓步为虚步，同时右手屈臂垂肘收小弧圈，转至右肩前方时指尖已渐渐转向上方，即徐徐转腕向正西方推出变为正掌，左手跟在右腕之下，由俯掌转为仰掌，两肘微屈，身向正西，眼视前方，如图6乙。揽

雀尾总是与下一式单鞭紧接在一起，在连续运动时原难看出图6乙与图7两动作间的段落，本书为适应初学要求，故把图6乙作为本式的末一动作。

本式是动腰最多的一个式子：第一动作要向右动腰；第二动作要向左动腰；第三动作在伸手时要长腰；第四动作从坐腿到向前伸掌，腰部要做全圆形的旋转动作，这些腰的动作都是与手的动作密切相结合的。初学者如能把这一式子的动腰学会，对其他式子的动腰就比较容易了。

图5

图6甲

图6乙

第四式 单鞭（图7、8）

动作一：从上式（图6乙）屈右膝变虚步为弓步。变步时，右脚尖微向左转，使身体从正西略偏向西南，同时两臂也向西南方伸出，不要伸直（身体和两手也可先向正西方，到下一动作时再转脚向西南方），右掌照原状向前推出，微微凸掌，掌心偏向西南，左手仰掌照原状仍在右腕之下，眼视右手前方，如图7。

动作二：从上式（图7）右掌轻轻落下，指尖向下，撮五指变为抓拳，此时体重已经放右腿之上，趁势提左脚循弧线向左后方迈步，脚尖转向东南，右脚尖亦趁势向南转动，随即屈腿作骑马式，两膝与两脚尖同一方向，身体略偏向东南；在左脚迈步的同时，左手离开右腕，掌心向里，变仰掌为立掌，随即向左方移动，移至左颊前方时，即将掌心转向外面，继续移动，向东方（略偏南）推出，仍为立掌，头部也随着左掌向左转动，眼视东南，如图8。

图7　　　　　　　　图8

第五式　提手上势（图9、10）

动作一：从上式（图8）左脚尖转向正南，随即坐左腿承受全身重量，并将右脚移置于左脚的右前方半步变为虚步，脚跟着地，脚尖上翘与左脚同向；在变换步法的同时，右手抓拳放开，落向胸前变为侧掌，掌心向里，全臂成环抱形，同时将左手移置于右手里面近腕处，仍为立掌，掌心向前，身体微向前倾，眼视前方（正南），如图9（此图是表示右手已在上提的姿势，故向前倾身较侧面图的姿势为小）。

动作二：从上式（图9）右脚尖落地踏实，左脚趁势上步与右脚成为平行步，两腿微弯，在并步的同时，右手趁势徐徐向上提起，并转动小臂一直提到额前一二寸许转为仰掌，左手同时下按，置于胯旁，臂部伸直，但不要太直，指尖微向上翘，掌心微向下按，身体方向不变，眼仍前视，如图10。

图9 　　　　　图9 侧面图 　　　　　图10

第六式　白鹤亮翅（图11、12）

动作一：从上式（图10）不动步，向左转腰，使身体转向东南方，两手仍照原状不变，视线与身体同向，如图11。这一式子，原先在转腰前，要先将上身向前略俯，有时俯身太过，常被做成低头的样子，吴先生在晚年已把它略去，仅在转腰的同时微微倾身，以助其势。

动作二：从上式（图11）左臂趁转腰的余势从左后方直臂向上举起（待臂与肩平时再屈肘），同时将身体转向正南，此时左手已举到左额的左上方与右手同在额上成为立掌，掌心向前，再沉肩使大臂稍稍下降,两手距离与肩宽相仿佛,眼视正南,两腿仍微弯,如图12(这一图摄影时角度不合,故两手显高,练习时两手要放低一些)。

图 11

图 12

第七式 搂膝拗步 (图 13—19)

动作一:从上式(图12)两脚同时向左转(左脚转跟右脚转掌),脚尖向东,左脚成为脚跟着地的虚步,右腿微弯,在转脚的同时,左手向身前落下成为俯掌,指尖偏向东南,右手转为侧掌,置于右颊之旁,大臂与肩相平,眼视东方,如图13。

动作二:从上式(图13)屈右腿,左脚移前半步,脚跟先着地,徐徐踏实,变为弓步,右腿趁势伸直,改为左腿承担体重,在左脚提腿上步的同时,左手趁势向下搂膝,移置于左腿膝旁,仍为俯掌,指尖朝前,在左手搂膝的同时,右手(侧掌,指尖朝前)从颊旁徐徐前伸,边伸边转小臂,至臂直时成为正掌,身体和视线均向东方,如图14。

图13　　　　　　　图14

动作三：从上式（图14）趁右臂伸直时微微突掌的余势，将右手收回胸前变为立掌，掌心向左，同时，左手亦自下而上置于右手指尖之上，作成立掌，掌心向右。在收回右手的同时，趁势收腰坐身，并将左脚收回半步变为虚步，使右腿承担体重，身体和视线的方向均不变，如图15。

动作四：从上式（图15）左手落下，右手提到右颊之旁，

图15　　　　　　　图16

回复到图 13 的式样。

动作五：从上式（图 13）把图 14 的式样重复一次，如图 16。

动作六：从上式（图 16）右手落下变为俯掌，指尖偏向东北，左手上提置于左颊之旁，变为侧掌，同时，右脚自后面上前一步半，置于左脚前东南角，变为虚步，身体和视线仍向东方，如图 17。图 17 与图 13 实在是同样的式子，不过在手脚的左右上恰恰相反，请对照图 13 的图解。

图 17

图 18

动作七：从上式（图 17）提右脚移前半步变为弓步，左腿趁势伸直，同时右手搂右膝后置于右膝旁，仍为俯掌，左手从颊旁朝前伸出，转小臂，变为正掌，身体和视线的方向均不变，如图 18。图 18 与图 14 实在是同样的式子，不过在手脚的左右上恰恰相反，请对照图 14 的图解。

动作八：从上式（图 18）左手落下，右手提到右颊之旁，再回复到图 13 的式样，与动作四相同，图解从略。

动作九：从上式（图 13）把图 14 的式样再重复一次，与动作二或者五的动作相同，图解从略。

动作十：从上式（图14）把图15的式样重复一次，与动作三的动作相同，如图19。

这一式子还有两个要点，在这里作一个总的说明：(1) 在左手搂左膝之前，先要朝右面撇身（即不动步而转腰）随着右手的前伸再徐徐转正；右手搂右膝时也要先朝左面撇身，然后随着左手的前伸，再徐徐转正；(2) 作正掌（如图14和图18）到达终点时，拇指尖要正对鼻尖；收掌式（如图15），左手拇指尖也要正对鼻尖。目前有一些教师为了迁就初学，对上述要求都不够严格，以致学者在动作的圆活上和姿势的平正上，也不免有一些欠缺的地方，特地指出，以备参考。

图19

第八式　手挥琵琶（图20、21）

动作一：从上式（图19）左脚上前半步变为弓步，右腿趁势伸直，同时两手手掌变换方向，左手转为掌心朝外朝下，右手转为掌心朝里朝上，仍为立掌式（转掌时要微微沉肘），转掌后，两手随即循弧线朝前上方徐徐伸出，左臂较上式（图19）为直，右臂较上式更屈，身体和视线仍向正东，如图20。

动作二：从上式（图20）右脚朝前并步，与左脚成为平行式，两膝微屈，同时两手循左方弧线趁势从上方向胸前微微收回，屈臂垂肘，作手挥琵琶的形状，方向不变，如图21。

这一式子，动作虽然简单，但在初学时，一般都不易做好，因为两手的伸出和收回均走弧线，在连续动作中有一个椭圆形，如果腰部不能做出同方向的圆动作与它相适应，在姿势上是无法做到全身和谐的。

图 20　　　　　　　　图 21

第九式　上步搬拦捶（图 22—24）

动作一：从上式（图 21）左脚上前一步成为弓步，同时两臂先微屈再循右面弧线朝前伸手，并转变手掌，成为左掌心向南，右掌心向北，均为立掌，身体和视线的方向均不变，如图 22。

动作二：从上式（图 22）将身体收回坐在右腿上，左脚

图 22　　　　　　　　图 23

微微抽回变为虚步，同时，两手趁势循左面弧线一起收回，左手只收回一二寸仍停在前面，右手边收边握拳（正拳）直收回到胯旁为止，方向不变，如图23。

动作三：从上式（图23）随即将右拳从胯旁直接朝前方正中伸出，臂直，拳与肩平，仍为正拳，一面将左手徐徐收回置于右臂肘旁，仍为立掌，同时，左脚微微前移趁势回复为原先的弓步，方向不变，如图24。

第十式　如封似闭（图25—27）

动作一：从上式（图24）右臂微微抬起并向左面微微弯屈，仍为正拳，同时，左手从右臂下面转向右臂外侧，仍为立掌，但掌心方向与前相反，身体和步法均与上式相同，如图25。

图24　　　　　图25

动作二：从上式（图25）右臂继续向左面弯屈，右拳随势放开，变为斜形立掌，指尖向北，左手沿右臂前移亦变为斜形立掌，指尖向南，此时两手小臂已成为交叉形（如×），随即向左右分开，两小臂向上竖直成平行式，两肘下坠，两手斜形立掌变为正形立掌，手指向上，掌心朝里。在变换手法的同时，趁

507

势将身体坐于右腿，左脚微微收回，变为虚步，身体和视线仍向正东，如图26（该图为了看清两手故摄影时微带侧形）。

动作三：从上式（图26）两手转为掌心相对，再转为掌心向外，然后徐徐朝前方平行推出（突掌），两臂伸直仍为立掌，掌心向东，在两掌前推的同时，趁势上步，回复原先的弓步式，方向仍为正东，如图27（该图仍微带侧形，原因同上）。

图26

图27

第十一式　十字手（图28—30）

动作一：从上式（图27）两臂仍伸直向下落，两掌先抹后按，到两臂垂直时置于左膝前面变为俯掌，指尖朝前，步法与上式相同，方向仍为正东，如图28。

动作二：从上式（图28）两手向左膝两旁徐徐分开，同时，两脚尖转向正南（左脚尖也可不转，因为是连续动作，随势就要并步的），屈右腿，变为弓步，左腿伸直，身体转向正南，此时，两手仍在继续分开，徐徐由下而上，与肩相平，右手略高，左手略低，均为侧掌，掌心向前，眼视左前方（如把重点放在右手，也可随着右手转头，眼视右前方，到下一动作时再转向前方），如图 29。

动作三：从上式（图 29）两手上举过头，再自上而下向里合拢成交叉状，右手在外，左手在里，均为立掌，掌心分向左右，同时，左脚上步与右脚平行，身体和视线均向正南，如图 30。

第十二式　抱虎归山（图 31、32）

动作一：从上式（图 30）向

图 28

图 29　　　　　图 30

右微微撤身，将体重置于右腿，左脚随即向左前方迈出一步，两脚脚尖均转向东南，左腿成为弓步，右腿伸直，同时，左手落下搂左膝，置于左胯之旁，成为俯掌，指尖朝前，右手趁势向东南方推出，转为正掌，身体和视线均向东南，如图 31（式与图 16 相同，但方向不同）。

动作二：从上式（图 31）向左微微撤身，使左腿承担体重，

509

随即将脚尖转向西北，同时提右腿转身向西北，落脚于左脚的西北方，脚尖向西北，成为弓步，左腿趁势伸直，在转身的同时，右手落下，搂右膝后置于右胯之旁，变为俯掌，指尖向西北，左手自下而上置于左颊之旁成为侧掌，指尖向西北，转小臂，徐徐向前（西北）推出，臂伸直时变为正掌，掌心向西北，身体和视线与左掌同向，如图32。这一式子，早先是作为正反搂膝拗步来称呼的，现在作为一个连续动作称做抱虎归山（请参阅拳式名称章）又，上面所用方向，动作一为东南向，动作二为西北向，在早先也用正南向和正北向，可由学者自便。

图 31　　　　　　　　　图 32

第十三式　揽雀尾（图略）

本式是重复式子，从上式（图32）将左手收回胸前，右手自下而上置于左手之上，如图3，但方向是向西北不是向正西，以下再接做图4、图5、图6各动作，身体和视线均向西北。

第十四式　斜单鞭（图33）

本式也是重复式子，可从图6接做图7、图8的式子，但要

身向西南，眼视正南，如图33（此影斜向西南的角度不够，故身向西南和眼视正南的角度也不够，练习时希注意）。

第十五式　肘底看捶（图34、35）

动作一：从上式（如图33，身向西南）先向左面撤身，使左腿承担体重，随即将左脚尖转向正东，向前弓腿，同时右脚伸腿，循弧线向南挪动置于左脚后方的西南角（如图形），使身体转向正东，在转身的同时，右手放开抓拳，两手臂腕伸直朝左面平移，平移时，左手略慢，右手略快，均为俯掌，至手指向东时，两臂成为平行式，眼视正东，如图34。

动作二：从上式（图34）趁两臂刚刚平行随即抽身坐右腿，

图33

图34　　　　图35

511

并将左脚收回半步变为虚步,同时两手徐徐握拳,屈左臂坠肘,使拳向上竖立成为立拳,虎口朝里,一面将右拳拢回胸前置于左肘之下成为正拳,方向不变,如图35。

第十六式 倒撵猴(图36、37)

动作一:从上式(图35)朝前倾身,左脚趁势前移半小步,随即屈腿变为弓步,右腿伸直,同时左拳放开向前微微落下变为仰掌,右拳仍在左肘之下,方向不变,如图36。

动作二:从上式(图36)左手循弧线向左后方平移,徐徐屈肘,变仰掌为侧掌,置于左颊之旁(如图17的左手),右拳放开变为俯掌(如图17的右手),同时屈右腿变左腿弓步为虚步(如图13的步式),将体重置于右腿之上,然后提左腿后退一步半变为屈右腿的弓步式(原先的弓步是屈左腿的),在退步的同时,右手作下搂势置于右胯之旁仍成俯掌,左手从左颊旁向前徐徐伸出,随伸随转小臂,至终点时,变为正掌,方向不变,如图37。这是第一个倒撵猴。

图36　　　　　图37

动作三:从上式(图37)屈左腿坐身,右腿由弓步变为虚步(如图17的步式),同时照图13的动作,左手落下变为俯掌,右掌提置于右颊之旁，变为侧掌，然后提右腿退后一步半，再变为屈左腿的弓步式，一面左手作下搂势，置于左胯之旁，仍为俯掌，右手从右颊旁向前徐徐伸出，转小臂变为正掌，方向不变，图从略（可参阅图14的姿势）。这是第二个倒撵猴。

动作四：从上式（与图14相同）先照图17接做落右掌提左掌的动作，再变弓步为虚步，如图13的步式，然后提左腿后退一步半，再变虚步为弓步，同时两手则接做图18的动作，回复到图37的式子，方向仍为正东。这是第三个倒撵猴。

倒撵猴是后退式的搂膝拗步，在倒退前是拗步的虚步式，到倒退后，变为拗步的弓步式，这是与搂膝拗步不同的，其他动作可参考搂膝拗步的图解。又，他书有把图36作为肘底看捶的最后动作的，本书仍照旧时传授作为倒撵猴的第一动作。

第十七式　斜飞势（图38、39）

动作一：从上式（图37）脚步不变，微微向右面侧身，同时左手转膀坠肘，将正掌转为仰掌，身体趁势微微前倾，右手仍在胯旁，眼视正东，如图38。

图38

图39

动作二：从上式（图38）左脚自后而前向右脚的左前方踏出一大步，脚尖转向东南，屈腿成为弓步，右腿趁势伸直，脚尖转向正南，同时左手向左方伸出，仍为仰掌，右掌向西南方按下，与左手的伸出相呼应，身体偏向南方，眼视右手手背，如图39。

第十八式 提手上势（图40）

本式是重复式子，两手向胸前合拢与第五式的第一动作相同，但两腿是由屈左腿的弓步直接变为屈右腿的弓步，与第五式的虚步不同，面向正南，如图40。以下，左脚向前并拢变为平行步，右手上举，左手下按，均与图10的动作相同。请参考该图图解。

图40

第十九式 白鹤亮翅（图略）

本式是重复式子，可从图10的式子接做图11和图12的两个动作，图解从略。

第二十式 搂膝拗步（图略）

本式是重复式子，从图12的式子，只要接做图13和图14的两个动作，图解从略。

第二十一式 海底针（图41、42）

动作一：从上式（如图14）接做图15的动作，面向正东，如图41。

动作二：从上式（图41）右手由立掌落为垂掌（掌心向北）斜向前方插下，左手趁势下移置于右肘之旁，变为侧掌（掌心向南），同时，左脚变为脚尖着地，两腿趁右手下插之势稍稍弯下，身体微微前倾（不可低头），眼向东方平视，如图42。本式在倾身时最容易低头，为避免此病，也可采用直身下插的姿势。

514

图41 　　　　　　　　　图42

第二十二式　扇通背（图43、44）

动作一：从上式（图42）左脚向东踏出变为弓步，右腿伸直，同时两臂照原状向上抬起，右臂与肩成一直线，左掌仍在右肘之旁，变为立掌，身体方向不变，眼仍东视，如图43。

图43 　　　　　　　　　图44

动作二：从上式（图43）右手徐徐收回，左手徐徐伸出，同时左脚转向东南方，右脚转向西南方，使身体转向正南，同时左臂伸直，掌心向外，仍为立掌，右臂弯屈，手掌收至右额旁转为反掌，随即趁势蹲腿做成骑马式，面向东南，眼视左手手背，如图44。

第二十三式　撇身捶（图45、46）

动作一：从上式（图44）左脚尖转向西南，身体亦转向西南，体重加在左腿上，右腿为虚腿，同时两手落下，在左胁前握拳相对，右拳在上左拳在下，都为俯拳，眼视正南，如图45。

动作二：从上式（图45）随即提右脚向西北方落步，变为弓步，脚尖向西，左腿趁势伸直，脚尖亦向西转正，使身体转向正西，同时翻右手俯拳为仰拳，并趁势抽回置于右胁旁，仍为仰拳，左手在右拳翻转之前变为仰掌，置于右腕之上，随即转腕向前伸出变为立掌，掌心向北，指尖向上，臂部不要伸直。右拳的抽回与左手的伸出要同时到达终点，此时的身体也要由正西微微撇向西北（即向右撇身），视线仍向正西，如图46。图46的右拳被身体遮住，不能看见，可参考图46的正面图，但方向应为正西，不要误解。

图45

第二十四式　卸步搬拦捶（图47—49）

动作一：从上式（图46）两手向前伸出，左手仍为立掌，指尖微向前方，右拳由仰拳伸为正拳，两手再微微收回，趁势屈左腿，变弓步式为虚步式，方向仍为正西，如图47。

图 46

图 46 正面图

动作二：从上式（图 47）趁弓步变为虚步的余势，提右脚退后一大步，并趁势屈右腿，变为左脚在前的虚步式，同时将右拳收回仍置于右胁之旁，为正拳式，方向不变，如图 48。

图 47

图 48

动作三：从上式（图 48）右拳自胁旁向前平伸，仍为正拳，左手向里收回，置于右肘之旁，仍为立掌，在伸拳的同时，身体前移，左脚趁势上半步，屈左腿，变虚步为弓步，右腿伸直，方向不变，眼视正西，如图 49。

517

第二十五式 上步揽雀尾

（图50）

本式是重复式子，从上式（图49）右拳放开（形状与图3相似），两手接做图4的动作，趁势坐右腿，变弓步为虚步，如图50，再接做图5的伸臂动作，趁势提右腿踏前一大步，屈腿变为弓步，与图5的式子完全相同，这就是本式的"上步"。以下再接做图6甲和图6乙的动作，以完成揽雀尾的全式，说明从略。

图49

第二十六式 单鞭（图51）

本式也是重复式子，可从图6乙接做图7、图8的式子，完成时，如图51（此时身体已偏向东南）。

图50

图51

第二十七式 云手（图52—54）

动作一：从上式（图51）右脚不动，左脚尖转向南方，趁势伸左腿，变右腿为弓步，同时，左臂垂直落下，向右方上抄，置于右腕下变为仰掌，右手抓拳放开，手指向上翘起，变为立掌，掌心向西南，身体微向右侧，眼视正南，如图52。

动作二：从上式（图52）屈左肘将小臂向上竖起，左手仰掌变为立掌，掌心朝里向左徐徐移动，转为掌心朝外时，将臂伸直，掌心向东（转腰较小者可向东南），同时右臂由垂直落下，转向左方上抄，置于左腕下，变为仰掌，两手要同时到达终点；在云手的同时，两脚尖均转向东南（转腰较小者可单转左脚尖，如转腰较大，左脚尖可偏向东方），趁势向左转腰，屈左腿，伸右腿，变左腿为弓步，身体偏向正东，眼视东南，如图53。这是第一个云手。

动作三：从上式（图53）右脚趁势向东并步，并步后，左臂垂直落下，右臂屈肘竖起，重复图52的动作，至两手将达终点身体向西南时，左脚向东踏出一步，左腿伸直，右腿弯屈，仍为弓步式，两脚尖均转向西南，形式与图52相同，身体偏向正西，眼视西南。这是第二个云手。

动作四：从上式（如图52）接做图52转为图53的动作

图52　　　　　　　　　　　　图53

（即动作二）再接做"动作三"的全部动作，回复到图52的形式（如转腰较大可用"动作三"的方向），如图54，到这里已做完第三个云手了。

第二十八式 单鞭（图55）

本式是重复式子，从上式（图54）接做图8的动作，方向相同，如图55。

图54

第二十九式 高探马（图56）

本式是从东南转向正东的式子，从上式（图55）右脚尖转向正东，趁势向左转身，坐身于右腿之上，随即将左脚收回大半步，变为脚尖着地的虚步，脚尖也向正东；同时落左臂，屈肘，肘尖贴近左肋，左手与小臂平，变为仰掌，指尖向东；右手抓拳放开，随着转身的动作，收回胸前，继续向左前方伸出，

图55

图56

置于左腕之右上方,成为立掌,掌心向北,眼视正东,如图56。这一式因为两手偏在左面,有人叫做左高探马,原先是不加左字的。

第三十式　左右分脚(图57—60)

动作一:从上式(图56)右手向前伸出,至手和臂伸直成为俯掌时,继续向右方平移,至指尖向东南时,手臂落下再屈肘上抄变为仰掌,置于左腕之下,指尖向东北,左手随着右手转动的方向在胸前转半个圆圈将仰掌变俯掌,置于右腕上(如图线所示),指尖向东南,两内腕相搭成交叉形,同时左脚踏出大半步变为弓步,趁势向左面撇身;在撇身的同时,两手握拳上举置于左额之前,两内腕相搭成交叉形,均为立拳,左拳在里,右拳在外,眼向东视,如图57。

图57　　　　　　　　　　图58

动作二:从上式(图57)在两拳上举的同时,趁势提右腿,随即向东南方踢脚,高与胯齐,脚面与脚相平,左腿伸直,同时,两拳分开变掌,自上而下,右手落向东南方,左手落在左方,均为侧掌,两臂伸直,与肩相平,身向正东,眼视东南,如

图 58（图中要将左臂照出，故方向略偏）。

动作三：从上式（图 58）踢脚后随即向前落步成为弓步，脚尖向东，同时两手收回，在右胸前作成左手立掌、右手仰掌的形式（即右高探马的式子），身体与视线均向正东，如图 59。

动作四：从上式（图 59）两手向左面转圈，转成左手仰掌（在下）、右手俯掌（在上）、两腕相搭的交叉形后，随即握拳上举，置于右额之前，两内腕相搭成交叉形，均为立拳，左拳在外，右拳在里，同时向右面撤身，眼视正东，形状与图 57 相似，但图 57 是左撤身式，这是右撤身式，手脚都要左右易位，请参考"动作一"的说明，图从略。

图 59　　　　图 60

动作五：从上式（与图 57 相反的右撤身式）在两拳上举的同时，趁势提左腿，随即向东北方踢脚（右腿由屈变为略直），同时，两拳分开落下，左手落向东北，右手落向右方，均为侧掌，两臂伸直，与肩相平，身向正东，眼视东北，如图 60（图 58 是右分脚，图 60 是左分脚）。

本式是左右脚连续起踢的动作，中间的右高探马，在练熟以后，可以简化，即从图58落为弓步后直接握拳相搭，举至右额之上，接做图60的动作。如此，可以使左右连续分脚的动作，做得更加紧凑，原先在高探马之后，只有左右分脚的名称，也就是以这种做法为根据的。

第三十一式　转身蹬脚（图61、62）

动作一：从上式（图60）两手屈肘收回，握拳上举，置于右额前，左拳在外，右拳在里，均为立拳，同时屈左膝成提腿式，小腿下垂，脚尖朝下，随即将右脚尖转向西北，身体也转向西北，眼视正西，如图61。

动作二：从上式（图61）随即将左脚向正西蹬出，脚尖微向里翘，两手动作与方向相反的图60的动作相同，眼视正西，如图62。

图61

图62

以上各式，在踢脚或者蹬脚之前，都有握拳上举的动作，请记住：凡在踢（蹬）左脚总是左拳在外、右拳在里，踢右脚总是右拳在外、左拳在里。以后还有踢脚动作，仍要这样。

523

第三十二式　进步栽捶（图 63—65）

动作一：从上式（图 62）左脚蹬出后随即落在右脚的左前方一步，屈腿成弓步，右腿伸直，同时左手落下，搂左膝后置于左腿之旁，左臂垂直，掌心向下；右手先收至右颊旁再向前推出，由侧掌转为正掌，身体和视线均向正西，如图 63。这一动作与图 14 的动作相同，但方向相反，可参阅图 14 的有关说明。

动作二：从上式（图 63）右脚上前落在左脚的右前方一步，屈腿成弓步，左腿伸直，同时右手搂右膝，放在右腿旁，左手先提至左颊旁再向前推出，均与上式的动作相似，但手脚要左右易位，方向不变，如图 64（可再参阅方向相反的图 18 的说明）。

图 63

图 64

动作三：从上式（图 64）左脚上前一步，回复图 63 的弓步式，同时左手搂左膝后，循弧线从左方向上转置于右肘之旁，成为斜形立掌，右手握拳提至右颊之旁，随即向下前方捶下，成为倒拳，要与左手立掌同时完成动作，身体微向前倾，眼视右拳的前方，如图 65。

上面一二两动作，为便利初学，故按照搂膝拗步的式子分别图解，练熟后，应当作成连续搂膝上步的式子，将左右手的前推动作略去。

第三十三式 翻身撇身捶（图66）

本式是重复式子，从上式（图65）右拳向上向后翻，变为仰拳，身体亦趁势向后转，左脚在原地脚尖转向正东，右脚从左脚的右后方随同转身移至左脚的右前方，相距一步，成为屈右腿的弓步，同时，左手在右拳翻转时仍搭在右臂肘部一起转动，先变为俯掌，当右拳从胸前抽回移置于右面肋旁的同时，左手再向前抒出变为立拳，臂微屈，身体由正东微向右撇，眼从左手指尖之上平视前方（正东），如图66（希参阅方向相反的图46的动作）。

图65

图66

第三十四式 上步高探马（图67）

本式也是重复式子，上式（图66）为右腿弓步，现在左脚上步变为左腿弓步，同时左手向左肋收回转为仰掌，指尖向前，右拳放开向胸前伸出，变为立掌，掌心向北，身体和视线均向东，如图67。

图 67　　　　　　　　　　　　图 68

第三十五式　披身踢脚（图 68）

本式是图 57 和图 58 的重复式子，不过在踢脚后身体要微向左后方倾侧，使下一式可以趁势退步，其他说明从略，踢脚的姿势如图 68。

第三十六式　退步打虎（图 69—73）

动作一：从上式（图 68）右腿趁身体向左后方倾侧的余势向西北方落下伸直，屈左腿为弓步，右臂照原状伸向东南不变，

图 69　　　　　　　　　　图 69 的参考图

526

左手上举，循抛物线向东南方落下，置于右肘的左下方，均为立掌，身体和视线均向东南，如图69。这一动作，最初是用跳跃动作的，即右腿落下时左脚踢起，后来不用跳跃曾改为交叉步式，即右腿跪在左腿的后面，如图69的参考图，现在交叉步也好久不用了。

动作二：从上式（图69）两手不变，左脚退后一步，屈右腿为弓步，方向仍为东南，如图70。

动作三：从上式（图70）右手自上而下循弧线收回胸前，握成立拳，拳背向外，左手自下而上循左面弧线举至左额上方，握成虎口向下的反拳，两拳虎口上下相对，同时，屈左腿，将右脚收回半步，变为脚尖着地的虚步，身体转向正东，眼视前方，如图71。这一动作，有抬腿与不抬腿两种做法，抬腿很不易做，因为本式要连续退步，还没有站稳就要抬腿，初学者有困难，故此处用虚步式，使身体可以站稳。如要练习抬腿的式子，请阅图71的正面图。

图70　　　　　　　　图71

第三十七式　二起脚（图72）

本式有两种踢法，一种与图58的踢法完全相同；一种是从上式（图71）右腿先向正面提起，再顺势用横扫式向右面踢出，同时，两手向左右平分，均变为俯掌，右手指尖向东南，左手指尖向东北，身向正东，眼视东南，如图72。

图71 正面图 　　　　　图72

第三十八式　双峰贯耳（图73、74）

动作一：从上式（图72）右脚趁势向前落下成为弓步，同时两手转为仰掌向胸前会合，随即向腹前按下转为俯掌，指尖相对，两臂微屈作环抱形，身体和视线均向正东，如图73（本图为照相方便，方向略偏东南）。

动作二：从上式（图73）步法不变，两手左右分开向上翻转，趁势握拳，分置于两额前成为立拳，虎口相对，两臂微屈，仍作环抱形，方向仍为正东，如图74（该图的两拳是两手由下而上尚未举到额前时的姿势，故较正面图的两拳为低。正面图因摄影角度不合，两拳亦嫌微高，练习时应放低一些）。

第三十九式　翻身二起脚（图75—78）

动作一：从上式（图74）跪左腿弓右腿，向右转身，两腿成交叉步，两立拳亦趁势交叉置于右颊前，左拳在外，右拳在

图 73　　　　　　　图 74　　　　　　　图 75

里，两内腕相交，左拳拳心向里，右拳拳心向外，身体偏向东南，眼视正东，如图75。

动作二：从上式（图75）右腿伸直身体立起，左脚趁势向东踢出（亦可用蹬脚），两拳左右分开，左手循抛物线落向正东伸平，右手循抛物线落向南方伸平，均为侧掌，与图60的动作相似，身向不变，眼视东方（略偏北），如图76。

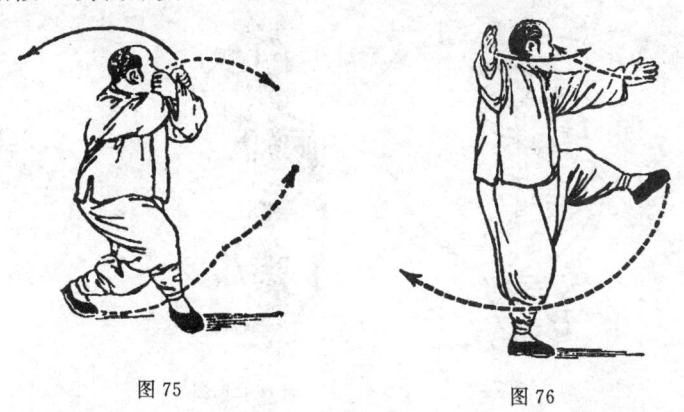

图 75　　　　　　　图 76

动作三：从上式（图76）左脚不落地，右脚尖向右转向正西,身体亦转为同一方向,两掌趁势握拳,收回胸前,成交叉式,置于右颊前面,均为立拳(左拳在里,右拳在外),眼视西南,如图77。

动作四:从上式(图77)左脚向前落步成为弓步,随即将脚尖转向东北,变为坐腿式,右脚趁势将脚尖转向正东,收回大半步,变为脚尖着地的虚步,两拳不变,但在转身时趁势移置于左颊之前,身体偏向东北,眼视正东,如图78。另附正面图,以供参考。

图77

动作五:从上式(图78)右脚向东踢出(因为是转身式,也可用蹬脚,但右脚已落地,与前面第三十一式转身蹬脚的提腿踢出不同,所以还是用踢脚为顺,上面"动作二"的踢左脚,因为是蹲身式,用蹬脚是方便的),两拳变为侧掌,与图58的动作完全相同,方向也同为正东,图解从略。

图78    图78正面图

这一式子，在图解里，虽然分做五个动作，但在连续进行时，实只有转身踢左脚和翻身踢右脚两个连续动作，以踢右脚为主，所以叫做翻身二起脚。又，本式是由上一式的向东，在左右踢脚后，仍转回原方向，初学时很容易弄错方向，希注意。

第四十式　撇身捶（图略）

本式是重复式子，从上式（如图58）右脚落地时接做图45和图46的动作，但方向恰恰相反，是向东不是向西，图解从略。这一式子，也有改用"高探马"的，不如撇身捶为顺，故照旧不改。

第四十一式　上步搬拦捶（图略）

本式也是重复式子，从上式（如图46，但方向相反），左掌右拳一起向前伸出，左脚趁势上前一步，成为弓步（如图22），随即左掌微微收回，右拳抽回到右肋旁，变为立拳，趁势坐右腿，左腿变为虚步（如图23），以下接做图24的动作。这一式子，是上步不是卸步，与二十四式不同，方向也相反，与第九式方向相同，希注意。其余动作可参考图47—49或者图22—24的有关说明，图解从略。

第四十二式　如封似闭（图略）

本式也是重复式子，从上式（如图24）接做图25、图26和图27的动作，图解从略。

第四十三式　十字手（图略）

第四十四式　抱虎归山（图略）

第四十五式　揽雀尾（图略）

第四十六式　斜单鞭（图略）

以上四式都是重复式子，从上式（如图27）接做第十一式一直到第十四式为止，动作与方向完全相同，图解从略。

第四十七式　野马分鬃（图79—85）

531

动作一：从上式（如图 33，但不参照原路线）左脚尖转向西方，右脚收回半步变为虚步，同时两手拢向胸前变为立掌（如图 79）；随即屈左肘，使左掌靠近右肩，右掌趁势落下，变为垂掌，手臂伸直，斜向身体左面，身体亦微向左转（脚步不动），眼视西北，如图 80。另附正面图，供参考。

图 79　　　　　　　　图 80

动作二：从上式（图 80）右脚上前半步变为弓步，同时两手向上下分开，右掌自下而上向西北方伸出，变为仰掌，左掌

图 80 正面图　　　　　图 81

从右肩落下向东南方掠出，变为俯掌，两手分向上下时，掌心要相对而过，右手向西北上伸时，右肩随同侧向西北，身体和视线均偏向西南，如图81。

动作三：从上式（图81）步法不变，身体由侧回正，同时，两手仿照图80的动作，将右手拢回左肩变为立掌，左手向右方落下变为垂掌，身体微向右转（脚步不动），眼视西南，如图82。

动作四：从上式（图82）左脚上前一步变为弓步，同时，两手上下分开，左掌自下而上向西南方伸出，变为仰掌；右掌从右肩落下向东北方掠出，变为俯掌；在上下分手时，掌心相对而过，左肩随同左手的伸出侧向西南，身体和视线均偏向西北，如图83。

图82　　　　　　　　　图83

动作五：从上式（图83）步法不变，身体由侧回正，左手拢回右肩，右手落向左方，与图80的动作相同（但脚步不同），如图84。

图84　　　　　　　　　　　图85

动作六：从上式（图84）右脚上前一步变为弓步，两手上下分开，与图81的动作完全相同，图解从略。

动作七：从上式（如图81）右脚收回半步变为虚步，两手拢回胸前均变为立掌，如图3，以下照图80和图81的动作重复一次做到图85的式子为止，可参考动作一和动作二的说明，图解从略。

第四十八式　玉女穿梭（图86—91）

动作一：从上式（图85）左脚移置于右脚前半步变为虚步，同时，左手上抄，屈臂作环抱形，变为仰掌，置于左胸前，高与肩平，右手从右上方循抛物线向左手小臂落下，翻成俯掌，身向正西，眼视西南，如图86。

动作二：从上式（图86）左脚随即踏出半步变为弓步，两手照原状趁势向西南方送出，边送边向外转左膀，转至左手掌心向下时，趁势坐右腿，左脚回复为虚步，左膀继续向上转，至左掌掌心转向西南，将变为反掌时，右手趁势向南方（微偏西）推出，变为立掌，左脚再回复弓步，身体转向西南（脚步不动），眼视同一方向，如图87。

534

图86

图87

动作三：从上式（图87）右手立掌转为仰掌，左手随即收回落在右手小臂上，变为俯掌，同时把向西的左脚尖向右转向正东，身体随同向后转，右脚移至左脚前半步变为虚步，身向正东，眼视东南，如图88。

图88

图89

动作四：从上式（图88）右脚踏出变为弓步，两手向东南

535

方送出，同时转右膀，至右手掌心向下时，趁势坐左腿，右脚变为虚步，右膀继续翻转至右掌心转向东南将变为反掌时，左手趁势向南方（微偏东）推出，变为立掌，右脚回复弓步，身体转向东南（脚步不动），眼视同向，如图89（附注：图86和图87是玉女穿梭的第一个左式，图88和图89是转身后第一个右式，两式动作相同，但身体的方向和手脚的左右都是相反的）。

动作五：从上式（图89）右手向左落下变为垂掌，左手举至右肩前变为立掌，同时，右脚收回半步变为虚步，形式和动作与图80相同，但方向相反（应当是向东），以下接做图81的动作（方向与图81相反），以上是野马分鬃的式子，从此式，左脚上前一步接做图86和图87的动作，身体和视线均向东北，如图90（这是转身后的第二个左式）。

图 90

图 91

动作六：从上式（图90）接做图88和图89的动作，身体和视线均向西北（两手的动作可参考图88和图89的说明，但方向是相反的），如图91（这是转回原向后的第二个右式）。

第四十九式 揽雀尾（图略）

本式是重复式子，从上式（图91）接做图3到图6乙的连续动作，说明见前，图解从略。

第五十式 单鞭（图略）

本式也是重复式子，从上式（如图6乙）接做图7和图8的动作，方向相同，图解从略。

第五十一式 云手（图略）

本式也是重复式子，从上式（如图8）接做第二十七式的各项动作，方向相同，图解从略。

第五十二式 单鞭（图92）

本式也是重复式子，从上式（如图54）接做图8的动作，成为图92的式子，图解从略。

第五十三式 下势（图93）

动作一：从上式（图92）两脚尖转向东，右腿趁势伸直，使左腿成为弓步，同时，左手屈肘，将掌心转向南，仍为立掌，右手放开抓拳，循抛物线自后而前落在左腕之下，变为立掌，掌心向北，身体和视线均向正东，形式与图22相同。

图92

图93

动作二：从上式（如图22）右脚向西北退后小半步，脚尖

537

向南转（略偏西），身体趁势蹲下，体重偏向在右腿方面，左腿伸直，脚尖转向东南，脚底全部着地，在蹲身的同时，两手下沉，左臂伸直，指尖接近左脚，变为侧掌，右手抽回胸前，指尖接近左臂肘部，亦变为侧掌，身体向南（略偏东），勿弯腰低头，眼视左脚前方，如图93。

第五十四式 金鸡独立（图94—96）

动作一：从上式（图93）身体向前直起，右腿趁势伸直，左腿弯屈变为弓步，两脚尖转向正东，两手随着身体的直起同时抬起，将右手伸出在左手的前面，仍为侧掌，掌心分向左右，身体向东，眼视右手前方，如图94。

动作二：从上式（图94）右手继续向上抬起，转为反掌（拇指在下）置于额前上方，指尖向北，左手转为俯掌随即向下按，指尖向南，微向上翘，在右手抬起的同时，右腿随同提起，膝高于胯，右脚在左膝前，脚尖翘起，左腿直中微屈，身体和视线都向正东，如图95（所附正面图两手距离较近，是比较含蓄的姿势）。这是右式。

图94

动作三：从上式（图95）右脚向前落下成为弓步，右手随同落下转为俯掌，右脚踏实后，左腿随即提起，左手同时自下而上穿过右腕向上举起转为反掌（拇指在下）置于左额之前，方向不变，如图96（附正面图），这是左式。

上面是做左右同样的"金鸡独立"，如做左右不同样的"金鸡独立"，可参照图96的式子，在做到两手左上右下同为仰掌时（即左手未转反掌，右手未转俯掌之前）就转接下式"倒撵猴"。

图 95 图 95 正面图

图 96 图 96 正面图

第五十五式 倒撵猴（图略）

本式是重复式子，从上式（图96）左手落向前方伸出，转为立掌，臂伸直，与肩相平，同时右手落下置于右胯之旁，左腿趁势向后伸出，右腿弯屈成为弓步，方向不变，形式与图37相同，这是第一个倒撵猴。以下接做第二第三两个倒撵猴（即第十六式的动作三和动作四），方向不变，图解从略。

第五十六式　斜飞势（图略）
第五十七式　提手上势（图略）
第五十八式　白鹤亮翅（图略）
第五十九式　搂膝拗步（图略）
第 六 十 式　海底针（图略）
第六十一式　扇通背（图略）
第六十二式　撇身捶（图略）
第六十三式　上步搬拦捶（图略）
第六十四式　上步揽雀尾（图略）
第六十五式　单鞭（图略）
第六十六式　云手（图略）
第六十七式　单鞭（图略）

以上十二式都是重复式子，可从上式（如图37）依次接做第十七式到二十三式（即撇身捶式）的各项动作，再依次接做第四十一式（因六十三式是上步式，故不用二十四式）和第二十五式到第二十八式的各项动作，以做到图97的式样为止，图解从略。

图97　　　　　　图98

第六十八式　迎面掌（图98）

本式从上式（图97）两脚脚尖一起转向正东，趁势屈左腿伸右腿，变为弓步式，同时，右手放开抓拳，自后而前掠过左手（此时左手亦正在抽回）循左臂下面收回，置于左腋下，变为俯掌；左手原为立掌，趁势收回转为仰掌，在右掌下徐徐抽回胸前，再从右掌上面绕过，向前伸出，转为正掌；身体和视线均向正东，如图98。

第六十九式　转身十字摆莲（图99—100）

动作一：从上式（图98）两脚尖向右一起转向西南，同时右脚脚跟提起变为虚步，在转身时（即转脚时），右手趁势下按，左手趁势上举，转为反掌，掌心向前置于左额上方，身体偏向西南，眼视正西，如图99。

动作二：从上式（图99）右脚趁势提起高逾左膝，随即循弧线从左向右横踢（用脚的外侧不用脚尖），同时，左手自上而下从右方掠向左方拍脚而过（拍不到脚的，可以拍腿），身体转向正西，右手仍在腋下，眼视西北，呈将要拍腿时的形状，如图100。

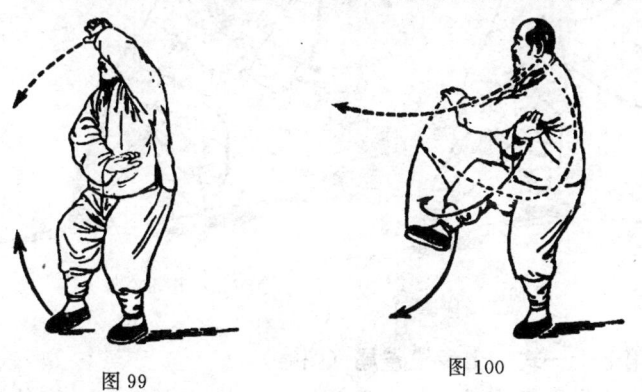

图99　　　　图100

第七十式　搂膝指裆捶（图101—102）

动作一：从上式（图100）在拍右脚后，右脚趁势落在左脚的右前方成为弓步，同时右手从左腋落向前方，在右脚未落地前，搂右膝；另一面，左手在拍脚后，即屈肘转到左颊旁成为侧掌（指尖向前、掌心向里）并随即向前伸出，完成搂膝拗步的式子，如图101。

动作二：从上式（图101）随即上左脚，落在右脚左前方半步，先成虚步（脚跟或脚尖着地都可），由右腿承载体重，同时，左手落向左膝右方搂左膝而过，右手屈肘提起随势握拳（虎口向上）置于右胁旁。在上述三动作同时完成的时候，左脚随即开出半步，脚跟一着地，再屈膝落脚掌踏成弓步，同时，右拳随势向前下方伸出（虎口仍向上），其时，左手在搂膝后已循弧形动作回到左膝前，即趁势置于右臂的肘弯旁，上述左手、左脚和右拳的动作也要同时到达定点，如图102。

图101　　　　　　图102

第七十一式　上步揽雀尾（图略）

本式是重复式子，从上式（图102）右脚上前一步，在左脚前成为虚步，两手向上举起，做成图3的形式，以下再接做图

4、图5和图6的动作,图解从略。

第七十二式　单鞭(图略)

第七十三式　下势(图略)

以上两式都是重复式子,可从图6乙依次接做第五十二式和第五十三式的动作,做到图93的形式为止,如图103。

第七十四式　上步七星(图104)

本式从上式(图103)身体向前直起,右腿趁势伸直,左腿弯屈变为弓步,右脚随即上前一步变为虚步,脚跟着地(也可脚尖着地),此时左腿由弓步变为微微屈膝的直立式,同时两手向胸前会齐,右手继续上举,高出左手之上均为立掌,方向仍为正东,如图104。

图103　　　　　　　　　　图104

第七十五式　退步跨虎(图105—106)

动作一:从上式(图104)右脚退后一步,腿伸直,屈左腿为弓步,两手趁势落下,微向右偏,变为垂掌,成交叉形,左手在外,右手在里,两臂近乎垂直,身体向东,眼视两手前下方,如图105。

动作二:从上式(图105)向后坐身,右腿直立(膝微屈),左腿随势提起,膝高于胯,小腿伸向右方(即南方)脚尖向东

543

南，无需上翘，同时两手左右分开，左手成为抓拳，臂伸直与肩平，右手成为立掌，臂伸直，较左臂略高，身体仍向东，眼视东方（略偏向东北），如图106（此图因摄影角度不合，故右手显高）。附正面图供参考。

第七十六式 转身迎面掌 （图107）

本式从上式（图106）左脚趁势循右方向后落地成为弓步，身体转向正西，右脚趁势转脚尖，两脚尖均与身体同向，在转身前，右手拢回左肩前，仍为立掌，左手趁势落下，再向上转至右腕里面，在右手移置左腋下的同时，趁转身余势放开抓拳向正西伸出，变为正掌，眼视西方，如图107。

图105

图106

图106 正面图

第七十七式 转身双摆莲 （图108—109）

动作一：从上式（图107）两脚脚尖同时向右转向正东，左腿微屈，右脚收回少许变为虚步，同时两手一起向右面平移，右臂伸直，右手变为立掌，掌心向南，左手拢至右胸前变为俯掌，指尖偏向西南，身体转向东南，眼视右手，如图108。

图107　　　　　　　　图108

动作二：从上式（图108）左腿立直，右腿趁势提起，膝高于胯，小腿向左面伸出，同时两手微向上举，当右脚从左向右横踢时，两手随即自上而下向左方拍右脚（拍不着脚时也可拍腿），左手先拍，右手后拍，要依次掠过脚背，身体方向不变，双手拍脚后，眼视东南，在提腿时的形式如图109，两手将要拍下

图109　　　　　　图109正面图

时的姿势,请阅图 109 的正面图。

本式与转身十字摆莲同,在拍脚后,右脚就立即着地,故未能把拍脚后的形式摄成图片。

第七十八式 弯弓射虎(图 110—112)

动作一:从上式(图 109)两手拍右脚后,右脚随即向左脚的东南方落步成为弓步,左腿伸直,此时两手已随着拍脚的余势伸向左方成为俯掌,身体向东,眼视东北,如图 110(图中两手看不出,可参考图 110 的正面图)。

图 110

图 110 正面图

图 111

图 111 正面图

动作二：从上式（图110）脚步不变将两手从左面落下循弧线经过腹部移到右面，仍为俯掌，身体方向不变，如图111（附图111的正面图），随即趁势握拳向东方击出，右拳在上为反拳，左拳在下为正拳，两拳平行，虎口相对，身体微向东南，眼视正东，如图112（所附反面图，两拳距离较近，也是比较含蓄的姿势）。

图112　　　　　　　　　　图112正面图

第七十九式　上步迎面掌（图113）

本式是重复式子，从上式（图112）左脚上前一步，右拳变为俯掌，左拳变为仰掌，左掌微微抽回，右掌向左掌前落下，左掌再从右掌上面向前伸出，转腕变为立掌，身体与视线均向正东，如图113。也有在本式前先做一"上步高探马"的式子，再接做迎面掌的，本书认为略去高探马在动作上比较紧凑，故照旧不改。

图113

第八十式　翻身撇身捶
（图114）

547

本式也是重复式子，从上式（图113）左手收回置于右手下面，随即向右转身转向正西（先转两脚脚尖），同时右手握拳上翻置于右肋旁成为仰拳，左手从右拳拳心捋出伸向前方变为立掌，如图114。

图114　　　　　　　　　图115

第八十一式　上步高探马（图115）

本式也是重复式子，从上式（图114）左脚上前一步成为弓步，左手屈肘变为仰掌，右拳放开，向前伸出置于左掌之上成为立掌，身体仍向正西，眼视右手前方，正准备再上步接做下一式的形状，如图115。

第八十二式　上步揽雀尾（图略）

本式也是重复式子，从上式（图115）右脚上前一步，两手趁势翻转接做图4、图5、图6各动作，说明见前，图解从略。

第八十三式　单鞭（图略）

本式也是重复式子，从上式（图6乙）接做图7、图8两动作，说明见前，图解从略。

第八十四式　合太极（图略）

本式是最后一个式子，从上式（如图8）两手同时落下置于胯旁，变为垂掌，掌心向后，右脚随即向左并步与左脚成为平行步，回复第一式的形式，如图116。

以上所作图解，主要是把上肢和下肢的动作，分别作了说明。对于很重要的腰部动作，仅仅在第三式(揽雀尾)最后一段的说明里略为提及，其实，太极拳的每一个式子或者每一个动作都要在动手动脚的同时一起动腰的（参阅盘架子法则里的"灵活"一点），初学虽然可以不在动腰上下功夫，但动腰是全部动作里的一个重要部门，所以在开始学习动作时也应当十分注意它。其次，太极拳的动作是要全身同时活动的，在图解里，已经在许多动作上加上"同时"字样，也希望学习者给以注意。至于其他法则，应当根据学习程度而酌分

图116

先后，在盘架子的法则里已经作了总的说明，足供参考研究，而且在图解里也无法细说，所以一概不谈。

第七章　练习推手时应当注意的法则

推手是两人对练的方法，也叫做打手。附录的"打手歌"就是推手的要诀。这种对练方法，虽然以研究技击为主，但是练拳人，如果把它当作游戏来做，不但趣味浓厚，而且是强弱皆宜的一种体育运动。它在练习上，比盘架子更容易学会，在不动大步的条件下，有五尺见方的空地，就足够两人使用了。这对推广来说，也是很大的优点。过去只把推手当作技击方法，而没有重视它的体育效用，在今天，应当扭转这个看法。

在早先，初学推手时，先要经过单搭手的连续屈伸，目的在于活动膀子，化除僵劲，实际上，不过是一种辅助运动。推手也有各种形式，主要是在步法上有所区别，最通行的有定步推手，动步推手、大捋、烂踩花等等名目。动步推手只有简单动步，是初学动步的形式；大捋虽然是较高的形式，但是动步时仍要按照一定规矩。只有烂踩花步法不受拘束，双方在听劲中都可以随意走动，才是真正的活步推手。如果功夫较高的一方走得太活，另一方就要跟随不上。这种活步推手，没有专门练法，只要懂劲功夫到了一定阶段，稍稍演习，便能水到渠成，还要增加熟练程度，仍需经常演习。作者初学推手时，一开始就学定步推手，当时什么都不懂，只是按式搭好双手，两足一虚一实站定步子，两人如同锯板一样，一来一往地转换双手。既无变化，也不懂劲，这就是习惯上所说的"画圈子"，每次总要画十来分钟。"画圈子"虽然没有什么趣味可说，但是，作为健身运动来说却是很舒服的一种运动。在冬天只要画上三、五分钟，身体就很暖和了。因此，有许多人到后来已经懂了劲，还是很欢喜画圈子，就是这个缘故。吴先生教推手的时候，不是很早就给我们说劲，只是要求我们放长身手互相推逼，在被逼时只许扩大"坐身"的式子（即前脚虚步、后脚屈膝作坐势）以容纳对方的推逼，然后顺势化开，不许用力抵抗或者用劲拨开。必须到被逼得实在无法化开的时候，才许被逼者顺势退步，如果半步够了，只退半步，不许多退，总以退得恰到好处，不与对方离开为主。照这样练了一个时期，我们的坐身稳而且大，同时在接应上也有了一定的经验，对于对方的进逼已经看做家常便饭不再害怕，这才算打下了第一步的基础。这种基础功夫有许多人都不爱练，总是一开头就要求说劲，而且稍稍懂劲便想去用，表面看来好像进步很快，其实在化劲方面把功夫下少了，会养成只想发不想化的习惯，到后来仍要受到影响而阻碍进步的。这是吴先生经常指示我们的，也许是吴先生精于化劲，所以才有这样的体会。

拳论所说的练习方法，分作两个阶段，一个是"由着熟而渐悟懂劲"，一个是"由懂劲而阶及神明"。前一阶段必须有教师指点，后一阶段全靠自己刻苦钻研，不是教师所能灌输的。"十三势歌诀"有"入门引路须口授，功夫无息法自修"两语，就是指此而言。因此，本章所提出的几个法则，也只是以前一阶段的练法为限，主要有下列五点：

一、**不顶**：在动手时，遇到对方用力打来，立即还手抵抗，这是一种本能，旧时的说法叫做"先天自然之能"，并不是学了技击才有这个本能；不过学好技击以后，我们的打击或者还击能够更快更准更有力，还是不可否认的。太极拳讲究先化后打，而且在打击之前还要造成"我顺人背"的形势，然后趁势追击，用力不多，拳论所谓"四两拨千斤"就是这种打法的最高效果。因此，我们所要锻炼的，不是在本能上加工，使它快而有力，而是在本能上加以抑制，使它用得更为适当，而且更为有效。"不顶"就是适应这个要求的一个重要法则。有些人认为：练习"不顶"并不困难，只要手上毫不用力，任凭对方摆布就成功了，这是对的，但是，并不完全对。因为任凭对方摆布是使自己处于被动地位，而"不顶"则是以主动的精神去适应任何动作。所以我们在推手时，能够接受对方摆布是需要的，但在同时，我们还须用感觉去"听"清对方的动作（"听"是术语，即是了解的意思）然后以自己的动作去适应它。如果对方只进一寸，我就给他一寸，进一尺，我就给他一尺（切记给时要走弧线），决不少给，也决不多给，少给会犯顶的毛病，多给会犯离的毛病，都没掌握到恰到好处。可见"不顶"不是单纯的少用力，而是用较小的力去引使对方前进而落空，然后变换手法去摆布对方。在推手时，由于双方都明白这个道理，往往任何一方都不肯冒进。除非是在画圈子，练习时最好不要这样保守。须知一方不肯进，另一方如何能够练出"不顶"的功夫来呢？双方轮流前进，是比较适当的一个练法。另外还有一个要点，必须记住，就是练习"不顶"，必须同时动腰坐身，不可只是在手上接应，因为手法与身法必须一致，否则，手回而身不回，反要给对方以舍手攻身的机会了。

二、**不丢**：不顶是人进我退、人刚我柔的动作，不丢是人走我随的动作，也是转化为打的阶梯动作。两者在方向上和作用上虽然相反，但是，作为一个圆形动作来看却是相反相成、不断循环的姊妹动作。不丢二字，在字面上，虽然是不要丢掉或者不要离开的意思，但是，在实际上，并不是这样简单。上面所说的"不顶"要用感觉，还要有引使对方落空的作用，这里的不丢也要用感觉去粘住对方的手臂，我的手臂一面跟随，一面还要微微送劲，驱使对方陷入不利或者不稳的形势。这时，如果对方已经不能挣扎，便可用劲将对方发出，如果对方硬要挣扎，我就可用欲擒故纵的手法，将对方沾起（沾是术语，即向上吸引之意），然后发之，可将对方发出更远。这是最简单的一种方式，我们在推手时，必须随时随地去找寻这类的机会。要练到用力很少而能顺势困住对方，才算符合要求。

太极拳的手法虽然变化多端，但是，绝大部分都离不开这两个动作——不丢不顶的交相为用。"打手歌"里"引进落空合即出，沾连粘随不丢顶"两语，就是运用不丢不顶的重要指示。也有人把"不丢顶"三字作为"不要丢失顶头悬"来解释的。在任何地方要保持"顶头悬"确是一个重要法则，但是，在这里还是看作不丢不顶更为相宜。因为不丢是"粘"劲，不顶是"走"劲，是打手中最主要的两个劲，而上半句的"沾连粘随"四字，也是在着重指出这两个劲的运用要点。又在拳论中还有"粘即是走，走即是粘，阴不离阳，阳不离阴，阴阳相济，方为懂劲"等语，从这些话里我们更可想见这两个劲的重要性了。

三、先求开展：紧守门户是指应用时防人进攻而言，但是功夫较高的技击家，有时还要故意敞开门户，诱敌深入。如果推手时只在缩小门户上用功夫，而没有开放门户的素养，到应用时，遇到门户被人打开的情况，便要惊惶失措。所以练功夫总是先求开展，后求紧凑，不但二者不可缺一，而且也不可先后倒置。因为练惯了紧凑，再求开展，是比较困难的。太极拳的推手功夫要求先练开展，主要有两个目的：一是从大处下功夫可以扩大不丢不顶的限度，到功夫深时，由于感觉更灵敏，听劲更清楚,进而把这个限度逐渐缩小,这是最自然的紧凑功夫;二则从大处练,双方空隙都较大,彼此都容易乘隙而动。这样,可以使双方都有更多的机会练习攻守的技巧。这是很容易懂的一个法则,只要学习者在初练时不要求胜太切,自然能够做到的。

四、勿先动步:太极拳在应用时以不先动劲为主,但是,在练习推手时却不应当这样,试想双方都在以静待动,哪里还会有手法可练呢?所以在初学时应当相约彼此轮流动劲,到功夫较深时方可随意动劲。这种性质的动劲,在习惯上叫做"问劲",能够做到有问必答而且答得不错,就是推手功夫到了一定程度了。这里所提出的"勿先动步",并不是对问劲的一方而是对答劲的一方说的,因为问劲者弓步进身其势顺,答劲者虚步坐身其势逆,前者容易站稳,后者不容易站稳往往要犯过早动步的毛病,这样,不但要影响两人的合作,而且自己也要陷入能走不能粘的境地。所谓"勿先动步",只是要求答劲者在遇到问劲时,应当尽可能的先用腰走,不可先用步走,非至万不得已不要退步,这是教人练好腰部动作的惟一方法。轻于动步,必致不想动腰,腰劲自然无法练出来了。这一练法,在初学时,虽然是一种负担,但是,到了练好以后,无形中已经养成"听劲动步"的习惯,在练习活步推手时,就不必再在步法上多下功夫了。至于《十三势行功心解》所说的"步随身换",是指应用时身步应当一致而言,不可作为练功时随便动步来解释的。

五、劲断意不断:这是说,在推手中间,由于用劲的过与不及,两人手臂突然离开时,不可采取从新搭手的方法,应当在两手离开的情况下继续做着不丢不顶的想象动作,使两人的手臂由于劲断意不断,可以回复原状,仍旧搭在一起。在推手时,这种机会是很多的,务须认真练习,不可放弃。练好以后,对于打散手（即两人自由问劲不再预先搭手的练法）或者在应用时，都是极重要的接应手法。因为推手是先搭手后问劲，而散手是不搭手就动劲的，如果不会凭空接劲，往往要受制于人，除非见手就躲，是很难幸免的。有时，一个功深者对一个功浅者故意虚晃一手，后者伸手接应而稍有迟疑，便被前者换手封住而将后者击出，就是这种功夫练得纯熟的效果。盘架子时，在技击动作上多作劲断意不断的想象，也能增长接应功夫和凭空化打的功夫。

以上所说都是练习推手时所应当注意的法则，至于推手方法如掤捋挤按等等，与上述法则性质不同，所以放在后面图解篇里另作说明。另外，推手时所应当运用的姿势，如含胸、沉肩、屈腿、坐身等等，和动作上的重要标准如轻松、圆活、连贯、完整等等，都与盘架子的法则完全相通，学习者可参阅其他有关各章的说明，此处也从略。又，学习推手也有在中间插学"推牛劲"这个方式的。它是双方都用大力画圈子并互相问劲（用力不可一大一小，否则不是力大的一方被牵动而落空，就是力小的一方被压扁而不稳）。其目的在于健强腰腿功夫，同时可以在手臂上尝一尝韧劲的滋味。这一种功夫，是专为应付对方膂力过大而练的，如果自己体力较好也可不练。若要练时，应当在练完以后，接练用轻劲的推手功夫，以消去韧劲的影响，因为太极拳的手法，以柔化为主，所以在动作上也应当以轻灵为主。

第八章　吴式太极拳推手图解

太极拳的推手，虽然是练习技击功夫的主要方法，但是把它作为一种健身运动来说，也是富有趣味的。因为两人对练时都是尚巧不尚力，不但变化较多，而且有丰富理论可以研究，更能引人入胜，令人久练不厌。下面就是根据健身运动的要求，为初学者介绍一些入门方法，所以下面所作的图解以适合一般要求的定步推手和推手的八个基本动作为限。

第一，单搭手

这是初学推手时的动作最为简单的式子，两人搭手时只要搭一只手，都用右手或者都用左手，推手时也只用相搭的两手连续做圆形动作（习惯上叫做画圈子），没有其他花样。画圈子虽然是很简单的动作，但要画得非常自然，而且能够在"不丢不顶"的分寸上掌握得非常恰当，却也不是短期练习所能见功的。单搭手，根据出手和出脚的不同，可以分做四种式子：搭右手而右脚在前的叫做顺步右搭手式；搭右手而左脚在前的叫做拗步右搭手式；搭左手而左脚在前的叫做顺步左搭手式；搭左手而右脚在前的叫做拗步左搭手式。下面的插图就是顺步右搭手式，其他各式，可以按照上面的解释，由学习者自己去比拟，插图从略。单搭手的推手方法，以顺步右搭手式为例，说明如下：两人相对立（站在左方者作为甲方，站在右方者作为乙方，以下同），右脚踏出，都为虚步，右手都在腕背处相贴，左手各自放在右肘的左下方。假定由甲方先出手，甲的右手应当微微沉腕，随即徐徐伸向乙方的胸前，同时变虚步为弓步，使身体徐徐前进；乙的右手应当顺着甲的手的方向徐徐屈臂坠肘（两人的腕部不可松开）将甲手引向自己的右肩方面去，在引带的过程中，应当循着 ⌒ 形的弧线，同时微微坐身（因为乙方本来站的是虚步，只能微微坐身，如站弓步，必须尽量坐身），以与来势相适应。到此时，甲的右手不宜再向前伸，应当徐徐收回，而由乙方按照甲方先前的动作将手伸向甲方的胸前。伸手时应当循着 ⌒ 形的弧线（使与上面的弧线合成一个圈子），同时变虚步为弓步徐徐向前进身，甲方亦按照乙方先前的动作，趁势屈臂坠肘将乙手引向自己的右肩方面去，同时变弓步为虚步并尽量坐身。这样的一来一往就是画了一个圈子，以后可以照开始时一样连续做下去，如果觉得肩臂或者后站的一腿乏力了，可以改推顺步左搭手或者拗步的左右搭手。上面所说，将右手引向肩旁的动作，可参考双搭手的图3，将左手引向肩旁的动作，可参考双搭手的图5（这种动作在双搭手里都叫做挒）。

单搭手

单搭手的推手虽然比双搭手简单，但在动作上也应当注意下面两个要求：（1）双方的进退（包括步法的变换和手臂的屈伸）在动作的速度上应当力求一致，以符合"不丢不顶"的要求；（2）在坐身时，即变弓步为虚步时，应当微微含胸并放松腰肢，以符合"气沉丹田"和"气宜鼓荡"的要求。

第二，双搭手

双搭手虽然是研究推手八法的式子，但是，在初学时，一般都是按照画圈子的方法去进行练习，如同练习单搭手一样，当然，在动作上是比较难了。它也是以腕部相搭的两手作为标准，分做顺步左、右搭手和拗步左、右搭手四种式子，下面的图1就是顺步右搭手，图2就是拗步左搭手，其他两式的插图从略。

单搭手只要一手相搭，在推手时可以练习较大的画圈动作，所以两人的对立不妨离得远些；双搭手的圈子比较画得小，两人的距离就应当近些，大抵以踏出的一脚互相接近为标准。在推手前，踏出的一脚都用虚步，在推手后，总是进的一方用弓步，退的一方用虚步。现将所附各图依次说明如下：

图1，两人右手相搭，右脚踏出，这与单搭手的顺步右搭手式是同一模样的，所不同的是：甲的左手要放在乙的右肘旁，乙的左手要放在甲的右肘旁（图中放法不同，下面另有说明）。

图2，两人左手相搭，脚步不变，甲的右手放在乙的左肘旁，乙的右手放在甲的左肘旁（图中放法不同也在下面另作说明）。

图3，是乙的右手伸向甲的胸前（与单搭手的伸手相同），被甲引向自己的右肩旁，此时，甲的左手仍在乙的右肘旁，而乙的左手已摸不到甲的右肘，只得移到自己的右肘旁去搭住甲的左手（都用手背相贴），这就是从右搭手换到左搭手的第一步。

图1

图2

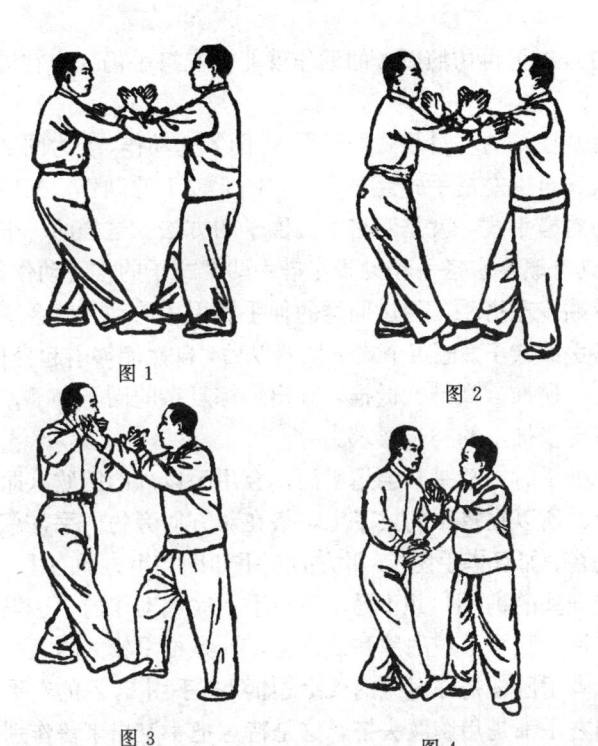

图3

图4

图4，从上式（图3）乙将右手落下，准备由下而上转到甲的左肘外面，甲正在等待乙的右手向上转，将身体转正后，便可将右手搭到乙的左肘上，这就是右搭手换到左搭手的第二步，再下一步就变成图2的拗步左搭手。

图5，是从图2的式子，甲的左手伸向乙的胸前被乙引向自己的左肩旁，甲趁势用右手去搭住乙的右手（与图3用左手相搭的

图5

动作相同),以下再仿照图4的动作就能把左搭手仍变为右搭手(如图1)。

以上从图1的右搭手式经过图3、图4的动作,变为图2的左搭手式,再由左搭手式经过图5和图5以下的动作,又回复到图1的右搭手式,就是双搭手画圈子的方法。这样的一来一往,已经具有顺步右搭手和拗步左搭手两个式子的推手动作。换步后变成顺步左搭手,经过同样的伸手和引手的动作就会变成拗步右搭手的式子。把四个式子推熟以后,自然能够引起变化,可以顺推、逆推、高推、低推,画出错综复杂的圈子来了,这就是练习定步推手的初步要求。

初学推手时,总是只会用手而不会用手以外的腕肱(即小臂)部分,所以在搭手的式子上,搭在对方肘旁的一手,总是用手掌去搭,如双搭手图1,甲方的左手和图2甲方的右手。但较为进步一些的推手,并不是单纯用手去完成动作的。这里不拿全身来说,只拿上肢的腕和肱来说,凡是推手较久的人,总是用腕或者用肱去搭在对方的臂上;如双搭手图1,乙的左手和图2乙的右手都是用腕肱去搭,这是特意把手空出来留作别用的一种式子。从图3可以看出,甲方引带乙的右手是用手的,从图5可以看出,乙方引带甲的左手是用腕肱的,试问乙的两手空着不用是不是比甲的两手要灵活得多？回答是肯定的。因为乙的两手可以随时落下来在甲的左臂上增加新的动作使甲方吃亏。这是推手中很重要的一个方法,所以特地在这里略为介绍,以备初学推手者日后有所参考。

第三,八个基本动作

这八个基本动作在习惯上叫做推手八法,术语叫作掤、捋、挤、按、采、挒、肘、靠，依次图解如下：

掤：读如朋，这是一种向前而又向上用力的斜线动作。如图1，两人本来是顺步右搭手的式子，由于甲方用右手向前推（即不让乙方走双搭手图3的动作），乙方只得趁势屈肘，用肱部贴住甲方的肱部，甲方如继续用力，乙方在还击时应当用向前而又向上的掤劲（当然可以用其他化劲，这里不谈），其斜线如（↖），乙方的还击，如果用只有向前一个方向的直劲（如←）虽然也能把甲方击出，但是所用的力要比较大些，用掤劲带有向上的方向，能把甲方的身体掀起，使甲方站立不稳，用小力可以有大力的效果。

图1　掤

捋：读如吕，这是顺着对方主力前进的方向向自身而又向两旁（左或右）用力带引的斜线动作，如图2，乙方用掤劲还击，甲方趁势将两肱转为一前一后贴住乙方右臂（即主力所在），用向里而又向右的捋劲使乙方的掤劲转变方向，图中乙的右臂斜向甲的右肩，就是被捋动后的新方向。捋是一种常用的化劲，目的在于使对方的还击落空，并使对方身体向我身的左方或者右方倾侧，然后乘其站立不稳，再加力于对方身上，无需用很多的力量就能使对方受制于我。

挤：这是一种向前而又向下用力压迫的斜线动作。如3图甲的左腕贴在乙的右臂和左手上，甲的右手放在自己的左腕上。在这时，甲本可向前发劲将乙发出，但甲是用向前而又向下的压力，使乙的身体被挤而向后倾侧，乙如无法解脱，甲只要在右手上稍稍加力便能将乙推出，乙如勉强向上挣扎希望竖直身体，甲即可撤消向下的压力而向前发力，乙的身体就要被击出

561

图 2 掤

图 3 挤

更远。挤动的方向用线表示如 ⌒（甲方），倘由乙方用挤劲则为这样的 ↙ 斜线，它与掤劲的方向恰恰上下相反。

按：这是一种向下而又向自身的方向用力下沉和引带的斜线动作。如图 4，乙的两手按在甲的右肱上。按照字的一般意义来说，应当是向下用力的动作。照图中的式子来看，乙方也可以用直劲前推或者用挤劲的方向去推。但太极拳的按劲是：乙的双手一面向下沉劲，一面还要贴住甲的右肱向自身的方向引带（即是这样的 ⌒ 斜线）。乙的两臂伸直，并不是为了向前推出，而是准备屈肘下按以便将甲的身体向自身的方向引带。用按劲时应当注意下面两点：

图 4 按

（1）甲的右肱如果毫不用力而没有向上的顶劲，乙是无法向自身引带的；（2）乙用按劲向自身沉带时须防备甲趁势向前冲撞，因此沉带时必须偏向自身右方或者左方。按劲是使对方向前俯身的动作，如对方不肯俯身而向后挣扎，用按劲的一方便可趁

562

势向前发劲将对方推出。

采：这是向下沉劲随即向自身左方或者右方用力提带的一种动作。如图5，乙的两手臂放在甲的两手臂上，换言之，就是甲的两手臂托住乙的两手臂。此时，乙如用劲一沉引出甲的向上的托劲，随即松去沉劲用手向自身右方提带，就能使甲的身体向左方或者左前方倾侧而站立不稳。先沉后提的用劲方法，与采物时一落即起的动作相象，所以叫做采劲。用采劲时也要注意对方趁势冲撞，因此，在提带时所用的劲必须与对方的托劲相适应。

图5 采

图6 挒

挒：读如列，这是顺着对方主力的方向循弧线用力使对方身体旋转的一种动作。如图6，甲的右手推乙的左肘（是甲的主力所在），乙的左手趁势在甲的右臂上循弧线（如⌒）用劲捋下，同时，甲的左手正在乙的右臂上加力，乙的右手即趁势在甲的左胸上循弧线（如⌒）向甲的右下方用力推出。乙的两种劲同时加在甲的臂上和身上，就能使甲的身体向右方旋转而倾侧。图中乙的视线所指的方向，就是甲的身体受挒后将要旋转和倾侧的方向。

肘：这是用肘击人或者用肘沉带对方手、臂的动作。如图7，甲的左手本来是向乙的胸前直伸的，乙在向左捋的时候用左手去推甲的左手，甲即趁势屈臂用肘尖去追击乙的胸脯，这是不及换手时趁势用肘击人的一种方法（用肘击人当然不止这样一个式子）。如果乙的左手不去推甲的左手而是继续向左捋，甲无屈臂的机会就不能用肘击乙了，可见用肘击人先要有趁势屈臂的机会，如果根本没有这种机会或者机会已经错过都是不应当用肘去击人的。如图8，是用肘沉带的一个式子，它比图7的用途为大。图中，甲的右手正在托住乙的左肘，乙在此时，如果用左手去推甲的胸脯，他的左臂就要被甲托平，这个形势对乙是大大不利的，因此，乙应当用肘向下沉并同时向后带（左手仍贴住甲的胸脯不要离开），便能使甲的身体向右前方倾侧而站立不稳，由于乙的左手并未离开甲的胸脯，乙如在此时伸左臂一击或者用左手向左方用力一抹，就能把甲击出或者击倒。

图7　肘一

图8　肘二

靠：这是用肩去靠击对方的动作，它同肘一样也是不及换手时趁势追击的一种方法。如图9，甲的左手原来也是向乙的胸前伸去的，被乙用双手向左面捋，但因为捋劲用得太急，同时，腰又转得少了，未能及时把甲的身体捋到左边去，甲在被捋时即趁势自动转身，用左肩追击，乙虽含胸坐身，但胸脯并未侧转（参阅图2，捋），很容易被甲用肩击出。以上所说的肩击，在别种武术里也不是没有的，不过推手时的用肩，主要在练靠，不是在练击，因为甲被捋后，赶紧用肩去靠住乙的身体，就是练习"不丢"的功夫，如果立即用肩去撞，不但犯了"顶"的毛病，而且也有被乙变劲击倒的危险。用靠的好处就在于能进能退，乙如被靠而发生不稳现象，甲于此时用肩撞击就不会有危险，乙被靠后如仍能站稳，并且在甲的肩臂上

图9 靠

变劲，甲亦可趁势收回肩臂，不致发生冒昧撞击而无法收回的危险。另外，用肩靠，力的方向是向前而又向下的（与挤劲的方向相同），用肩撞击，力的方向是只向前而不带向下，无论撞着或者撞不着，自身也不免有向前倾侧的危险。可见用肩靠是比用肩撞更为有利。又，用靠本来应当趁势进步的，图9是按照定步推手来说明靠的形式，故在姿势上有与靠劲不尽符合的地方。

上面所说是只供初学推手者作为参考之用，故所作图解仅仅以介绍定步推手的基本动作为限。至于动作上的用劲方法和有关姿势如含胸、坐身、沉肩、垂肘等等都非初学所能领会，而且说得过于复杂，对初学来说，也并不相宜，因此略而不谈。总之，在学推手时，如果只学画圈子是很容易学会的，不过趣味比较少些，但欲学推手八法，就比较复杂了，而且也很难无师自通，如有机会，还是从师学习为宜。

附　录

王宗岳的太极拳论

太极者，无极而生；动静之机，阴阳之母也。动之则分，静之则合。无过不及，随曲就伸。人刚我柔谓之走，我顺人背谓之粘。动急则急应，动缓则缓随。虽变化万端，而理惟一贯。由着熟而渐悟懂劲，由懂劲而阶及神明。然非用功之久，不能豁然贯通焉。虚领顶劲，气沉丹田。不偏不倚，忽隐忽现。左重则左虚，右重则右杳。仰之则弥高，俯之则弥深。进之则愈长，退之则愈促。一羽不能加，蝇虫不能落。人不知我，我独知人，英雄所向无敌，盖皆由此而及也。斯技旁门甚多，虽势有区别，概不外乎壮欺弱、慢让快耳。有力打无力，手慢让手快，是皆先天自然之能，非关学力而所为也。察"四两拨千斤"之句，显非力胜。观耄耋能御众之形，快何能为？立如枰准，活似车轮。偏沉则随，双重则滞。每见数年纯功不能运化者，皆自为人制，双重之病未悟耳。欲避此病，须知阴阳。粘即是走，走即是粘。阴不离阳，阳不离阴，阴阳相济，方为懂劲。懂劲后，愈练愈精，默识揣摩，渐至从心所欲。本是舍己从人，多误舍近求远。所谓差之毫厘，谬之千里，学者不可不详辨焉。

长拳者，如长江大海滔滔不绝也。十三势者：掤、捋、挤、按、采、挒、肘、靠，此八卦也；进步、退步、左顾、右盼、中定，此五行也。掤、捋、挤、按，即坎、离、震、兑四正方也。采、挒、肘、靠，即乾、坤、艮、巽四斜角也。进、退、顾、盼、定，即金、木、水、火、土也。

武禹襄的太极拳论

一举动，周身俱要轻灵，尤须贯串。气宜鼓荡，神宜内敛。无使有缺陷处，无使有凸凹处，无使有断续处。其根在脚，发于腿，主宰于腰，形于手指。由脚而腿而腰，总须完整一气。向前退后，乃能得机得势。有不得机得势处，身便散乱。其病必于腰腿求之。上下前后左右皆然。凡此皆是意，不在外面。有上即有下，有前即有后，有左即有右。如意要向上即寓下意。若将物掀起而加以挫之之意。斯其根自断，乃坏之速而无疑。虚实宜分清楚，一处自有一处虚实。处处总此一虚实。周身节节贯串，无令丝毫间断耳（原注云：此系武当山张三丰老师遗论，欲天下豪杰延年益寿，不徒作技艺之末也）。

十三势歌诀

十三总势莫轻视，命意源头在腰隙。变转虚实须留意，气遍身躯不少滞。静中触动动犹静，因敌变化示神奇。势势存心揆用意，得来不觉费功夫。刻刻留心在腰间，腹内松净气腾然。尾闾中正神贯顶，满身轻利顶头悬。仔细留心向推求，屈伸开合听自由。入门引路须口授，功夫无息法自修。若言体用何为准，意气君来骨肉臣。想推用意终何在，益寿延年不老春。歌兮歌兮百四十,字字真切义无遗。若不向此推求去,枉费功夫贻叹惜。

十三势行功心解

以心行气,务令沉着,乃能收敛入骨。以气运身,务令顺遂,乃能便利从心。精神能提得起,则无迟重之虞,所谓顶头悬也。意气须换得灵,乃有圆活之趣,所谓变化虚实也。发劲须沉着松静,专注一方。立身须中正安舒,支撑八面。行气如九曲珠,无微不到。运劲如百炼钢,何坚不摧!形如搏兔之鹘,神如捕鼠之猫。静如山岳,动若江河。蓄劲如张弓,发劲如放箭。曲中求直,蓄而后发。力由脊发,步随身换。收即是放,放即是收,断而复连。往复须有折迭,进退须有转换。极柔软然后极坚硬,能呼吸然后能灵活。气以直养而无害,劲以曲蓄而有余。心为令,气为旗,腰为纛。先求开展,后求紧凑,方臻于缜密也。

又曰:先在心,后在身,腹松净,气敛入骨。神舒体静,刻刻在心。切记一动无有不动,一静无有不静。牵动往来气贴背,敛入脊骨。内固精神,外示安逸。迈步如猫行,运劲如抽丝。全身意在精神,不在气,有气则滞。有气者无力,无气者纯刚。气如车轮,腰如车轴。

打 手 歌

掤搋挤按须认真,上下相随人难进。任他巨力来打我,牵动四两拨千斤。引进落空合即出,沾连粘随不丢顶。

又曰:彼不动,己不动,彼微动,己先动。劲似松非松,将展未展。劲断意不断。

武 式 太 极 拳

武式太极拳简介

河北永年人武河清,字禹襄(1812—1880),出身于小官僚地主家庭,兄弟三人在家练习武术。当杨露禅(1799—1872)自陈家沟返乡后,禹襄兄弟爱其术,从学陈式老架太极拳,得其大概。禹襄兄澄清(1800—1884)于1852年中进士,官河南舞阳县知县,禹襄赴兄任所,便道过温县陈家沟,拟访露禅之师陈长兴(1771—1853)求益。道经赵堡镇,知长兴已老病(这年长兴已82岁,越岁卒),时陈青萍在赵堡镇教授陈式新架太极拳,遂从青萍学新架月余,备悉理法。澄清于舞阳盐店得王宗岳(乾隆年间人)《太极拳谱》,禹襄得谱研究,更有发悟,以练拳心得发挥王氏旧谱之义,为《十三势行功歌诀》作注解十条,名为《打手要言》;又衍为《十三势行功心解》四则,并归纳锻炼要领为《身法十要》。其著作皆根据其本身的体验,故简练精要,无一浮词。

禹襄之甥李经纶,字亦畬(1832—1892),于1853年始从禹襄学拳。亦畬研究太极拳,仿禹襄实验之法,招致乡勇以自验其技,一再笔录修订。亦畬之孙槐荫于1935年在李廉让堂本《太极拳谱序》中说:"此谱系先祖晚年所著,中经多次修改,方克完成。每得一势巧妙,一着窍要,即书一纸贴于座右,比试揣摩,不断实验,逾数日觉有不妥应修改,即撕下,另易他条,往复撕贴必至完善而始止,久之遂集成书。"李亦畬的太极拳论文有:"五字诀"一篇、"撒放秘诀"擎引松放七言四句、"走架打手行功要言"一篇(阐述了走架即是打手、打手即是走架,练拳和推手相辅相成之理)。近代太极拳的传布,以杨氏祖孙三代对教材教法不断创新之力为多,而于拳理的钻研总结,首推武、李,较之王宗岳《太极拳论》之抽象性的概括,远为具体切实,有继承、有发展,乃能自成一家。

武禹襄拳式既不同于陈式老架和新架,亦不同于杨式大架和小架,学而化之,自成一派,其特点是:姿势紧凑,动作舒缓,步法严格分清虚实,胸部、腹部的进退旋转始终保持中正,完全是用内动的虚实转换和"内气潜转"来支配外形;左右手各管半个身体,不相逾越,出手不过足尖。原来也有跳跃动作,到四传的郝月如(1877—1935)才改为不纵不跳;双摆莲也改为不拍打脚面,这是为适应年老体弱者的需要而做的改革。

武式推手的步法,仅为进三步半、退三步半一种。

禹襄教读自娱,亦畬行医为业,均以儒生自居,在乡授徒极少。李所传以同乡郝和(字为真,1849—1920)的技术最精。武式太极拳于民国初传入北京时,有些人把它称做李架,待为真之子月如和其孙少如于1928年间去南京、上海教拳时,也有人称它为郝架。月如遗有太极拳著作多篇。武、李后辈多不专研太极拳,武术遂由郝氏传习。少如不教拳亦已多年,上海市体育宫为了发掘传统,于1961年开设了武式太极拳学习班,请郝少如教授,以广其传。武式太极拳从未有图解问世,本书拳照系由郝少如照像,并写动作说明。

(顾留馨)

前 言

我生长在一个有太极拳癖好的家庭里。故乡是河北省永年县。先祖父名和,字为真。先父名文桂,字月如。先祖父的太极拳是从邻居李亦畬(注一)先生处学来的。李先生是他的舅父武禹襄(注二)先生所传授的。先祖父从李先生学拳很久,数十年从未中断,一直到李先生逝世的时候。因此,先祖父深得武、李一派太极拳的奥妙。在先祖父随李先生练拳的时候,先父经常在旁,因为他是李先生蒙馆中的学生。经过长期观察揣摩,先父未成年时已能领略太极拳的理论与实践。我自幼也因为环境关系,早就接触到太极拳。以后在先父的教诲下,对太极拳的爱好与日俱增,到15岁时已经养成每日练拳的习惯。

自解放以来,在党的领导和关怀下,太极拳已成为一种生气蓬勃的群众性体育活动,同时也成为广大人民保健手段之一。这使我深深地感到,我应当把我家所藏太极拳重要文献以及我家三代教授太极拳的经验公诸全国,并积极参加太极拳研究,从而为提高和发展这一极其宝贵的民族文化遗产尽我微薄的力量。

在这样的动机下,我用业余时间编写了这本书。在编写过程中,上海市体育宫主任顾留馨同志曾予以大力支持,不仅亲自审阅了全稿,而且选择了一些古拳谱附在书末,并为武式太极拳写了简介;周元龙同志代为绘图,并在文字加工和编排上给予大力协助;另外还有不少爱好太极拳的朋友也大力参加了编写工作。我在这里表示衷心的感谢。

由于我的水平有限,不当之处恐难避免,尚希读者不吝指正和批评。

郝少如

1961年国庆前夕于上海

(注一) 李经纶,字亦畬,永年县人,清举人,生于道光十二年九月,卒于光绪十八年十一月(1832—1892)。

(注二) 武河清,字禹襄,永年县人,清秀才,生于嘉庆十七年二月,卒于光绪六年十一月(1812—1880)。

第一章　武式太极拳要领

武式太极拳要点

郝月如　著

（一）太极拳身法主要有：含胸、拔背、裹裆、护肫、提顶、吊裆、松肩、沉肘、腾挪、闪战、尾闾正中、气沉丹田、虚实分清十三条。

1. 心以上为胸。胸不可挺，要往下松，两肩微向前合，谓之含胸。能含胸，才能以心行气。

2. 两肩中间脊骨处，似有鼓起之意，两肩要灵活，不可低头，谓之拔背。

3. 两膝着力，有内向之意，两腿如一条腿，能分虚实，谓之裹裆。

4. 两胁微敛，取下收前合之势，内中感觉松快，谓之护肫。

5. 头颈正直，不低不昂，神贯于顶，提挈全身，谓之提顶。

6. 两股用力，臀部前送，小腹有上翻之势，谓之吊裆。

7. 以意将两肩松开，气向下沉，意中加一静字，谓之松肩。

8. 以意运气，行于两肘，手腕要能灵活，肘尖常有下垂之意，谓之沉肘。

9. 有动之意而未动，即预动之势，谓之腾挪。

10. 身、手、腰、腿相顺相随，一气呵成，向外发出，劲如放箭，迅若雷霆，一往无敌，谓之闪战。

11. 两股有力，臀部前收，脊骨根向前托起丹田（小腹），谓之尾闾正中。

12. 能做到尾闾正中、含胸、护肫、松肩、吊裆，就能以意送气，达于腹部，不使上浮，谓之气沉丹田。

13. 两腿虚实必须分清。虚非完全无力，着地实点要有腾挪之势。腾挪者，即虚脚与胸有相吸相系之意，否则便成偏沉。实非全然占煞，精神贯于实股，支柱全身，要有上提之意。如虚实不分，便成双重。

（二）手、眼、身、步、精、气、神

手法须要气势腾挪，有预动之势，无散漫之意。两肩亦须松开，不使丝毫之力。手势本无一定，不管抬起垂下，伸出曲回，总要有相应之意，何时意动，何时手到。所谓"得心应手"是也。腾挪之势，即"有意"，"运气"，"精神贯注"是也。以意运气，久而能精，精而愈精则神，神而愈神则灵，领悟此理，当有神明之妙。

神聚于眼，眼是心之苗，心从意中生，我意欲向何处，则眼神直射何处，周身亦直对何处，一转眼则周身全转，视静犹动，视动犹静，总须从神聚而来。

身法先求"尾闾正中"。正中者，即是"脊骨根向前"也。又须护肫，肫不护则竖尾无力，一身便无主宰矣。我意欲向何处，"脊骨根"便直对何处。转变在两腰眼中，左转则左腰眼微向上抽，用右腰眼托起左腰眼；右转则右腰眼微向上抽，用左腰眼托起右腰眼，则尾闾自然正中。总之，各条身法必须一一求对，结合起来只有一个身法，一处不合，全身都乖，所以身法是永不许错的。虽千变万化，总难越出此身法也。

所谓步法虚实分清，虚非全然无力，内中要有腾挪；实非全然占煞，必须精神贯注。腾挪谓之虚，虚中有实；精神谓之实，实中有虚。虚虚实实，实实虚虚，即此意也。

（三）起、承、开、合

太极拳走架，每一架式分四个动作：第一个动作是"起"（如"左懒扎衣"第一式），第二个动作是"承"（如"左懒扎衣"第二式），第三个动作是"开"，也即是发（如"左懒扎衣"第三式），第四个动作是"合"，也即是收，收是蓄的意思（如"左懒扎衣"第四式），但不是呆板的，有开中寓开，有合之再合，所谓不丢不顶，处处恰合也。

（四）折叠转换

太极拳有折叠之术，有转换之法。折叠者，是对称的，有上即有下，有前即有后，有左即有右。如意要向上，即寓下意，意要向下，即寓上意，前后左右，皆是如此，此即谓之折叠。转换者，步随身换，命意源头在腰眼之间，向左转换，左腰眼微向上抽，用右腰眼托起左腰眼；向右转换，右腰眼微向上抽，用左腰眼托起右腰眼。此即所谓"命意源头在腰隙"也。

（五）舍己从人

太极拳有舍己从人之术，挨何处，何处灵活。假使挨手，手腕灵活；挨肘，肘能灵活；挨胸，胸能灵活，周身处处如此。又挨手意在肘，挨肘意在肩，挨肩意在胸，挨胸意在腰，挨腰意在股。以此推之，如沾连粘随，不丢不顶，引进落空，借力打人，皆此意也。

武式太极拳的走架打手

郝月如 著

太极拳不在样式而在气势，不在外面而在内。平日行功走架，须研究揣摩空松圆活之道，要神气鼓荡，全身好似气球，气势贵腾挪，身体有如悬空。两手无论高低曲伸，一前一后，一左一右，皆能灵活自如。两腿不论前进后退，左右旋转，虚实变换，无不随意所欲。日久功深，有不知手之舞之，足之蹈之之境。明白原理，练熟身法，善于用意，巧于运气，到此地步，一举一动，皆能合度，无所谓不对。

习太极拳者必先求尾闾正中。正中者，脊骨根对脸之中间也。迈左步，左胯微向左上抽，用右胯托起左胯，迈右步，右胯微向右上抽，用左胯托起右胯，则尾闾自然正中，能正中，则能八面支撑；能八面支撑，则能旋转自如，无不得力。次则步法虚实分清。虚非全然无力，内中要有腾挪，即预动之势也。实非全然占煞，内中要贯注精神，即上提之意也。切记两足在前弓后蹬时不要全然占煞，应该分清一虚一实，否则即成双重之病。两肩须要松开，不用丝毫之力，用力则不能舍己从人，引进落空。沉肘即肘尖常向下沉之意。前膊和两股注意内中要有腾挪之势，无腾挪则不灵活，不灵活则无圆活之趣。又须护肫，肫不护则竖尾无力，便一身无主宰矣。又须养气，气以直养而无害，即沉于丹田，涵养无伤之谓也。又须蓄劲，劲以曲蓄而有余，并须蓄敛于脊骨之内。吸为合为蓄，呼为开为发。盖吸则自然提得起，亦拿得人起；呼则自然沉得下，亦放得人出。此是以意运气，非以力使气，是即太极拳呼吸之道也（此中所说"呼吸"，专指太极拳的"开、合、蓄、发"而言，与吾人平常呼吸不同，请读者不要误会）。

太极拳之为技也，极精微巧妙，非恃力大手快也。夫力大手快者，先天自然赋有，又何须学焉。是故欲学斯技者，宜先从含胸、拔背、裹裆、护肫、提顶、吊裆、松肩、沉肘、虚实分清求之。这些对了，再求敛气，气敛脊骨，注于腰间。然后再求腾挪。腾挪者，即精气神也。精气神贯注于两脚、两腿、两手、两膊前节之间。彼挨我何处，我注意何处，周身无一寸无精气神，无一寸非太极，而后再求进退旋转之法。旋转枢纽在于腰隙。能旋转自如，丝毫不乱，再求动静之术，静则无，无中生有，即有意也。意无定向，要八面支撑。单练之时，每一势分四字，即起、承、开、合。一字一问能否八面支撑？不能八面支撑，即速揣摩之。如二人打手，我意在先，彼手快不如我意先，彼力大不如我气敛，彼以巨力打来，我以意去接，微挨皮毛不让打着，借其力，趁其势，四面八方何处顺，即向何处打之。切记不可用力，不可尚气，不可顶，不可丢；须要从人仍是由己，得机得势，方能随手而奏效。动亦是意，步动而身法不乱，手动而气势不散。单练之时，每一动要问能否由动中向八面转换，不能八面转换，即速揣摩之。如二人打手，我欲去彼，先将周身安排好，意仍在先，对定彼之重点，笔直去之；我之意方挨彼皮毛，如能应手，一呼即出；如彼之力顶来，不让其力发出，我之意仍借彼力，不丢不顶，顺其力而打之；此即借力打人，四两拨千斤之妙也。此全是以意运气，非以力使气也。能以意打人，久之则意亦不用，身法无所不合。至此境界，已臻圆融精妙之境。说有即有，说无即无，一举一动，无不从心所欲。真不知手之舞之，足之蹈之矣。

习太极拳者，须悟太极之理。欲知太极之理，于行功时先要提起全副精神，外示安逸，内固精神，气势腾挪，腹内鼓荡。

太极即是周身，周身即是太极。如同气球，前进不凸，后退不凹，左转不缺，右转不陷，变化万端，绝无断续，一气呵成，无外无内，形神皆忘，乃能进于精微矣。

在打手时，我意须要在先，彼之力挨我何处，我之意用在何处，彼之力方挨我皮毛，我之意已入彼骨里；以己之意接彼之力，非以己之力顶撞彼之力，恰好不后不先，我之意与彼之力相合。左重则左虚，右重则右杳，仰之则弥高，俯之则弥深，进之则愈长，退之则愈促，一羽不能加，蝇虫不能落，人不知我，我独知人，所谓沾连粘随，不丢不顶者是也。

习太极拳者，须悟阴阳相济之义。动之则分，静之则合。分者，开大也。合者，缩小也。其中皆由阴阳两气开合转换，互相呼应，始终不离也。开是大，非顶撞也；缩是小，非躲闪也。一动无有不动，一静无有不静。动者，气转也；静者，有预动之势也。所谓视静犹动，视动犹静。气如车轮，腰如车轴。非两手乱动，身体乱挪。紧要全在蓄劲，蓄劲如张弓，发劲似放箭。无蓄劲，则无发箭之力。发劲要上下相随，劲起于脚根，注于腰间，形于手指。由脚而腿而腰，总须完整一气。腰如弓把，脚手如弓梢，内中要有弹性，方有发箭之力也。自己安排好，彼一挨我皮毛，我意接定彼劲，挨皮毛，即是不丢不顶，用意去接，即是顺随之势；能顺随，则能借力；能借力，则能打人，此所谓借力打人，四两拨千斤是也。到此地步，手上便有分寸，能称彼劲之大小，能权彼来之长短，毫发无差；前进后退，左顾右盼，处处恰合，所谓"知己知彼，百战百胜"也。平日走架打手，须要从此做去，走架即是打手，打手即是走架，此皆一理。走架每一势要分四字，即起、承、开、合是也。一字一问对不对？少有不对，即速改换。差之毫厘，失之千里。能领悟此意，行住坐卧皆是太极，学者不可不详辨焉。

平日走架行功时，必须以意将气下沉，送于丹田（以意非以力，非努气，非用呼吸），存养涵蓄，不使上浮，腹内松静，气势腾然。依法练习，日久自能敛气入骨（脊骨）。然后用意将脊骨之气由尾闾从丹田往上翻之。达此境界，就能以意运气，遍及全身。彼挨我何处，我意即到何处，气亦从之而出，如响斯应，疾如电掣。周身无一处不是如此，此即所谓"行气如九曲珠，无微不到；运劲如百炼钢，何坚不摧"，亦即"意到气即到"是也。又丹田之气，须直养无害，才能如长江大海之水，用之不竭，取之不尽。迨至功夫纯熟，练成周身一家，宛如气球一样，左重则左虚，右重则右杳，物来顺应，无不恰合。凡此皆是"以意运气"，非"以力使气"，"在内不在外"，亦即"尚气者无力，养气者纯刚"是也。

注：此文所谓"打手"即太极拳推手。此文在这次发表时作了些微的删改。

关于教法和练法的一些体会

郝少如 著

我根据三十多年来练拳和教拳的经验，认为无论是教或练，都必须首先从身法（武禹襄的八条身法）着眼，并且要由内及外。

身法是太极拳理论的主要内容之一。身法在教或练的过程中，既是最基本的，也始终是最重要的。因此，对身法必须要求严格。

练习太极拳，不要说达到精湛的功夫，即使是基本功夫，也不可能一蹴即得。所以在教或练的过程中，必须大致上分为两个阶段。

第一阶段是练外形，就是学习拳架，注重身法。但是八条身法不是一下子就可以掌握的。要先选择一两条作为重点，练熟之后，再逐步增加。上下肢与身法的配合也极重要，因为配合得不好，会直接影响身法。上肢的配合还比较容易掌握，而下肢因为既要支持着身体的稳定，又要顾及分清虚实，对初学者来讲，就更觉困难些。练成这八条身法之后，全身的肌肉骨骼才能灵活、协调，动作一致，才能达到随心所欲的地步。

第二阶段是练内形，亦称内劲。先要以意识作指导，渐渐练成意、气、拳架三者合一。由外形至内形，由气粗到气精。然后无外无内，无粗无精，浑然皆忘。练到这种境界，才能在不断前进的道路上攀登太极拳艺高峰。对于浅尝辄止和凭空立异的人，是不足为训的。

节序图说明

武式太极拳的所有动作都是按起、承、开、合的节序来编排的。以四个动作结为一个起、承、开、合的节序。如第二式"左懒扎衣"的四动，也就是节序图中的四图，图1是"起"，图2是"承"，图3是"开"，图4是"合"，结为一个节序。整个拳套都是一个个节序衔接编排而成的。在一个个节序之间，虽有稍顿的现象，但要保持劲断意不断，内部仍要绵绵不断地衔接起来，所以在练习时不可因节序而中断。

一个节序大都是由一个拳式构成的，如上面所举的"左懒扎衣"有四动，成一个节序。但也有两个，甚至四或五个拳式结成一个节序，例如拳套中的第四式"单鞭"和第五式"提手上势"，两式合并在一起编为四动，结为一个节序。

节序图举例

第二式 左懒扎衣

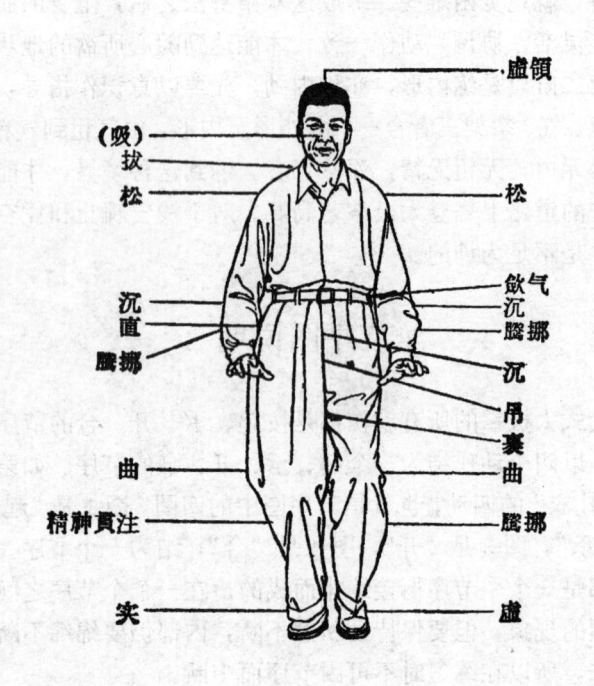

图1 起

左侧标注（自上而下）：
- （吸）拔
- 松
- 沉直
- 膨挪
- 曲
- 精神贯注
- 实

右侧标注（自上而下）：
- 虚领
- 松
- 歙气
- 沉
- 膨挪
- 沉
- 吊裹
- 曲
- 膨挪
- 虚

面向正南

方向标：北↑ 西←→东 ↓南

图 2 承

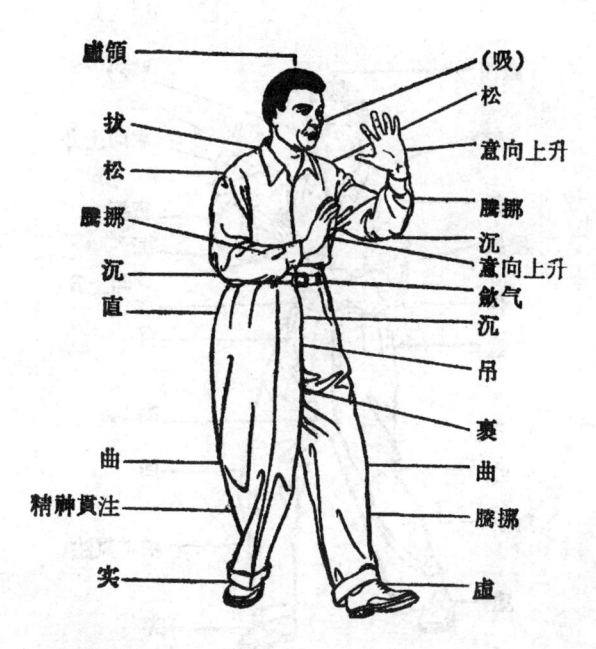

左侧标注（从上到下）：
- 虚领
- 扶
- 松
- 履挪
- 沉
- 直
- 曲
- 精神贯注
- 实

右侧标注（从上到下）：
- （吸）
- 松
- 意向上升
- 腾挪
- 沉
- 意向上升
- 歙气
- 沉
- 吊
- 裹
- 曲
- 腾挪
- 虚

面向东南
左脚向东南放出
左胯向回抽
要尾闾正中

583

图 3 开

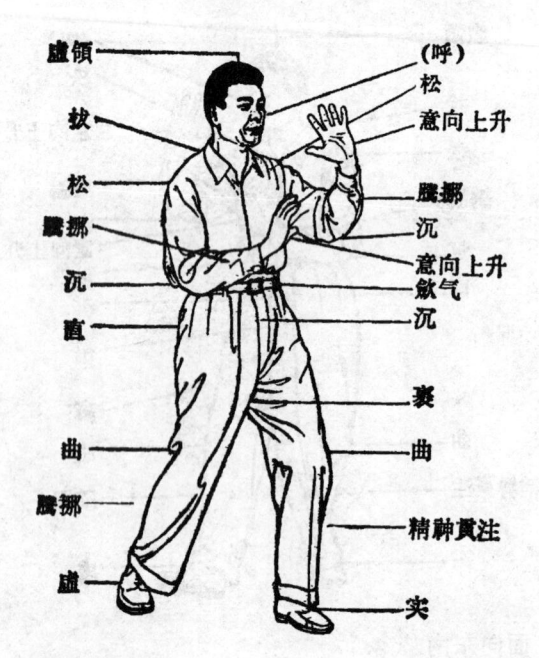

左侧标注（自上而下）：
- 虚领
- 拔
- 松
- 髋挪
- 沉
- 直
- 曲
- 髋挪
- 虚

右侧标注（自上而下）：
- （呼）
- 松
- 意向上升
- 髋挪
- 沉
- 意向上升
- 欱气
- 沉
- 裹
- 曲
- 精神贯注
- 实

面向东南
左腿弓
右腿蹬

图 4 合

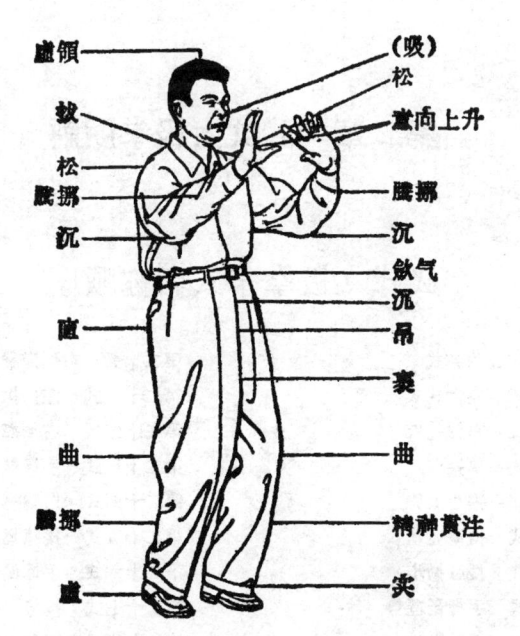

左侧标注（自上而下）：
- 虚领
- 敛
- 松
- 腰挪
- 沉
- 直
- 曲
- 腰挪
- 虚

右侧标注（自上而下）：
- （吸）
- 松
- 意向上升
- 腰挪
- 沉
- 敛气
- 沉吊
- 裹
- 曲
- 精神贯注
- 实

面向东南
右脚提上半步
两手合与口齐

585

第二章　武式太极拳图解

武式太极拳拳式名称顺序

第一式　预备式
第二式　左懒扎衣
第三式　右懒扎衣
第四式　单鞭
第五式　提手上势
第六式　白鹅亮翅
第七式　搂膝拗步
第八式　手挥琵琶势
第九式　搂膝拗步
第十式　手挥琵琶势
第十一式　上步搬揽捶
第十二式　如封似闭
第十三式　抱虎推山
第十四式　手挥琵琶势
第十五式　右懒扎衣
第十六式　单鞭
第十七式　提手上势
第十八式　肘底看捶
第十九式　左倒撵猴

第二十式　右倒撵猴
第二十一式　左倒撵猴
第二十二式　右倒撵猴
第二十三式　手挥琵琶势
第二十四式　白鹅亮翅
第二十五式　搂膝拗步
第二十六式　手挥琵琶势
第二十七式　按势
第二十八式　青龙出水
第二十九式　翻身
第三十式　三甬背
第三十一式　单鞭
第三十二式　下势
第三十三式　纭手
第三十四式　单鞭
第三十五式　提手上势
第三十六式　高探马
第三十七式　左伏虎势
第三十八式　右起脚

第三十九式　右伏虎势
第四十式　左起脚
第四十一式　转身蹬脚
第四十二式　单鞭
第四十三式　践步打捶
第四十四式　翻身二起
第四十五式　披身
第四十六式　退步踢脚
第四十七式　转身蹬脚
第四十八式　上步搬揽捶
第四十九式　如封似闭
第五十式　抱虎推山
第五十一式　手挥琵琶势
第五十二式　右懒扎衣
第五十三式　斜单鞭
第五十四式　下势
第五十五式　野马分鬃
第五十六式　单鞭
第五十七式　玉女穿梭
第五十八式　手挥琵琶势
第五十九式　右懒扎衣
第六十式　单鞭
第六十一式　下势
第六十二式　纭手
第六十三式　单鞭
第六十四式　下势
第六十五式　更鸡独立
第六十六式　左倒撵猴
第六十七式　右倒撵猴

第六十八式　左倒撵猴
第六十九式　右倒撵猴
第七十式　手挥琵琶势
第七十一式　白鹅亮翅
第七十二式　搂膝拗步
第七十三式　手挥琵琶势
第七十四式　按势
第七十五式　青龙出水
第七十六式　翻身
第七十七式　三甬背
第七十八式　单鞭
第七十九式　下势
第八十式　纭手
第八十一式　单鞭
第八十二式　提手上势
第八十三式　高探马
第八十四式　对心掌
第八十五式　转身十字摆莲
第八十六式　上步指裆捶
第八十七式　右懒扎衣
第八十八式　单鞭
第八十九式　下势
第九十式　上步七星
第九十一式　退步跨虎
第九十二式　转脚摆莲
第九十三式　弯弓射虎
第九十四式　双抱捶
第九十五式　手挥琵琶势
第九十六式　收式

关于图解的几点说明

1. 本图解的图照是按作者拳照摹绘的。

2. 为了便于读者查对拳式的方向，把图照中预备式（图1）姿势的方向假定为：面向读者等于向南，背后等于向北，面向读者右面等于向东，面向读者左面等于向西。当读者练习纯熟后，可以根据场地形状任选方向，预备式不一定从面向南开始。

3. 图中所有的实线或虚线，均表示手或脚的动作趋向。所有图中的箭头，均表示由本图过渡到下一图的动作趋向。凡动作较简单、通过文字即可说明的，就不再在图中表示其动作趋

表示全脚着地

脚旁无阴影者，表示全脚离地

表示脚跟着地

表示脚尖着地

向，可参看文字和后一图。

4. 带有实线的箭头表示右手或右脚的动作趋向，带有虚线的箭头表示左手或左脚的动作趋向。

5. 由于太极拳中脚的动作甚为细致，为了表明脚与地面的角度，在脚旁绘上阴影，以资区别。

武式太极拳图解

第一式 预备式（图1）

两足并立（中间距离一拳左右），两膝微弯勿挺；两臂自然下垂；两眼向前平视。（图1）

要求在两足并立站定时，要做到体态自然安静；要提起全副精神，排除杂念；意含顶劲，所以头宜正直，颏微内收；两肩放松；腹部松弛，气沉丹田；含胸，拔背，裹裆，护肫。

第二式 左懒扎衣（图2—5）

动作一：两腿屈膝微蹲，体重渐渐移至右腿，右腿变实，左足跟提起，足尖点地，左腿变虚；同时两臂稍弯，两手前移，置于胯旁，手背向上，手指朝前，微屈分开。（图2）

图1

在武式太极拳的拳套中，所有动作和姿势的两臂和两腿始终不可伸直，要保持一定的弯度；身体转动时，都必须以实腿足跟为轴；并且所有动作的头、躯干、胸、背等部分，都须符合预备式的要求，后文不再赘述。

动作二：身体微向左转，左足随着提起，向左斜角（45度斜角，以后所指斜角皆为45度）迈出，足尖上翘，以足跟着地，左腿微屈（两腿仍为左虚右实）；同时两手向胸前举起，手指朝

上成立掌，左手在外，高与口平；右手在里，与心相齐，手心均稍朝前（两肘须下沉）；面对东南斜方。（图3）

动作三：右足跟蹬，左腿前弓，左足掌落平，体重移至左腿，右腿微屈，两腿变为左实右虚；同时两手向前徐徐推出（上身不可前俯后仰；要求松肩，沉肘），手心仍稍向前，左手齐目，右手与胸平。（图4）

图2　　　图3　　　图4　　　图5

动作四：两手同时下落，当两手与胯相平时（在两手下落时，两肘不可向后超出背部）即左右分开，向上划弧，立掌合于胸前，有捧球之意，两手高与口平，手心稍朝前；右足在两手左右分开的同时，往前跟步至左足跟旁，以足尖点地。（图5）

要求松肩，沉肘；手与胸臂之间有圆活之趣；两腿仍为左实右虚。

第三式　右懒扎衣（图6—9）

动作一：以左足跟为轴（右足尖仍点地），身体微向右转，面对正南方向，两腿仍为左实右虚。（图6）

动作二：腰微右旋，右足随着向右斜角迈出，足尖上翘，以足跟着地，右腿微屈（两腿仍为左实右虚）；同时左手由上而下，右手由下而上划一小圈，仍为立掌（手指朝上），右手在外，高与口平；左手在里，与心相齐，手心均稍朝前（两肘须下沉）；面对西南斜方。（图7）

动作三、四与第二式"左懒扎衣"动作三、四相同，惟左右相反，方向不同。本式方向是向西南斜方。（图8—9）

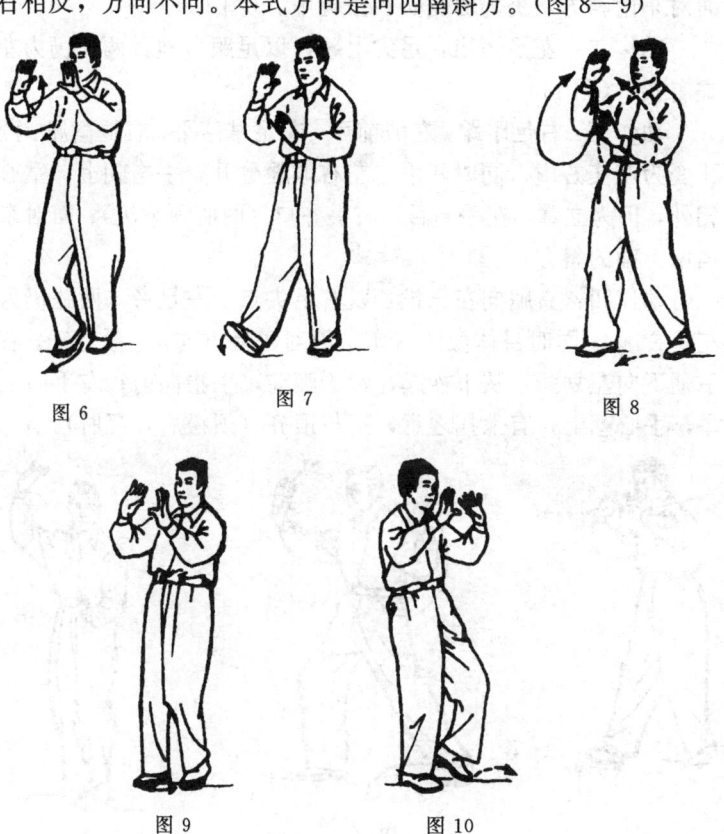

图6　　　图7　　　图8

图9　　　图10

第四式　单鞭（图 10—12）
第五式　提手上势（图 13）

两式合并为一个节序（什么叫节序，请参看节序图说明）。动作一、二、三为"单鞭"，动作四为"提手上势"。

动作一：以右足跟为轴（左足尖仍点地），身体左转 90 度，面对东南斜方，仍为右腿实、左腿虚。（图 10）

动作二：左足迈出，足尖上翘，以足跟着地，两腿仍为左虚右实。（图 11）

动作三：右足跟蹬，左腿前弓，左足掌落平，右腿微屈，两腿变为左实右虚；同时两手向左右顺腿分开，手指朝上，掌心朝外，仍为立掌，左手齐目，右手齐口（两肘须下沉）；面对东稍偏于南的斜方。（图 12）

动作四：右腿向左靠拢，以右足尖点于左足旁（两腿仍为左实右虚）；同时身体微向右转，面对正南方向；两手随动，右手朝下向左划弧，从下抄起，置于腹前，手指向前；左手向上举，手心朝上，有上托之意，高与顶齐（须松肩，沉肘）。

图 11 　　　　图 12 　　　　图 13

（图13）

第六式　白鹅亮翅（图14—17）

动作一：右足尖仍点地，以左脚跟为轴，身体微向右转，面对西南斜方，两腿仍为左实右虚。（图14）

动作二：右足前迈，足尖上翘，以足跟着地，右腿微屈（两腿仍为左实右虚）；同时右手自外提起，横掌举至额前上方，手心朝前；左手由里面经脸前立掌下落，高与心齐（须松肩，沉肘）。（图15）

图14　　　　图15

动作三：左足跟蹬，右腿前弓，右足掌落平，两腿变为右实左虚；同时左手向前徐徐推出（上身不可前俯后仰），左手高与胸齐，手心稍朝前（右手须有上翻之意，要求松肩，沉肘）。（图16）

动作四：右手微向前伸，肘下垂，两手同时下落，当两手与胯相平时（在两手下落时，两肘不可向后超出背部）即左右分开，向上划弧，立掌合于胸前，有捧球之意，两手高与口平，手心稍朝前；左足在两手左右分开的同时，往前跟步至右足跟

593

旁，以足尖点地；面对右前斜角。（图17）

图16　　　　　图17

要求手与胸臂之间有圆活之趣；两腿仍为右实左虚。

练习太极拳时，所有动作都始终要求松肩、沉肘，希读者切记，后文不再赘述。

第七式　搂膝拗步（图18—21）

动作一：左足尖微移向左后点地，以右足跟为轴，身体向左转135度，面对正东方向，两腿仍为右实左虚。（图18）

动作二：身体微向左转，面对东北斜方；手足随动，左足向左斜方迈出，足尖上翘，以足跟着地，左腿微屈，两腿仍为右实左虚；左手落至腹前；右手向右面颊旁举起，高与耳平，手指朝上，手心朝前；面对东北斜角。（图19）

动作三：右足跟蹬，左腿前弓，左足掌落平，右腿微屈，两腿变为左实右虚；同时左手向下搂过左膝，置于左腿旁，手指朝前；右手向前徐徐推出（上身不可前俯后仰），手指仍向上，高与目平；面仍对东北斜角。（图20）

动作四：右手下落经左腿旁（手指朝前）与左手相齐时，

图 18　　　　　　图 19　　　　　　图 20

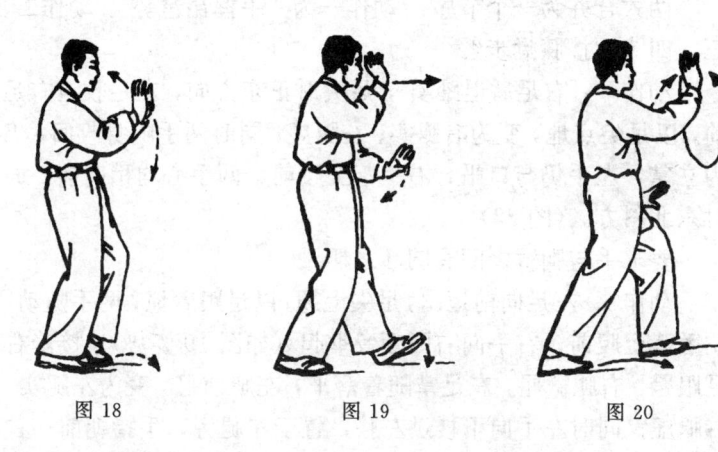

两手左右分开向上划弧，立掌合于胸前，有捧球之意，两手高与口平，手心稍朝前；在两手左右分开的同时，右足往前跟步至左足跟旁，以足尖点地，两腿仍为左实右虚。（图21）

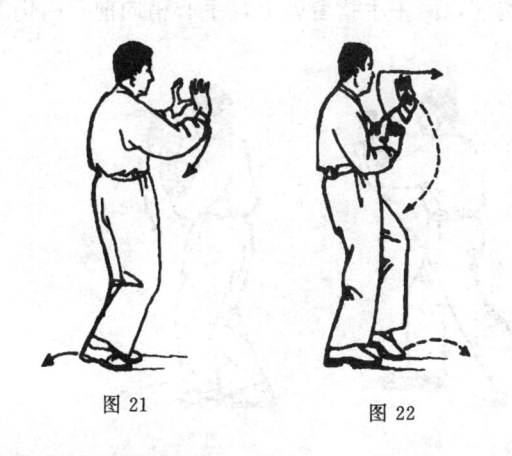

图 21　　　　　　图 22

第八式　手挥琵琶势（图22）
第九式　搂膝拗步（图23—26）

595

两式合并为一个节序，动作一为"手挥琵琶势"，动作二、三、四为"搂膝拗步"。

动作一：右足后退踏实，足尖对正东方向，左足收至右足前，以足尖点地，变为右腿实、左腿虚；同时两手随身收回，仍为立掌，左手仍与口平，右手落至腹前，两手心均稍向前；面对东北斜方。（图 22）

要求手与胸臂之间有圆活之趣。

动作二：左足向前迈出，足尖上翘，以足跟着地；两手随动，左手落至腹前，右手向右面颊旁举起（如图 19 姿势）。接着右足跟蹬，右腿微屈，左足掌随着落平，左腿前弓，变为左腿实、右腿虚；同时左手向下搂过左膝，置于左腿旁，手指朝前；右手向前徐徐推出（上身不可前俯后仰），手指仍朝上，高与目平；面对东北斜方（图 23）（附拗步）。接着右足跨过左足，在左足外侧平落踏实，两腿变为右实左虚；同时左手上举与口相平，右手下落置于胸前，两手手指皆朝上，手心稍向前；面仍对东北斜方。（图 24）

图 23　　图 24

动作三与本式动作二内"附拗步"之前的图 23 说明相同。（图 25）

动作四与第七式"搂膝拗步"动作四图 21 说明相同。（图 26）

图 25   图 26

第十式　手挥琵琶势（图 27）

第十一式　上步搬揽捶（图 28—30）

两式合并为一个节序，动作一为"手挥琵琶势"，动作二、三、四为"上步搬揽捶"。

动作一与第八式"手挥琵琶势"动作说明相同。（图 27）

动作二：（左上步）左足仍向左前斜方迈出，足尖上翘，以足跟着地；两手随动，右手向右上方高举过顶，手心朝左，五指稍舒，手指朝前；左手落至腹前，手指朝上，手心朝右。随即右足跟蹬，左腿前弓，左足掌落平，右腿微屈，变为左腿实、右腿虚；同时两手向前伸出（上身不可前俯后仰）；面仍对东北斜方。（图 28）

动作三：（右上步）以左足跟为轴，身体右转；右足随之提起经左足旁向右前斜方迈出，足尖上翘，以足跟着地；同时两

图 27　　　　　　图 28　　　　　　图 29

手随动，左手向左上方高举过顶，手心朝右，五指稍舒，手指朝上；右手向下经脸前直落至腹前，手指朝上，手心朝左。随即左足跟蹬，右腿前弓，右足掌落平，左腿微屈，两腿变为左虚右实；同时两手向前伸出（上身不可前俯后仰）；面对东南斜方。（图29）

动作四：（搬揽捶）左手经脸前下落向左划弧，从下抄起，又向上向前落至腹前，手指朝上；左足随着提起经右足旁向正东方向迈出，先以足跟着地；右手落至右胯旁握拳。随即左足掌落平，左腿前弓，右足往前跟步，以足尖点于左足跟旁，变为左腿实、右腿虚；同时右拳沿左手手背上向前慢慢击出（上身不可前俯后仰），拳眼朝上，高与心平；面对正东方向。（图30）

图 30

第十二式 如封似闭（图31—34）

动作一：左腿不动，右足右拳同时后移，右足退至左足后，足尖对右前斜方，右腿微屈，两腿仍为左实右虚；右拳置于右胯旁，拳眼仍朝上；同时左手立掌上移至胸前，手心朝右；面仍对正东方向。（图31）

动作二：身体后移，右腿变实，左腿收回以足尖点于右足前，左腿变虚；同时右拳变掌上移与左手相并，成为立掌收至胸前，两手心朝前。（图32）

图31

动作三：左腿向前迈出，足尖上翘，以足跟着地，左腿微屈，仍为右腿实、左腿虚。（图33）

动作四：两手向前徐徐平行推出，高与胸齐（上身不可前俯后仰）；同时左腿前弓，左足掌落平，左腿变实，右足往前跟步，以足尖点于左足旁，右腿变虚（左足跟要有蹬出之意）；面

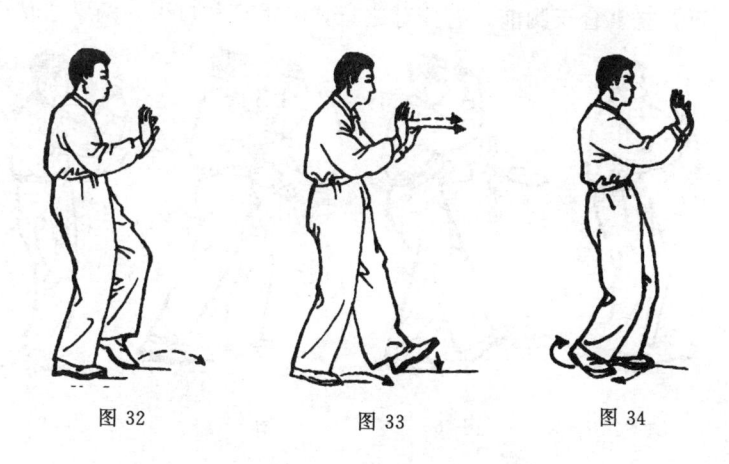

图32　　　　　图33　　　　　图34

对正东方向。(图 34)

第十三式　抱虎推山（图 35—38）

动作一：右足经左足跟后移至左足后面的左侧点地，以左足跟为轴，身体向右后转 180 度，面对正西方向，两腿仍为左实右虚。(图 35)

动作二：身体微向右转；手足随动，右足向右前斜方迈出，足尖上翘，以足跟着地，右腿微屈，两腿仍为左实右虚；右手落至腹前；左手向左面颊旁举起，高与耳平，手指朝上，手心朝前；面对西北斜方。(图 36)

动作三：左足跟蹬，右腿前弓、右足掌落平，变为右腿实、左腿虚；同时右手在腹前向左朝外平移划圈，至右边腹前握拳，拳心朝胸部，右臂有抱虎之势；左手立掌向前徐徐推出（上身不可前俯后仰），左手高与目平；面对西北斜方。(图 37)

动作四：右拳拳心朝下下移，经右腿旁变掌，左手也随着掌心朝下下落，当两手下移相平时，两手同时左右分开向上划弧，立掌合于胸前，有捧球之意，两手高与口平，两掌心稍朝

图 35　　　图 36　　　图 37　　　图 38

前；左足在两手左右分开的同时，往前跟步，至右足跟旁，以足尖点地，两腿仍为右实左虚。(图 38)

要求手与胸臂之间要有圆活之趣。

第十四式　手挥琵琶势（图 39—40）

第十五式　右懒扎衣（图 41—42）

两式合并为一个节序，动作一、二为"手挥琵琶势"，动作三、四为"右懒扎衣"。

动作一：左足后退踏实，足尖朝西南斜方，右足收至左足前，以足尖点地，两腿变为左实右虚；两手随身左转，立掌收回至胸前，右手仍与口平，左手落至腹前，两手心均稍朝前；面对正西方向。(图 39)

要求手与胸臂之间有圆活之趣。

动作二：右足向前迈出，足尖上翘，以足跟着地，右腿微屈，两腿仍为左实右虚。(图 40)

动作三、四与第三式"右懒扎衣"动作三、四相同，惟方向略异，本式是面对正西方向。(图 41—42)

图 39　　　　　图 40

601

图 41 　　　　　　　　图 42

第十六式　单鞭（图 43—45）

第十七式　提手上势（图 46）

两式合并为一个节序，动作一、二、三为"单鞭"动作四为"提手上势"。

动作一：左足提起，移至右足后面的左侧点地，以右足跟为轴，身体向左后转 135 度，面对东稍偏于南的斜方，两腿仍为右实左虚。（图 43）

动作二、三与第四式"单鞭"动作二、三同。（图 44—45）

动作四与第五式"提手上势"动作相同，即与第四式和第五式合并的动作四相同。（图 46）

第十八式　肘底看捶（图 47—50）

动作一：右足向前迈出，足尖上翘，以足跟着地，仍为左腿实、右腿虚；同时右手举至胸前，手指朝上，手心稍朝前。（图 47）

图 43

图 44　　　　　　　图 45　　　　　　　图 46

动作二：左足跟蹬，右腿前弓，右足掌落平，左腿微屈，变为右腿实、左腿虚；同时右手自胸前慢慢推出（上身不可前俯后仰）；面对正南方向。（图48）

动作三：左腿不动，右足尖左转90度，腰微左旋，对正东方向，两腿仍为右实左虚。（图49）

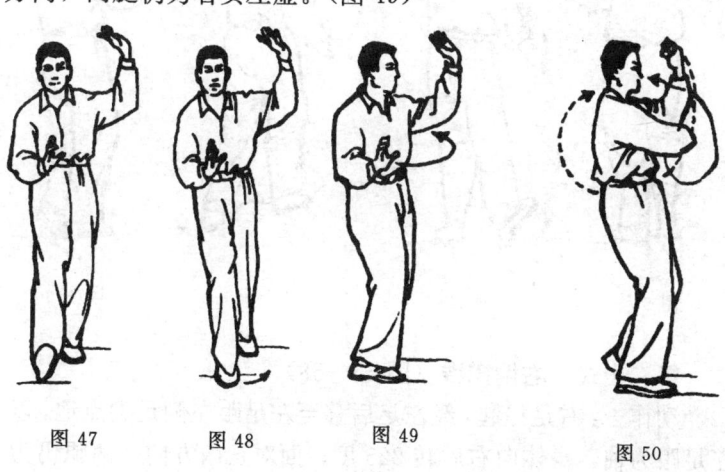

图 47　　　图 48　　　　图 49　　　　　　　图 50

动作四：两手握拳，身体向左转朝正东方向；同时右拳置于左肘下，拳眼朝里；左前臂随着竖直，拳与顶齐，拳眼朝左（两臂成直角之形）；左足在身体左转的同时，靠拢于右足跟旁，足跟提起，以足尖点地，两腿仍为右实左虚。（图50）

第十九式　左倒撵猴（图51—54）

动作一：两拳变为立掌，手指朝上，手心朝外，左右分开，高与肩齐，左足微向后移点地，以右足跟为轴，身体左转90度，右腿坐实，两腿仍为右实左虚；面对正北方向；同时两手相对合于胸前，两手有捧球之意，高与口平。（图51）

要求手与胸臂之间要有圆活之趣。

动作二、三、四与第七式"搂膝拗步"动作二、三、四相同，惟方向角度不同，本式为西北方向。（图52—54）

图51　　　图52　　　图53　　　图54

第二十式　右倒撵猴（图55—58）

动作一：右足提起，经左足后移至左足跟左侧足尖点地，以左足跟为轴，身体向右后转225度，面对正南方向，两腿仍为左实右虚。（图55）

动作二：身体微向右转，手足随动，右足向右前斜方迈出，足尖上翘，以足跟着地，右腿微屈，两腿仍为左实右虚；右手落至腹前；左手向左面颊旁举起，高与耳平，手指朝上，手心朝外；面对西南斜方。(图 56)

动作三：左足跟蹬，右腿前弓，右足掌落平，左腿微屈，变为右实左虚；同时右手向下搂过右膝，置于右腿旁；手指朝前；左手向前徐徐推出（上身不可前俯后仰），手指仍朝上，高与目平。(图 57)

动作四：左手下落经右腿旁（手指朝前）与右手相齐时，两手左右分开向上划弧，立掌合于胸前，有捧球之意，两手高与口平，手心稍朝前；在两手左右分开的同时，左足往前跟步至右足跟旁，以足尖点地，两腿仍为右实左虚。(图 58)

图 55　　　图 56　　　图 57　　　图 58

第二十一式　左倒撵猴 (图 59—62)

动作一：左足提起，经右足后移至右足跟右侧，足尖点地，以右足跟为轴，身体向左后转 225 度，面对正北方向，两腿仍为右实左虚。(图 59)

图 59　　　　图 60　　　　图 61　　　　图 62

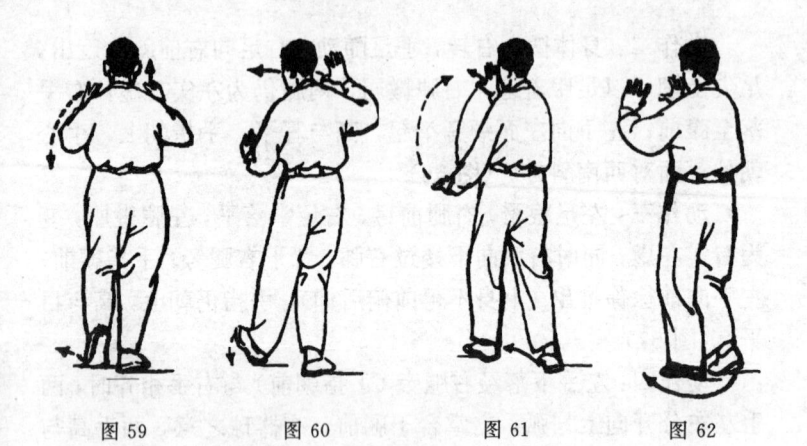

动作二、三、四与第七式"搂膝拗步"动作二、三、四相同，惟方向角度不同，本式为西北方向。（图60—62）

第二十二式　右倒撵猴（图63—66）

动作一、二、三、四与第二十式"右倒撵猴"四动相同。（图63—66）

图 63　　　　图 64　　　　图 65　　　　图 66

第二十三式　手挥琵琶势（图 67）
第二十四式　白鹅亮翅（图 68—70）

两式合并为一个节序，动作一为"手挥琵琶势"，动作二、三、四为"白鹅亮翅"。

动作一：左足后退踏实，足尖对正南方向；右足收至左足前，以足尖点地，变为左腿实、右腿虚；同时两手立掌随身体收回，右手收至胸前，与口相平，左手落至腹前，两手心均稍朝前；面对西南斜方。（图 67）

要求手与胸臂之间有圆活之趣。

动作二：右足向前迈出，足尖上翘，以足跟着地，右腿微屈，两腿仍为左实右虚；同时右手举至额前上方，横掌，手心朝前；左手移至心前，手指朝上。（图 68）

图 67

动作三、四与第六式"白鹅亮翅"动作三、四相同。（图 69—70）

图 68　　　　图 69　　　　图 70

第二十五式　搂膝拗步（图71—74）

动作一、二、三、四与第七式"搂膝拗步"四动相同。（图71—74）

图71 　　　　　图72 　　　　　图73

第二十六式　手挥琵琶势（图75）
第二十七式　按势（图76）

图74 　　　　　图75 　　　　　图76

第二十八式　青龙出水（图77）

第二十九式　翻身（图78）

四式合并为一个节序，动作一为"手挥琵琶势"，动作二为"按势"，动作三为"青龙出水"，动作四为"翻身"。

动作一：右足后退踏实，足尖对东南斜方，左足收至右足前，以足尖点地，两腿变为右实左虚；同时两手立掌随身体右转收回至胸前，左手仍与口平，右手落至腹前，两手心均稍朝前；面对正东方向。（图75）

要求手与胸臂之间要有圆活之趣。

动作二：右手向上翻起，向右上划圆圈，至脸前时，手心朝下，同时左手（手心朝下）由胸前向左下划弧至左腿旁，随即两手往下直按；上身前俯，趁势向下微蹲；左手手指朝前置于左小腿左侧，右手手指朝左置于两腿之前。（图76）

要求俯身时头仍正直向前，两臂微屈，两腿仍须右实左虚。

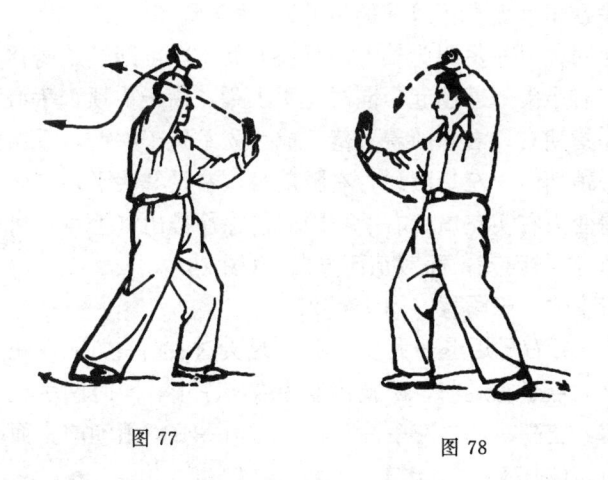

图77　　　　　　　　图78

动作三：上体直起；右臂同时随着向上提起，右手高于头顶，手

图 79　　　　　　　　图 80

心稍朝前，手指朝左；左手立掌置于胸前，手指朝上，手心稍朝前；同时左足向前迈出，右足跟蹬，左腿前弓，左足掌落平，左足尖对正东方向，右腿微屈，两腿变为左实右虚；左手随着向前徐徐推出（上身不可前俯后仰），手与胸齐。（图77）

动作四：以左足跟为轴，左足尖右转135度踏实，身体向右后转，右足尖随着翘起；同时左手上举，高于头顶，手心稍朝前，手指朝右；右手随着下落，成为立掌置于胸前，手指朝上，手心稍朝前，左足跟蹬，右腿前弓，右足掌落平，左腿微屈，两腿变为右实左虚。右手随即向前徐徐推出（上身不可前俯后仰），高与胸齐；面对正西方向。（图78）

第三十式　三角背（图79—82）

动作一：右足后退一大步踏实，足尖对右前斜方，左腿带回，以足尖点于右足前，两腿仍变为右实左虚；同时两手立掌收至胸前，左高右低，左手高与口平，两手心均稍朝前；面对正西方向。（图79）

动作二：左足前迈，以足跟先着地，随即右足跟蹬，左腿前弓，左足掌落平，右腿微屈，变为左腿实、右腿虚；同时两手向前徐徐推出（上身不可前俯后仰），两手心仍稍朝前，左手齐目，右手与胸平。（图 80）

动作三：左足尖微向外撇，左腿坐实，右足前迈一大步，先以足跟着地，随即左足跟蹬，右腿前弓，右足掌落平，右足尖正对前方，左腿微屈，变为右腿实、左腿虚；同时右手向上划弧，高与口齐；左手向下划弧，与心相平，两手随着右腿前弓时向前徐徐推出（上身不可前俯后仰），两手心仍稍朝前，右手齐目，左手与胸相平。（图 81）

动作四与第三式"右懒扎衣"动作四相同，惟方向角度不同，本式是面对正西方向。（图 82）

图 81　　　　图 82

第三十一式　单鞭（图 83—85）
第三十二式　下势（图 86）

两式合并为一个节序，动作一、二、三为"单鞭"，动作四为"下势"。

图 83　　　　图 84　　　　　图 85

动作一与第十六式"单鞭"动作一相同。（图83）

动作二、三与第四式"单鞭"动作二、三相同。（图84—85）

动作四：身体向左微转，左足随着收至右足旁，以足尖点地，变为右腿实、左腿虚；同时左手下落至腹前，左臂微屈，手指朝前；右手上举高与顶齐，手心朝上；面对正东方向，上体稍微斜偏朝南。（图86）

图 86　　　　　图 87

第三十三式　纭手（图87—90）

动作一：左足向前迈出，足尖朝左角，以足跟着地，右足跟蹬，左腿前弓，左足掌落平，两腿变为左实右虚；同时左手经腹部向上、右手自右向下划弧，左手举至额前，与头相平，手心稍朝前；右手下落后向左抄至腹前，手心稍朝下，两手上下相对；面对东南斜方。（图87）

动作二：以左足跟为轴，身体右转，左足尖也随着里扣90度，坐实左腿；右足提起，靠于左足跟前，以足跟着地，足尖上翘，两腿仍为左实右虚；同时左手自左而下、右手从腹前向上划弧，右手举至额前，与头相平，手心朝外；左手下落后向右抄起至腹前，手心稍朝下，两手上下相对；面对西南斜方。（图88）

动作三：右足尖里扣约90度踏实，坐实右腿，同时身体左转，左足向左跨出，足跟先着地，随即右足跟蹬，左腿前弓，左足掌落平，足尖朝左角，两腿仍变为左实右虚；同时左手经腹部向上、右手自右而下划弧，左手举至额前，与头相平，手心

图88　　　　　图89　　　　　图90

613

稍朝前，右手下落后向左抄至腹前，手心稍朝下，两手上下相对；面对东南斜方。(图89)

动作四：与本式动作二相同。(图90)

第三十四式　单鞭（图91）

第三十五式　提手上势（图92—93）

第三十六式　高探马（图94）

图91　　　图92　　　图93　　　图94

三式合并为一个节序，动作一为"单鞭"，动作二、三为"提手上势"，动作四为"高探马"。

动作一：右足尖里扣约90度踏实，坐实右腿，同时身体左转，左足向左跨出，足跟先着地，随即右足跟蹬，左腿前弓，左足掌落平，足尖朝左角，两腿仍变为左实右虚；同时左手上举、右手下落，均变为立掌，当两手与口相平时随向左右顺腿分开，左手齐目，右手齐口；面对东稍偏于南的斜方。(图91)

动作二：右足提起经左足内侧向前迈出，先以足跟着地，随即左足跟蹬，右腿前弓，右足掌落平，足尖朝前，左腿微屈，变为右实左虚；身体同时微右转；两手随动，右手自右而下向左抄至腹前，手指朝前；左手上举，手心朝上，有上托之意，高与顶齐；在右腿前弓的同时，右手向前徐徐推出（上身不可前俯后仰），右手高与胸齐；面对正南方向。（图92）

动作三：右足尖里扣约45度，斜对东南方，同时腰微左旋，坐实右腿，两腿仍为右实左虚。（图93）

动作四：左手自前而下向里划弧至腹前，手心朝上，手指朝右；右手随着收近右胁旁，即向胸前搓按，手心朝下，高与胸平，与左手上下相对（两臂均成半圆形）；同时身体继续左转，面对正东方向；左足同时移至右足旁，以足尖点地，两腿仍为右实左虚。（图94）

第三十七式　左伏虎势（图95—96）
第三十八式　右起脚（图97—98）

两式合并为一个节序，动作一、二为"左伏虎势"，动作三、四为"右起脚"。

动作一：身体微向左转，左足向左前斜角迈出，以足跟先着地，右足跟蹬，左腿前弓，左足掌落平，变为左腿实、右腿虚；在左腿前弓时两手随动，左手顺左腿向前向上经脸前撩起，高于头顶，右手由胸前向外下落，前臂外旋，置于腹前；两手同时握拳，上下拳心相对，在握拳的同时，面向右转。（图95）

图95

动作二：体重全部移于左腿，右足提起，向前以足尖点于左足旁。（图96）

动作三：右腿提起，脚尖向右斜角踢出，高与膝齐；同时右拳举起，左拳下落，当两拳与肩相平时均变为立掌，向左右分开，右高左稍低，右手高与肩齐，右臂与右腿方向一致，左

图 96　　　　　　图 97　　　　　　　　图 98

腿微屈。(图 97)

　　动作四：左右手合于胸前；同时右股不动，右小腿下垂，足尖朝下，足跟靠近左膝；面对右前斜方。(图 98)

第三十九式　右伏虎势（图 99—100）
第四十式　左起脚（图 101—102）

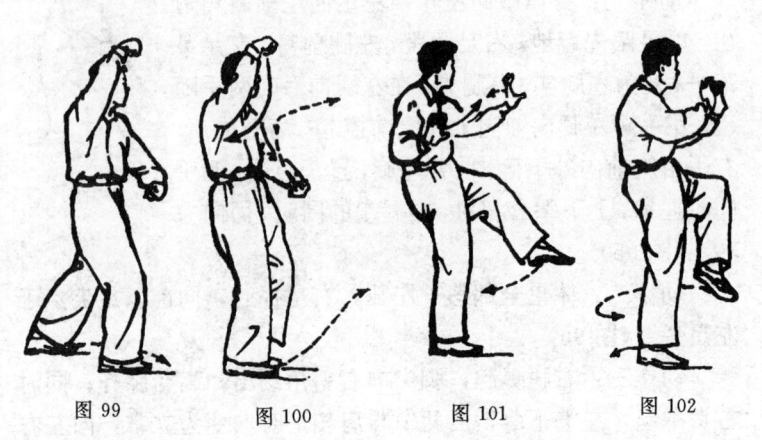

图 99　　　图 100　　　图 101　　　图 102

　　两式合并为一个节序，动作一、二为"右伏虎势"，动作三、四为"左起脚"。

动作一、二、三、四与第三十七式"左伏虎势"和第三十八式"右起脚"两式合并的四个动作说明相同,惟左右相反,方向略异,本式踢脚是向东北斜方。(图99—102)

第四十一式　转身蹬脚(图103—104)
第四十二式　单鞭(图105)
第四十三式　践步打捶(图106)

三式合并为一个节序,动作一、二为"转身蹬脚",动作三为"单鞭",动作四为"践步打捶"。

动作一:以右足跟为轴,身体左后转约180度;面对正西方向。(图103)

动作二:左足尖翘起,以足跟向前蹬出,高与膝齐,右腿微屈;同时两手立掌向左右分开,左高右稍低,左手高与肩平,左臂与左腿方向一致;面仍对正西方向;体重仍在右腿,右腿微屈。(图104)

动作三:左腿向前落下,先以足跟着地,同时两手合于胸前;随即右足跟蹬,左腿前弓,左足掌落平变实;在左腿前弓的同时,两手向左右顺腿分开,成单鞭式。(图105)

图103

动作四:左手下落经左胯旁向左而上向前下落划圈,仍收至胯旁(不停),手心朝下;同时右手举经右耳旁向前而下向后划圈,仍收回至右耳旁(不停)变拳,拳眼朝左;在两手划圈的同时,右足上步,足掌平落于左足旁,随即左足向前迈出踏实,足尖朝西;右足往前跟步,以足尖点于左足后,变为左腿实、右腿虚;上身前俯,趁势向下微蹲;随

617

图 104　　　　　　　　图 105

身体前俯、下蹲的同时,右拳从耳旁循胸前向前下方栽击,拳心朝里,置于两腿之前,同时左掌从胯旁下按,手指朝前,置于小腿左侧。(图 106)

要求在身体前俯、下蹲时,头仍须正直,眼向前视。两臂须微屈。

第四十四式　翻身二起(图 107—108)

图 106

第四十五式　披身(图 109—110)

两式合并为一个节序,动作一、二为"翻身二起",动作三、四为"披身"。

动作一:以左足跟为轴,身体向右后翻转,左足尖也随着右转135度,坐实左腿;同时右拳随翻身上提经脸前向右后下落,至胸前变为立掌;左手也同时立掌举至胸前,两手右高左低,右腿随体转向正东方,右足前迈,先以足跟着地(如右懒扎衣势)。左足跟蹬,右腿前弓,右足掌落平,左腿微屈,变为

618

右腿实、左腿虚；两掌向前徐徐推出（上身不可前俯后仰）；面对正东方向。（图107）

图 107

图 108 甲

动作二：右足尖稍外撇踏实，左足前迈一大步，先以足跟着地，随即右足跟蹬，左腿前弓，左足掌落平变实；同时两手在胸前左手向上、右手向下划弧，至左手与口相平、右手与胸相齐时随着左腿前弓向前徐徐推出〔上身不可前俯后仰。（图108甲）〕接着左足尖稍外撇踏实，体重全部移于左腿，右腿提起，以右足尖向前踢出，高与膝齐，左腿微屈；同时两手向左右分开，右高左稍低，右手高与肩平，右臂与右腿方向一致，右手要有拍打右足面之意；面对正东方向。（图108乙）

图 108 乙

动作三：右腿下落，右足经左足跟后平落于左足跟左侧后方，两腿为右实左虚；同时两手收至胸前，右手与口相平，左手齐胸。（图109甲）接着左足后退一步，足尖斜对左前斜方，

619

左腿微屈，仍为左虚右实；同时两手随退步后移。体重后移，坐实左腿，右足尖翘起，变为左实右虚；同时两手随着自前而下，弧形收至胸前。随即左足跟蹬，右腿前弓，右足掌落平，仍变为右腿实、左腿虚；同时两手徐徐向前推出（上身不可前俯后仰），右手齐目，左手与胸平；面对正东方向。（图109乙）

动作四：右腿收回，以足尖点于左足前，身体后移，变为左腿实、右腿虚；两手随身后移握拳，左拳置于腹前，右拳与胸平，拳心上下相对，两臂均呈半圆形；面对正东方向。（图110）

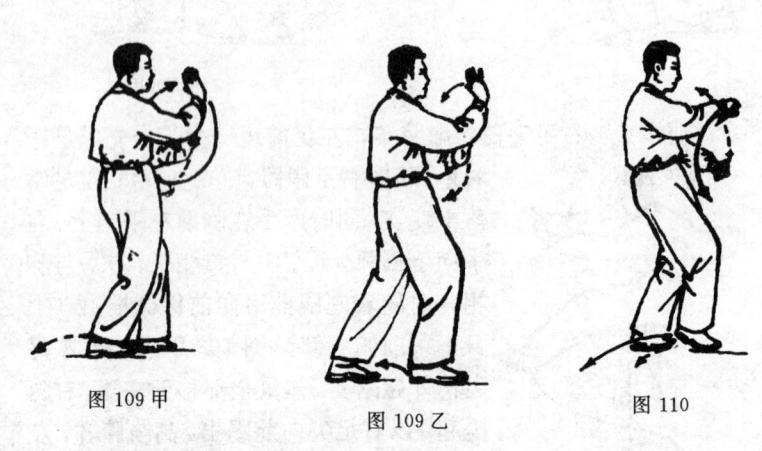

图109甲

图109乙

图110

第四十六式　退步踢脚（图111—112）
第四十七式　转身蹬脚（图113—114）
第四十八式　上步搬揽捶（图115）

三式合并为一个节序，动作一、二为"退步踢脚"，动作三为"转身蹬脚"，动作四为"上步搬揽捶"。

动作一：右足退至左足后踏实，足尖对右前斜方，体重后移，左腿收回，以足尖点于右足前，变为右腿实、左腿虚；同

图 111　　　　　　　　　图 112

时两拳随身后移，左向上右向下划弧，左拳与胸平，右拳置于腹前，拳心上下相对，两臂均呈半圆形；面对正东方向。(图111)

动作二：体重全部移于右腿，右腿微屈，左腿提起，以足尖向前踢出，高与膝齐；同时两拳变为立掌向左右分开，左高右稍低，左手高与肩齐，左臂与左腿方向一致；面对正东方向。(图112)

动作三：左股不动，小腿下垂，足尖朝下，以右足跟为轴，身体与右足尖向右后转约270度，随即左足向北方(稍偏东)平落踏实，右腿微屈变虚；在转动前，两手立掌收至胸前在左腿之上随身旋转，在左足落地时，左右手心朝下，两手有下按之意，手指朝前，两臂微弯；面对东北斜方(图113)。接着体重全部移于左腿，两手与右腿提起，右足尖翘起，以脚跟向前蹬出，高与裆齐，两腿微屈，同时两手立掌向左右分开，右高左稍低，右手高与肩平，右臂与右腿方向一致；面对正东方向。(图114)

621

图 113　　　　　　　图 114

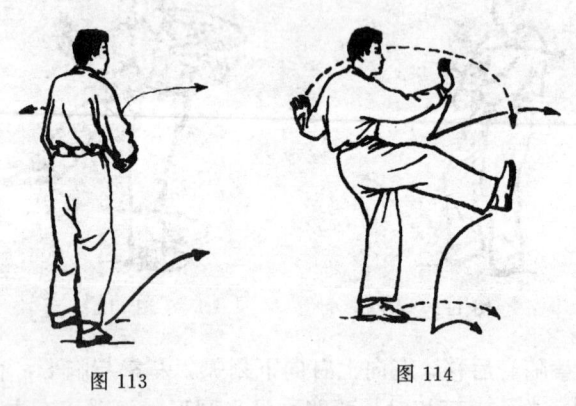

动作四：右腿向前下落，右足踏实于左足跟旁，左足向前上步，左腿随即前弓变实，右足随着往前跟步，以足尖点于左足跟旁，仍变为左腿实、右腿虚；在右足上步的同时，左手向上向前划弧落至胸前，右手落至胯旁握拳；在右足跟步时，右拳沿左手手背上向前慢慢击出（上身不可前俯后仰），拳眼朝上，高与心平；面对正东方向。（图 115）

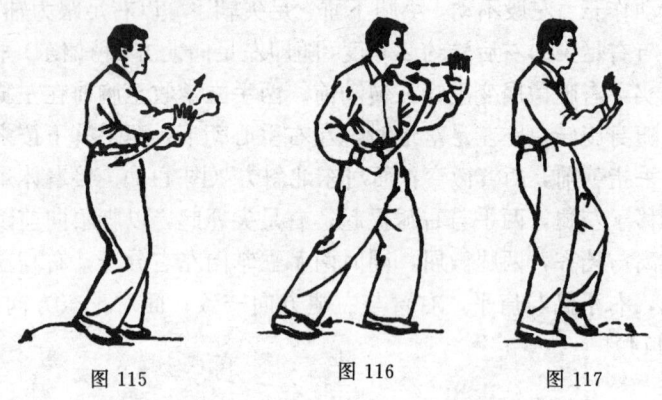

图 115　　　　　图 116　　　　　图 117

622

第四十九式　如封似闭（图116—119）

动作一、二、三、四与第十二式"如封似闭"四动相同。（图116—119）

图118　　　　图119　　　　图120

第五十式　抱虎推山（图120—123）

动作一、二、三、四与第十三式"抱虎推山"四动相同。（图120—123）

图121　　　　图122　　　　图123

第五十一式　**手挥琵琶势**（图124—125）
第五十二式　**右懒扎衣**（图126—127）

图124 　　　　　图125 　　　　　图126

两式合并为一个节序，动作一、二为"手挥琵琶势"，动作三、四为"右懒扎衣"。

动作一、二与第十四式"手挥琵琶势"动作一、二相同，惟方向不同，本式是面对西北斜方。（图124—125）

动作三、四与第三式"右懒扎衣"动作三、四相同，惟方向不同，本式是面对西北斜方。（图126—127）

图127

第五十三式　**斜单鞭**（图128—130）
第五十四式　**下势**（图131）

两式合并为一个节序，动作一、二、三为"斜单鞭"，动作四为"下势"。

动作一、二、三与第四式"单鞭"动作一、二、三相同，惟方向角度不同，本式为面对正南方向，胸部对南稍偏于西的斜方。（图128—130）

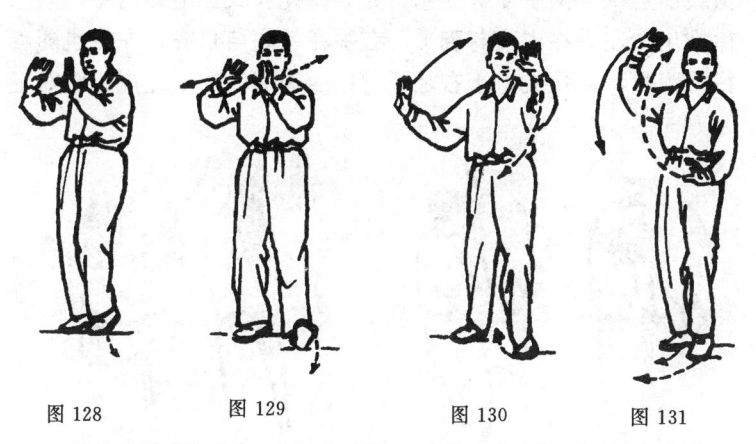

图 128　　　图 129　　　图 130　　　图 131

动作四与第三十二式"下势"动作四相同，惟方向角度不同。（图131）

第五十五式　野马分鬃（图132—135）

动作一：左足向西南斜方向上步；同时左手由腹前向右上划弧，举至额前，与顶相齐，手心朝外；右手弧形下落向左抄起至腹前，手指朝上；在两手划弧的同时，右足往前跟步，以足尖点于左足跟旁，两腿变为左实右虚；面对西南斜方。（图132）

动作二：右足向西北斜方向上步，身体右转；同时右手由腹前向左上划弧，举至额前，与顶相齐，手心朝外；左手弧形下落向右抄起至腹前，手指朝上；在两手划弧的同时，左足往前跟步，以足尖点于右足跟旁，两腿变为右实左虚，面对西北斜方。（图133）

动作三：与本式动作一说明相同，惟在左足上步后，身体微向左转。（图134）

动作四：右足向正西方向上步；同时左手弧形下落，右手由腹前上举，两手变为立掌，如右懒扎衣式。随即两手向前徐徐推出，左手在内高与胸平，右手在外高与目齐，左足也随着往前跟步，以足尖点于右足跟后，两腿变为右实左虚；面对正西方向。（图135）

图132　　　　图133　　　　图134　　　　图135

第五十六式　单鞭（图136—139）

动作一：左足尖向左后移点地，以右足跟为轴，身体与右足尖向左转135度，面对东南斜方，仍为右腿实、左腿虚；同时左手向下、向左、向上划圈，与右手合于胸前，两手仍为立掌，高与口平。（图136）

动作二、三与第四式"单鞭"动作二、三相同。（图137—138）

动作四：左足尖里扣约90度，坐实左腿，身体随着右转；右足跟着地，足尖翘起随体转向，右腿微屈，仍为左腿实、右腿虚；同时左手上举，高与头齐，手心朝上，右手立掌下落于胸前；面对正西方向。（图139）

图 136　　　　　图 137　　　　　　图 138

图 139　　　　　　图 140

第五十七式　玉女穿梭（图 140—143）

动作一：右腿前弓，体重移于右腿，左足随即向西南斜方上步，右足即往前跟步，以足尖点于左足跟旁，变为左腿实、右腿虚；同时左手下落向前向上划圈，经脸前撩起置于额前上方，手指朝右；右手稍上举，随身体前移、右足跟步时向前徐徐推出（上身不可前俯后仰）；面对西南斜方。（图 140）

627

动作二：右足提起，经左足后移至左足跟左侧，以足尖点地，以左足跟为轴，身体与左足尖同时向右后转，随即右足向东南斜方上步踏实，左足往前跟步，以足尖点于右足跟旁，变为右腿实、左腿虚；在转身上步的同时，左手向下、右手向上划弧，右手经脸前撩起，置于额前上方，手指朝左，左手落至胸前，随身体前移、左足跟步时向前徐徐推出（上身不可前俯后仰）；面对东南斜方。（图141）

动作三：左足向东北斜方上步踏实，右足往前跟步，以足尖点于左足跟旁，两腿变为左实右虚；同时左手向上划弧，经脸前撩起，置于额前上方，手指朝右，右手下落至胸前，随身体前移、右足跟步时向前徐徐推出（上身不可前俯后仰）；面对东北斜方。（图142）

动作四与本式动作二相同，惟方向角度不同，本式右足是向西北斜方上步。（图143）

图141　　图142　　图143　　图144

第五十八式　手挥琵琶势（图144—145）

第五十九式　右懒扎衣（图146—147）

两式合并为一个节序,动作一、二为"手挥琵琶势",动作三、四为"右懒扎衣"。

动作一、二与第十四式"手挥琵琶势"动作一、二相同。(图144—145)

动作三、四与第十五式"右懒扎衣"动作三、四相同。(图146—147)

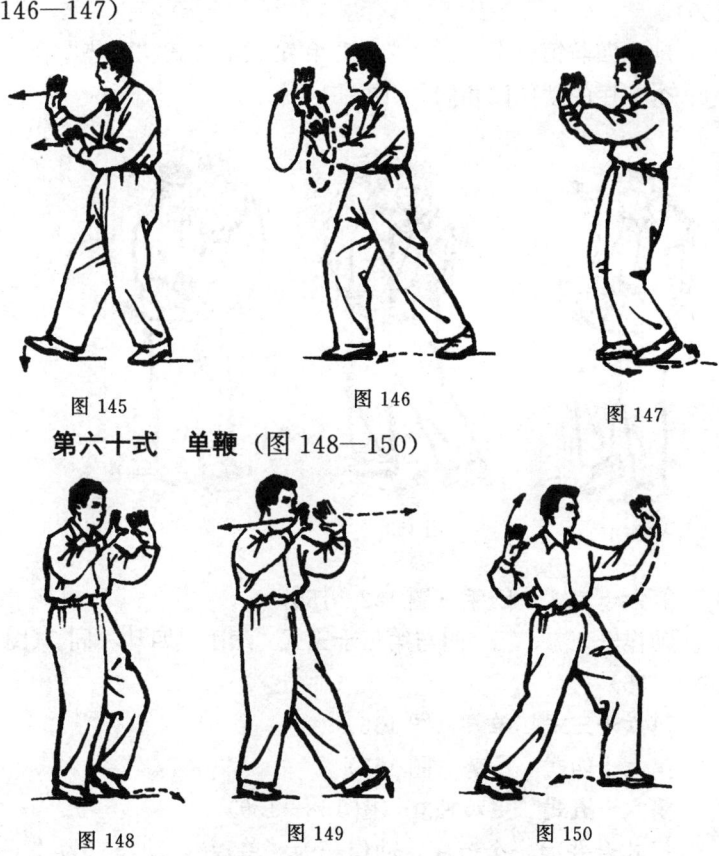

图145　　　　　图146　　　　　图147

第六十式　单鞭(图148—150)

图148　　　　　图149　　　　　图150

第六十一式 下势（图151）

两式合并为一个节序，动作一、二、三为"单鞭"，动作四为"下势"。

动作一与第十六式"单鞭"动作一相同。（图148）

动作二、三与第四式"单鞭"动作二、三相同。（图149—150）

动作四与第三十一式"单鞭"和第三十二式"下势"合并为一个节序的动作四相同。（图151）

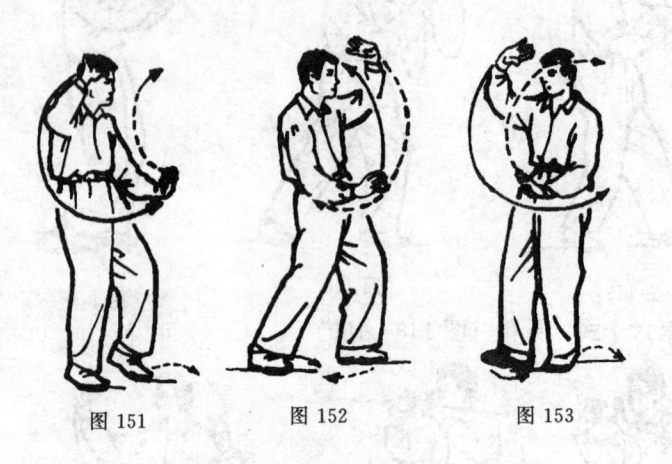

图151　　图152　　图153

第六十二式 纭手（图152—155）

动作一、二、三、四与第三十三式"纭手"四动相同。（图152—155）

第六十三式 单鞭（图156）

第六十四式 下势（图157）

第六十五式 更鸡独立（图158—159）

三式合并为一个节序，动作一为"单鞭"，动作二为"下势"，动作三、四为"更鸡独立"。

图 154　　　　　　图 155　　　　　　　图 156

图 157　　　　　　图 158　　　　　　　图 159

动作一与第三十四式"单鞭"动作一相同。（图156）

动作二与第三十一式"单鞭"和第三十二式"下势"合并为一个节序的动作四相同。（图157）

动作三：左足前迈，足尖正对正东方向踏实；体重渐渐全部移于左腿，身体随着向左微转；右腿随着向前提起，屈膝、股平，小腿下垂，足尖朝下，左腿成独立步，在提腿的同时，右

631

手向右下落经右胯旁握拳上举,高与顶齐,拳心朝里,前臂竖直,在右股之上;左手同时向上微举,随即向左胯旁下按,与右股相平,手指朝前,左臂微屈;面对正东方向。(图 158)

动作四:右足掌平落于左足旁踏实,左腿随即提起,屈膝、股平,小腿下垂,足尖朝下,右腿成独立步;同时右拳变掌向右胯旁下按,与左股相平,手指朝前,右臂微屈;左手同时在左胯旁握拳上举,高与顶齐,拳心朝里,前臂竖直,于左股之上。(图 159)

第六十六式　左倒撵猴(图 160—163)

动作一:左足下落,以足尖点于右足跟后;两手变为立掌向左右分开,高与肩齐;以右足跟为轴,身体与右足尖向左转 90 度,坐实右腿;随转体两手相对,合于胸前,有捧球之意,高与口平。(图 160)

要求松肩、沉肘,手与胸臂之间有圆活之趣,两腿须左虚右实。

动作二、三、四与第十九式"左倒撵猴"动作二、三、四相同。(图 161—163)

图 160　　图 161　　图 162　　图 163

第六十七式 右倒撵猴（图164—167）

动作一、二、三、四与第二十式"右倒撵猴"四动相同。（图164—167）

图164　　图165　　图166　　图167

第六十八式 左倒撵猴（图168—171）

动作一、二、三、四与第二十一式"左倒撵猴"四动相同。（图168—171）

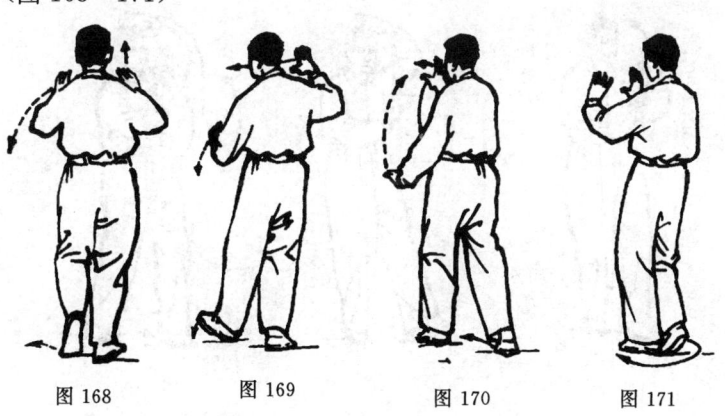

图168　　图169　　图170　　图171

第六十九式 右倒撵猴（图172—175）

动作一、二、三、四与第二十式"右倒撵猴"四动相同。（图172—175）

图172　　图173　　图174　　图175

第七十式 手挥琵琶势（图176）

第七十一式 白鹅亮翅（图177—179）

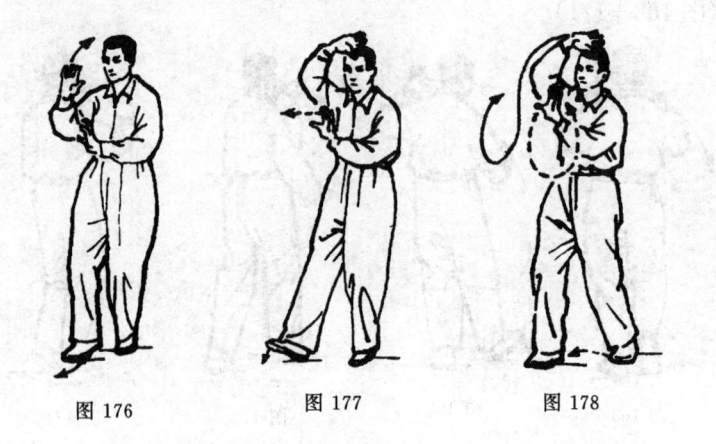

图176　　图177　　图178

两式合并为一个节序,与第二十三式"手挥琵琶势"和第二十四式"白鹅亮翅"所合并的一个节序的四个动作说明相同。(图176—179)

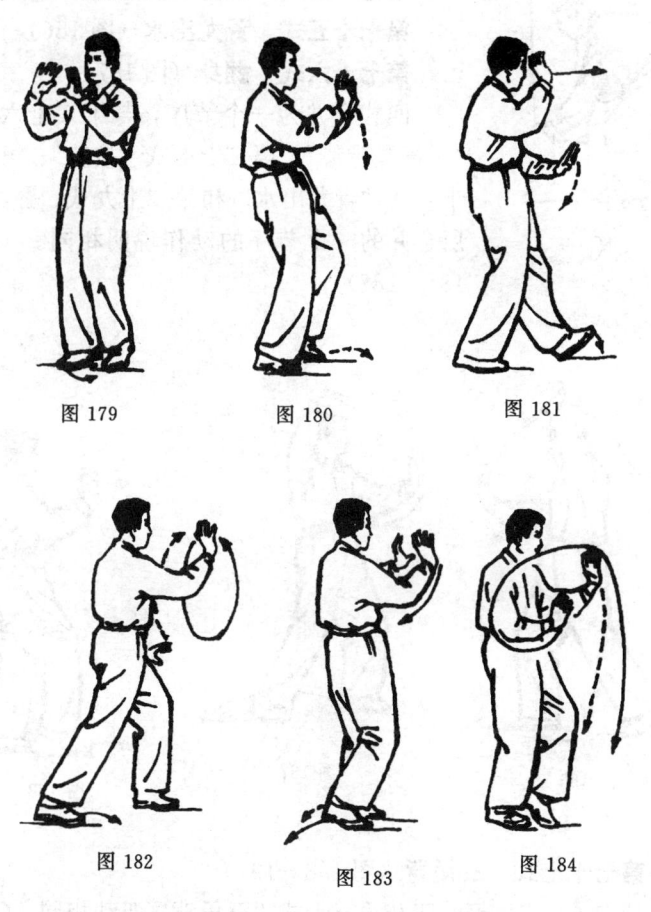

图179　　　　　图180　　　　　图181

图182　　　　　图183　　　　　图184

第七十二式　搂膝拗步（图180—183）

动作一、二、三、四与第七式"搂膝拗步"四动相同。（图

180—183）

第七十三式 手挥琵琶势（图184）
第七十四式 按势（图185）
第七十五式 青龙出水（图186）
第七十六式 翻身（图187）

四式合并为一个节序，与第二十六式"手挥琵琶势"、第二十七式"按势"、第二十八式"青龙出水"和第二十九式"翻身"所合并的一个节序的动作说明相同。（图184—187）

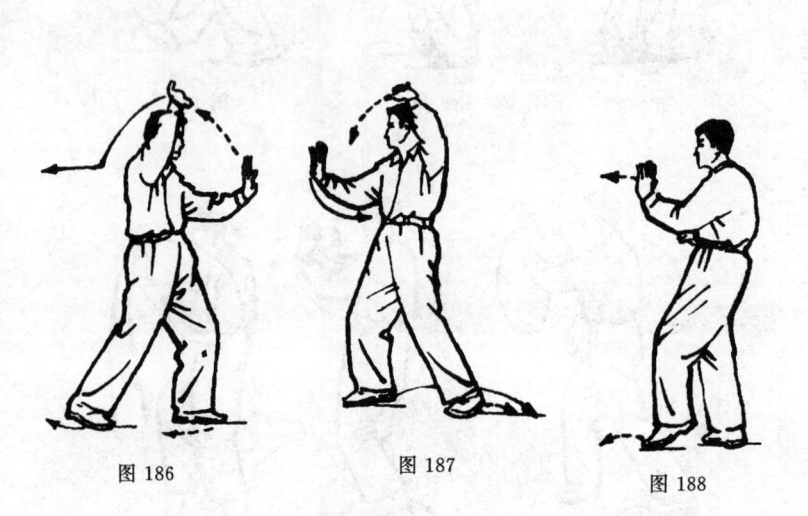

图185

图186　图187　图188

第七十七式 三甬背（图188—191）

动作一、二、三、四与第三十式"三甬背"四动相同。（图188—191）

第七十八式 单鞭（图192—194）

图 189　　　　　　图 190　　　　　　图 191

图 192　　　　　　图 193　　　　　　图 194

第七十九式　下势（图 195）

两式合并为一个节序，与第三十一式"单鞭"、第三十二式"下势"所合并的一个节序的动作说明相同。（图 192—195）

第八十式　纭手（图 196—199）

动作一、二、三、四与第三十三式"纭手"四动相同。（图 196—199）

图 195　　　　　图 196　　　　　图 197

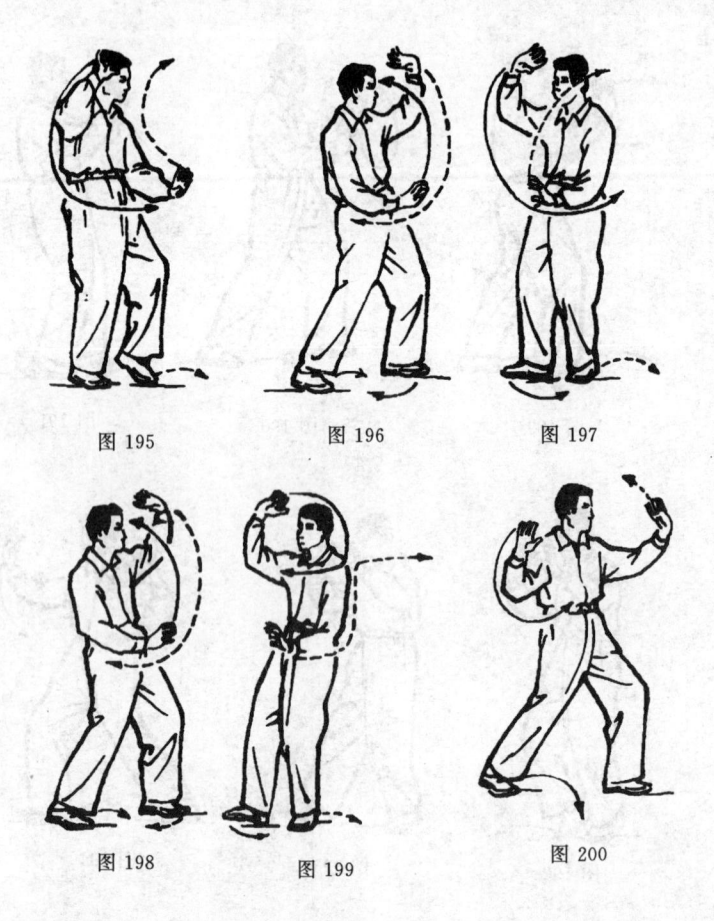

图 198　　　　　图 199　　　　　图 200

第八十一式　单鞭（图 200）
第八十二式　提手上势（图 201—202）
第八十三式　高探马（图 203）

三式合并为一个节序，与第三十四式"单鞭"、第三十五式"提手上势"和第三十六式"高探马"所合并的一个节序的动作说明相同。（图 200—203）

图 201　　　　　图 202　　　　　图 203

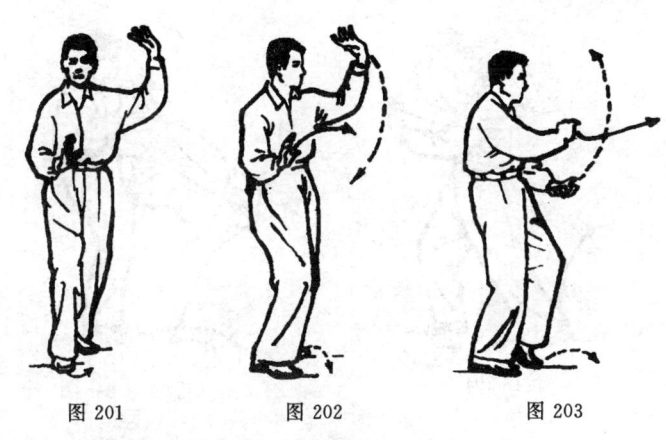

第八十四式　对心掌（图 204）
第八十五式　转身十字摆莲（图 205）
第八十六式　上步指裆捶（图 206）
第八十七式　右懒扎衣（图 207）

四式合并为一个节序，动作一为"对心掌"，动作二为"转身十字摆莲"，动作三为"上步指裆捶"，动作四为"右懒扎衣"。

动作一：左足向正东方向迈出，先以脚跟着地，右足跟蹬，左腿前弓，左足掌落平，右腿微屈，两腿变为左实右虚；左手经右手前（手心翻朝下）向上经脸前撩起（随撩手心随翻朝上），置于额前上方，手指朝右；右肘下垂，右手变为立掌随左腿前弓向前徐徐推出（上身不可前俯后仰），右手高与胸齐；面对正东方向。（图 204）

动作二：以左足跟为轴，身体向右后转，左足尖右转 135 度踏实，体重全部移于左腿；右足尖上翘，右腿提起，同时自左而上向前划弧，足掌朝前，高与膝齐，两腿微屈；随着转身的

图 204　　　　　　图 205

同时，左手自前下落于右手外，在胸前与右手交叉，成十字手形，在右腿提起划弧时，两手立掌向左右分开，手指朝上，高与肩平；面对正西方向。(图 205)

动作三：右足掌平落于左足旁踏实，左足向前上步，足尖对左前斜方，左腿前弓，右足随即往前跟步，以足尖点于左足旁，两腿仍变为左实右虚；随左足上步的同时，左手经胸前向下搂过左膝，置于左腿旁，手指朝前，右手同时落至右胯旁握拳，拳心朝下，即在右足跟步时，向前下方徐徐击出，右拳高与裆齐，两臂微屈；身体同时微向前俯；面对正西方向。(图 206)

动作四：右足向前上步；同时右拳松开，两手随上体竖直变为立掌，举至胸前，右手高、左手低，向前徐徐推出（上身不可前俯后仰），手心稍朝前，右手齐目，左手与胸平；左足随两手前推时往前跟步，以足尖点于右足跟后，两腿变为右实左虚；面仍对正西方向。(图 207)

第八十八式　单鞭(图 208—210)

图 206　　　　　图 207　　　　　图 208

图 209　　　　　图 210　　　　　图 211

第八十九式　下势（图 211）

两式合并为一个节序，动作一、二、三为"单鞭，动作四为"下势"。

动作一与第五十六式"单鞭"动作一相同。（图 208）

动作二、三、四与第三十一式"单鞭"和第三十二式"下势"所合并的一个节序的动作二、三、四相同。（图 209—211）

第九十式　上步七星（图 212）

第九十一式　退步跨虎（图213）
第九十二式　转脚摆莲（图214）
第九十三式　弯弓射虎（图215）
第九十四式　双抱捶（图216）

五式合并为一个节序，动作一为"上步七星"，动作二为"退步跨虎"，动作三为"转脚摆莲"和"弯弓射虎"，动作四为"双抱捶"。

动作一：左足前迈，足尖正对前方，坐实左腿；身体向右微转；右足往前跟步，以足尖点于左足跟旁，两腿变为左实右虚；同时右手向右而下经胯旁向前抄起，与左手一同举至胸前，两手交叉，高与口齐，手指朝上，右手在外，手背相对，面朝正东方向。（图212）

图212

动作二：右足后退踏实，足尖对右前斜方，左足带回，以足尖点于右足前，两腿变为右实左虚；同时两手随动，右手向右上、左手向左下分开，右手立掌置于头右前方，高与顶齐，左手手心朝下，手指朝前置于左胯前，两臂弯屈；面对正东方向。（图213）

图213

动作三：（转脚摆莲）左足提起（高与膝齐，足尖朝下）向右摆出，乘势以右足掌为轴，身体向右后转，左足向东北斜角落地踏实，右足随即提起，经左腿前向上向右横摆；两手在转身时仍如原状，当右足提起时左手向右上角举起与右手相齐，随即两手（先左后右）从右上而下迎拍向右摆出的右足面（图214为转脚摆莲将要拍脚的姿势）。（弯弓射虎）接着右足向东南斜方落下，先以足跟着地，随

642

即左足跟蹬，右腿前弓，右足落平踏实，两腿变为右实左虚；同时两手向上而前向下划弧经右膝收回，经小腹前向上至胸前握拳，体重后移，随着右腿再度前弓时左拳向左上斜方、右拳向右下斜方同时分开，成为拉弓式形，左拳拳心朝前，高与口平，右拳拳心朝下置于右胯前；面对东北斜方。（图215）

动作四：左腿提起，前迈一大步，先以足跟落地，随即弓腿变实，右足往前跟步，以足尖点于左足跟后，两腿变为右虚左实；两拳在左足上步时分别落至左右胯旁，在右足跟步的同时，两拳向上微提，随即向前下方徐徐击出，拳眼相对，高与腹齐，两臂微屈，面对正东方向。（图216）

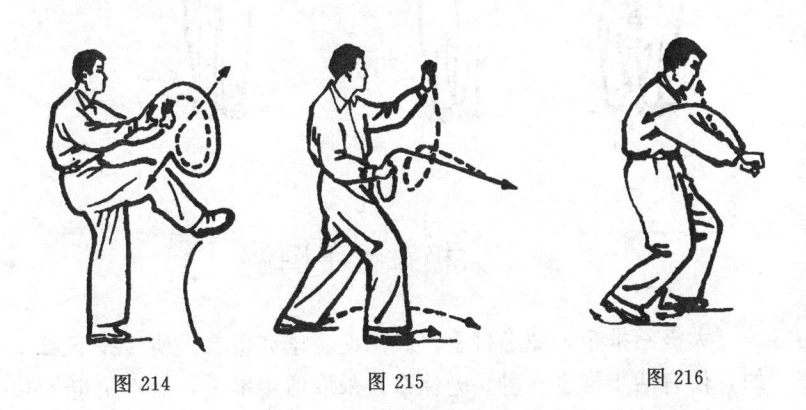

图214　　　　　图215　　　　　图216

第九十五式　手挥琵琶势（图217）

动作：右足提起，移至左足后，足尖正对南方踏实，左足收回，以左足尖点于右足前，两腿变为右实左虚；同时身体右转，两拳提起变为立掌，在胸前各绕一小圈，成手挥琵琶势，左手高与口平，右手落至腹前；面对南稍偏于东的斜方。（图217）

第九十六式　收式（图218—219）

动作：左足向右并步，身体转正，两手分向左右下按，置于胯旁（图218）。接着两手自然下垂，身体正立，仍复预备式姿势。（图219）

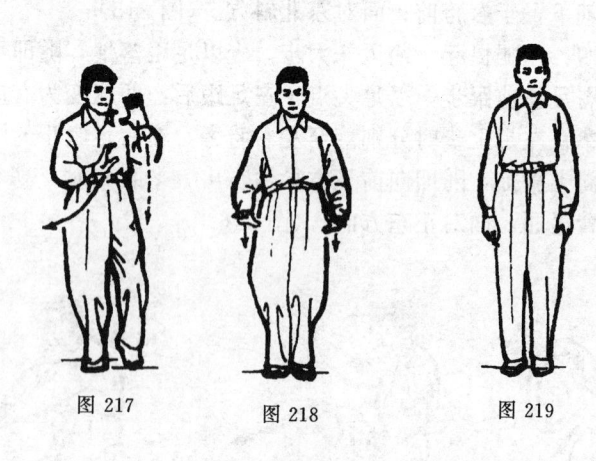

图 217　　　图 218　　　图 219

武式太极拳推手图解

太极拳推手，原名打手。武禹襄、李亦畬二人所传授下来的，仅有活步推手一种。为什么只采取活步推手，而不用定步呢？原因是活步推手可以灵活运用，没有呆滞之弊，既可锻炼步法和身法，同时又可练习"沾、连、粘、随"；且在运动之时，经常得以保持中正稳定的姿势，动中仍可发劲。练熟之后，可以达到古人所说："行、止、坐、卧"都是练拳的境界。

武式推手的步法是进步三步半，退步三步半：第一步，第二步前进时，进步的一足都是踏在对方前足的外侧，第三步前进时，一足踏在对方裆步中间，第四步则后足移至前足边，足尖虚点地，称为半步。无论踏在对方外侧或裆步中间，都应该稍为贴近对方前足。在一条直线上我进彼退，彼进我退，上边运用"掤、捋、挤、按"四手，和其它各式推手相同，故不再绘图说明，仅将其中几个发劲的姿势，列在后面作参考。（图220—225）

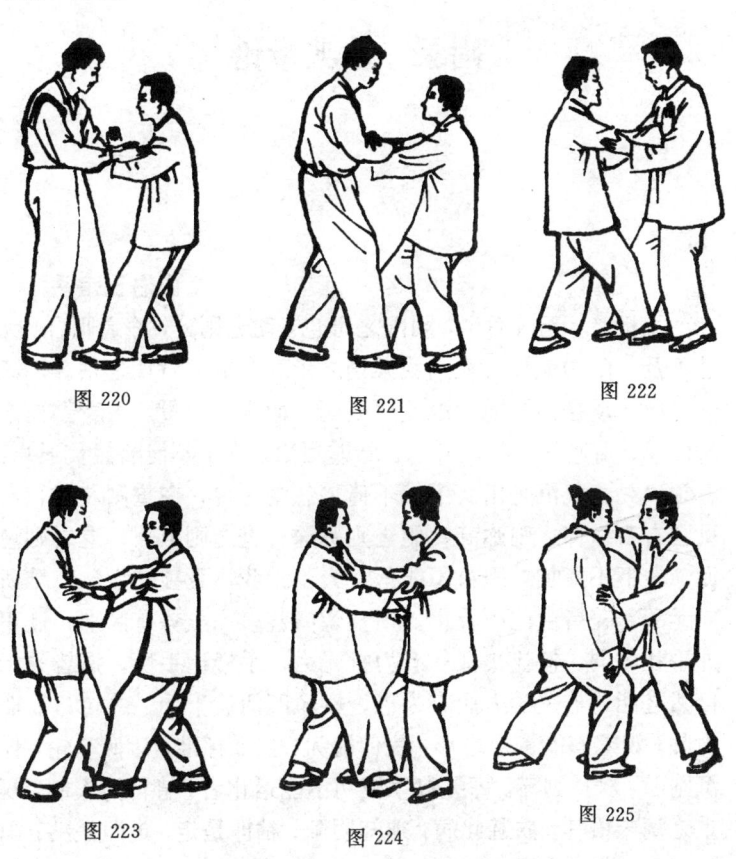

图220

图221

图222

图223

图224

图225

附录　古典拳论

太　极　拳　论

山右王宗岳

　　太极者，无极而生，阴阳之母也。动之则分，静之则合。无过不及，随曲就伸。人刚我柔谓之走，我顺人背谓之粘。动急则急应，动缓则缓随。虽变化万端，而理惟一贯。由着熟而渐悟懂劲，由懂劲而阶及神明。然非用力之久，不能豁然贯通焉。虚领顶劲，气沉丹田。不偏不倚，忽隐忽现；左重则左虚，右重则右杳。仰之则弥高，俯之则弥深；进之则愈长，退之则愈促。一羽不能加，蝇虫不能落。人不知我，我独知人。英雄所向无敌，盖皆由此而及也。斯技旁门甚多，虽势有区别，概不外乎壮欺弱、慢让快耳；有力打无力，手慢让手快，是皆先天自然之能，非关学力而有为也，察"四两拨千斤"之句，显非力胜；观耄耋能御众之形，快何能为？立如枰准，活似车轮；偏沉则随，双重则滞。每见数年纯功不能运化者，皆自为人制，双重之病未悟耳。欲避此病，须知阴阳；粘即是走，走即是粘；阳不离阴，阴不离阳，阴阳相济，方为懂劲。懂劲后，愈练愈精，默识揣摩，渐至从心所欲。本是舍己从人，多误舍近求远。所谓差之毫厘，谬之千里，学者不可不详辨焉。是为论。

十三势（一名长拳，一名十三势）

山右王宗岳

长拳者：如长江大海，滔滔不绝也。

十三势者：掤捋挤按采挒肘靠进退顾盼定也。掤捋挤按，即坎离震兑四正方也。采挒肘靠，即乾坤艮巽四斜角也。此八卦也。进步、退步、左顾、右盼、中定，即金木水火土也。此五行也。合而言之，曰十三势。

十三势行功歌诀 （作者待考）

十三总势莫轻视，命意源头在腰隙。
变转虚实须留意，气遍身躯不少滞。
静中触动动犹静，因敌变化是神奇。
势势存心揆用意，得来不觉费工夫。
刻刻留心在腰间，腹内松静气腾然。
尾闾中正神贯顶，满身轻利顶头悬。
仔细留心向推求，屈伸开合听自由。
入门引路须口授，功夫无息法自修。
若言体用何为准，意气君来骨肉臣。
想推用意终何在，益寿延年不老春。
歌兮歌兮百四十，字字真切义无遗。
若不向此推求去，枉费功夫贻叹惜！

打手歌　　王宗岳修订

掤搌挤按须认真，上下相随人难进。
任他巨力来打我，牵动四两拨千斤。
引进落空合即出，沾连粘随不丢顶。

身　法　　武禹襄

含胸，拔背，裹裆，护肫，提顶，吊裆，腾挪，闪战。

打手要言　　武禹襄

解曰：以心行气，务沉着，乃能收敛入骨，所谓"命意源头在腰隙"也。意气须换得灵，乃有圆活之趣，所谓"变转虚实须留意"也。立身中正安舒，支撑八面；行气如九曲珠，无微不到，所谓"气遍身躯不稍痴"也。

发劲须沉着松静，专注一方，所谓"静中触动动犹静"也。往复须有折迭，进退须有转换，所谓"因敌变化是神奇"也。曲中求直，蓄而后发，所谓"势势存心揆用意，刻刻留心在腰间"也。精神提得起，则无迟重之虞，所谓"腹内松静气腾然"也。虚领顶劲，气沉丹田，不偏不倚，所谓"尾闾正中神贯顶，满身轻利顶头悬"也。以气运身，务顺遂，乃能便利从心，所谓"屈伸开合听自由"也。心为令，气为旗，神为主帅，身为驱使，所谓"意气君来骨肉臣"也。

解曰：身虽动，心贵静，气须敛，神宜舒。心为令，气为旗，神为主帅，身为驱使，刻刻留意，方有所得。先在心，后在身。在身则不知手之舞之，足之蹈之。所谓一气呵成，舍己从人，引进落空，四两拨千斤也。须知一动无有不动，一静无有不静，视动犹静，视静犹动，内固精神，外示安逸。须要从人，不要由己；从人则活，由己则滞。尚气者无力，养气者纯刚。彼不动，己不动；彼微动，己先动。以己依人，务要知己，乃能随转随接；以己粘人，必须知人，乃能不后不先。精神能提得起，则无双重之虞；粘依能跟得灵，方见落空之妙。往复须分阴阳，进退须有转合。机由己发，力从人借。发劲须上下相随，乃一往无敌，立身须中正不偏，能八面支撑。静如山岳，动若江河。迈步如临渊，运劲如抽丝，蓄劲如张弓，发劲如放箭。行气如九曲珠，无微不到；运劲如百炼钢，何坚不摧。形如搏兔之鹘，神如捕鼠之猫。曲中求直，蓄而后发。收即是放，连而不断。极柔软，然后能极坚刚；能粘依，然后能灵活。气以直养而无害，劲以曲蓄而有余。渐至物来顺应，是亦知止能得矣。

又曰：

先在心，后在身，腹松，气敛入骨，神舒体静，刻刻存心。切记一动无有不动，一静无有不静。视静犹动，视动犹静。动牵往来气贴背，敛入脊骨，要静。内固精神，外示安逸。迈步如猫行，运劲如抽丝。全身意在蓄神，不在气，在气则滞。有气者无力，无气者纯刚。气如车轮，腰如车轴。

又曰：

彼不动，己不动；彼微动，已先动。似松非松，将展未展。劲断意不断。

又曰：

每一动，惟手先着力，随即松开。犹须贯串，不外起承转合。始而意动，既而劲动，转接要一线串成。气宜鼓荡，神宜内敛。无使有缺陷处,无使有凹凸处,无使有断续处。其根在脚,发于腿,主宰于腰,形于手指。由脚而腿而腰,总须完整一气。向前退后,乃得机得势,有不得机势处,身便散乱,必至偏倚,其病必于腰腿求之,上下前左右后皆然。凡此皆是意,不是外面,有上即有下,有前即有后,有左即有右,如意要向上,即寓下意,若物将掀起,而加以挫之之力,斯其根自断,乃坏之速而无疑。虚实宜分清楚,一处自有一处虚实,处处总此一虚实;周身节节贯串,勿令丝毫间断。

打手撒放

掤上平 业入声 噫上声 咳入声 呼上声 吭 呵 哈

五字诀　　　李亦畬

一曰心静

心不静则不专,一举手前后左右全无定向,故要心静。起初举动未能由己,要息心体认,随人所动,随曲就伸,不丢不顶。勿自伸缩。彼有力我亦有力,我力在先;彼无力我亦无力,我意仍在先。要刻刻留心,挨何处心要用在何处,须向不丢不顶中讨消息。从此做去,日积月累便能施之于身。此全是用意,不是用劲,久之则人为我制,我不为人制矣。

二曰身灵

身滞则进退不能自如,故要身灵。举手不可有呆像,彼之力方觉侵我皮毛,我之意已入彼骨里。两手支撑,一气贯穿。左重则左虚,而右已去;右重则右虚,而左已去。气如车轮,周身俱要相随。有不相随处,身便散乱,便不得力,其病于腰腿求之。先以心使身，从人不从己；后身能从心，由己仍是从人。由己则滞，从人则活。能从人，手上便有分寸。量彼劲之大小，分厘不错；权彼来之长短，毫发无差。前进后退，处处恰合。工弥久而技弥精。

三曰气敛

气势散漫，便无含蓄，身易散乱，务使气敛入脊骨。呼吸通灵，周身罔间。吸为合为蓄，呼为开为发。盖吸则自然提得起，亦拿得人起；呼则自然沉得下，亦放得人出。此是以意运气，非以力使气也。

四曰劲整

一身之劲，练成一家。分清虚实，发劲要有根源。劲起于脚根，主于腰间，形于手指，发于脊背。又要提起全副精神。于彼劲将出未发之际，我劲已接入彼劲，恰好不后不先。如皮燃火，如泉涌出。前进后退，无丝毫散乱。曲中求直，蓄而后发，方能随手奏效。此谓"借力打人，四两拨千斤"也。

五曰神聚

上四者俱备，总归神聚，神聚则一气鼓铸，练气归神，气势腾挪。精神贯注，开合有致，虚实清楚。左虚则右实，右虚则左实。虚非全然无力，气势要有腾挪。实非全然占煞，精神要贵贯注。紧要全在胸中腰间运化，不在外面。力从人借，气由脊发。胡能气由脊发？气向下沉，由两肩收于脊骨，注于腰间，此气之由上而下也，谓之合。由腰形于脊骨，布于两膊，施于手指，此气之由下而上也，谓之开。合便是收，开即是放。能懂得开合，便知阴阳。到此地位，工用一日，技精一日，渐至从心所欲，罔不如意矣。

撒放秘诀　　李亦畬

擎引松放

擎起彼身借彼力。中有灵字
引到身前劲始蓄。中有敛字
松开我劲勿使屈。中有静字
放时腰脚认端的。中有整字

走架打手行功要言　　李亦畬

昔人云"能引进落空，能四两拨千斤；不能引进落空，不能四两拨千斤"。语甚概括，初学未由领悟，余加数语以解之，俾有志斯技者，得所从入，庶日进有功矣。欲要引进落空，四两拨千斤，先要知己知彼。欲要知己知彼，先要舍己从人。欲要舍己从人，先要得机得势。欲要得机得势，先要周身一家。欲要周身一家，先要周身无有缺陷。欲要周身无有缺陷，先要神气鼓荡。欲要神气鼓荡，先要提起精神，欲要提起精神，先要神不外散。欲要神不外散，先要神气收敛入骨。欲要神气收敛入骨，先要两腿前节有力。两肩松开，气向下沉，劲起于脚根，变换在腿，含蓄在胸，运动在两肩，主宰在腰。上于两膊相系，下于两腿相随。劲由内换。收便是合，放即是开。静则俱静，静是合，合中寓开；动则俱动，动是开，开中寓合。触之则旋转自如，无不得力，才能引进落空，四两拨千斤。平日走架是知己功夫。一动势先问自己周身合上数项否？少有不合，即速改换。走架所以要慢不要快。打手是知人功夫，动静固是知人，仍是问己。自己安排得好，人一挨我，我不动彼丝毫，趁势而入，接定彼劲，彼自跌出。如自己有不得力处，便是双重未化，要于阴阳开合中求之。所谓"知己知彼，百战百胜"也。

注："以上古典拳论，根据李亦畲于1881年抄赠郝为真的定本《太极拳谱》择要录出，文字未经后人更改。

四 字 秘 诀 （作者待考）

敷：敷者，运气于己身，敷布彼劲之上，使不得动也。
盖：盖者，以气盖彼来处也。
对：对者，以气对彼来处，认定准头而去也。
吞：吞者，以气全吞而入于化也。

此四字无形无声，非懂劲后，练到极精境地者不能知，全是以气言。能直养其气而无害，始能施于四体，四体不言而喻矣。

考释：李亦畲孙李福荫于1935年编有《廉让堂本太极拳谱》，以《四字秘诀》为武禹襄作品，乃据武禹襄孙武莱绪所撰《先王父廉泉府君行略》。莱绪谓其祖"复本心得，阐出四字诀"，福荫遂以《四字秘诀》为禹襄所作。考此诀拳理高妙，境界在亦畲《撒放秘诀》之上。李亦畲于1881年写给郝和的《太极拳谱》，备载禹襄拳论，禹襄卒于1880年，武、李谊属师生，同居一乡，此诀若为禹襄所作，决无不收之理；故此诀当非禹襄作品，或系武、李子弟所作。亦畲卒于1892年，亦有写作此诀之可能。特为抉出，以待续考。

顾留馨附注

孙式太极拳

(修订本)

前　言

在党的"百花齐放，百家争鸣"方针指引下，编者据先父孙禄堂先生遗著《太极拳学》，并按先父晚年的练法，整理了《孙式太极拳》，于1957年出版。为了适应广大群众锻炼的需要，编者对1957年版本作了修订。修改和补充了动作说明，重新拍摄了动作照片，增加了一些主要动作的用法，基本保留了原有的结构。编者虽自幼即承先父亲授，惟愧功夫未臻深纯，然为便于爱好孙式太极拳者习练而勉力为之。

限于水平，书中不当之处在所难免，切望读者指正。

编　著

孙式太极拳简介

孙式太极拳创始人孙福全，字禄堂，晚号涵斋，河北完县人。自幼酷爱武术，从师李魁垣学形意拳，继而学于李之师郭云深，得郭先生真传，又从师程廷华学八卦掌。经数年研摩，功夫深厚。后又从师郝为真学太极拳。孙禄堂毕生研究武术，精形意、八卦及太极拳术，并聚三家拳术之精义，融会一体而创孙式太极拳。

孙式太极拳的特点是：进退相随，迈步必跟，退步必撤。动作舒展圆活，敏捷自然。练时双足虚实分明。全趟练起如行云流水，绵绵不断。每转身时以"开"、"合"相接，故又称开合活步太极拳。适宜任何年龄、各种体质的人习练。

太极拳总说

太极拳是我国特有的武术项目之一，是一种"内外兼修"的运动（内主静心养性，外主锻炼体魄）；是以柔曲为体，以刚直为用。非柔曲不能化，非刚直不能用。体用则为以柔克刚，牵动四两拨千斤的技击方法。练此拳时应气沉丹田，不偏不倚，内外相合，千万不可用拙力。应以意行力，意到力到。

关于太极拳的练法，先父常说：郝为真先生谈练太极拳有三层意境，初练时，如身在水中，两足踏地，动作如有水之阻力。第二层则如身在水中，两足浮起，如泅者浮游水中，能自如运动。第三层则身体轻灵，两足如在水面上行走，临渊履冰，神气内敛，不敢有丝毫散乱，此则拳成矣。

太极拳的姿势、动作，都有一定的要领，并各有其意义。兹摘要介绍如下：

头：头要上顶，但不可用力。下颏自然收敛，头项正直，精神贯注。全身松开，顶、蹬、伸、缩皆用意，而不用拙力，心自虚灵。即所谓虚灵顶劲。

口：口要虚合，舌顶上腭，用鼻呼吸。

胸：胸要含蓄，不可挺出。胸含则气沉丹田。胸挺则气涌胸际，上重下轻，脚跟漂浮，为拳家所忌。胸含则气贴于背，力由脊发是为真力。以上即所谓含胸拔背。

肩：两肩务要松开，下垂。切忌耸肩，否则气涌于上。

肘：两肘要向下松垂，两臂自然弯曲。即所谓曲中求直，蓄而后发之意。

手：五指张开，塌腕，虎口略圆，手心略内含，如抓抱一圆球之状。

腰：腰必须塌住。因腰是全身动作之枢，力量之源。人之旋转、进退、虚实变化全靠腰劲贯串。

腿：两腿弯曲，务必分清虚实，即身体重心要放在一腿上。如身体重心移于右腿，则右腿为实，左腿为虚。反之，左腿为实，右腿为虚。分清虚实为太极拳之要义，运动起来转动轻灵。否则迈步重滞，易为人所牵动。

呼吸：所谓气沉丹田（脐下三寸处），就是指深长之腹式呼吸。但切勿用力往下压气，一定要使呼吸纯任自然。

意与力：太极拳的特点之一是用意不用力。因太极拳要求用活力，全身要松开，不使分毫拙力留滞于筋骨血脉之间。要求极柔软而极坚刚，极沉重而极灵活。意到力到，运用自如。倘用拙力则迟滞不灵。力浮于外就不符合太极拳的要求了。何谓用意不用力，何以活力自生？盖因意之所至气即至，如是气血流注，日日贯输，周流全身经络，无时停滞。久练则真正内劲即可产生。

动与静：气功的静坐是静中求动，拳术是动中求静。练拳时心要静，精神集中，动作才能圆活。

以上分别论述了运动要领。但学者务必注意太极拳是一项全身性的运动，所练在神。精神为主帅，身体为驱使；精神能提得起，举动自能轻灵。心意与形体动作协调一致，方能内外相合为一。练时须注意上下相随，身体各部完整一致。如有一处动作不整，就会使神气散乱。再者，练拳时要以意行力，相连不断，"如长江大河，滔滔不绝"。"运劲如抽丝"即此意也。

为便于读者记忆,现把这些要点编成口诀如下:
太极拳本内家拳,不用拙力意当先。
虚灵顶劲神贯注,下颏收回即自然。
含胸自然能拔背,切莫形成"罗锅肩"。
练时沉肩又坠肘,肩耸肘悬不是拳。
塌腰能起全身力,腰不塌住灵活难。
两腿弯曲分虚实,太极要义在里边。
呼吸下沉丹田穴,纯任自然莫强牵。
上下相随成一体,动作绵绵永相连。
动中求静静中动,练时神气务周全。
切记要点莫遗忘,持久习练益自显。

上 编

一、动作名称

第一式	起式	第二十二式	肘下看捶
第二式	懒扎衣	第二十三式	倒撵猴（左式）
第三式	开手	第二十四式	倒撵猴（右式）
第四式	合手	第二十五式	手挥琵琶（右式）
第五式	单鞭	第二十六式	白鹤亮翅
第六式	提手上式	第二十七式	开手
第七式	白鹤亮翅	第二十八式	合手
第八式	开手	第二十九式	搂膝拗步（左式）
第九式	合手	第三十式	手挥琵琶（左式）
第十式	搂膝拗步（左式）	第三十一式	三通背
第十一式	手挥琵琶（左式）	第三十二式	懒扎衣
第十二式	进步搬拦捶	第三十三式	开手
第十三式	如封似闭	第三十四式	合手
第十四式	抱虎推山	第三十五式	单鞭
第十五式	开手（右转）	第三十六式	云手
第十六式	合手	第三十七式	高探马
第十七式	搂膝拗步（右转）	第三十八式	右起脚
第十八式	懒扎衣	第三十九式	左起脚
第十九式	开手	第四十式	转身蹬脚
第二十式	合手	第四十一式	践步打捶
第二十一式	单鞭	第四十二式	翻身右起脚

第四十三式	披身伏虎	第七十一式	手挥琵琶（右式）
第四十四式	左起脚	第七十二式	白鹤亮翅
第四十五式	转身右蹬脚	第七十三式	开手
第四十六式	上步搬拦捶	第七十四式	合手
第四十七式	如封似闭	第七十五式	搂膝拗步（左式）
第四十八式	抱虎推山	第七十六式	手挥琵琶
第四十九式	开手（右转）	第七十七式	三通背
第五十式	合手	第七十八式	懒扎衣
第五十一式	搂膝拗步（右式）	第七十九式	开手
第五十二式	懒扎衣	第八十式	合手
第五十三式	开手	第八十一式	单鞭
第五十四式	合手	第八十二式	云手
第五十五式	斜单鞭	第八十三式	高探马
第五十六式	野马分鬃	第八十四式	十字摆莲
第五十七式	懒扎衣	第八十五式	进步指裆捶
第五十八式	开手	第八十六式	退步懒扎衣
第五十九式	合手	第八十七式	开手
第六十式	单鞭	第八十八式	合手
第六十一式	右通背掌	第八十九式	单鞭
第六十二式	玉女穿梭	第九十式	单鞭下势
第六十三式	懒扎衣	第九十一式	上步七星
第六十四式	开手	第九十二式	退步跨虎
第六十五式	合手	第九十三式	转角摆莲
第六十六式	单鞭	第九十四式	弯弓射虎
第六十七式	云手	第九十五式	双撞捶
第六十八式	云手下势	第九十六式	阴阳混一
第六十九式	金鸡独立	第九十七式	收式
第七十式	倒撵猴		

二、动作说明

第一式 起式

①身体直立,两手下垂,两肩放松;两足尖分开约90°;眼向前平视,心静,稍停。(图1)

②右足尖翘起,用脚跟作轴半面向左转与左足成45°;同时身体稍左转,面向左斜前方;眼平视。(图2)

要点:全身放松,塌腰,但不可僵挺,舌顶上腭,呼吸要自然。

第二式 懒扎衣

①两臂向前上方慢慢举起,高与肩平,两手心相对内含,相距约18厘米,指尖向前,如抱球状;两腿不动;眼看两手中间。(图3)

②两手下落至腹前,同时两腿慢慢弯屈,左足跟随着慢慢提起。(图4)

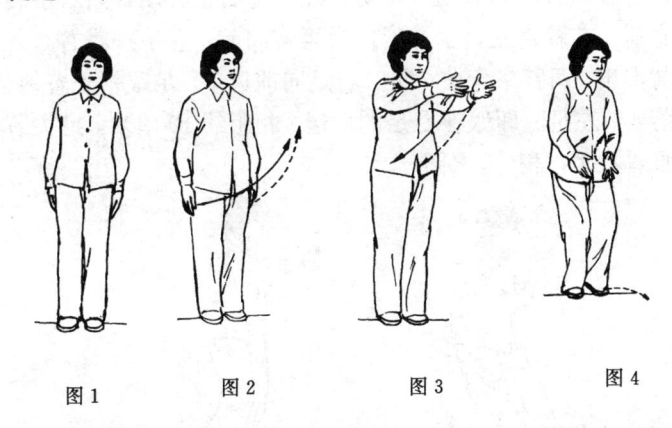

图1　　图2　　图3　　图4

③左足向前迈步,足跟先着地;同时两手向上、向前慢慢伸出,两手仍如抱球状,胳膊略弯曲;右足随两手伸出向前跟

步至左足踝内侧，相距约10厘米，脚尖着地；眼看两手中间。（图5、6）

④两手平着往右转动，转至面向正前方时，右手外旋，手心向上；左手内旋，手心向下扶着右腕向右转动；同时右足跟落地，左足尖翘起向右转动，右足尖随之向外摆略90°；眼看右手。（图7、8）

图5　　　图6　　　图7　　　图8

⑤右手向右、向后划一半圆，左手随右手转动，当右手转至右肩前，前臂直立，手心斜向上再转向前，左手扶着右腕一齐向前推出，两臂略弯曲；同时右足向前迈出，足跟领先着地，逐渐落实；左足随即跟在右足的后边，相距约10厘米，足尖着地；眼看右手，稍停。（图9、10）

图9　　　图10

要点：动作要一气贯串，不可间断。

用法：懒扎衣由掤捋挤按所组成。

①捋，对方以手击来，我以前手按其腕，向后引，后手迅速找其肘。若对方来手高，则两手上托其臂向后、向下捋，亦可平着向侧后方捋。

②挤，即将对方挤出。意在前臂象锉一样搓住对方的胳膊。若能使其身体侧向一旁失去中正，对方胳膊又被我臂裹住，贴于身体不能起而掤架，此时为挤之最佳。挤的用法，是由胸前向前上方斜着挤出。如用得巧妙，可使对方腾空而起。若要挤得上劲，双臂的裹劲是关键，一旦裹住对方，要迅速进步上身，紧紧贴住对方。

③掤，即是架（不是死架硬顶）。对方用双手向我扑来，我双臂向上粘住对方的手，向后坐腰撤左步，微微向右转腰，左手向右拍，右手向右挂，此时对方的力已化去，我应时而发。掤法的奥妙在"粘"，不丢不顶，两臂如弹簧一般，使对方按着若有若无。掤可用双手，也可用单手，若用单手掤住对方的双手，则更为得势。

④按，若对方向我攻来，我双手轻轻按住对方双臂，即时向前扑出。按可用单手、双手，或开劲、或合劲因势而定，但要粘住对方的臂，使其走转不灵。

第三式　开手

接前式，左足跟落地，右足尖翘起向左扣约90°，身体也随着向左转；同时两手心相对，指尖向上，向左右分开（如抱气球，球中之气向外膨胀，开至两手虎口与两肩相对），两手离约10厘米，微停。（图11）

图11

第四式　合手

接前式，两手心相对慢慢里合，合至两手相距与脸同宽时

稍停；同时两腿弯曲，右足着地，左足跟抬起，足尖着地；眼看两手中间。（图12）

要点：全身要放松，不可有丝毫勉强之力。

用法：开合手，若对方自身后用双手突然抱住我双臂，我即用肘撑住对方双臂，速往下按，并顺势向左转身或向右转身。

第五式 单鞭

接前式，两手内旋，如握长竿一样，往左右慢慢分开，两臂成平举状态，两手心向外，掌直立，高与眼平；同时左足向左横迈一步，腿微曲；右腿微蹬；眼看右手，稍停。（图13）

图12

要点：上体要直，两肩要松，呼吸要自然，不可用拙力向丹田压气。

用法：①单鞭是应付左右两侧对手，两手虽是同时分开，却要一虚一实，何实何虚，要看对方来势的远近。若左手实击，重心须落在左腿，眼顾右方；同时可起右脚踢右方的对手。

②若两侧对手相距甚近，或已搏住我的两臂，我即用肘撞或肩靠，同时另一侧脚可踢击。

图13

第六式 提手上式

接前式，身体重心移于左腿，随即左手向脸前划弧至额前，手心向外；右手向下划弧至腹前，手指向下，手心向右；同时右足靠拢左腿，足尖着地与左足尖相齐，两腿微弯曲；眼看前方。（图14）

要点：身体要保持平稳，塌腰。

用法：若对方用两手握住我的两腕，我两臂向着相反的方向一上一下同时外拧，必可解脱。若对方距我甚近，则可将虚腿提膝击向对方的腹部。

第七式　白鹤亮翅

①接前式，左手从前额往下至左胸前，肘靠着肋，手心向外；右手从腹前往上提至额上方，手背靠着前额；同时右足往前迈步，足跟着地，两足相距以不牵动身体重心为合适。（图15）

②右手往下经脸的右侧（似挨非挨）至右胸前，肘尖下垂，手心向外，高与左手相齐，两手一齐向前推出；同时右足尖慢慢着地，身体重心前移至右腿；左足跟步至右脚内侧，足尖着地；眼看两手中间。（图16、17）

图14　　图15　　图16　　图17

要点：塌腰，两臂略弯曲，稍停。

用法：①我用右手击对方，对方若用左手往下按我右腕，我随即进步，右手撤回并向下松沉，左手粘住对方的右腕向下采，右手旋转而上击其胸或头。

②若对方用双手击来，我上下分其对方的手，同时速进步

用两手击其胸。

第八式　开手

动作与第三式"开手"相同。（图18）

第九式　合手

动作与第四式"合手"相同。（图19）

第十式　搂膝拗步（左式）

①接前式，左手向右、向下搂至左胯外侧，大指离胯约10厘米；同时左脚向左前方斜迈一步，右手外旋向上、向右下方划弧并上举与右肩同高，手心向上；眼看右手。（图20）

②右手向左前方平着推出，臂略曲，塌腕，手心向前；同时右足跟步至左足内踝侧，足尖着地，重心移至左腿；眼看右手食指尖，微停。（图21）

图18　　图19　　图20　　图21

要点：右手前推与跟步要协调一致，右肘要曲，腕要塌。

用法：若对方用右拳向我击来，我用左手往左一搂，右手击其对方的胸部。

第十一式　手挥琵琶（左式）

接前式，两手五指伸直，虎口朝上；右足向后撤步，足尖领先着地（撤步远近以不牵动身体重心为宜），随即全足慢慢落实；同时右手往后拉，左手向前伸，两肘下垂；左足往后撤步至右足前，足尖着地；目视前方。（图22）

用法：若对方用右拳击来，我右掌接其腕，左手接其肘，顺势以捋或撅。

第十二式　进步搬拦捶

①接前式，左手内旋向下、向左搂至肋前，手心向下；右手外旋向上，经左手下向前伸出，手心向上；同时左足往前迈出，足尖稍外摆。（图23）

②右手内旋往右肋前搂回，手心向下，左手外旋前伸，手心向上；同时右足往前迈步，足尖稍外摆着地。（图24）

图22　　　　图23　　　　图24

③上动不停，左足往前迈出一步，同时右手外旋向内变拳往左手腕上直着打出，拳与胸平，拳眼向上；左手内旋握拳回拉，拳心向下；右足跟步至左踝内侧，脚尖着地；眼看右手食指中节。（图25、26）

用法：若对方用左手向我胸击来，我用左手扣其腕（虎口向着自己）采住向后、向右捋，同时右手向对方击去。

第十三式　如封似闭

接前式，右拳向后抽，左拳从右臂下稍往前伸，至两拳相齐时变掌，手心均向前；右足在右手收回时往后撤步（撤步的远近以不牵动身体重心为合适）；随即两手与左足同时回撤，左足至右足前，足尖着地，两手至胸前；眼看前方。（图27）

用法：我以右手击对方某部，对方若以左手横推我腕或肘，我则向后坐腰，左手从右臂外截其腕，随彼劲往右领，同时右手按其对方肘部，因势而发。

第十四式　抱虎推山

接前式，两手一齐往前推出，高与胸平，两臂略弯曲；同时左足往前迈步，右足跟步，相距左足约10厘米；眼看两手中间，稍停。（图28）

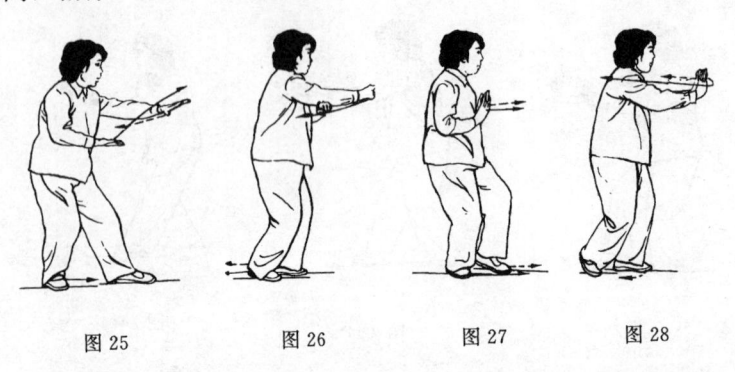

图25　　　　图26　　　　图27　　　　图28

用法：若对方手在内，我手在外，并向里裹住对方的手而发；或对方手在外，我手在内，并用开劲撑住对方手而发。总之须粘住对方手使其不能运动自如，否则只知向前猛扑则必为对方所乘。此式用以打在对方躯干部为最佳。

第十五式　开手（右转）

接前式，左足尖翘起向右扣步，随即身体向右转约90°，右足踏实；两手平着分开，开至两手虎口与肩同宽，五指张开，微

停。(图29)

第十六式　合手
动作与第四式"合手"相同。(图30)

第十七式　搂膝拗步（右转）
动作与第十式"搂膝拗步"相同,惟方向相反。(图31、32)

图29　　图30　　图31　　图32

第十八式　懒扎衣
①接前式,左手外旋向里,手心向上,右手前伸,手心向下,两手成抱球状;同时左足向后撤,成45°角着地;随即两手一齐往下划弧至腹前,右足撤至左足前,足尖着地。(图33、34)

图33　　图34　　图35

671

②右手内旋，左手外旋上提至胸前，左手扶在右手腕上一齐向前推出，右手心向上，左手心向下；同时右足往前迈出，左足随着跟至右足踝侧，足尖着地。（图35）

③随即左足后撤；同时两手平着往后划一半圆至右肩前，手心向外；身体重心后坐，右足尖翘起。（图36）

④两手自右肩前一齐往前推出，两臂略曲，同时右足尖逐渐着地，左足随即跟至右足后约10厘米处；眼看右手。（图37）

第十九式 开手

动作与第三式"开手"相同。（图38）

第二十式 合手

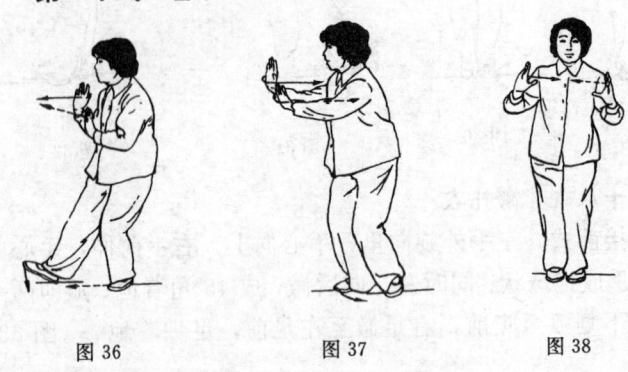

图36　　　图37　　　图38

动作与第四式"合手"相同。（图39）

第二十一式 单鞭

动作与第五式"单鞭"相同。（图40）

第二十二式 肘下看捶

接前式，左手向下，拇指向上，右手变拳屈臂向下经腹前往左肘下伸出，拳眼向上；同时右足往前迈步至左足后，足尖着地。随即右足后撤，左足撤至右足前，足尖着地；两手不动；眼看前方。（图41、42）

图 39　　　　　图 40　　　　　　图 41

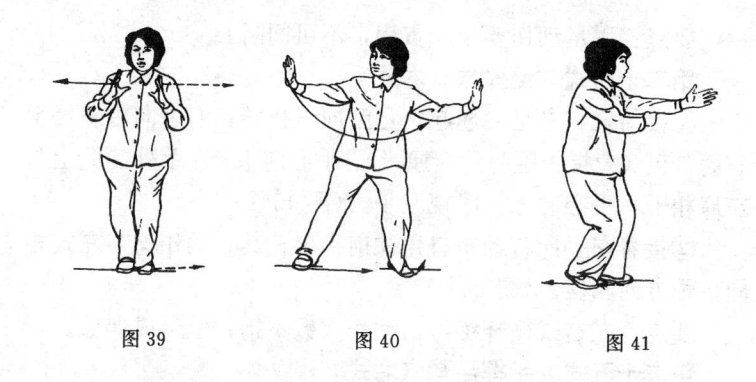

用法：我以左手击对方某部，对方用挒，此时我即松肩坠肘，胳膊向里裹劲，同时进步用右拳从左肘下击对方胸部。

第二十三式　倒撵猴（左式）

①接前式，左手内旋收至胸前，再向左搂一弧线至左胯外侧，手心向下，指尖向前，大指距胯约8厘米；右手外旋向右、向下，再上举至与肩平，手心向上；同时右足尖翘起里扣，足尖着地；左足斜着往左迈步，足跟着地；眼看右手。（图43）

②右手向左经右口角往前推出，臂微曲，手心向左；同时右足往前跟步至左足后，相距约10厘米，足尖着地。（图44）

图 42　　　　图 43　　　　图 44　　　　图 45

673

要点：手足动作要一气贯串，不可间断。

第二十四式　倒撵猴（右式）

①接前式，左足尖翘起，足跟向里扭转；右手向右斜搂至右胯外侧（大指相距胯约 8 厘米），手心向下；左手外旋向上与左肩相平，手心向上；眼视左手。（图 45）

②接着左手向右经左口角往前推出，其它动作均与左式相同，惟方向相反。（图 46）

要点：左右式循环练习，动作次数不拘，但须成偶数。

第二十五式　手挥琵琶（右式）

动作与第十一式"手挥琵琶"相同，惟方向相反。（图 47）

第二十六式　白鹤亮翅

动作与第七式"白鹤亮翅"相同。（图 48）

第二十七式　开手

图 46　　　图 47　　　图 48　　　图 49

动作与第三式"开手"相同。（图 49、50）

第二十八式　合手

动作与第四式"合手"相同。（图 51）

第二十九式　搂膝拗步（左式）

动作与第十式"搂膝拗步"相同。(图52、53)
第三十式　手挥琵琶（左式）

图50　　　图51　　　图52　　　图53

动作与第十一式"手挥琵琶"相同。(图54)
第三十一式　三通背
①接前式，右手外旋（手心向上）向下、向后划弧至前额时，手内旋向下垂直下按至左腓骨前、距左足尖约30厘米；左手在右手向后划时，收至左胯外侧，手心向下；左足在右手下按时后撤至右足前，足尖着地，两腿微弯曲；眼看右手。(图55、56)

图54　　　图55　　　图56

②右臂上举，手背靠着前额，身体随着直起，重心偏于右腿，左手从胯侧往前伸直，高与胸平，手心向前，塌腕；同时左足往前迈出，两足距离以不牵动身体重心为合适；眼看左手食指。（图57）

③左足尖翘起向右扣约120°，同时身体右转，右足尖翘起外摆约120°；左手向上划弧至前额；右手向前推出，高与肩平，手心向前、塌腕；眼看右手。（图58）

④左手从前额往前伸至与右手相齐，两手心相对，指尖向前；同时右足撤步至左足正后方并斜着落地。（图59）

图57　　　　图58　　　　图59

⑤两手两拳虚握往下划弧至腹前；同时左足撤步至右足前，足尖着地；眼视前方。（图60）

⑥两拳贴着身体上举至胸前，再往前上方伸出，高与眉齐；同时左足往前迈步，足尖外摆着地，身体重心仍在右腿，微停。随即两拳弧形向下至腹前；右足直着往左足前迈步，足尖着地；眼视前方。（图61、62）

要点：上下要协调一致，左足撤步至右足前腰往下塌。

用法：①若对方用左手击来，我用左手截其腕，右手按其肘，向后撤步下擖。

图60　　　　　　图61　　　　　　图62

②若对方用右手击我头部,我即用右手自下而上截其腕,左手托其肘,扣左脚向右转腰,从上向我后捋出。

③若对方沉肩缩臂,我则继续转腰至面向后,右脚撤至左脚后,随对方手回缩之势向下、向后捋。

第三十二式　懒扎衣

①接前式,两手张开上提(右手手心向上,左手手心向下)至右肩前;同时右足向前迈步,左足随即跟步至右足后,足尖着地,微停即往后撤步;两手平着往后划弧至右肩前,手心向外;身体重心后移至左腿,右足尖翘起;眼看右手。(图63、64)

图63　　　　图64　　　　图65　　　　图66

677

②两手自右肩前一齐往前推出,两臂微曲,左手扶右腕;同时右足尖逐渐着地,左足随即跟至右足后约10厘米处;眼看右手。(图65)

第三十三式 开手

动作与第三式"开手"相同。(图66)

第三十四式 合手

动作与第四式"合手"相同。(图67)

第三十五式 单鞭

动作与第五式"单鞭"相同。(图68)

第三十六式 云手

①接前式,左手向下、向右划弧至右腋下,手心斜向下,同时左足向右足靠拢,足尖着地,眼看右手,微停。(图69)

图67　　　　图68　　　　图69

②左手向上、向左划弧至身体左侧,手心向左,指尖向上;右手向下、向左划弧至左腋下,手心斜向下;同时左足向左横迈一步,足尖微向外斜,右足靠拢左足、在相距约10厘米处落下(两足尖均向左边微斜);眼看左手,微停。(图70)

③右手向上、向下划弧,左手向下、向上划弧;左足向左横迈一步,右足靠拢左足。如此循环三次。(图69、70)

要点：在左右手向上划的时候，掌心均向外，高不过眉；身随手转。

用法：若对方左右击来，我即转腰以臂截住，顺势捋出。

第三十七式　高探马

①接前式，两手从左向右云时，左手向下划弧至胸前，微上提，肘靠身体，虎口向上；右手云至脸时，向前方下落并前伸，虎口向上，高与胸平，两臂微曲；同时左足向后撤步，右足随着右手向前落地至左足前，足尖着地，与左足成丁字形，两腿微曲；眼看右手。（图71）

第三十八式　右起脚

①接前式，左手外旋，手心向上；右手内旋向里至胸前，手心向下；两手心相距约10厘米，两手距胸约6厘米；同时右足尖内扣，足尖着地，与左足尖相对；眼看右手。（图72）

②两手一同拧动，指尖向上，塌腕（与合手姿势相同）；同时左足跟提起，微向右拧，与右足相齐，微停。（图73）

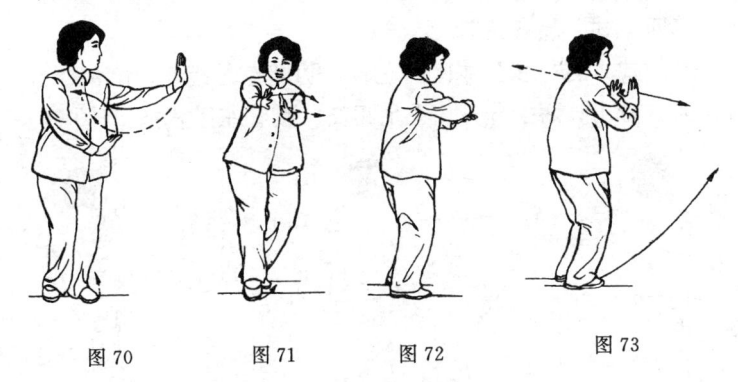

图70　　图71　　图72　　图73

③两手如单鞭式分开；同时右腿抬起，足尖向上，与右手相触；眼看右手，腰微塌。（图74）

④上式不停，右足落下，微内扣；随即左足向右足并拢，足

尖着地；两手里合（与合手式相同），眼向左看，微停。（图75、76）

图74　　　　图75　　　　图76

第三十九式　左起脚

接前式，两手如单鞭式分开，左足向左斜前方抬起与左手相触，随即落回原处，足尖着地；同时两手作合手式，微停。（图77、78）

第四十式　转身蹬脚

接前式，右足和身体微向左转，随即左足踢起，脚尖回勾向左前方蹬出；两手分开，手足相交；眼看左手食指。（图79）

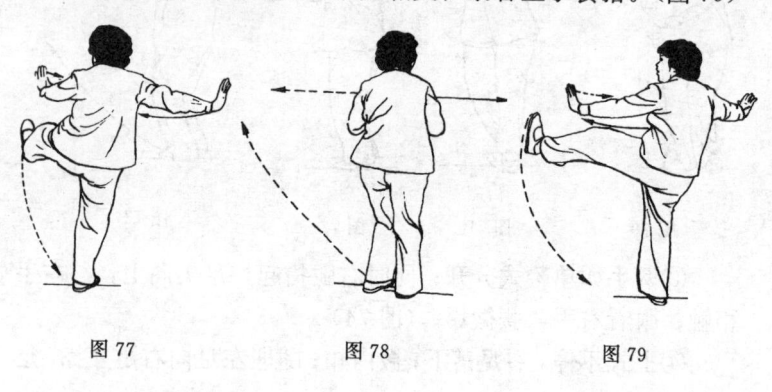

图77　　　　图78　　　　图79

第四十一式 践步打捶

①接前式,左足向前落地,足尖外摆;同时左手往左胯前搂回,手心向下;右手向下、向前伸出,手心向上,微停。(图80)

②右足往左足前迈出一步,足尖外摆;同时左手往前伸出,手心向上;右手回拉至胸前,手心向下,微停。(图81)

③左足向前迈步,足尖里扣;同时左手内旋变拳向下拉至左胯前;右手外旋变拳向后、向上、向前划弧,经前额向左内踝部打出;身体随着往下,左腿屈膝,右腿微弓;眼看右手。(图82、83)

图80　　　　图81　　　　图82

要点:动作要一气贯串,腰要塌住,眼随手动。

用法:若对方伏身用手击我下部(如进步指裆捶)或搂我左足,我即用左手搂开,右拳自上而下击。

第四十二式 翻身右起脚

①接前式,左足里扣;同时右拳向上经额再向前划弧,拳心朝上,身体随着往右转180°;左拳随即向下后撤至右胯前;右足微外摆。(图84、85)

②左手从左胯侧向上经脸往胸前下搂至外侧停住;右拳变

681

图 83　　　　　　图 84　　　　　　图 85

掌向上、向前伸出,手心向外;同时左足往前上步,足尖略向外斜;右足提起往前踢出,右手拍右脚面,高与胸平;眼看右手。(图86、87)

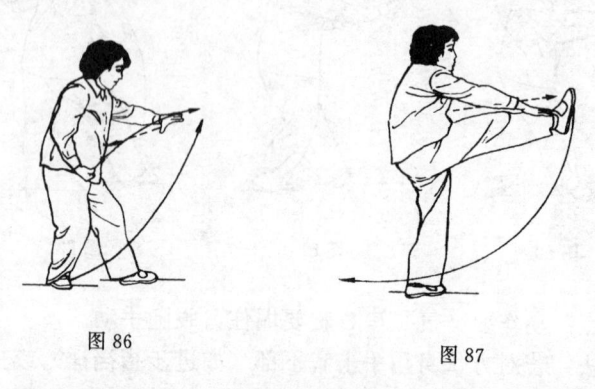

图 86　　　　　　　　图 87

用法:若对方自右击来,我即向右转身,用右手截对方的手,随即左脚向对方踢去,与左脚落地的同时起右脚踢击,所以叫做"二起"。

第四十三式　披身伏虎

①接前式,右足撤步至左足后;同时左手向前伸出,两手心相对,如抱球状,腰往下塌,微停。(图88)

②左足后撤一步；两手变拳往下回拉，经左胯侧往后、往上、再往下划弧至腹前，微停；同时右足尖翘起向左摆直；左足稍内扣。(图89、90)

图88　　　　图89　　　　图90

要点：两手拉回不停。

用法：若对方用双手握我双腕，我撤步向左、向右转腰抡双臂解脱。此式亦是一种摔法。若对方握我双腕，或我握住对方双腕，我向后撤右足，向后、向下引对方的双臂，然后扣左脚向右转身，双手向上抡至头上，使对方的双臂从我左肩经过，对方的身体即被我背在背上。

第四十四式　左起脚

①接前式，两拳变掌上提至胸前如合手式；同时右腿略抬起，足尖外摆斜着落地；左膝微曲靠近右腿内侧，脚尖着地；两腿弯曲；眼看前方，微停。(图91)

②两手如单鞭式分开；同时左足向左侧抬起与手相触；眼看左手食指。(图92)

第四十五式　转身右蹬脚

①接前式，左足回收成提膝，身体向右转体270°；随即左足下落至右足外侧；右足跟提起扭转与左足尖相对；同时两手相合，如合手式。(图93、94)

图91 　　　　　　图92 　　　　　　图93

②接着身体微向右转，右足微外摆，两手如单鞭式左右分开；同时右足蹬起；眼看右手食指。（图95）

图94 　　　　　　　　　图95

用法：若对方用勾拳击我头部（单峰贯耳），我抬手截住，同时起脚向对方腹部踢击。必须手脚齐出方可制对方。

第四十六式　上步搬拦捶

①接前式，右足下落至左足前，足尖外摆；同时左手往下、往前伸出，手心向上；右手搂至右肋前，手心向下。（图96）

②左脚上步，足尖要直，同时左手内旋，手心向下，随即两手变拳，右拳往前打出，拳眼向上，左拳收至右肘下，拳心向下；右足跟步至左足后，足尖着地；眼看右拳。（图97、98）

图96 　　　　　　　　图97 　　　　　　　　图98

第四十七式　如封似闭
动作与第十三式"如封似闭"相同。（图99）

第四十八式　抱虎推山
动作与第十四式"抱虎推山"相同。（图100）

第四十九式　开手（右转）
动作与第十五式"开手"相同。（图101）

第五十式　合手
动作与第四式"合手"相同。（图102）

图99　　　　图100　　　　图101　　　　图102

第五十一式　搂膝拗步（右式）

动作与第十七式"搂膝拗步"相同。(图103、104)
第五十二式　懒扎衣
动作与第十八式"懒扎衣"相同。(图105、106、107、108、109、110)

图103　图104　图105

图106　图107　图108　图109

第五十三式　开手
动作与第三式"开手"相同,惟方向往右斜45°。(图111)
第五十四式　合手
动作与第四式"合手"相同,惟方向向右斜45°。(图112)

图 110　　　图 111　　　图 112　　　图 113

第五十五式　斜单鞭

接前式，右足往左前方迈出，两手平着分开。（图 113）

第五十六式　野马分鬃

①接前式，左足向右足靠拢，全脚掌着地；同时左手向下划弧至腹前；眼看右手。（图 114）

②左手向上经胸，再往左划弧至身体左侧；同时左足往左边迈出，足尖稍往外摆；眼看左手。（图 115）

③右手往下划弧至腹前，再往上经脸往右划弧至身体右侧；同时右足靠拢左足（足尖着地，两足相距约 10 厘米），再

图 114　　　　图 115　　　　图 116

687

向右迈出一步,此时仍恢复单鞭式,但重心偏于右腿。(图116、117)

④左足向右足前迈步,足尖外摆斜着落地,两腿弯曲;同时两手往下、往前交叉(手心微向外,左手在上,右手在下,两臂微曲),随即向左右分开各划一圆至胸前,右手心向上,左手心向下;眼看前下方。(图118、119)

图117　　　　　图118　　　　　图119

第五十七式　懒扎衣

①接前式,右足往前上步,随即左足跟至右足后,足尖落地,微停又后撤;同时身体重心移至左腿,右足尖翘起;手扶着右手腕一同前推(右手心向上,左手心向下),再向右、向后平着绕至右肩前,两手心均向外。(图120、121、122)

②两手一齐向前推出;左足随着跟至右足后约10厘米,足尖着地;眼看右手食指。(图123)

第五十八式　开手

动作与第三式"开手"相同。(图124)

第五十九式　合手

动作与第四式"合手"相同。(图125)

第六十式　单鞭

图120　　　　图121　　　　图122　　　　图123

图124　　　　图125　　　　　　图126

动作与第五式"单鞭"相同。（图126）

第六十一式　右通背掌

接前式，左手往上、往右划弧至手背贴住前额；身体往右转，左足尖翘起亦随着右转。同时右足向外摆，足尖向里微扣，右手塌腕不动；眼看右手食指。（图127）

第六十二式　玉女穿梭

①接前式，右手收回，手心斜向下，拇指一侧对着胸前；左手外旋里裹并往下至右手前，手心向上；同时右足微回撤外摆，两腿微曲，眼看右手。（图128）

②左手内旋往上至手背靠前额;左足往左前方迈出(面向西南),右足跟步至右足后相距10厘米的地方;同时右手放在胸前,并轻轻向前推出(肘靠身体)。(图129)

③右足里扣,身体右转约180°,左手往下至胸前,手心向下;右手内旋微往上,手心向上(两肘靠着身体)。(图130)

图127　　　图128　　　图129　　　图130

④右手内旋往上至手背靠着前额;同时右足往右前方迈步(面向东南);左足跟步至右足后约10厘米处;左手从胸前轻轻向前推出(两肘仍靠身体)。(图131)

⑤右足稍向前迈步,脚尖稍内扣;同时右手下落至胸前,手心向下;左手外旋向上,手心向上,两肘靠着身体,姿势与①相同,惟方向相反。(图132)

⑥左足往左前方迈步(面向东北);左手内旋向下至额前,手心向前;右足跟步,姿势与②节相同,惟方向相反。(图133)

⑦身体右转,手足动作过程均与③节相同,惟方向相反。(图134)

⑧右足向右撤步,左足跟至右足内侧,身体右转90°;同时左手往前推出,臂微曲,手心向前,指尖向上;右手内旋向上

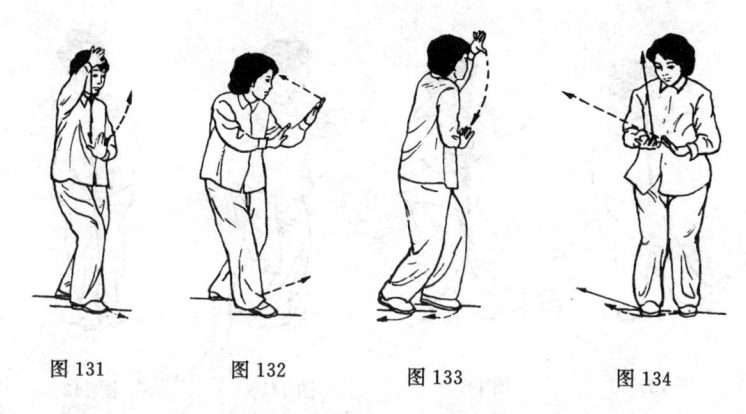

图131　　　图132　　　图133　　　图134

至额前，手心斜向前；眼看左手。(图135)

第六十三式　懒扎衣

动作与第十八式"懒扎衣"相同。(图136、137、138、139、140、141)

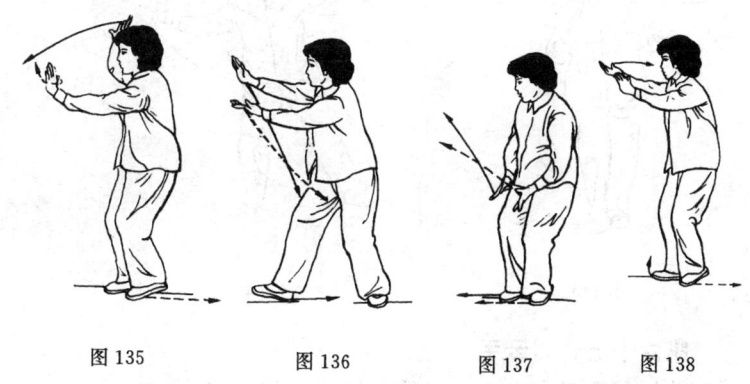

图135　　　图136　　　图137　　　图138

第六十四式　开手

动作与第三式"开手"相同。(图142)

第六十五式　合手

动作与第四式"合手"相同。(图143)

图 139　　　图 140　　　图 141　　　图 142

第六十六式　单鞭

动作与第五式"单鞭"相同。(图 144)

图 143　　　　　　图 144

第六十七式　云手

动作与第三十六式"云手"相同。(图 145、146)

第六十八式　云手下势

接前式,待两手云至右边时,右手心翻转向上,平着向前推出,腕要塌;左手仍向上划弧至左胯前;同时右足跟至左足后。然后左手向前从右手背上推出,塌腕,手心斜向前;右手

图 145　　　　　　图 146　　　　　　图 147

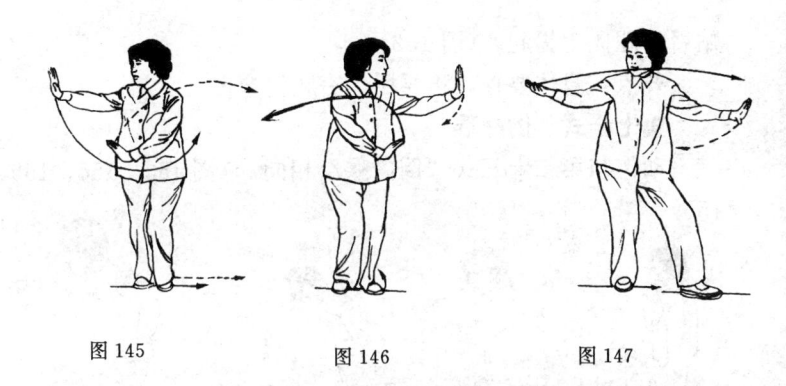

拉回至右胯侧，手心向下；左足向前迈步，两腿弯曲；身体重心移至右腿；眼看左手。（图 147、148、149）

第六十九式　金鸡独立

①接前式，身体重心前移，右手从右胯侧向前、向上提起至耳侧，指尖与耳同高；左手向下划弧至左胯侧，指尖向下；同时右腿贴着左腿向上提与身体成直角，足尖上翘，足跟下蹬；左腿微曲，塌腰；眼看前方，微停。（图 150、151）

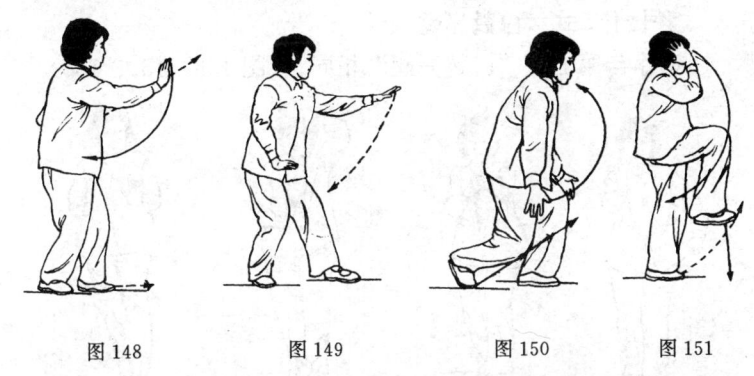

图 148　　　　图 149　　　　图 150　　　　图 151

②右足向前落下，腿仍弯曲；同时右手往下划弧至右胯侧，指尖向下；左手从左胯侧向上至耳侧，指尖与耳齐；左腿

贴着右腿向上提起。(图152)

要点：身体要直，腰要塌，右腿仍弯曲。

第七十式　倒撵猴

动作与第二十三式"倒撵猴"相同。(图153、154、155、156)

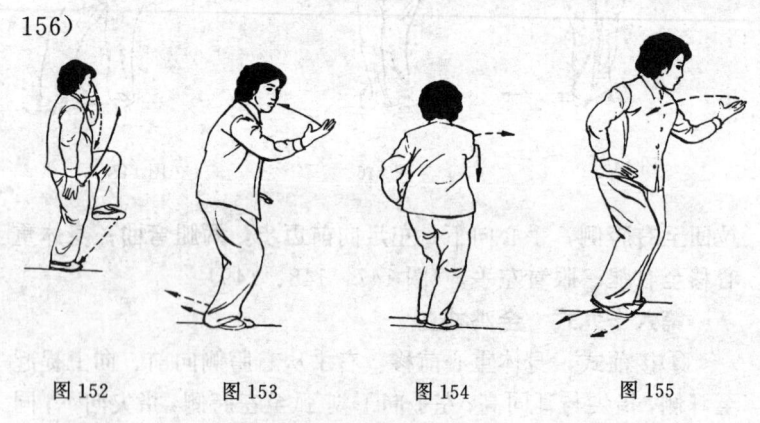

图152　　图153　　图154　　图155

第七十一式　手挥琵琶（右式）

动作与第二十五式"手挥琵琶"相同。(图157)

第七十二式　白鹤亮翅

动作与第七式"白鹤亮翅"相同。(图158、159、160)

图156　　图157　　图158　　图159

第七十三式　开手

动作与第三式"开手"相同。(图161)

第七十四式　合手

动作与第四式"合手"相同。(图162)

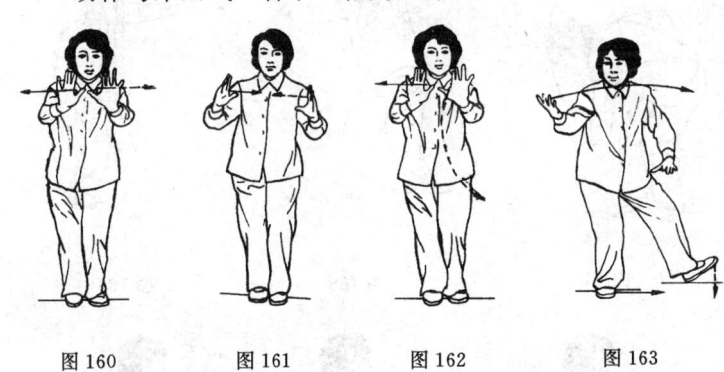

图160　　　图161　　　图162　　　图163

第七十五式　搂膝拗步（左式）

动作与第十式"搂膝拗步"相同。(图163、164)

第七十六式　手挥琵琶

动作与第十一式"手挥琵琶"相同。(图165)

第七十七式　三通背

图164 　　　图165 　　　图166

动作与第三十一式"三通背"相同。(图166、167、168、169、170、171、172、173)

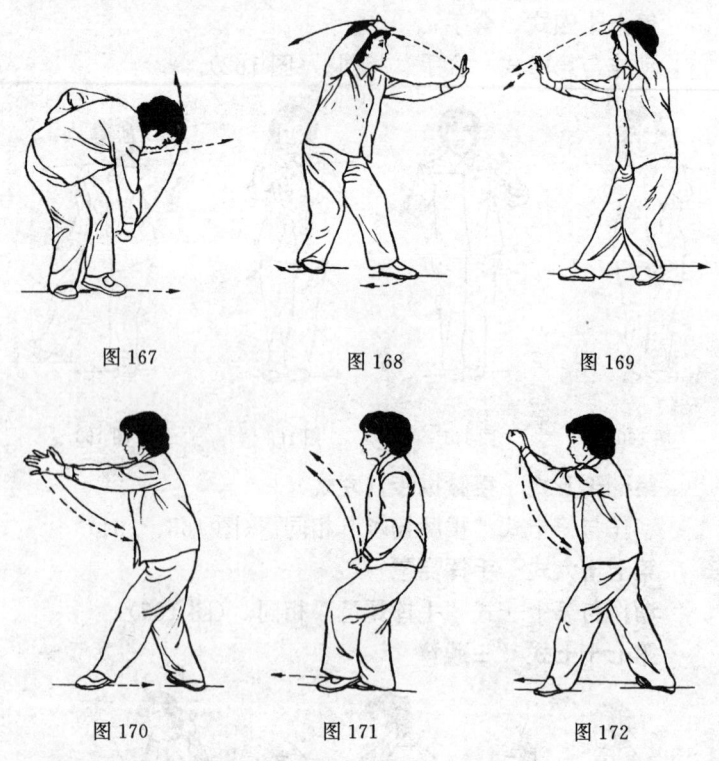

图167　　　　　图168　　　　　图169

图170　　　　　图171　　　　　图172

第七十八式　懒扎衣

动作与第三十二式"懒扎衣"相同。(图174、175、176)

第七十九式　开手

动作与第三式"开手"相同。(图177)

第八十式　合手

动作与第四式"合手"相同。(图178)

第八十一式　单鞭

图 173　　　图 174　　　图 175　　　图 176

图 177　　　图 178　　　图 179

动作与第五式"单鞭"相同。（图 179）

第八十二式　云手

动作与第三十六式"云手"相同。（图 180、181）

第八十三式　高探马

动作与第三十七式"高探马"相同。（图 182）

第八十四式　十字摆莲

①右足尖外摆至足跟与左足尖相齐；同时左手外旋向里至胸前，手心向上；右手内旋向里至胸前，手心向下，两手心相对相距约 10 厘米；眼看右手。（图 183）

图 180　　　　　图 181　　　　　图 182　　　　图 183

②左足向前上步，足尖里扣与右足形成八字步，身体左转90°；两手在胸前互换位置，右手在下，手心向上，左手在上，手心向下；随即两腿微曲，两手变成立掌交叉，右手在外，左手在里，拇指微靠胸；眼看两手。（图184、185）

③右腿提膝，膝部微外摆；同时两手如单鞭式，左右分开；眼看前方。（图186）

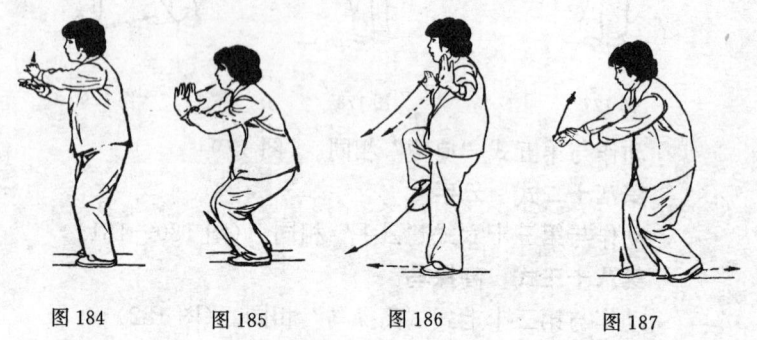

图 184　　　　　图 185　　　　　图 186　　　　图 187

第八十五式　进步指裆捶

接前式，右手变拳，两手一同前伸，左手扶在右手腕上，右拳拳眼向上；同时右足往前迈步，左足跟步；接着右足再往前迈一步，左足再往前跟步至右足后，足尖着地，身体成三折叠

形；眼看右手。（图187）

要点：在迈步时，身体好象飞鸟从树上束翅斜往下飞落之势。

第八十六式　退步懒扎衣

接前式，左足后撤，右足尖翘起；同时右手变掌向上平着向右、向后划圆，再向前推出；左手扶着右腕；眼看右手。（图188、189、190）

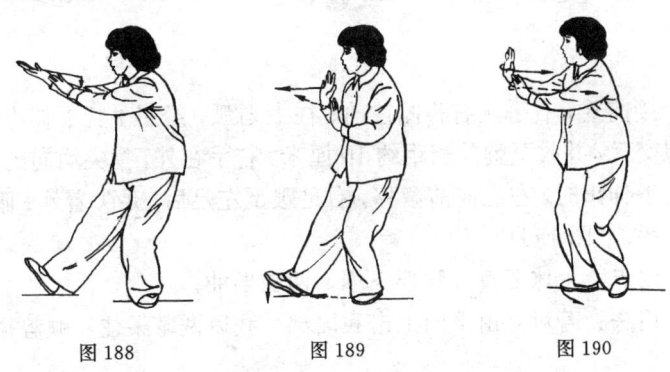

图188　　　图189　　　图190

第八十七式　开手

动作与第三式"开手"相同。（图191）

第八十八式　合手

动作与第四式"合手"相同。（图192）

第八十九式　单鞭

动作与第五式"单鞭"相同。（图193）

第九十式　单鞭下势

接前式，右手往下划弧，屈臂至右胯侧，手心向下；同时左手略往下落，手心斜向下；身体后坐，重心移至右腿；眼看左手食指。（图194）

第九十一式　上步七星

699

图 191　　　　　　图 192　　　　　　图 193

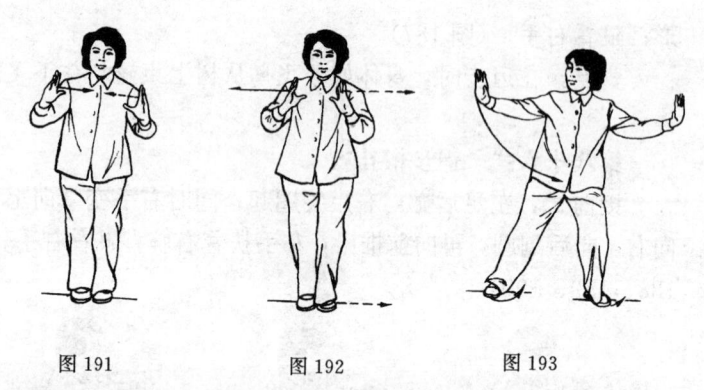

接前式,右手从右胯侧往前、往上划弧,经左手腕下伸出,两腕交叉,并收至胸前相距约 10 厘米,右手在外,指尖均向上;在右手伸出时,左足向前微移,右足跟至左足后,足尖着地;眼看两手。(图 195)

要点:上体要直,腰要下塌,两腿要曲。

用法:若对方由下向上击我面部,我以两掌架住,顺势捋按。

第九十二式　退步跨虎

接前式,两手分开,左手向下搂至左胯侧,手心向下;右

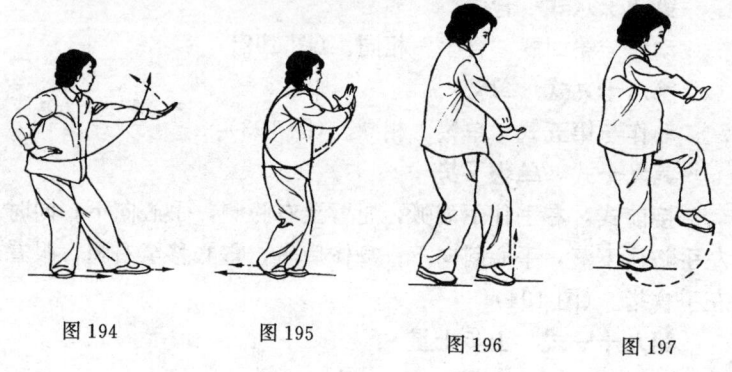

图 194　　　图 195　　　　图 196　　　图 197

700

手外旋向上、向下、再向上、向前，经额前内旋向下按至腹前，手心向下；同时右足后撤一步，足尖向外微斜；左足撤至右足前，足尖着地；同时塌腰屈腿，右手上举，左腿提膝，足尖翘起。（图196、197）

要点：身体与手足动作要协调一致。

用法：若对方用手击我中或下部，我撤步，双手盖住对方的手向后引领，使其失重，同时起左脚踢击。

第九十三式　转角摆莲

①接前式，右足跟提起，身体右转360°，转至面向西南时左足落地，两足尖相对；随即左足尖翘起，向右扭转；右足上提并向右摆出；两手向上、向右划弧至右前方时与右膝相击（左手先击，右手后击）；眼看右腿。（图198、199）

图198　　　图199　　　图200　　　图201

②右足向右斜方落下，两手外旋回拉至两肘侧，手心均向上；眼看前方。（图200）

用法：若对方用右拳击来，我右拳往右领，左手推其时，转体用右足踢击对方的背部。

第九十四式　弯弓射虎

接前式，两手同时伸出，在伸的过程中两手内旋，手心均

向下，高与肩平，两臂微曲；身体重心随着前移至右腿；眼看两手中间。（图201）

用法：若对方用左手击来，我则向敌左侧进右步，同时两手截住来手并缠住向下按以泄其力，随即向对方胸部击去。此式关键在于搭手和进步要一致。

第九十五式　双撞捶

接前式，左足上步至右足侧，足尖着地；两手变拳回拉至胸前，拳心向下；随即左足向前（东北方）迈步；两拳向前撞出，两臂微曲，拳心向下；右足跟步，足尖向外斜着落地，距左足跟约10厘米。（图202、203）

要点：两腿弯曲，腰下塌，微停。

用法：假设我双手前按，对方用两手下压，我顺势下分，从外侧绕过对方的双臂上击胸部。

第九十六式　阴阳混一

①接前式，身体向右转，两拳随转体向里裹，手心向上（右拳在左腕处，两肘靠肋）；同时左足里扣，右足后撤，足尖并向外撇；眼看左拳。（图204、205）

图202　　图203　　图204　　图205

②左拳由右腕下向外挽至右拳外侧，右拳内旋微向里，两

肘下垂，两拳交叉；左足足尖翘起，并微向前移；身体重心移至右腿，两腿弯曲，腰要塌住；眼看两拳中间，微停。(图206、207)

第九十七式　收式

接前式，两手变掌向左右分开至胯侧；左足靠拢右足，身体直立；眼平视。(图208)

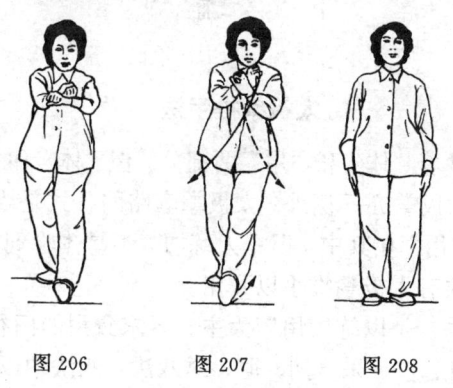

图206　　图207　　图208

下　　编

一、太极拳推手法

拳术都包含着"体"和"用"两部分，但"体"和"用"是互相关联的，太极拳亦不例外。太极拳套路的各式是"体"，是知己功，虽然"用"在其中，但单人练习，不易体验到"用"的方法和妙处，故有太极拳推手以致用。

太极拳推手，是以练"用"为主，寻求致用的门径。其用法有掤、捋、挤、按、采、挒、肘、靠八法，八法中以掤、捋、挤、按四手为基础。初练习推手，需先以"四手"为基本练法，反复操练，细心体会，练到沾连粘随，不丢不顶，手足灵活而有分寸，能准确判断对方劲的大小，才能达到"引进落空"，"牵动四两拨千斤"的效果。采、挒、肘、靠以及诸种手法皆由其中变化而出。此时将能通体虚灵，圆活无碍，变化无穷，而非笔墨所能尽言。

推手步法有静（定）步、动（活）步、合步、顺步等。初学推手应以静步为根本，静步熟练后再习动步。其间合步、顺步皆可用之，是为静步（合、顺）、动步（合、顺）四种。

1. 静步推手法

（1）起式（女方为甲，男方为乙）

①甲、乙二人对面站立，相距约两步。（图一）

②甲、乙各向前进左足，左手在前，手心向后，右手扶在左前臂上，右手腕离胸约15厘米。（图二）

图一　　　　　　　　　图二

（2）甲挤手、乙挒手

甲先将右手挤向乙的面前。乙随即将右手轻轻扣住甲的右腕，同时左手由甲的右臂下绕到上面，轻轻扣住甲的右肘处，两手一齐向右斜方挒去。

甲接着伸直右臂，手腕向里裹，裹至手心向里；同时左手向自己的右前臂挤去，眼看乙方。（图三）

图三　　　　　　　　　图四

(3) 乙掤手、按手

在甲用挤手时，乙将两手随着身体向后撤回，不丢不顶，前足尖翘起；待甲使出力量以后再按。

乙接着将两手向甲的左臂按去，左手按在甲的左手背上，右手按住甲的左肘。（图四、五）

(4) 甲捋手、乙挤手

甲待乙的两手按来时，随着向后缩身，同时左手轻轻扣住乙的右手腕，右手从乙的左臂下向上转，也轻轻扣住乙的左肘上，两手一起往左斜方捋去。

乙接着伸直左臂，手腕向里裹至手心向里，同时右手向自己的左前臂挤去，眼看甲的眼睛。（图六）

图五　　　　　　　　图六

按以上顺序，循环推运。

(5) 推手换式法

由左式换成右式（即甲、乙二人右足在前），俟乙用捋手时，甲（不用挤手）用右手将乙的右手往后带，左手绕在乙的右肘上，同时将左足撤至右足后，如同左式的捋法；乙随即进右足用挤法。甲再捋按，乙再捋，循环练习。这是初学推手的换式法。熟习后，可以随便更换。

706

2. 活步推手法

手法与静步相同，惟向前进步，先进前足，往后退步时，先退后足。前进、后退皆为三步。步法要与手法协调一致；向前进步是按、挤二式，向后退步是掤、捋二式，循环练习。这是初学入门的式子，熟习后，自能随机应变，不受成法所拘。

3. 采、挒、肘、靠

掤、捋、挤、按是为四正。采、挒、肘、靠是为四隅。四隅即称大捋。

采是采住对方之手，使之不易变动。

挒是用掌挒开对方，使彼失去重心，而改变力的方向或中断。但切不可握住对方之臂死力拽去，如此则失其意，并为人所制。

肘是用肘顶向对方。

靠是用肩挤靠对方。

大捋之步法是迈步大而速，须两腿有功夫方能轻灵变化。

4. 推手的用劲和听劲

初练推手时不可用拙力，务于掤、捋、挤、按四字中探求奥秘，此四字即包含无穷之变化，学者务必深刻体会。

如：掤有直掤、横掤上下之别。掤时要粘住对方的手，随即变换方向，划一圆形，使对方之劲不能发出，或发出亦即被化去。

捋有向上、向下及平捋之分。捋时须一手按住对方的腕，另一手按对方的肘，使对方没有活动余地而顺势捋出。又捋中亦有撅劲，不宜轻用。

挤有正挤、偏挤、加肘挤诸法。如用臂以曲线挤，则可随时随势变换力点，处处均可发劲。

按包括轻灵或重实、左实右虚或右实左虚，两手开或合。总之要依势而变。

二人对练推手时，除注意体会用劲之方法外，务必要做到随屈就伸，不丢不顶，不要用拙力，静心听劲。久之，则能引进落空，牵动四两拨千斤。

关于"听劲"，万不可误为双方用力对顶。常见推手时，二人互相用力相抵住，一方问有劲了没有，一方答有或无，此大错也。"听劲"是感知对方用力大小、方向等随即变化，万不可顶住。初练时，先练两臂，久练则全身皆可感知。能听劲，则当对方发力，方能化去，使之落空。不能听劲则不必与人相较，学者务必注意。

二、太极拳技击

太极拳的技击不外掤、捋、挤、按、采、挒、肘、靠八法。此八法均包含于太极拳套路之中，推手则是此八法的习用，现无论练习套路或推手都是熟习此八法，所以说八法即是太极拳之用。但只练套路是有体无用，其弊在于无变化。只练推手是有用无体，其弊在于无根本。只为修养身心则习套路已足，但欲得其用则必须二者兼习。

太极拳以练体而言是知己功夫，久练纯熟，才能遍体虚灵，圆活无碍，凝重如泰山，轻灵如鸿毛，神气混融，自可祛病延年。以练用而言是知人功夫，久练功纯，才能手足灵活，引进落空，牵动四两拨千斤。故惟有体用兼习，方为知己知彼，不能知己知彼则不能与人相较。常见所谓只学"技击"者，为用而用，必以拙力行之，则入于歧途，望学者戒之。

欲熟于太极拳技击，要以练套路为主，从腰腿上求功夫。因技击首先要求是反应快，要反应快就必须是一手一式精熟，腰腿灵活有力，才能轻灵圆活地应付对方。再则必须能"听劲"，这样才能粘住对方，随机应变，闻一知百，变化无穷。

在上编已概述部分拳式的用法，但学者不可生背硬记。应熟练套路，勤习推手。初练静步推手，其功主要在腰，腰极灵活，则化人之劲有余。熟练后，习动步推手，其功主要在腿，功纯则进退及变换方向迅速。继之走四隅，而后散手。彼此可不照规矩，随意互相攻击，化解可也。

总之，太极拳之技击——即散手无一定法规，而是随时随势相机而变，所谓散手无式即此意也。拳中之一式可数用，数式可一用，总要揣时度势而行。正如拳经所说"彼不动，我不动。彼若动，我先动"。所谓意在敌先，就是说对方的动作无论如何迅猛，我均能将其化去，转为己用。不能等对方之招式在己身落实，而自己亦不能总用一个招式，无变化而为人所制。望学者举一反三，知其用法而不拘泥于用法，勤习推手，则可寻到太极拳技击的奥妙。

附：参考资料

一、王宗岳：太极拳论

太极者，无极而生；动静之机，阴阳之母也。动之则分，静之则合。无过不及，随曲就伸。人刚我柔谓之走，我顺人背谓之粘。动急则急应，动缓则缓随。虽变化万端，而理惟一贯。由着熟而渐悟懂劲，由懂劲而阶及神明。然非用功之久，不能豁然贯通焉。虚领顶劲，气沉丹田。不偏不倚，忽隐忽现。左重则左虚，右重则右杳。仰之则弥高，俯之则弥深。进之则愈长，退之则愈促。一羽不能加，蝇虫不能落。人不知我，我独知人。英雄所向无敌，盖皆由此而及也。斯技旁门甚多，虽势有区别，概不外乎壮欺弱、慢让快耳。有力打无力，手慢让手快，是皆先天自然之能，非关学力而所为也。察"四两拨千斤"之句，显非力胜。观耄耋能御众之形，快何能为？立如枰准，活似车轮。偏沉则随，双重则滞。每见数年纯功不能运化者，皆自为人制，双重之病未悟耳。欲避此病，须知阴阳。粘即是走，走即是粘。阴不离阳，阳不离阴，阴阳相济，方为懂劲。懂劲后，愈练愈精，默识揣摩，渐至从心所欲。本是舍己从人，多误舍近求远。所谓差之毫厘，谬之千里，学者不可不详辨焉。

长拳者，如长江大海滔滔不绝也。十三势者：掤、捋、挤、按、采、挒、肘、靠，此八卦也；进步、退步、左顾、右盼、中定,此五行也。合而言之:十三势。掤、攦、挤、按,即坎、离、震、兑,四正方也;采、挒、肘、靠,即乾、坤、艮、巽,四斜角也;进、退、顾、盼、定,即金、木、水、火、土也。

二、武禹襄:太极拳论

未有天地以前,太空无穷之中,浑然一气,乃为无极,无极而太极。太极者,天地之根荄,万物之原始也。太极拳者,一举动,周身俱要轻灵,尤须贯串。气宜鼓荡,神宜内敛。无使有缺陷处,无使有凸凹处,无使有断续处。其根在脚,发于腿,主宰于腰,形于手指。由脚而腿而腰,总须完整一气。向前退后,乃能得机得势。有不得机得势处,身便散乱。其病必于腰腿求之。上下前后左右皆然。凡此皆是意,不在外面而在内也。有上即有下,有前即有后,有左即有右。如意要向上即寓下意。若将物掀起而加以挫之之意。斯其根自断,乃坏之速而无疑。虚实宜分清楚,一处自有一处虚实,处处总此一虚实。周身节节贯串,无令丝毫间断耳(原注云:此系武当山张三丰老师遗论,欲天下豪杰延年益寿,不徒作武艺之末也)。

三、十三势行功心解

以心行气,务令沉着,乃能收敛入骨。以气运身,务令顺遂,乃能便利从心。精神能提得起,则无迟重之虞,所谓顶头悬也。意气须换得灵,乃有圆活之趣,所谓变化虚实是也。发劲须沉着松静,专注一方。立身须中正安舒,支撑八面。行气如九曲珠,无微不到。运劲如百炼钢,何坚不摧!形如搏兔之鹄,神如捕鼠之猫。静如山岳,动若江河。蓄劲如张弓,发劲如放箭。曲中求直,蓄而后发。力由脊发,步随身换。收即是放,放即是收,断而复连。往复须有折迭,进退须有转换。极柔软然后极坚硬,能呼吸然后能灵活。气以直养而无害,劲以曲蓄而有余。心为令,气为旗,腰为纛。先求开展,后求紧凑,方臻于缜密也。

又曰:先在心,后在身,腹松净,气敛入骨。神舒体静,刻刻在心。切记一动无有不动,一静无有不静。牵动往来气贴背,敛入脊骨。内固精神,外示安逸。迈步如猫行,运劲如抽丝。全身意在精神,不在气,有气则滞。有气者无力,无气者纯刚。气如车轮,腰如车轴。

四、十三势歌诀

十三总势莫轻视,命意源头在腰隙。
变转虚实须留意,气遍身躯不少滞。
静中触动动犹静,因敌变化示神奇。
势势存心揆用意,得来不觉费功夫。
刻刻留心在腰间,腹内松净气腾然。
尾闾中正神贯顶,满身轻利顶头悬。
仔细留心向推求,屈伸开合听自由。
入门引路须口授,功夫无息法自修。
若言体用何为准,意气君来骨肉臣。
想推用意终何在,益寿延年不老春。
歌兮歌兮百四十,字字真切义无遗。
若不向此推求去,枉费功夫贻叹惜。

五、推手歌诀

掤捋挤按须认真,上下相随人难进。
任他巨力来打我,牵动四两拨千斤。
引进落空合即出,沾连粘随不丢顶。

六、李亦畲：五字诀

心静

心不静则不专，一举手前后左右全无定向，故要心静。起初举动未能由己，要息心体认，随人所动，随曲就伸，不丢不顶，勿自伸缩。彼有力我亦有力，我力在先；彼无力我亦无力，我意仍在先。要刻刻留心，挨何处心要用在何处，须向不丢不顶中讨消息。从此做去，日积月累，便能施之于身。此全是用意，不是用劲，久之则人为我制，我不为人制矣。

身灵

身滞则进退不能自如，故要身灵。举手不可有呆像，彼之力方觉侵我皮毛，我之意已入彼骨里。两手支撑，一气贯穿。左重则左虚，而右已去；右重则右虚，而左已去。气如车轮，周身俱要相随。有不相随处，身便散乱，便不得力，其病于腰腿求之。先以心使身，从人不从己；后身能从心，由己仍是从人。由己则滞，从人则活。能从人，手上便有分寸。量彼劲之大小，分厘不错；权彼来之长短，毫发无差。前进后退，处处恰合。工弥久而技弥精。

气敛

气势散漫，便无含蓄，身易散乱，务使气敛入脊骨。呼吸通灵，周身罔间。吸为合为蓄，呼为开为发。盖吸则自然提得起，亦拿得人起；呼则自然沉得下，亦放得人出。此是以意运气，非以力使气也。

劲整

一身之劲，练成一家。分清虚实，发劲要有根源。劲起于脚根，主于腰间，形于手指，发于脊背。又要提起全副精神。于彼劲将出未发之际，我劲已接入彼劲，恰好不后不先。如皮燃火，如泉涌出。前进后退，无丝毫散乱。曲中求直，蓄而后发，方能随手奏效。此谓"借力打人，四两拨千斤"也。

神聚

上四者俱备，总归神聚。神聚则一气鼓铸。练气归神，气势腾挪。精神贯注，开合有致，虚实清楚。左虚则右实，右虚则左实。虚非全然无力，气势要有腾挪。实非全然占煞，精神要贵贯注。紧要全在胸中腰间运化不在外面。力从人借，气由脊发。胡能气由脊发？气向下沉，由两肩收于脊骨，注于腰间，此气之由上而下也，谓之合。由腰形于脊骨，布于两膊，施于手指，此气之由下而上也，谓之开。合便是收，开即是放。能懂得开合，便知阴阳。到此地位，工用一日，技精一日，渐至从心所欲，罔不如意矣。

七、撒放秘诀

擎、引、松、放

擎起彼身借彼力。中有灵字

引到身前劲始蓄。中有敛字

松开我劲勿使屈。中有静字

放时腰脚认端的。中有整字

八、走架打手行功要言

昔人云："能引进落空，便能四两拨千斤；不能引进落空，不能四两拨千斤。"语甚概括，初学未由领悟，余加数语以解之，俾有志斯技者，得所从入，庶日进有功矣。欲要引进落空，四两拨千斤，先要知己知彼。欲要知己知彼，先要舍己从人。欲要舍己从人，先要得机得势。欲要得机得势，先要周身一家。欲要周身一家，先要周身无有缺陷。欲要周身无有缺陷，先要神气鼓荡。欲要神气鼓荡，先要提起精神。欲要提起精神，先要神不外散。欲要神不外散，先要神气收敛入骨。欲要神气收敛入骨，先要两腿前节有力。两肩松开，气向下沉，劲起于脚根，交换在腿，含蓄在胸，运动在两肩，主宰在腰。上于两膊相系，下于两腿相随。劲由内换。收便是合，放即是开。静则俱静，静是合，合中寓开；动则俱动，动是开，开中寓合。触之则旋转自如，无不得力，才能引进落空，四两拨千斤。平日走架是知己功夫。一动势先问自己周身合上数项否，少有不合，即速改换。走架所以要慢不要快。打手是知人功夫，动静固是知人，仍是问己。自己安排得好，人一挨我，我不动彼丝毫，趁势而入，接定彼劲，彼自跌出。如自己有不得力处，便是双重未化，要于阴阳开合中求之。所谓"知己知彼，百战百胜"也。